LINUX für Durchstarter

Springer
*Berlin
Heidelberg
New York
Barcelona
Hongkong
London
Mailand
Paris
Singapur
Tokio*

Fred Hantelmann. Geboren 1959. Studierte Mathematik und Informatik an der Universität Hamburg. 1988 Diplom, 1993 Promotion, seit 1994 wissenschaftlicher Assistent am Institut für Informatik des Fachbereichs Wirtschafts- und Organisationswissenschaften der Universität der Bundeswehr Hamburg. Durch mehr als 80 Fachpublikationen im Bereich aktueller Hard- und Softwarethemen wurde Fred Hantelmann als qualifizierter Fachautor insbesondere im Unix-Umfeld bekannt.

Fred Hantelmann

LINUX
für Durchstarter

Zweite, vollständig überarbeitete
und erweiterte Auflage

Mit 86 Abbildungen

Springer

Fred Hantelmann
Felder Schlagbaum 6
D-21217 Seevetal

Die Deutsche Bibliothek - CIP Einheitsaufnahme
Hantelmann, Fred: LINUX für Durchstarter/Fred Hantelmann.
2., vollst. bearb. und erw. Aufl. - Berlin, Heidelberg, New York, Barcelona,
Hongkong, London, Mailand, Paris, Singapur, Tokio: Springer, 1999
  ISBN-13: 978-3-540-65215-1

ISBN-13: 978-3-540-65215-1   e-ISBN-13: 978-3-642-60047-0
DOI: 10.1007/978-3-642-60047-0

Umschlaggestaltung: Künkel+Lopka, Heidelberg
Satz: Autorendatenübernahme

Bindearbeiten: Triltsch, Würzburg
Gedruckt auf säurefreiem Papier SPIN: 10646921 3142PS - 5 4 3 2 1 0

Vorwort

„Linux für Durchstarter" will gleichermaßen dem privaten wie dem professionellen Linux-Anwender einen soliden Sachverstand des Unix-ähnlichen Betriebssystemkerns und seiner Systemkommandos vermitteln. Das Werk richtet sich an Einsteiger, Umsteiger, Systemverwalter und Studenten. Die vorliegende 2. Auflage wurde vollständig aktualisiert und erweitert, die Darstellungen sind architektur- und distributionsübergreifend ausgearbeitet.

Zweifellos ist es nicht möglich, in einem 430seitigen Buch alle Werkzeuge, die heute in typischen Linux-Distributionen zu finden sind, ausführlich zu beschreiben. Ich habe mich daher darauf konzentriert, die Themenkreise Kernel-Architektur, Programme und Prozesse, Dateien und Dateisysteme, dateiorientierte Kommandos, Editoren, Shell-Programmierung, vernetzte Systeme, Netzwerk-Anwendungen, X-Window-System, X-Window-Manager und Linux-Desktops strukturiert und ausführlich zu erläutern. Dabei wurde auch darauf geachtet, die jeweils zugehörigen Konzepte im allgemeinen zu beleuchten und diejenigen historischen Meilensteine auszuweisen, die den heutigen Stand der Entwicklung geprägt haben.

Linux-Distributionen repräsentieren das Arbeitsergebnis vielzähliger akademischer Projekte und privater Entwicklungen. Die Mehrzahl der Produkte, die das Leistungsspektrum der heute erhältlichen Linux-Distributionen prägen, unterliegen der General Public License GPL, die den Begriff der „freien Software" im Sinne der Free Software Foundation definiert: Jeder darf Software, die der GPL unterliegt, inklusive seiner Programmquellen beliebig oft kopieren und weiterreichen. In diesem Zusammenhang sei jedermann darum gebeten, durch die Bereitstellung von freier Software die Weiterentwicklung von Linux zu unterstützen.

Inhalt

Kernel-Architektur   41

Programme und Prozesse   75

Dateien und Dateisysteme   99

Editoren — 195

Shell-Programme   237

X-Window-System   331

X-Window-Manager   355

Abbildungen

## Kapitel 1

Einleitung

Es ist noch gar nicht lange her, da war der Name Unix nur einem kleinen Kreis von EDV-Experten bekannt. Das lag unter anderem daran, daß der Einsatz von Unix zur damaligen Zeit nur auf speziellen und nicht gerade jedermann zugänglichen Mini- oder Supercomputern möglich war. Heute verfügen auch Mikrocomputer und insbesondere PCs über genügend Leistungsreserven, so daß nahezu jeder Privat-PC alle Voraussetzungen für den Einsatz von Unix bietet.

Früher war Unix nur auf Mini- oder Supercomputern lauffähig

Zweifellos sind genügend andere Betriebssysteme am Markt, die um die Gunst der Kundschaft ringen. Mit ansprechend gestalteten Bedienoberflächen versprechen sie ein Maximum an Softwareergonomie. Neuere Unix-Varianten verfügen ebenfalls über grafische Bedienoberflächen, so daß sie in diesem Bereich mit ihren Mitbewerbern ohne weiteres mithalten können.

Moderne Unix-Varianten enthalten eine grafische Bedienoberfläche

Das Thema „Sicherheitsaspekte" hingegen ist in der Mehrzahl der etablierten Betriebssysteme allenfalls ansatzweise gelöst. Hier zeigt sich die Stärke von Unix, da es ein lang erprobtes und mittlerweile weitgehend ausgereiftes Konzept der Datensicherheit integriert, das sogar über Systemgrenzen hinweg standhält.

Unix integriert ein ausgereiftes Sicherheitskonzept

Seit der Verfügbarkeit des frei erhältlichen Unix-ähnlichen Linux schließlich scheint der Kunde das Wort zu haben: Warum soll er für teures Geld ein Betriebssystem nebst diversen Anwendungen kaufen, wenn er doch alle seine Probleme mit einer nahezu kostenlos erhältlichen Linux-Distribution lösen kann.

Linux ist ein frei erhältliches, Unix-ähnliches Betriebssystem

Linux ist nicht das Werk eines Einzelnen. Der Linux-Betriebssystemkern wurde ursprünglich von seinem Namensgeber Linus Benedict Torvalds entworfen. Ausgehend von dem Unix-Lehrbetriebssystem Minix und unter Hinzunahme einiger Komponenten, die die Free Software Foundation FSF entwickelte, erzeugte

Als Entwicklungsbasis für Linux diente Minix

Linux ist heute das
Werk vieler Autoren

Seine Popularität
erfuhr der Kernel
durch die Verbrei-
tung von Linux-
Distributionen

Viele Basis-Anwen-
dungen wurden von
der FSF entwickelt

Linus Benedict Torwalds eine 1. lauffähige Linux-Version, die er kostenlos an interessierte Minix-Anwender verschickte. Daraufhin steuerten vielzählige Hobbyisten und Experten ihr Fachwissen bei und halfen dadurch, den ursprünglichen Betriebssystemkern zu einem stabilen Produkt auszubauen.

Für seine schnelle weltweite Verbreitung und die damit gewachsene internationale Popularität dürften im wesentlichen die Linux-Distributionen verantwortlich sein. Letztere bündeln den Linux-Betriebssystemkern mit zahlreichen Applikationen, Unix-Basisprogramme und komplette Anwendungspakete eingeschlossen.

Abgesehen davon, daß die Zahl der heute verfügbaren Linux-Distributionen beträchtlich und keineswegs einheitlich ist, findet der Anwender in jeder Linux-Distribution ein Unix-ähnliches Betriebssystem mit ausgereiften C- und C++-Entwicklungsumgebungen, Editoren, Kommandointerpretern, X-Window-System, Netzwerkanwendungen, TEX/LATEX, Dokumentationen und weiteren Produkten, die vielzählige Anwendungsbereiche abdecken.

1.1 Linux Profile

Linux ist ein frei erhältlicher, der GNU Public License unterliegender Unix-ähnlicher Betriebssystemkern. Linux leistet

- Unterstützung von 32- und 64-Bit Rechnerarchitekturen,
- Multitasking, parallele Bearbeitung mehrerer Programme,
- Multiuser, mehrere Benutzer können ihre Anwendungen auf einem einzelnen System gleichzeitig laufen lassen,

Kann bis zu 16
Intel-Prozessoren
via SMP steuern

- Multiprozessing, der Betriebssystemkern läuft verteilt auf mehreren Prozessoren,
- Multiplattform, Linux ist für verschiedene Prozessorarchitekturen verfügbar,
- Virtuelle Terminals, mehrere parallele Login-Sessions,
- Unterstützung handelsüblicher Audio-, Grafik-, ISDN-, Netzwerk- und SCSI-Boards in breiter Vielfalt,

Der Kernel kann
Kernel-Module
selbständig laden

- Modularer Kernel, der Funktionsumfang des Betriebssystems läßt sich während der Laufzeit durch Nachladen zusätzlicher Gerätetreiber erweitern,

- Plug-and-Play-Support, nach einer Änderung der Hardwareausstattung kann der Kernel benötigte Gerätetreiber automatisch nachladen,
- Virtueller Speicher, Anwendungen können mehr als den physikalisch vorhandenen RAM-Speicher nutzen,
- Speicherschutz, jede Applikation benutzt einen eigenen Speicherbereich,
- Dynamische Laufzeitbibliotheken, anwendungsseitig benötigte Bibliotheken werden nach Bedarf geladen,
- Unterstützung der Dateisystemformate AFFS, CODA, EXT, EXT2, FAT16, FAT32, HPFS, ISO9660, Minix, NCP, NFS, NTFS, ROMFS, SMB, SytemV/Coherent UFS und VFAT,
- Disk-Cache, Reduktion von Festplattenzugriffen durch Zwischenspeicherung der Daten und Dateien im RAM,
- Multi-Disk-Support, Linear Append, Striping (RAID-0), Mirroring (Raid-1) und Ausfallschutz (RAID-4/5),
- Netzwerkzugang über Amateur Radio, ARCnet, Ethernet, FDDI, ISDN, PPP, SLIP, Token Ring und Wireless WAN,
- Unterstützung der Netzwerkprotokolle AppleTalk, AX25, DECnet, IPX, TCP/IP und X.25.

1.2 Linux-Distributionen

Der Name „Linux" bezeichnet genaugenommen einen Betriebssystemkern, wird aber häufig (mißverständlicherweise) mit einer (speziellen) Linux-Distribution gleichgesetzt wird. Letztere wiederum ist eine Bündelung des Linux-Kernel mit zahlreichen Software-Werkzeugen und Anwendungen, die zusammengenommen ein stabiles und leistungsfähiges Betriebssystem bilden.

Anfang 1993 verfügbare Linux-Distributionen stellten eine Sammlung von komprimierten Archivdateien dar, die nur über das Internet erhältlich waren. Interessierte mußten diese Dateien zunächst auf Disketten kopieren und eine als Textdatei verfügbare Installationsanleitung ausdrucken. Die eigentliche Installation war zwangsläufig zeitraubend und klappte häufig nicht auf Anhieb, insbesondere, wenn eine der benötigten 40 oder mehr Disketten fehlerhaft war.

Programmabsturz führt nicht zum System-Crash

Dadurch hohe Verarbeitungsgeschwindigkeit

Einsetzbar als universeller Netzwerk-Server

Distributionen bündeln den Kernel mit Anwendungen

Frühe Versionen waren nur über Internet erhältlich

Moderne Distributionen enthalten komfortable Installationsroutinen

Linux-Distributionen sind architekturspezifisch

Die Installations-/ Administrationswerkzeuge sind nicht einheitlich

Die Dokumentation ist mehrheitlich in englischer Sprache

Heute bilden CD-ROMs das bevorzugte Vertriebsmedium für Linux-Distributionen, und diese sind gegen geringes Entgelt direkt vom Hersteller oder über den Buchhandel erhältlich. Diejenigen Varianten, die keine kommerziellen Zusätze enthalten, stehen weiterhin auf diversen FTP-Servern zum Download bereit. Mit der breiten Verfügbarkeit von Linux-Distributionen auf CD-ROM hat sich aber auch die Rolle der FTP-Server für Linux geändert: Sie dienen heute eher als Pool für Updates und für zusätzliche Software, die nur in wenigen oder in keiner Linux-Distribution zu finden sind.

Weit verbreitete Linux-Distributionen für Intel-Architekturen bilden die kommerziell orientierten Produkte Caldera und Red-Hat, die ausschließlich freie Komponenten enthaltenden Varianten Debian, Slackware und Yggdrasil sowie die im deutschsprachigen Raum etablierten Zusammenstellungen von Delix und Suse. Auf alternative Architekturen abgestimmte Linux-Distributionen sind Eagle Linux (Amiga 680x0), LinuxPPC (PowerPC), Mk-Linux (Power Macintosh), RedHat/Alpha (DEC-Alpha) und Red-Hat/SPARC (SPARC). Weitere, hier nicht genannte Versionen sind unter http://www.linux.org/dist/index.html aufgeführt.

Abgesehen von der jeweiligen Zielarchitektur unterscheiden sich die einzelnen Linux-Distributionen im wesentlichen durch die herstellergeprägten Installationsskripte und Administrationswerkzeuge, die verwendete Softwareverwaltung, Sprache (national/international) sowie Art und Umfang beigefügter Dokumentationen. Weitgehende Übereinstimmung zeigen sie wiederum in ihrem Leistungsspektrum, geprägt durch die standardmäßig enthaltenen Softwarepakete. Dazu zählen unter anderem

- Unix-Kommandointerpreter **bash**, **tcsh**, **pdksh** und **zsh**,
- Gnu Unix-Utilities, sämtliche, von der Free Software Foundation entwickelten Unix-Basiswerkzeuge wurden auf Linux portiert und zählen fast ausnahmslos zum Bestandteil jeder Linux Distribution,
- On-line-Dokumentation auf Basis des Unix-**man**-Kommandos, des Gnu-Info-Systems und als Hypertext-orientierte Dokumentensammlung,
- X Window System als netzwerktransparente bitmap-orientierte grafische Benutzerschnittstelle zum System,
- Texteditoren in breiter Vielfalt, einschließlich Emacs und dem Buchsatzsystem TeX/LaTeX,

- Applikationen in breiter Vielfalt, unter anderem für die Anwendungsfelder Datenbanken, Grafik, Multimedia, Tabellenkalkulation und Textverarbeitung,

- Entwicklungswerkzeuge, bestehend aus Compilern für die Programmiersprachen Ada, Basic, C, C++, Eiffel, Fortran, HPF, Java, Lisp, Modula, Oberon, Pascal, Prolog und Scheme, Gnu Debugger **gdb**, Interpreter für Basic, C und Cobol,

  Compiler für bedeutsame und exotische Programmiersprachen

- Programmbibliotheken mit Routinen für die Entwicklung von Benutzerschnittstellen, Datenbanksystemen, Grafik-Anwendungen sowie mathematischen und statistischen Programmen,

- Netzwerkdämonen, die dem Aufbau eines Linux-Systems als Backup-, Bootp-, DHCP-, DNS-, Drucker-, E-Mail-, Fax-, FTP-, HTML-, IMAP-, IRC-, Mailbox-, NNTP-, NFS-, POP-, PPP-, Rlogin-, Samba-, Slip-, Telnet-, TFTP-Server sowie als Gateway- und Firewall-System dienen,

  Linux ist praktisch mit allen wichtigen Netzwerkdiensten kompatibel

- Netzwerkanwendungen einschließlich Chat-, FTP-, IRC-, News-, Talk-, Telnet-Client und WWW-Browser,

- Emulatoren, die unter Linux den Einsatz von Anwendungen ermöglichen, die für Amiga, Atari, C64, Nintendo, Macintosh, Sinclair ZX Spektrum, DOS und Windows 3.x entwickelt wurden,

- Spiele, etwa 80 frei erhältliche Action/Arcade-, Puzzle-, RPG-, Simulations- und Strategie-Spiele wurden bereits auf Linux portiert.

  Einige Spiele sind netzwerkfähig

1.3 Linux vs. Unix

Linux ist ein Multiuser-Multitasking Betriebssystemkern, erlaubt also mehreren Benutzern, gleichzeitig an einer Rechnerhardware zu arbeiten, und außerdem jeweils mehrere Programme quasi gleichzeitig zu bedienen. Linux ist jedoch nicht mit Unix gleichzusetzen: Linux vereint die wichtigsten Merkmale von System V, BSD und POSIX, so daß große Ähnlichkeit zu Unix besteht.

Linux vereint Merkmale von System V, BSD und POSIX

Im Gegensatz zu Unix sind sämtliche Quellen des Linux-Systems frei erhältlich, Betriebssystemkern, Gerätetreiber, Laufzeitbibliotheken, Entwicklungswerkzeuge und Anwendungsprogramme eingeschlossen. Linux ist auf Hardwarearchitekturen

Alle Komponenten von Linux sind als Quellcode frei erhältlich

einsetzbar, die CPUs der Hersteller Acorn (ARM), Digital Equipment (Alpha), Intel (80[3-6]86), Motorola (MC680x0, PowerPC), Silicon Graphics (MIPS) oder Sun (SPARC) verwenden.

Zu den Hauptmerkmalen von Linux zählen POSIX-konforme Prozeßsteuerung, Unterstützung von Pseudo-Terminals (`pty`-Devices) sowie nationalen Tastaturen via dynamisch ladbaren Tastaturtreibern, Shared Libraries, virtuelle Speicherverwaltung und dynamisch ladbare Gerätetreiber (Module). Virtuelle Konsolen erlauben das Umschalten zwischen mehreren ASCII-Login-Sessions. Ein integrierter FPU-Emulator gestattet den Einsatz von Linux auch auf Hardwareplattformen, die nicht über einen mathematischen Koprozessor verfügen.

Maximal sind 63 virtuelle Konsolen konfigurierbar

Bei der Konzeption von Linux wurde großer Wert auf die Kompatibilität mit möglichst vielen Dateisystemformaten gelegt. Beispielsweise erlaubt Linux transparenten Zugriff auf MS-DOS-Partitionen über gewöhnliche Unix-Kommandos. Ein spezielles Format „UMSDOS" dient der Installation von Linux innerhalb einer MS-DOS-Partition. Ferner kann Linux Dateisysteme bedienen, die für Minix, Xenix oder System V formatiert wurden.

Linux bietet einen transparenten Zugriff auf MS-DOS-Partitionen

Unter OS/2 2.1 im HPFS-2-Format erstellte Partitionen kann Linux lesen, aber (bisher) nicht schreiben. Gleiches gilt für das Windows NT Dateisystemformat NTFS. Mit MS-DOS 6 erstellte komprimierte Partitionen werden aktuell und wahrscheinlich auch zukünftig nicht unterstützt. Kompatibilität mit den bei Windows 95 üblichen FAT16-, FAT32- und VFAT-Formaten sowie dem Amiga Fast File System Format (AFFS) ist gegeben. Ferner unterstützt Linux das Format ISO 9660, so daß Linux prinzipiell alle handelsüblichen CD-ROMs lesen kann.

Die Kompatibilität mit ISO 9660 erlaubt den Zugriff auf handelsübliche CD-ROMs

Linux enthält eine komplette Implementierung der Transmission Control Protocol/Internet Protocol Spezifikation TCP/IP. Zahlreiche Gerätetreiber für diverse Ethernet-Karten ermöglichen die Integration eines Linux-PCs in lokale Netzwerke. Zusätzlich unterstützt Linux auch Serial Line Internet Protocol SLIP, Parallel Line Internet Protocol PLIP (Zugriff auf TCP/IP-Netzwerke über eine serielle beziehungsweise parallele Verbindung) und Punkt-zu-Punkt-Verbindungen (Point-to-Point Protocol PPP). Die Kompatibilität mit dem Network File System NFS dient dem Zugriff auf entfernt vorhandene Festplattenressourcen.

Linux ist auch als Firewall, Gateway und Router einsetzbar

1.4 Wegweiser

Linux für Durchstarter ist ein praxisorientiertes Lehrbuch. Es behandelt schwerpunktmäßig die Themenkreise Kernel-Architektur, Programme/Prozesse, Dateien und Dateisysteme, dateiorientierte Kommandos, Editoren, Shell-Programmierung, vernetzte Systeme, Netzwerk-Anwendungen, das X-Window-System, die Bedienung sowie die Konfiguration der X-Window-Manager **twm**, **olwm** und **fvwm**, und Linux-Desktops.

Besonderer Wert wurde auf eine kompakte Darstellung der den jeweiligen Themen zugrundeliegenden konzeptionellen Hintergründe gelegt, um dem Leser eine Einordnung der Linux-spezifischen Eigenschaften in das theoretische Umfeld zu ermöglichen.

Kapitel 2 enthält eine Übersicht über die historische Entwicklung von Unix im Allgemeinen und von PC-Unix-Varianten im Besonderen. Ziel dieses Abschnitts ist es, die unterschiedlichen Zielsetzungen aufzuzeigen, die verschiedene Arbeitsgruppen in der Frühphase der Entstehung von Unix verfolgten, und die Konzepte der einzelnen Unix-Derivate zu benennen, die heute in nahezu jeder Unix-Version zu finden sind.

Historische Entwicklung

Das darauf folgende Kapitel „Bedienung von Linux" richtet sich speziell an Linux-Einsteiger und -Umsteiger. Zunächst sind die erforderlichen Schritte zum Ein- und Ausschalten des Rechners sowie zum An- und Abmelden beim System erklärt. Eine nachvollziehbare Beispielsitzung illustriert den Umgang mit einigen häufig benötigten Unix-Basiskommandos. Abhandlungen über Linux-Kommandointerpreter erläutern die Kommandosyntax, Umgebungsvariablen, Kommandozeileneditor, Umleiten des Ein- und Ausgabekanals, Befehlssequenzen, Hintergrundprozesse und Pipelines. Der Abschnitt „Benutzerprofile" zeigt den Mechanismus auf, den Unix zur Identifikation und Abgrenzung einzelner Benutzer verwendet. Abschließend wird der Zugriff auf die On-line-Hilfe sowie sein interner Aufbau ausführlich erklärt.

Einsteigerseminar: Bedienung und Benutzerprofile

Nachfolgendes Kapitel 4 erläutert die Architektur des Linux-Kernels und die Konzepte, die bei der Gestaltung der einzelnen Kernel-Komponenten umgesetzt sind. Es richtet sich vordergründig an Leser, die einen tiefen Einblick in die Arbeitsweise des Betriebssystemkerns wünschen. Erforderliche Schritte zur Anpassung des Kernels an die lokale Hardware und das Aktualisieren des Kernels sind dort ebenfalls aufgezeigt.

Kernel-Architektur und -Konfiguration

Kapitel 5 behandelt die Prozeßverwaltung und -steuerung seitens des Betriebssystemkerns sowie die Programmausführung. Hauptthemen dieses Abschnitts sind das Prozeß-Monitoring, die **proc**-Strukturen, Prozeßsignale, selbständige Prozesse, SysV-**init** und Dämonen. Letzterer Abschnitt erläutert und benennt die intervall- und signalgesteuerten Dämonen, die im Rahmen des Multiuser-Multitasking-Betriebs benutzer- und systemübergreifende Aufgaben wahrnehmen.

Prozeß-Subsystem

Im 6. Kapitel stehen Dateien und Dateisysteme im Vordergrund. Im einzelnen sind dort die physikalischen und logischen Strukturen von Festplatten erklärt, es ist der Aufbau des Linux-Verzeichnisbaums und die Aufgabe der einzelnen Verzeichnisse dargestellt, und es werden die verschiedenen Dateitypen und die jedem Dateielement zugeordneten Attribute behandelt. Ein eigener Abschnitt ist den Gerätedateien gewidmet; dort findet sich auch eine Tabelle der Dateien, über die die Peripheriekomponenten anzusprechen sind. Ein abschließender Abschnitt zeigt Linux-Programme auf, die einzelne Hardwarekomponenten konfigurieren oder testen.

Dateien, Verzeichnisse, Dateisysteme

Kapitel 7 enthält eine strukturierte Erklärung der in allen Linux-Distributionen zu findenden Basiskommandos, die auf Dateien und Verzeichnissen operieren. Die Darstellungen sollen dem Leser ein Gegengewicht zu den Handbuchseiten des On-line-Manuals bieten, indem sie den Einsatzbereich der jeweiligen Kommandos verbal erläutern und ihre Bedienung anhand von Beispielen illustrieren. Am Ende dieses Kapitels befindet sich außerdem eine kompakte Beschreibung der Syntax von regulären Ausdrücken.

Basis-kommandos

Das Kapitel „Editoren" behandelt die Bedienung des Stream-Editors **sed**, der heute ein unentbehrliches Hilfsmittel speziell zur Anpassung und Installation von frei erhältlichen Softwarepaketen bildet, des Unix-Standardeditors **vi** und des universellen Entwicklungswerkzeugs GNU-Emacs. Ziel dieses Abschnitts ist es, dem Leser alle ständig benötigten Standardbefehle, aber auch die Mehrzahl der nur gelegentlich benötigten Editierkommandos schrittweise nahezubringen.

Editoren: sed, vi und GNU-Emacs

Das 9. Kapitel enthält Abhandlungen über die Shell-internen Sprachmittel der Kommandointerpreter **bash**, **ksh** und **tcsh**, die den Aufbau einfacher und komplexer Shell-Programme ermöglichen. Einige der bereits in Kapitel 3.3 andiskutierten Themen,

Shell-Pro-grammierung

insbesondere die Variablenkonzepte der verschiedenen Kommandointerpreter, sind hier im Detail herausgearbeitet. In Ergänzung erhält der Systemprogrammierer hier eine Erläuterung der Shell-Ein-/Ausgabefunktionen, der Ablaufstrukturen (Verzweigungen, Schleifen, Funktionen), interner und externer Hilfsprogramme und der Behandlung von Signalen.

Kapitel 10 erklärt die Grundbegriffe vernetzter Architekturen, thematisch strukturiert in die Bereiche Netzwerktopologien, Protokollfamilien im Allgemeinen sowie ISO/OSI und TCP/IP im Besonderen und die verschiedenen Adreßschemata, die eine eindeutige Identifikation eines Rechners in lokalen und globalen *Vernetzung* Netzwerken sicherstellen. Darüber hinaus findet der Systemverwalter hier eine Abhandlung über die unter Linux erforderlichen Schritte zum Aufbau von seriellen Login- sowie SLIP- und PPP-Verbindungen.

Das folgende 11. Kapitel erklärt die verschiedenen Linux-Anwendungen und einige Linux-Dämonen, die auf TCP/IP-basierte Netzwerkdienste zugreifen beziehungsweise entfernten *Netzwerk-* Systemen den Zugriff auf lokale Dienste ermöglichen. Auf ei- *Anwendungen* ne kompakte Erläuterung der vorhandenen Werkzeuge zur Netz- *und -Dämonen* werkanalyse sind jeweils eigene Abschnitte dem Programm **telnet**, den Berkeley-**r**-Kommandos, Dateitransfer, E-Mail, News, Dialog- Programmen und Informationssystemen gewidmet.

Kapitel 12 diskutiert die Konzepte und Komponenten des X-Window-Systems. Auf eine historische Abhandlung über die Entwicklung von Window-Systemen folgend, wird zunächst die Architektur von X11 und die Bedeutung der Widgets erklärt. Anschließende praxisorientierte Abschnitte erläutern die X-Server- *X-Window-* Konfiguration, zeigen die Methoden des Zugangs zu X11 auf, *System* illustrieren das Konzept der X-Server-Adressen und -Zugriffsrechte und klassifizieren die als MIT-X-Clients bezeichneten Basisanwendungen. Weitere Unterabschnitte sind den anwendungsspezifischen Attributen gewidmet (X-Ressourcen).

Im folgenden erklärt das 13. Kapitel der Reihe nach die X-Window-Manager **twm**, **olwm** und **fvwm**, die einerseits das Erscheinungsbild des X11-basierten Desktops prägen, andererseits *X-Window-* die wesentlichen Funktionen für seine Bedienung bereitstellen. *Manager* Zu jedem der 3 genannten X-Window-Manager werden die produktspezifischen Komponenten der Fensterdekoration und die damit verbundenen Window-Operationen aufgezeigt. Außerdem erhält der Leser in diesem Kapitel eine strukturierte Erklärung der Konfiguration der einzelnen X-Window-Manager.

Das abschließende Kapitel 14 ist den in jüngerer Zeit populär gewordenen Linux-Desktops Looking Glass, CDE, KDE und GNOME gewidmet, die eine grafische Benutzeroberfläche zum System stellen. Der Leser möge selbst entscheiden, welcher Desktop seine Bedürfnisse am besten abdeckt.

Linux-Desktops

1.5 Typografische Konventionen

Linux für Durchstarter verwendet folgende typografische Konventionen:

1. Kommandonamen, Variablennamen und Parameter (Optionen, Argumente) sind in **Terminalschrift** gesetzt.
2. Eckige Klammern **[]** in Syntaxdiagrammen umschließen optionale Angaben, die auch entfallen dürfen. In Beispielen sind eckige Klammern syntaktische Elemente, die unbedingt erforderlich sind.
3. In Syntaxdiagrammen von geschweiften Klammern **{}** umschlossene Angaben sind exklusiv; aus der angegebenen Liste ist genau 1 Buchstabe zu verwenden. In Beispielen sind geschweifte Klammern syntaktische Elemente, die unbedingt erforderlich sind.
4. Spitze Klammern **<>** in Syntaxdiagrammen umschließen nicht exklusive Angaben, jeder Buchstabe der Liste darf in einer Kommandozeile genau 1mal auftreten. In Beispielen sind spitze Klammern syntaktische Elemente, die unbedingt erforderlich sind.
5. In Syntaxdiagrammen auf eine Angabe folgende 3 Punkte **...** drücken aus, daß die Angabe wiederholt auftreten darf.
6. Der Backslash **** leitet eine Fortsetzungszeile ein, falls er in Beispielen am Zeilenende auftritt. Innerhalb einer Kommandozeile ist der Backslash ein syntaktisches Element.
7. Einem Tastennamen vorangestellte Zusätze **Alt-**, **C-** und **M-** kennzeichnen die Steuertasten Alt, Control und Meta; der folgend genannte Tastaturcode ist zusammen mit der angegebenen Steuertaste einzugeben.
8. Marginalien heben die wichtigen Aussagen eines Absatzes hervor oder liefern ergänzende Informationen.

Entwicklung von Unix

2.1 Akademische Versionen

Urväter aller heutigen Varianten des Multiuser-Multitasking Betriebssystems Unix sind Kenneth Thompson und Dennis Ritchie. Im Jahre 1969 entwickelten sie in den Laboratorien der US-amerikanischen Telefongesellschaft AT&T auf einem PDP-7-System des Herstellers Digital Equipment den 1. Unix-Prototypen, damals noch in Assembler geschrieben. Der Name „Unix" entstand zunächst aus einem Wortspiel über MULTICS, das eines der ersten Betriebssysteme mit interaktivem Zugang war. Basierend auf der Idee, ein System zu schaffen, das die Zusammenarbeit mehrerer Programmierer im Team und im Dialog unterstützt, konzipierten Thompson und Ritchie das „UNiplexed Information and Computing System" Unics.

Kenneth Thompson und Dennis Ritchie programmierten Unics in Assembler

Ein Nachteil dieses zweifellos revolutionären Betriebssystems zeigte sich darin, daß es vollständig in der Assemblersprache der PDP-7 geschrieben war. In einem Aufwand von 2 Jahren hatte eine Arbeitsgruppe den Programmcode auf die Assemblersprache der PDP-11 übertragen. Dabei wurden außerdem erste funktionelle Erweiterungen in den Betriebssystemkern integriert. Die so entstandene Unix Version 1 wurde in der folgenden Zeit vordergründig als textverarbeitendes System eingesetzt, unter Verwendung der heute noch vorhandenen Werkzeuge **ed** und **roff**.

Die Portierung auf eine DEC-PDP-11 dauerte 2 Jahre

Motiviert durch den hohen Aufwand bei der Portierung von Unix auf eine neue Architektur, entwarf Thompson die Programmiersprache B, aus der dann Ritchie und Brian Kernighan die Sprache C entwickelten. Ziel dabei war es, die Merkmale von traditionellen Hochsprachen mit der von Assemblersprachen her

Dennis Ritchie und Brian Kernighan entwickelten die Sprache C

Version 4 war weitgehend in C programmiert

Version 6 war als Quellcode erhältlich

Aus Version 6 entstanden BSD-Unix und AT&T Version 7

C-Shell vs. Bourne Shell

kommerziell: System V

bekannten Funktionalität zu einer portablen Programmiersprache zusammenzufassen.

Anschließend wurde ein großer Teil des ursprünglichen Unix-Betriebssytems in C umgeschrieben. In der 1973 vorgestellten Version 4 fand sich nur noch ein geringer Teil von architektur-abhängigem Assemblercode. Die 2 Jahre später präsentierte Version 6 schließlich war erstmals auch außerhalb der Bell Laboratorien zu finden, vornehmlich an Universitäten.

Markante Unterschiede zu anderen Betriebssystemen bestanden zu der Zeit darin, daß Unix in einer höheren Programmiersprache geschrieben war, als Quellcode zum Kauf angeboten wurde und bereits diverse mächtige Grundanwendungen enthielt. Bis zur Marktreife – eine 1. kommerzielle Unix-Version hatte die Interactive Systems Corporation im Jahre 1977 angeboten – erfuhr der ursprüngliche Prototyp diverse Veränderungen mit dem überraschenden Ergebnis, daß 2 verschiedene Betriebssysteme mit Namen Unix populär werden sollten.

Zum einen modifizierte eine Arbeitsgruppe der University of California, Berkeley, die ursprünglichen Spezifikationen und präsentierte der Öffentlichkeit 1977 die Berkeley Software Distribution. Hauptmerkmal dieser, als BSD-Unix bezeichneten Variante war die Verwendung der C-Shell als Kommandointerpreter. Kurz darauf stellte AT&T das Unix-Time-Sharing-System V7 vor; anwenderseitige Eingaben interpretierte dort die Bourne Shell, benannt nach ihrem Entwickler Steve Bourne. V7 verstand sich als 1. portable Unix-Version, da das System außer auf der PDP-11 auch auf einer Interdata 8/32 lauffähig war.

Das BSD-Unix konnte speziell im universitären Bereich hohe Akzeptanz erfahren, da die C-Shell gegenüber der Bourne Shell diverse Konzepte realisierte, die zügigen Umgang mit Kommandoeingaben ermöglichte: Verwahrung einmal eingegebener Kommandos in einer Liste (History) nebst Mechanismen zum Zugriff auf frühere Kommandos, Modifikation von früheren Kommandos, Alias-Listen und komfortable Prozeßsteuerung überzeugten insbesondere Anwendungsentwickler, daß BSD-Unix gegenüber AT&T V7 das „bessere" Unix war.

Die AT&T-Variante hingegen zielte eher auf kommerziellen Einsatz. 1983 entstand die Version System V, die in der folgenden Zeit starke Verbreitung erfuhr. Etwa zu der Zeit stellte ferner der Hersteller Sun seine 1. Unix-Workstation vor, die mit der sowohl Merkmale von AT&T-Unix als auch BSD-Unix enthaltenden Betriebssystemversion SunOS ausgeliefert wurde. Anwender von SunOS konnten wahlweise die Bourne Shell oder die C-Shell als Kommandointerpreter verwenden.

2.2 Kommerzieller Durchbruch

Innerhalb kurzer Zeit avancierte Unix zum Standard-Betriebssystem für Workstations, die mittlerweile Bestandteil der Produktpalette vieler Hardwarehersteller waren. Dabei glich kein Unix mehr dem anderen; jedes System wurde mit einem herstellergeprägten Unix-Derivat ausgeliefert, das sich von denen der Mitbewerber teils deutlich unterschied. Herstellerübergreifende Gremien bemühten sich, das sich anbahnende Chaos zu verhindern.

Unix wird Standard-Betriebssystem für Workstations

System V ähnliche Unix-Implementierungen koordinierte die „Unix International" UI, die den Einsatz von Unix für kommerzielle Bereiche zum Ziel hatte. BSD-Unix hingegen war in erster Linie von Bedürfnissen bei wissenschaftlichen Anwendungen geprägt. Seine Weiterentwicklung steuerte die „Computer System Research Group" CSRG an der University of California, Berkeley. Eine eigenständige Rolle spielte außerdem SunOS, das inzwischen einige ergänzende Merkmale enthielt.

Drei Hauptlinien: System V, BSD-Unix und SunOS

Daraufhin kamen im Jahr 1988 Vertreter der genannten Gruppen überein, die System V Release 4 Spezifikation festzuschreiben. SVR4 sollte die bisher am Markt vorhandene Dreiteilung beenden und die Basis für ein vereinheitlichtes Unix bilden, indem es die markanten Vorteile der einzelnen Hauptlinien vereint. Übernommen wurden

Neuer Standard: System V Release 4

Systemadministration, Terminalinterface, Unix-to-Unix-Copy uucp, Druckersteuerung, STREAMS, Remote File System RFS aus SVR3,

uucp, STREAMS

Sockets, **select()** (synchrones I/O-Multiplexing), Fast File System FFS, TCP/IP, C-Shell aus BSD,

TCP/IP, CShell

virtuelle Speicherverwaltung, Shared Libraries, Network File System NFS, OpenLook GUI, X11/NeWS aus SunOS.

NFS. X11

Zusätzlich wurden Internationalisierung (8-Bit Zeichensatz), die Korn Shell **ksh**, ANSI C sowie ein „Application Binary Interface" ABI in die SVR4-Spezifikation mit aufgenommen. Ferner wurde Konformität mit den Vorschriften der „Portable Operating System Interface Specification" POSIX gefordert. Die Arbeitsergebnisse vom 1984 im Zusammenschluß von Bull, ICL, Nixdorf, Olivetti und Siemens mit dem Ziel der Schaffung von Normen für Software-Portabilität gegründeten Ausschuß X/Open und die System V Interface Definition SVID wurden ebenfalls zum Bestandteil von System V Release 4 erklärt.

SVR4 entspricht POSIX und X/Open

Anfang 1991 verabschiedete die Open Software Foundation OSF, eine Herstellervereinigung, zu deren Gründungsmitgliedern unter anderem Apollo, DEC, HP und IBM zählten, eine weitere Unix-Spezifikation mit der Bezeichnung OSF/1. Merkmale dieses Betriebssystems, das speziell für den Einsatz auf Multiprozessorsystemen konzipiert wurde, umfassen die Unterstützung von symmetrischem Multiprozessorarchitekturen, parallelisierten Betriebssystemkern, Threads, Plattenspiegelung, logische Dateisysteme, Unix File System (UFS), STREAMS, NFS, Sockets, Shared Libraries und erweiterte Sicherheitsbedingungen gemäß der Stufe B1 oder B2 der vom amerikanischen Verteidigungsministerium (Department of Defense, DoD) im sogenannten „Orange Book" aufgeführten Sicherheitskategorien.

Unix für Multiprozessorsysteme: OSF/1

OSF/1 verwendet den speziell für Multiprozessorsysteme entwickelten Microkernel Mach. Den Unix-Prozeßkontext ersetzen hier Task-Strukturen, die eine Ausführungsumgebung enthalten und Threads, die als Unterprozeß (lightweight processes) in einer Task-Umgebung laufen. Mehrere Threads können parallel identische Speicherbereiche nutzen. Die Kommunikation mit dem Betriebssystemkern erfolgt nicht über Systemaufrufe, sondern über Nachrichten, gerichtet an Kommunikationskanäle.

Mach-Kernel: Tasks, Threads, Messages, Ports

Heute sind hauptsächlich BSD und System V basierte Unix-Derivate im Einsatz. OSF/1 hat trotz aktueller Verfügbarkeit von Multiprozessorarchitekturen nur untergeordnete Bedeutung. Die Realität zeigt ferner, daß das traditionelle Unix-Konzept nach einigen Modifikationen am Betriebssystemkern heute durchaus auch mit Multiprozessorsystemen harmoniert.

Weit verbreitet: BSD und System V

Aus der Sicht des Anwenders enthalten alle Unix-Derivate im wesentlichen ähnliche Werkzeuge. Dennoch liefert eine kleine Zahl von Dienstprogrammen, die in den Unix-Varianten jeweils

den gleichen Namen tragen, bei Verwendung spezieller Programmparameter (Switches) unterschiedliche Ergebnisse.

Beispielsweise liefert der Aufruf von **ps –f** unter System V
zu einzelnen Programmen neben Prozeßnummer, Laufzeit (verbrauchte CPU-Zeit) und zugeordneten Ein-/Ausgabekanal auch
Benutzerkennung, Nummer des aufrufenden Prozesses sowie den
Zeitpunkt, an dem das Kommando gestartet wurde. In BSD-Unix
hingegen hat der Schalter **–f** für **ps** keine Bedeutung.

Zum Abschluß dieses Kapitels faßt Abbildung 2.1 die zeit-
liche Entwicklung der bisher genannten Unix-Versionen zusammen.

ps -f arbeitet
nicht
einheitlich

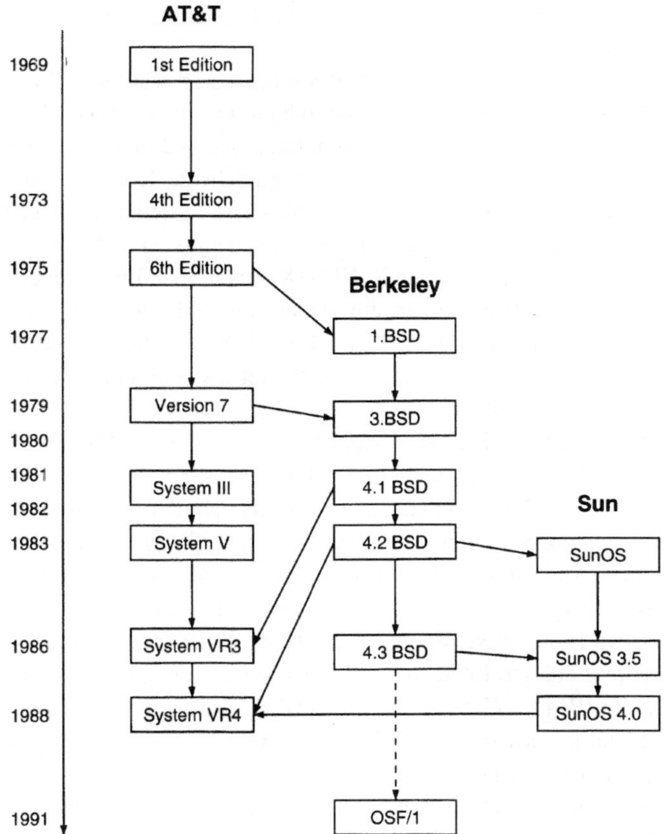

Abb. 2.1
Entwicklung
von Unix

2.3 PC-Unix-Varianten

Der Einsatz von Unix auf PCs gelang aufgrund von – gemessen an damals üblicher Hardwareausstattung – hohem Bedarf an Prozessorleistung, Arbeitsspeicher und Festplattenkapazität erst in den 80er Jahren. Als erste Unix-ähnliche Betriebssysteme für Microcomputer wurden 1982 QNX und 1983 PC/ix vorgestellt. Kurz darauf brachte Microsoft das Produkt Xenix auf den Markt, entwickelt in einer strategischen Partnerschaft von Microsoft und Santa Cruz Operation SCO. Dieses aus der AT&T Version 7 abgeleitete Produkt war für 8088/8086-PCs konzipiert. Der Name Xenix wurde gewählt, da AT&T einige Jahre zuvor den Namen Unix als geschütztes Warenzeichen eintragen ließ, so daß kein anderes Unternehmen seinem Produkt den Namen Unix verleihen durfte.

Microsoft und SCO: Xenix für 8088/8086-PCs

Portierungen von Unix auf Mikroprozessoren wurden frühzeitig für Motorolas 68000er CPUs durchgeführt, die als 16-Bit Prozessoren schon vor Intels Auslieferung der 80286er erhältlich waren. Wenig Popularität erfuhr – vielleicht zu Unrecht – das Produkt Lisa 68K UNIX, das für Apples Lisa Systeme entwickelt wurde. Höhere Akzeptanz erlebte das daraus von Microsoft und Tandy entwickelte Tandy XENIX, das auf Z80-basierenden Tandy Modell II Systemen einsetzbar war, falls diese über ein 68k-Erweiterungsboard verfügten. Etwa 1985 war dieses Produkt mit 250 000 Exemplaren weiter verbreitet als jede andere Unix-Version seiner Zeit.

Lisa 68K UNIX und Tandy XENIX

Kurz nach der breiten Verfügbarkeit von Intel 80286 Prozessoren stellte SCO im Jahre 1985 das Xenix-286 System V Release 2.0 vor. Aufgrund starker Inanspruchnahme des Prozessors allein für die Steuerung des Betriebssystems hatte es diese Implementierung jedoch zunächst schwer, mit dem auf demselben Prozessortyp etablierten MS-DOS zu konkurrieren.

16-Bit-Version SCO Xenix-286

Etwa 1986, quasi kurz nach der „Geburt" der Intel 80386 Prozessoren, drängte Interactive Systems, seinerzeit Entwickler von AIX für IBM, mit Interactive Unix in den Markt. AT&T erweiterte daraufhin das Interactive Unix um Xenix-Kompatibilität und stellte der Öffentlichkeit im Juli 1987 die so entstandene Version SysV R3 vor. Daraufhin häuften sich die Ankündigungen von PC-Unix-Varianten: X86 Sys V R3 (Microport), Esix (Everex) und Xenix System V/386 Version 3.2 erschienen kurz nacheinan-

Interactive Unix, AT&T SysV R3, X86 Sys V R 3, Esix, Xenix V/386

der. Zu dieser Zeit hat außerdem der Hersteller Sun sein SunOS
4.x zusammen mit einem eigens entwickelten PC Modell „Road-
runner" auf den Mark gebracht.

2.4 Freie Unix-Distributionen

Einen anderen Ansatz, Unix für Microcomputer bereitzustellen,
setzte Andrew Tanenbaum um, der im Rahmen seiner Tätigkeit
als Professor an der Freien Universität von Amsterdam 1987 das
PC-Lehrbetriebssystem Minix veröffentlichte. Minix entstand
völlig losgelöst von den Quellen zum AT&T-Unix und realisierte
immerhin die Funktionalität von Version 7. Hauptmerkmal von
Minix war die Verfügbarkeit des Systems als Quelltext, den jeder
gegen einen geringen Betrag erwerben konnte. Minix konnte sich
weltweit verbreiten und wurde von verschiedenen Programmierern auf Atari ST, Amiga und Apple MacIntosh portiert. Nach
dem Konzept des Autors soll Minix aber stets ein Lernsystem
bleiben; eine Änderung des Systemkerns zugunsten von Anwendungen, etwa Integration des X-Window-Systems, ist ausdrück-
lich ausgeschlossen.

Minix als PC-Lehr-Betriebssystem im Quelltext erhältlich

Linus Benedict Torvalds aus Helsinki, Finnland, zählte zu
denjenigen, die ihre ersten Unix-Erfahrungen mit Minix sammel-
ten. Auf Basis von Minix und dem im Quellcode frei erhältlichen
C-Entwicklungssystem der Free Software Foundation (FSF) ar-
beitete er seit März 1991 an einem kleinen, lauffähigen Betriebssystem, das er als Linux 0.01 im September 1991 kostenlos an interessierte Minix-Anwender verschickte. Vier Monate später präsentierte er mit der Version 0.12 einen stabil laufenden Betriebssystemkern nebst Bourne Again Shell als Kommandointerpreter,
GNU-C-Compiler, Micro-Emacs als Texteditor und diversen
Dienstprogrammen aus dem Fundus der Free Software Foundation FSF, landläufig als GNU-Utilities bezeichnet.

Linux 0.12 mit bash, C-Compiler und Micro-Emacs kostenlos erhältlich

Ebenfalls als kostenlos erhältliches Produkt konzipiert,
präsentierte der US-Amerikaner William F. Jolitz Anfang 1992
die Version 0.0 von 386BSD, abgeleitet aus der Networking
Software Release 2. Letztere wurde im EECS Department der
Universität von Californien, Berkeley, entwickelt und trägt in
weiten Teilen Bill Jolitz' Handschrift. Eine 1., auf diesem BSD-
konformen Betriebssystemkern basierende stabile Version bildete

PC-BSD-Unix 386BSD 0.0

das im November 1984 freigegebene NetBSD 0.8. Kurz danach, im Dezember 1994 wurde 386BSD schließlich in FreeBSD umgetauft. Keine der frei erhältlichen PC-BSD-Unixe konnte jedoch auch nur annähernd die Verbreitung erfahren, die Linux zu der Zeit schon hatte.

Linux enthält Merkmale von Posix, System V und BSD

Basis für den Erfolg von Linux bildete zweifellos die weltweite Unterstützung von Programmierern und Testern, die an unabhängigen Orten, allein unter Kommunikation über das Internet, den ursprünglichen Betriebssystemkern ausbauen halfen. Dabei wurde stets darauf geachtet, den Betriebssystemkern entsprechend den Vorschriften von POSIX zu gestalten, so daß praktisch automatisch Kompatibilität mit einer breiten Palette von frei erhältlicher oder universitär entwickelter Software besteht. Integration von Merkmalen sowohl der System V als auch der BSD Distributionen unterstützten außerdem die Portierung nahezu aller bedeutsamen Anwendungen auf Linux, sofern sie als Quelle frei erhältlich waren. Darüber hinaus haben heute bereits diverse namhafte Softwarehersteller ihre kommerziellen Produkte auf Linux portiert.

Linux läuft auf Intel-, DEC-Alpha-, MIPS-, PowerPC- und SPARC- Architekturen

Ursprünglich wurde Linux speziell für PCs mit Intel-Prozessoren konzipiert. Breites Interesse an den Leistungsmerkmalen des Betriebssystemkerns führte schließlich zur Gründung von Arbeitsgruppen, die das Ziel verfolgten, Linux für weitere Rechnerarchitekturen anzupassen. Erste Versuche wurden seinerzeit auf den Motorola 680x0-basierenden Atari- und Amiga-Systemen unternommen. Nach kurzer Zeit war Linux auf diversen 680x0-basierenden Systemen lauffähig. Daraufhin entstanden Projekte, die weitere Portierungen auf Acorn ARM-, DEC-Alpha-, MIPS-, PowerPC- und SPARC-Architekturen ermöglichten.

Linux/SMP ist Multiprozessor- fähig

Seit der Freigabe von Linux Version 2.0 enthalten die Quellen des Betriebssystemkerns standardmäßig alle Komponenten, die für eine Anpassung auf die genannten Prozessortypen erforderlich sind. Ferner wurde dort Unterstützung für HyperSPARC- und Intel-basierte Multiprozessorsysteme (SMP) integriert. Seit der Version 2.1.92 des „Developer-Kernels" ist Linux auch auf DEC-Alpha-basierten Multiprozessorsystemen einsetzbar. SMP-fähige Kernel für PowerPC-, SuperSPARC- und UltraSPARC-Architekturen sind in der Entwicklung.

Bedienung von Linux

Nach dem ersten Einschalten eines Linux-Rechners sieht man sich mit vielzähligen Systemmeldungen konfrontiert, die unter anderem umfangreiche Informationen zur vorhandenen Hardwareausstattung enthalten. Diese Meldungen erzeugt der Betriebssystemkern, während er das System „hochfährt". Die Betriebsbereitschaft zeigt der Computer mittels eines Login-Prompts, der den Anwender zum Anmelden beim System auffordert. Das in Linux realisierte Konzept virtueller Konsolen bietet dem Anwender ferner die Möglichkeit, sich an der Konsole des Systems mehrfach anzumelden (siehe Kapitel 3.1.1).

Anmelden über eine virtuelle Konsole

Die eigentliche Arbeit unter Linux besteht im Aufrufen von Kommandos durch Angabe eines Kommandonamens und eventueller Kommandozeilenargumente; letztere steuern die Arbeitsweise des Kommandos. Dabei kommuniziert der Anwender normalerweise nicht direkt mit dem Betriebssystemkern, sondern mit einem Kommandointerpreter. Seine Aufgabe ist es, Kommandozeilen entgegenzunehmen und nach ihrer Analyse das gewählte Kommando entweder selbst auszuführen oder die Kommandozeilenargumente an ein anderes Programm weiterzuleiten.

Der Kommandointerpreter analysiert die Kommandozeile

Jede Linux-Distribution verfügt über eine Vielfalt von Unix-Basiskommandos, Werkzeugen zur Systemverwaltung und komplexen Anwendungen für Aufgabenstellungen aus verschiedensten Bereichen. Um dem Anwender geeignet Auskunft über Sinn und Zweck einzelner Kommandos sowie Aufrufkonvention und Arbeitsweise liefern zu können gehört ein On-line-Manual zur Grundausstattung des Systems, das in gewisser Weise eine Hilfefunktion bereitstellt.

Basiskommandos und Anwendungen erläutert das On-line-Manual

Ziel dieses Abschnitts ist es, dem Linux-Anwender notwendige und mögliche Schritte zum An- und Abmelden beim System aufzuzeigen, grundlegende Techniken zum Umgang mit dem Kommandointerpreter zu beleuchten und die Bedienung des On-line-Manuals sowie der darin zu findenden Informationen zu erklären. Zur Illustration herangezogene konzeptionelle Elemente von Linux, nämlich Prozesse und Dateien, werden in den folgenden Kapiteln im Detail diskutiert.

3.1 Login, Logout, Shutdown

Das Anmelden dient dem Datenschutz

Die Login-Prozedur (das Anmelden beim System) dient dazu, eine eindeutige Zuordnung privater Daten zu ihren Besitzern herstellen zu können und den ungewollten Zugriff anderer auf eigene Daten zu verhindern. Im einzelnen ist die Login-Prozedur wie folgt durchzuführen:

1. Schritt: Benutzernamen eingeben

- Unmittelbar hinter der Systemmeldung

  `login:`

  ist der Benutzername einzugeben (beispielsweise `marion`) und mit der Return-Taste abzuschließen.

- Normalerweise fordert Linux anschließend zur Eingabe eines vom Benutzer gewählten (oder ihm zugeteilten) Paßworts auf. Sollte das System sich nach Eingabe des Benutzernamens mit

2. Schritt: Sicherheitsabfrage

  `Password:`

  melden, ist diese Sicherheitsabfrage entsprechend zu beantworten. Es ist darauf zu achten, daß das Paßwort vollständig und fehlerfrei eingegeben und mit der Return-Taste abgeschlossen wird, da Linux das Paßwort auf dem Bildschirm nicht angezeigt.

Groß- und Kleinschreibung beachten

In beiden Fällen ist auf Groß- und Kleinschreibung zu achten, da Linux (und jedes andere Unix) zwischen Groß- und Kleinschreibung unterscheidet. Falls das System anschließend die Meldung

`Login incorrect`

ausgibt, gibt es dafür 2 Ursachen: Entweder wurde das Paßwort nicht ordnungsgemäß eingegeben oder bei der Eingabe des Benutzernamens wurde ein Fehler gemacht. In beiden Fällen meldet sich der Login-Prompt von neuem.

Wurden die Eingaben korrekt durchgeführt, dann eröffnet das System eine Sitzung (Session). Im einzelnen startet Linux dazu einen Kommandointerpreter und fordert zur tastaturgesteuerten Eingabe von Kommandos auf.

Eine Session beginnt im Heimatverzeichnis

Unmittelbar nach erfolgter Anmeldung befindet sich der Benutzer in seinem Heimatverzeichnis (dem aktuellen Arbeitsverzeichnis). Das System zeigt seine Bereitschaft zur Kommunikation mit dem Anwender mittels eines Bereit-Zeichens (dem Shell-Prompt) an. Das Aussehen des Prompts ist relativ leicht änderbar; entsprechend erforderliche Kommandosequenzen sind auf den Seiten 244 und 245 aufgezeigt. Beispielsweise spiegelt der Shell-Prompt

Der Shell-Prompt erwartet die Eingabe von Kommandos

```
marion@jeannie:~$
```

den Namen des Benutzers (**marion**), des Systems (**jeannie**) und das Heimatverzeichnis (**~**).

Zum Beenden einer Sitzung dient das Kommando **logout**; nach seiner Eingabe zeigt der Bildschirm wieder den bereits bekannten Login-Prompt. Ist ein komplettes Abschalten des Systems geplant, dann ist es unbedingt erforderlich, das System vor dem Ausschalten „herunterzufahren".

Herunterfahren, dann Abschalten

Der Grund dafür liegt darin, daß das Betriebssystem allein zur Betriebsbereitschaft eine Vielzahl von Programmen steuert, die geöffnete Dateien unterhalten. Ein unbedarftes Ausschalten, das übrigens dieselben Auswirkungen nach sich zieht wie ein Betätigen der Reset-Taste, führt in der Regel zu einem korrupten Dateisystem. In den meisten Fällen kann Linux korrupte Dateisysteme bei einem Neustart selbständig reparieren. Es ist jedoch ratsam, dies nicht unnötig zu provozieren, da eine Reparatur des Dateisystems an zeitraubende Integritätstests gekoppelt ist.

Plötzliches Ausschalten führt zu korrupten Dateisystemen

Linux bietet 3 Befehle zum Herunterfahren des Systems: **shutdown**, **halt** und **reboot**. Diese Befehle sind „privilegiert" und damit der Ausführung seitens des Systemverwalters vorbehalten. Da in vielen Fällen der Linux-Anwender gleichzeitig auch Linux-Systemverwalter ist, sei an dieser Stelle gezeigt, wie man das Recht zur Ausführung dieser Kommandos erwirbt: Entweder

shutdown, halt und reboot sind privilegierte Kommandos

meldet man sich im System als Superuser an (auf den Login-Prompt mit **root** antworten) oder man gibt während einer Sitzung das Kommando **su** ein. In beiden Fällen ist nachfolgend das Paßwort des Systemverwalters einzugeben. Daraufhin kann der Anwender (genauer: Systemverwalter) das System mit einem der genannten Befehle herunterfahren.

Der Befehl **shutdown**, ohne zusätzlichen Parameter aufgerufen, fährt das System nach einer Wartezeit von 2 Minuten herunter. Während dieser Zeit benachrichtigt Linux alle am System aktiven Benutzer in periodischen Abständen über die Zeit bis zum Shutdown. Ist eine andere Wartezeit gewünscht, läßt sich dies mittels eines Arguments **now** (sofort), **+mins** (nach einer Anzahl von Minuten) oder **hh:ss** (zu bestimmter Zeit) steuern. Fünf Minuten vor Erreichen der Shutdown-Zeit erzeugt das System die Datei **/etc/nologin** mit dem Inhalt, daß das System heruntergefahren wird und kein Anmelden mehr erlaubt ist. Lediglich der Systemverwalter darf sich in dieser Periode noch anmelden.

*Shutdown
benachrichtigt
alle Benutzer*

Weitere von **shutdown** akzeptierte Kommandozeilenparameter veranlassen das System, nach dem Herunterfahren entweder anzuhalten (Option **-h**, Halt) oder den Betriebssystemkern neu zu laden (Option **-r**, Reboot). Der Aufruf von **halt** entspricht einem **shutdown -h now**. Analog bewirkt **reboot** ein **shutdown -r now**.

*Neustart
mit reboot,
Systemstop
mit halt*

3.1.1 Virtuelle Konsolen

Virtuelle Konsolen bieten die Möglichkeit, mehrere Kommandointerpreter im Wechsel bedienen zu können. Standardmäßig sind je nach verwendeter Linux-Distribution 4 oder 6 virtuelle Konsolen vereinbart, zwischen denen der Anwender mit den Tastenkombinationen **Alt-F1** ... **Alt-F4** (**Alt-F6**) umschalten kann.

*Virtuelle
Konsolen:
ALT–F1...
ALT–F6*

Das Konzept virtueller Konsolen stellt eine Methode bereit, unter Linux mehrere Programme quasi gleichzeitig laufen lassen zu können und damit die Multitaskingfähigkeit des Systems zu nutzen. Jede Konsole stellt praktisch einen vollwertigen und unabhängigen Arbeitsplatz dar.

*Mehrere
unabhängige
Arbeitsplätze*

Analog zur 1. Anmeldung beim System zeigt Linux nach dem Umschalten auf eine andere virtuelle Konsole zunächst den

Login-Prompt und fordert zur Eingabe von Benutzername und Paßwort auf, um nach erfolgreicher Anmeldung einen weiteren Kommandointerpreter zu laden. Prinzipiell ist es dabei möglich (und auch erlaubt), sich auf jeder virtuellen Konsole unter einer anderen Benutzerkennung anzumelden.

Programme, die der Anwender von einer virtuellen Konsole aus aufruft, laufen auch nach dem Umschalten auf eine andere virtuelle Konsole weiter. Eine mögliche Nutzung virtueller Konsolen könnte darin bestehen, zum einen an einem Programmtext weiterzuarbeiten, zum anderen die kurz zuvor abgespeicherte Version mit einem Compiler zu übersetzen, etwa, um syntaktische Fehler aufzudecken. Ein Verlassen und Neuladen des Editors kann dann entfallen, da einfach nur auf eine alternative virtuelle Konsole umzuschalten ist.

Compilieren, ohne den Editor zu verlassen

3.2 Schnelleinstieg

Nach erfolgreicher Anmeldung wird der Anwender geneigt sein, erste Experimente zu unternehmen, um sich mit dem System vertraut zu machen. Ziel dieses Abschnitts ist es, einige Unix-Basiskommandos aufzuzählen und ihre Wirkungsweise kurz zu erläutern, aufgebaut im Stil einer nachvollziehbaren Beispielsitzung.

Den Benutzernamen, unter dem sich der Anwender angemeldet hat, gibt das System nach Eingabe von

```
whoami
```

aus. Eine umfangreichere Information, die zusätzlich zum Benutzernamen auch den Hostnamen (den Namen des Systems), erweitert um den Domainnamen (die Kennung der Organisation), sowie Namen der verwendeten Dialogstation und aktuelles Datum nebst aktueller Uhrzeit enthält, liefert

who am i zeigt Benutzer-, Host- und Domainnamen

```
who am i
```

Detaillierte Angaben zur Benutzerkennung und allen Gruppen, denen der Benutzer angehört, erhält man nach Eingabe von

```
id
```

Als nächstes könnte man mit Aufruf von **set** einen Blick auf den Kontext werfen, den der Kommandointerpreter verwendet:

```
set
```

liefert Werte von gesetzten Umgebungsvariablen, zu denen unter anderem **USER** (Benutzername), **UID** (Benutzerkennung), **SHELL** (verwendeter Kommandointerpreter), **PWD** (aktuelles Arbeitsverzeichnis) und der sogenannte Suchpfad **PATH** zählen. Letzterer ist insofern wichtig, als dieser die Shell dazu veranlaßt, ausführbare Programme, die ohne komplette Pfadangabe eingegeben wurden, in den unter **PATH** angegebenen Verzeichnissen zu suchen.

PATH enthält Suchpfade für Programme

Auskunft über aktuell aktive Programme (genauer: die vom Betriebssystemkern aktuell unterhaltenen Prozesse) erzeugt der Befehlsaufruf

```
ps -al
```

Bei diesem Aufruf ist **ps** der Programmname und **-al** eine Kommandozeilenoption. Nahezu jedes Unix-Basiskommando verarbeitet eine Reihe von Kommandozeilenoptionen, die seine Wirkungsweise steuern (die Mehrzahl der Programme erkennt Kommandozeilenoptionen am einleitenden Minuszeichen). Soll ein Programm mehrere Optionen verarbeiten, kann man diese entweder einzeln angeben oder auch direkt hintereinander. Das Ergebnis von **ps -al** beispielsweise läßt sich auch durch Aufruf von **ps -a -l** erreichen.

Optionen steuern die Arbeitsweise der Programme

Zum Zugriff auf den Unix-Verzeichnisbaum, der alle dem Benutzer zugänglichen Programme und Daten in einer hierarchischen Struktur verwahrt, dient unter anderem der Befehl

```
ls
```

zum Anzeigen von Inhalten eines oder mehrerer Verzeichnisse. Sollte **ls**, im Heimatverzeichnis des Anwenders aufgerufen, behaupten, daß dort keine Dateien vorhanden sind, liegt das daran, daß **ls** nur diejenigen Dateien anzeigt, die nicht mit einem Punkt beginnen. Abhilfe schafft hier der Aufruf von **ls -a**, der mindestens die beiden Verzeichnisdateien . (aktuelles Verzeichnis) und .. (übergeordnetes Verzeichnis) ausgibt. An dieser Stelle ein kleiner Tip: **ls -F** kennzeichnet ausführbare Dateien durch angehängten Stern *.

ls -a zeigt auch „verborgene" Dateien an

Das Kommando **ls** zeigt Dateien und Verzeichnisse an, die sich im aktuellen Arbeits- oder einem anderen Verzeichnis befinden: **ls** beispielsweise zeigt den Inhalt des aktuellen Arbeitsverzeichnisses, **ls /usr/bin** hingegen die Namen aller Dateien, die sich im Verzeichnis **/usr/bin** befinden (mit einem Punkt beginnende ausgenommen). Letzterer Aufruf hat nun aber den Nachteil, daß man nur die letzten Zeilen der Ausgabe sieht, da die komplette Ausgabe mehr Platz beansprucht als der Bildschirm bereitstellt.

Leider sieht **ls** keine Option vor, die eine seitenweise Ausgabe von Verzeichnisinhalten ermöglicht. Statt dessen ist hier eine Technik anzuwenden, die eine herausragende Eigenschaft von Unix prägt: Man ruft ein 2. Unix-Kommando

```
more
```

auf, das im wesentlichen der seitenweisen Anzeige von Informationen dient, und fordert dieses Programm auf, die Ausgabe von **ls** weiterzuverarbeiten. Zur Informationsübermittlung bedient man sich einer Pipeline:

Pipelines verbinden Programme

```
ls /usr/bin | more
```

bewirkt, daß das **ls**-Kommando seine Ausgabe auf eine Art temporäre Datei schreibt und **more** anschließend diese als Eingabedatei benutzt.

Als nächstes wird man sich wünschen, Dateiinhalte einzusehen. Auch hier ist **more** das bevorzugt eingesetzte Kommando.

```
more /var/log/messages
```

etwa gibt unter anderem die Systemmeldungen aus, die beim Hochfahren auf der Konsole angezeigt wurden. Das können mit der Zeit sehr viele werden, da der Betriebssystemkern diese Datei bei jedem Neustart um Meldungen über seine aktuelle Konfiguration erweitert. Um nur die letzten Zeilen auszugeben, verwendet man besser das Kommando **tail**, gegebenenfalls mit einer Zeilenzahl als Argument. Beispielsweise liefert

/var/log/messages enthält Systemmeldungen

```
tail -50 /var/log/messages
```

die letzten 50 Zeilen der Datei. Für seitenweise Ausgabe sei empfohlen, das Ergebnis von **tail** ebenfalls über eine Pipeline an **more** weiterzuleiten.

Ferner dürfte es interessant sein, eigene Dateien anzulegen. Der einfachste Weg besteht im Kopieren bereits vorhandener Dateien:

```
cp /etc/passwd ~
```

etwa kopiert die Tabelle der lokal bekannten Benutzerkennungen in das Heimatverzeichnis des Anwenders (~ kennzeichnet dabei das Heimatverzeichnis). Nun befindet sich im Heimatverzeichnis eine Datei **passwd**, die man jedoch vielleicht lieber unter einem anderen Namen dorthin kopiert hätte. Also wird man die Datei umbenennen wollen, und das geht bequem mit

/etc/passwd enthält die Benutzerkennungen

```
mv ~/passwd ~/Liste
```

Einfacher wäre es zweifellos gewesen, beim Kopieren mit **cp** die Zieldatei gleich so zu benennen, wie sie heißen soll, also

```
cp /etc/passwd ~/Liste
```

einzugeben. Beim Umgang mit **cp** – und auch mit **mv** – ist zu beachten, daß diese Kommandos auch mehrere Quelldateien kopieren können, wobei dann das Ziel ein Verzeichnis sein muß. Zu beachten ist, daß das Betriebssystem ein Kopieren von Dateien untersagt, wenn der Anwender im Zielverzeichnis kein Schreibrecht hat. Ein Umbenennen setzt voraus, daß der Anwender im Quell- und im Zielverzeichnis Schreibrecht hat.

Kopieren und Umbenennen erfordert Schreibrecht

Eigene Verzeichnisse legt der Befehl **mkdir** an, gefolgt von einem oder mehreren Verzeichnisnamen. Das gelingt grundsätzlich nur dort, wo man selbst Schreibberechtigung hat; für das eigene Heimatverzeichnis ist diese Voraussetzung in der Regel gegeben. Als Beispiel erzeugt

mkdir erzeugt Unterverzeichnisse

```
mkdir ~/bin ~/tmp
```

2 Unterverzeichnisse und anschließendes

```
cp /bin/c* ~/tmp
```

kopiert alle Dateien aus **/bin** nach **~/tmp**, deren Name mit dem Buchstaben **c** beginnt.

Schwieriger wird es nun, wenn mit einem Kommando alle Dateien aus **~/tmp** nach **~/bin** bewegt werden und zusätzlich diese dort anders heißen sollen. Derartige Operationen erfordern ein Miniprogramm, das Kommandos der Shell-Programmiersprache nutzt. Lautet das aktuelle Arbeitsverzeichnis `~/tmp` – nach Eingabe von

```
cd ~/tmp
```

ist dies der Fall –, dann bewegt folgende Kommandozeile alle dort befindlichen Dateien nach `~/bin` mit dem Zusatz, daß jede Datei eine zusätzliche Kennung `.org` erhält:

```
for i in *; do mv $i ~/bin/$i.org; done
```

Linux-Shells interpretieren Shell-Programme

In der Praxis ist es üblich, derartige Shell-Programme in mehreren Zeilen einzugeben und dabei anstelle des Semikolon jeweils die Return-Taste zu betätigen. Ferner kann man solche Shell-Programme in eine Datei schreiben und diese anschließend aufrufen.

Standardwerkzeug zum Erstellen und Bearbeiten „lesbarer" Dateien ist der Editor **vi**, der zwar in seiner Bedienung etwas gewöhnungsbedürftig, aber garantiert in jeder Unix-Distribution enthalten und überall gleich zu handhaben ist. Um obiges Shell-Programm als Datei `~/tmp/mymv.sh` anzulegen, ist zunächst

Der Unix-Bildschirmeditor heißt vi

```
vi ~/tmp/mymv.sh
```

aufzurufen. Daraufhin ist die Taste **i** zu betätigen, um den Editor vom Kommando- in den Eingabemodus zu schalten, und nun kann man das Programm eingeben. Abschließendes Betätigen der Escape-Taste wechselt in den Kommandomodus zurück. Nach Eingabe eines Doppelpunkts **:** schaltet **vi** in den sogenannten **ex**-Modus. Hier sind einzelne Befehlszeilen stets mit Return abzuschließen. Das Kommando **w** speichert die Arbeitsergebnisse, **:q** schließlich führt zum Beenden des Editors. Möchte man den Editor ohne Speichern verlassen, dann leistet die Sequenz **:q!** das Gewünschte – vorausgesetzt, man befindet sich nicht im Eingabemodus.

vi-Betriebsarten: Kommando-, Eingabe- und ex-Modus

Die so erzeugte Datei hat den Status einer gewöhnlichen Textdatei, läßt sich also nicht direkt ausführen. Zwei Wege bieten sich an, das Programm auszuführen: Entweder wird durch Aufruf von

```
sh ~/tmp/mymv.sh
```

der Kommandointerpreter **sh** aufgefordert, den Inhalt der Datei `~/tmp/mymv.sh` zeilenweise auszuführen oder die Datei wird mit

```
chmod +x ~/tmp/mymv.sh
```

*chmod setzt
Zugriffsrechte*

in eine ausführbare Datei überführt. Im letzteren Fall wird anschließend aufgerufenes `ls -F` dies durch einen an den Dateinamen angehängten Stern anzeigen.

Detaillierte Angaben zum Inhalt von Dateien liefert das Kommando `file`. Beispielsweise zeigt der Aufruf

*file
identifiziert
Dateitypen*

```
file /usr/bin/* | more
```

zu jeder in `/usr/bin` befindlichen Datei ihren Dateityp an. Mögliche Dateitypen sind „Bourne Shell skript text", „ELF 32-bit LSB executable i386", „symbolic link to ..." und so fort.

Wer über einen Drucker verfügt, den dürfte es interessieren, wie das zuvor erzeugte Programm `~/tmp/mymv.sh` zu Papier zu bringen ist:

*Drucken
mit lpr*

```
lpr ~/tmp/mymv.sh
```

lautet das dafür benötigte Kommando. Außerdem möchte man vielleicht die erzeugte Datei auf eine Diskette kopieren, etwa unter Verwendung von `mcopy` – das ist ein Werkzeug aus dem „mtools" genannten Paket zur Handhabung von DOS-Disketten – auf eine DOS-formatierte Diskette. Der Befehl

```
mcopy ~/tmp/mymv.sh a:
```

*mcopy bedient
DOS-Disketten*

kopiert die Datei auf eine in Laufwerk A befindliche DOS-Diskette; die anschließende Eingabe von `mdir a:` zur Anzeige dort befindlicher Dateien wird dies bestätigen. Zum Transfer von Dateien in die Gegenrichtung, also von einer DOS-formatierten Diskette in den Linux-Verzeichnisbaum, ist einfach die Reihenfolge zu vertauschen:

```
mcopy a:mymv.sh ~/tmp
```

kopiert die zuvor ausgelagerte Datei in das angegebene Zielverzeichnis.

Bleibt noch zu klären, wie man im Verzeichnisbaum befindliche Dateien löscht. Einziges Unix-Basiskommando zum Entfernen von Dateien ist `rm`, das unter Verwendung der Option `-r` auch Verzeichnisse nebst darin enthaltener Dateien und Verzeichnisse (rekursiv) löscht. Mit

*rm entfernt
Dateien*

```
rm -r ~/bin ~/tmp ~/Liste
```

kann der Anwender sämtliche, im Rahmen dieser Beispielsitzung erstellte Dateien und Verzeichnisse entfernen. Da das einzige produktive Ergebnis dieser Beispielsitzung auf Diskette gespeichert wurde, läßt es sich ferner in einer späteren Sitzung durch Aufruf eines geeignet parametrisierten **mcopy**-Befehls zurückladen.

3.3 Kommandointerpreter

Aufgabe des Kommandointerpreters (der Shell) ist es, vom Anwender eingegebene Kommandozeilen zu analysieren respektive zu interpretieren und die dort benannten Programme zu starten. Linux-Distributionen enthalten standardmäßig diverse Kommandointerpreter, unter anderem die Bourne Again Shell **bash**, die TENEX-Style C-Shell **tcsh** und die Public Domain Korn Shell **ksh**. Diese bieten einen ansprechenden Bedienungskomfort und stellen außerdem eine eigene Programmiersprache bereit.

Linux Kommandointerpreter: bash, ksh und tcsh

In den folgenden Abschnitten wird erläutert, wie ein Kommando beziehungsweise eine Kommandozeile strukturiert ist. Ferner sind einige wichtige Eigenschaften der **bash** (Linux-Standard-Shell) aufgeführt, die zügiges Arbeiten unter Linux begünstigen: Editieren der Kommandozeile, Verwendung von Jokerzeichen sowie Umleiten von Ein- und Ausgabe. Außerdem wird gezeigt, wie Befehlssequenzen strukturiert werden können, wie man Hintergrundprozesse startet und es wird die Bedeutung von Pipelines für die Arbeit unter Unix/Linux angedeutet. Details zum Sprachvorrat und zur Syntax der Shell-internen Programmiersprachen sind in Kapitel 9 zusammengefaßt.

Die Linux-Standard-Shell ist die bash

3.3.1 Kommandosyntax

Kommandos können aus einem Wort oder mehreren Wörtern beziehungsweise Symbolfolgen bestehen, die voneinander durch Leer- oder Tabulatorzeichen zu trennen sind und so insgesamt eine Kommandozeile bilden. Das 1. Wort einer Kommandozeile entspricht dem Kommandonamen (dem Namen eines Programms), weitere Wörter oder Symbole bilden Kommandoargu-

Kommandoname + Argumente = Kommandozeile

mente. Nach Abschluß einer Kommandozeile (durch Betätigen der Return-Taste) analysiert die Shell die Kommandozeile und startet das benannte Programm nebst der gewählten Kommandoargumente.

Zu unterscheiden ist zwischen 2 Arten von Kommandoargumenten:

Es gibt 2 Arten von Kommandoargumenten

- normale Parameter, die Zeichenketten repräsentieren oder Dateien benennen und

- Zusatzangaben (Optionen), die die Arbeitsweise des Programms steuern.

Beispielsweise besteht die Kommandozeile

```
ls -l /usr /bin
```

aus dem Kommandonamen **ls**, den normalen Parametern **/usr** und **/bin** (das sind genaugenommen Verzeichnisnamen) und der Option **-l**, die das Kommando **ls** auffordert, eine ausführliche Liste der benannten Verzeichnisse anzufertigen.

*Sonderzeichen maskiert der Backslash *

Dateinamen dürfen auch Buchstaben enthalten, die für den Kommandointerpreter eine besondere Bedeutung haben. Einige Buchstaben, beispielsweise **#**, **?** und **** sind durch vorangestellten Backslash **** zu maskieren. So liefert etwa der Aufruf von

```
ls \#*
```

alle temporären Sicherungskopien, die das Programm **emacs** erzeugt. Anderenfalls und insbesondere bei Zeichenketten kann es erforderlich sein, den Parameter in einfache **'** oder doppelte Hochkommata **"** einzuschließen. Dies gilt speziell für Zeichenketten, die ein Leerzeichen enthalten:

Hochkommata klammern Zeichenketten

```
grep "mehr Zeichen" Testdatei
```

zeigt Zeilen der Datei **Testdatei** an, die die Wortsequenz **mehr Zeichen** enthalten. Ohne Verwendung der Hochkommata hätte **grep mehr** als zu suchende Zeichenkette verstanden und **Zeichen** als Dateiname interpretiert.

Viele Unix-Programme erwarten ein vorangestelltes Minuszeichen **–** vor einer Option. Häufig akzeptieren sie Buchstabengruppen als Liste von Optionen, zusammengefaßt hinter einem einzelnen Minuszeichen. Zusätzlich verarbeiten Programme, die von der Free Software Foundation entwickelt wurden, in der Regel auch Optionen, die aus einzelnen oder zusammengesetzten Wörtern zu bilden sind.

Diese Optionen verwenden 2 vorangestellte Minuszeichen und sind voneinander durch Leerzeichen oder Tabulatoren zu trennen. Gewissermaßen als Markenzeichen verarbeiten viele Programme, die von der Free Software Foundation entwickelt wurden, die beiden Optionen

    --help und

    --version

GNU-Programme verarbeiten --help und --version

und geben bei Aufruf des jeweiligen Kommandos eine Kurzhilfe aus oder zeigen seine Versionsnummer an.

Leider folgen jedoch nicht alle „GNU-Programme" diesem Vorbild: Der Aufruf von **bash --help** etwa führt zu einer Fehlermeldung, während **bash -help** neben der Anzeige seiner Versionsnummer eine zusätzliche Shell startet, aber keinen Hinweis auf seine Bedienung liefert.

3.3.2 Umgebungsvariablen

Zu den Fähigkeiten von Unix-Kommandointerpretern zählt die Definition von einem Kontext, geprägt durch Umgebungsvariablen, der das Verhalten aufgerufener Kommandos beeinflußt. Auskunft über bereits vorhandene Umgebungsvariablen liefert der Aufruf von **set**,

Umgebungs-variablen prägen den Prozeßkontext

    export Variable=Wert

setzt eine neue Variable oder ändert den Wert einer vorhandenen. Wichtige Umgebungsvariablen sind **PATH** (dort sucht der Kommandointerpreter nach ausführbaren Dateien), **PS1** (bestimmt das Erscheinungsbild des Shell-Prompts) und **TERM**.

Falsche oder unvollständige Einträge in **TERM** können die Ursache dafür sein, daß der Bildschirmeditor **vi** unerwartet einen unbrauchbaren Bildschirmaufbau präsentiert, da die vom **vi** erzeugten Steuersequenzen nicht auf das Terminal abgestimmt sind. Abhilfe schafft in vielen Fällen die Definition

TERM steuert den Bildschirm-aufbau

```
export TERM=linux  oder
export TERM=xterm
```

Die 1. Zuweisung stellt sicher, daß anschließend der **vi** problemlos auf der Linux-Konsole einsetzbar ist. Im 2. Fall erzeugt ein danach aufgerufener **vi** Steuersequenzen, die eine **xterm**-Anwendung versteht.

$PATH liefert den Wert von PATH

Häufig ist es erforderlich, auf den Wert von Umgebungsvariablen zuzugreifen. Dazu ist dem Namen einer Umgebungsvariablen einfach ein Dollar-Zeichen voranzustellen, woraufhin die Shell die Variable durch ihren Wert ersetzt. Beispielsweise führt der Aufruf von

```
echo $PATH
```

zur Anzeige der Verzeichnisse, die der Kommandointerpreter nach ausführbaren Programmen durchsucht.

3.3.3 Editieren der Kommandozeile

Einfügen, Löschen, Wiederholen, Ändern und Suchen

Innerhalb einer Kommandozeile ist mittels Pfeil-Links und Pfeil-Rechts (←, →) gezieltes Positionieren des Cursors möglich. Im einzelnen stehen dadurch komfortable Editierfunktionen bereit, die das Löschen fehlerhaft eingegebener sowie das Einfügen fehlender Zeichen einschließen. Ein integrierter Kommandozeilenspeicher erlaubt ferner über Pfeil-Auf und Pfeil-Ab (↑, ↓) den Zugriff auf bereits abgearbeitete Kommandozeilen. Anwendern der Bourne Again Shell **bash** erlaubt die Funktion **C-R** (Control-Taste gedrückt halten und den Buchstaben **R** betätigen) gezieltes Suchen nach einer bestimmten Kommandozeile. Anstelle des Prompts zeigt die **bash** daraufhin den Text

```
(reverse-i-search)`':
```

und durchsucht nach Eingabe einzelner Zeichen den Kommandozeilenspeicher nach dem passenden Begriff. Dabei wird stets die letzte, entsprechend der eingegebenen Ziffernfolge passende Kommandozeile angezeigt. Die Eingabe von **M-<** (Escape-Taste und anschließend **<** betätigen) zeigt das „älteste" gespeicherte Kommando, **M->** das aktuell zu bearbeitende.

Die Anzahl Kommandos, die der Kommandozeilenspeicher (History-Liste) verwahrt, steuert die Umgebungsvariable **HIST-SIZE**; voreingestellter Wert ist 500. Beendet der Anwender eine Shell (mit **exit** oder **C-D**), dann speichert diese ihre aktuelle History-Liste in der Datei **$HISTFILE** (normalerweise ist dies **~/.bash_history**). Die maximale Zeilenzahl dieser Datei legt die Umgebungsvariable **HISTFILESIZE** fest.

Umgekehrt füllt eine neu gestartete Shell ihre History-Liste bei der Initialisierung mit den Einträgen aus **~/.bash_history** auf. Dadurch kann der Anwender auch in einer späteren Sitzung noch auf Kommandozeilen zugreifen, die er während seiner letzten Sitzung eingegeben hat.

~/.bash_history speichert „alte" Kommandozeilen

3.3.4 Jokerzeichen

Alle Linux-Kommandointerpreter erlauben die Verwendung von Jokerzeichen (sogenannte Wildcards), die ein beliebiges Zeichen, eine beliebige Folge von Zeichen oder ein Zeichen innerhalb eines Bereichs repräsentieren. Leerzeichen haben die Bedeutung von Worttrennern; ein Jokerzeichen steht niemals für ein Leerzeichen. Jokerzeichen lassen sich auf folgende 3 Arten verwenden:

Wildcards repräsentieren mehrere Zeichen

> **?** für ein beliebiges ASCII-Zeichen,
>
> ***** für eine beliebige (auch leere) Folge von ASCII-Zeichen mit Ausnahme des Punkts „.",
>
> **[Bereich]** für ein Zeichen innerhalb eines Intervalls.

Nachstehende Beispiele erläutern den Umgang mit Jokerzeichen:

> **a?a** beschreibt die Menge aller 3stelligen Zeichenketten, die mit **a** anfangen und mit **a** aufhören.

aaa, aba, a1a, ...

> **a?a*** interpretiert die Shell als die Menge aller Zeichenketten mit 3 oder mehr Zeichen, die mit **a** anfangen und an dritter Stelle ein **a** enthalten.

a1abc, alabaster, ...

> **?[A-Z]*** liefert alle Zeichenketten mit mindestens 2 Zeichen, bei denen an zweiter Stelle ein Großbuchstabe steht.

UNIX, tEx, ...

> **.[a-z]?*** beschreibt alle Zeichenketten, die mit einem Punkt beginnen, gefolgt von einem kleinen Buchstaben, und mindestens aus 3 Zeichen bestehen.

.exrc, .xinitrc, ...

3.3.5 Umleiten von Ein- und Ausgabe

Viele Unix-Programme konsumieren und/oder produzieren Daten, indem sie die zu verarbeitenden Informationen von der Standardeingabe **stdin** einlesen, Ergebnisse an die Standardausgabe **stdout** und etwa auftretende Fehler an den Fehlerkanal **stderr** weiterleiten. Diese 3 Standardkanäle stellt stets das „Laufzeitsystem" bereit, das Bestandteil jedes Programms ist.

Programme lesen aus stdin und schreiben auf stdout

Im Normalfall ordnet das Laufzeitsystem alle 3 Kanäle der Dialogstation zu; Eingaben entnimmt die Anwendung von der Tastatur, Ausgaben erscheinen auf dem Bildschirm. Intern verwendet Unix (und auch Linux) dafür die Kanalnummern **0** (Standardeingabe), **1** (Standardausgabe) und **2** (Standardfehlerkanal).

Möchte man diese 3 Kanäle auf Dateien umlenken, dann ist der Kommandointerpreter mittels Umleitungsoperatoren aufzufordern, die Standardkanäle durch Dateikanäle zu ersetzen. Die **bash** erlaubt ein Umlenken dieser 3 Kanäle unter Verwendung der Umleitungsoperatoren **<**, **>** und **2>**:

Umleitungsoperatoren öffnen Dateien zur Datenein-/ausgabe

[n]< Datei öffnet die Datei **Datei**; bei Eingabeanforderungen an die Standardeingabe greift das Programm auf **Datei** zu. Mit dem optionalen numerischen Parameter **n** kann man die Shell anweisen, **Datei** zur Eingabe auf Kanalnummer **n** einzurichten.

[n]> Datei legt **Datei** als Ausgabedatei an. Fehlt die Angabe von **n**, dann leitet die Shell die Kanalnummer **1** (Standardausgabe) auf **Datei** um. Um den Fehlerkanal umzuleiten, ist **n=2** zu verwenden.

Nicht existierende Ausgabedateien legt der Kommandointerpreter automatisch an. Falls eine Ausgabedatei bereits existiert, wird sie normalerweise zurückgesetzt (gelöscht). Befindet sich die Umgebungsvariable **noclobber** im Benutzerkontext, dann verweigert der Kommandointerpreter das Überschreiben der angegebenen Ausgabedatei. Soll eine existierende Ausgabedatei dennoch überschrieben werden, ist der Umleitungsoperator **>|** beziehungsweise **2>|** zu verwenden.

noclobber verhindert versehentliches Überschreiben

Ein weiterer Umleitungsoperator **[n]>>** erlaubt das Anfügen von Programmausgaben an eine bereits existierende Datei. Will man gleichzeitig Standardausgabe und Fehlermeldungen in eine einzige Datei umleiten, dann ist die Syntax **&> Datei** oder **>& Datei** zu verwenden. Eine 3. Variante zur Umleitung von Standardausgabe und Fehlermeldungen in eine einzelne Datei ist die Angabe von **> Datei 2>&1**. Nachstehend gezeigte Beispiele erläutern den Umgang mit Umleitungsoperatoren.

>& Datei kombiniert stdout und stderr

> **ls > Ausgabe**
> schreibt das Ergebnis von **ls** in die Datei **Ausgabe**,

> **more < Ausgabe**
> zeigt den Inhalt von **Ausgabe** seitenweise an,

> **pr < Augabe > Formatierte-Ausgabe**
> bereitet **Ausgabe** auf Druckformat auf und schreibt das Ergebnis nach **Formatierte-Ausgabe**.

Ein wichtiges Werkzeug, das ein Umleiten der Standardeingabe auf eine oder mehrere Dateien durchführt und gleichzeitig die eingelesenen Informationen auf die Standardausgabe kopiert, bildet das Programm **tee**. Es wird häufig zum Sichern von Zwischenergebnissen bei Befehlssequenzen verwendet, bei denen ein Kommando seine Ergebnisse mittels einer Pipeline an ein folgendes Programm weiterreicht. Beispielsweise erzeugt

tee multi- pliziert stdout

> **sort Datei | tee Sortiert | more**

eine Sicherungskopie **Sortiert** vom Ergebnis des **sort**-Programms. Zusätzlich leitet **tee** seine Eingabedaten an **more** weiter.

3.3.6 Befehlssequenzen und Hintergrundprozesse

Unix-Kommandointerpreter erlauben auch die Angabe mehrerer Kommandos in einer einzelnen Programmzeile. Diese sind dann durch eines der Zeichen **;**, **&**, **&&** oder **||** voneinander zu trennen. Das Ende einer Kommandozeile kennzeichnen **;**, **&** oder der Zeilenvorschub.

Kommando- sequenzen enthalten ; & && oder ||

Semikolon **;** und die logischen Operatoren **&&** beziehungsweise **||** in einer Kommandozeile grenzen mehrere Programmaufrufe voneinander ab. Die Bearbeitung einer Befehlssequenz erfolgt sequentiell, also in der angegebenen Reihenfolge. Ein weiter hinten in der Befehlssequenz stehendes Kommando wird erst dann gestartet, wenn das unmittelbar davor stehende abgearbeitet wurde. Bei Aufruf einer Sequenz

Kommando1 Operator Kommando2

steuert der verwendete Operator die Bearbeitung wie folgt:

- **;** startet **Kommando2** unmittelbar nach **Kommando1**,
- **&&** startet **Kommando2** nur dann, wenn **Kommando1** mit Status **0** terminiert hat,
- **||** startet **Kommando2** nur dann, wenn **Kommando1** einen anderen Status als **0** liefert.

Der **&**-Operator bewirkt, daß ein Programm (oder mehrere Programme) in einer Sub-Shell als Hintergrundprozeß läuft und der Kommandointerpreter nicht wartet, bis der Befehl abgearbeitet ist, sondern direkt nach dem Programmstart Eingabebereitschaft für das nächste Kommando anzeigt. Die einzigen Meldungen, die der Kommandointerpreter nach dem Starten eines Hintergrundprozesses liefert, sind die sogenannte Job-Nummer und die vom Betriebssystemkern vergebene Prozeß-Identifikation PID.

Hintergrund-prozesse laufen in einer Sub-Shell

Soll eine Befehlssequenz komplett im Hintergrund ablaufen, dann muß man die Sequenz durch Klammern zu einer Gruppe zusammenfassen: Die Sequenz

```
ls /etc/passwd && cat /etc/passwd > ausgabe &
```

führt zur Ausführung des Kommandos **ls /etc/passwd** im Vordergrund, und anschließend, falls kein Fehler auftrat, wird **cat /etc/passwd > ausgabe** im Hintergrund ausgeführt. Bei

Klammern fassen Prozesse zu Gruppen zusammen

```
(ls /etc/passwd && cat /etc/passwd > ausgabe)&
```

erfolgt die Bearbeitung der kompletten Sequenz als Hintergrundprozeß. Ein abschließendes Beispiel

```
( ls -lR > Liste ; echo "Fertig" ) &
```

erzeugt im Hintergrund eine ausführliche Liste **Liste** aller Dateien und Verzeichnisse, beginnend im aktuellen Arbeitsverzeichnis. Nach Fertigstellung schreibt **echo** den Text **Fertig** auf die Dialogstation.

3.3.7 Pipelines

In den Beispielen von Kapitel 3.3.5 erzeugte das Kommando **ls**
durch Umleiten der Standardausgabe eine Datei **Ausgabe**, und
das Kommando **more** verwendete anschließend **Ausgabe** als
Standardeingabe. Unix erlaubt die Verknüpfung der Standardausgabe eines Programms mit der Standardeingabe eines 2. Pro-
gramms unter Verwendung des Pipeline-Operators **|**:

Der Pipeline-Operator verbindet stdout mit stdin

```
ls | more
```

führt praktisch zum selben Ergebnis wie der getrennte Aufruf von
ls und **more** unter Verwendung von Umleitungsoperatoren. Die
Kopplung von Programmen über Pipelines bietet den Vorteil, daß
keine zusätzliche Zwischendatei angelegt werden muß, die gegebenenfalls abschließend wieder zu entfernen ist.

Unter Verwendung von Pipelines lassen sich Kommandosequenzen zu einer Art Filterkette hintereinanderschalten, wobei
jedes Kommando die von seinem Vorgänger erzeugte Information umgestaltet und das dabei erzeugte Ergebnis an ein weiteres Kommando durchreicht. Eine Sequenz, die die Anzahl der im
aktuellen Arbeitsverzeichnis befindlichen Dateien ausgibt, die in
ihrem Dateinamen die Zeichenkette **pas** enthalten, lautet etwa

Filterketten bestehen aus verbundenen Sequenzen

```
ls | grep pas | wc -l
```

Einziges Ergebnis dieses Aufrufs ist die Ausgabe der Zeilenzahl, die **grep** aus der von **ls** erzeugten Liste extrahiert hat.

3.4 Benutzerprofile

Jeder Unix-Benutzer besitzt einen eindeutigen Benutzernamen,
über den er den Zugang zum System erhält. Das System verbindet den Benutzernamen mit einer Benutzerkennung (User Iden-
tifcation UID), einem ebenfalls eindeutigen numerischen Wert.
Außerdem besitzt jeder Benutzer einen Gruppennamen und eine
Gruppenkennung (Group Identification GID). Einer Gruppe an-
gehörende Benutzer haben identische Gruppen-, aber verschiedene Benutzerkennungen. UID und GID sind Zahlen von **0** bis
32 767.

Unix-Benutzer sind im System eindeutig

Die Datei **/etc/passwd** faßt diese Daten in Zeilen zusammen, ergänzt um den Namen des Heimatverzeichnisses des Anwenders, seiner Standard-Shell, einen Kommentar (etwa mit Namen und Telefonnummer des Benutzers) und optional sein Paßwort, verschlüsselt eingetragen. Letzteres wird heute bevorzugt in der Datei **/etc/shadow** verwahrt, die nur der Systemverwalter lesen kann. Die Bedeutung der Einträge in **/etc/passwd** zeigt Abbildung 3.1

Abb. 3.1
Aufbau und
Inhalt von
/etc/passwd

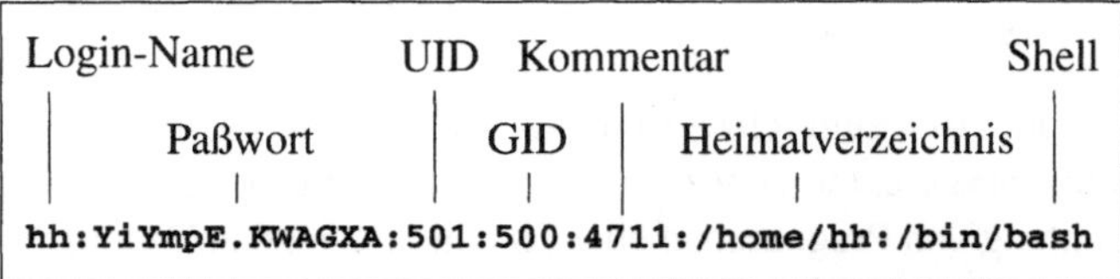

Jeder Benutzer kann auch mehreren Gruppen angehören. Die Zuordnung von Benutzernamen zu Gruppenkennungen (und Gruppennamen) enthält die Datei **/etc/group**. Die Liste der Gruppen, denen ein Anwender angehört, gibt das Kommando **groups** aus.

Eine Sonderrolle unter allen Benutzern spielt der Superuser **root**. Seine UID und GID sind **0**, er hat uneingeschränktes Zugriffsrecht auf alle Komponenten des Systems. Er ist auch für das Anlegen neuer Benutzer zuständig.

Das Eintragen neuer Benutzer „von Hand" geschieht mehrstufig. Nach der Modifikation von **/etc/passwd** und **/etc/group** (eventuell auch von **/etc/shadow**) ist mit **mkdir** ein neues Heimatverzeichnis anzulegen. Anschließend muß der Superuser das neue Verzeichnis mit dem Kommando **chown** dem neu eingetragenen Benutzer übereignen. Das Kommando **useradd**, mit geeigneten Parametern aufgerufen, leistet Entsprechendes in einem Schritt. Ferner enthält heute jede Linux-Distribution proprietäre Werkzeuge für diese Aufgabe.

Benutzer-
profile liegen
in /etc/passwd,
/etc/shadow und
/etc/group

3.5 On-line-Hilfe

Zur Grundausstattung einer Linux-Distribution gehören vielzählige Unix-Basiskommandos, die jeder Benutzer ausführen darf. Außerdem zählen zum Betriebssystem privilegierte Kommandos, die dem Aufruf seitens des Systemverwalters vorbehalten sind.

Informationen zur Bedienung einzelner Dienstprogramme sind jedem Linux-Anwender on line zugänglich, und zwar über das Kommando **man**. Die Syntax zum Aufruf des **man**-Kommandos lautet

```
man [Option]... [Kapitel] Programmname
```

wobei **Option** einen einzelnen oder eine Liste von Kommandoparametern bezeichnet, **Kapitel** ein numerischer Wert zur Anwahl eines Kapitels ist und **Programmname** dem Namen eines Dienstprogramms oder einer Systemdatei entsprechen muß. Beispielsweise liefert der Aufruf von

Das On-Line-Manual ist in Kapitel gegliedert

```
man man
```

Auskunft über die Bedienung des **man**-Kommandos.

Sämtliche on line verfügbaren Dokumentationen zu Unix-Basisprogrammen und Systemdateien befinden sich standardmäßig im Verzeichnis **/usr/man**, zusammengefaßt zu einem On-line-Manual. Das On-line-Manual ist in folgende Kapitel gegliedert:

1 Benutzerkommandos (Anwendungsprogramme)
2 Systemaufrufe
3 C-Bibliotheksroutinen
4 Beschreibung der Gerätetreiber
5 Formate spezieller Dateien
6 Spiele
7 Tabellen (z.B. Zeichensätze, ***roff**-Makros)
8 Programme zur Systemverwaltung

Jeder Eintrag des On-line-Manuals folgt einem Standardformat, das einer inhaltlichen Gruppierung der Informationen dient. Häufig anzutreffende Überschriften zu Unterabschnitten sind:

Jeder Eintrag enthält Unterabschnitte

NAME Kommandoname und eine Kurzbeschreibung seiner Funktion,

SYNOPSIS vollständige Kommandosyntax einschließlich der Bedeutung optionaler und zwingender Parameter,

DESCRIPTION ausführliche Beschreibung des Kommandos,

OPTIONS Auswirkungen von optionalen Parametern auf die Arbeitsweise des Programms,

SEE ALSO Kommandos mit ähnlicher oder ergänzender Funktion,

FILES Dateien, auf die das Kommando bezug nimmt,

BUGS Liste bekannter Fehler, Inkonsistenzen oder Probleme im Zusammenhang mit der Ausführung des Programms.

Es gibt mehrere On-line-Manuals

Linux-Distributionen verfügen normalerweise über mehrere On-line-Manuals, die ihrerseits Beschreibungen zu einzelnen Programmpaketen enthalten und an unterschiedlichen Stellen im Dateisystem zu finden sind. Beispielsweise liegen Dokumentationen zu lokal erzeugten Anwendungen standardmäßig im Verzeichnis **/usr/local/man**, unter **/usr/X11R6/man** sind Informationen zum X-Window-System zusammengefaßt et cetera.

MANPATH bestimmt, wo gesucht wird

Vor der Aufbereitung einer speziellen Handbuchseite durchsucht **man** üblicherweise eine Reihe von Verzeichnissen. Welche Verzeichnisse dabei zu berücksichtigen sind, legt die Konfigurationsdatei **/etc/man.config** fest. Alternativ kann der Anwender eine Umgebungsvariable **MANPATH** vereinbaren. Falls **man** diese Variable in seinem Prozeßkontext findet, benutzt **man** die dort befindlichen Pfade bei der Suche nach Handbuchseiten.

apropos und whatis suchen Schlüsselwörter

Weitergehende Unterstützung zum Auffinden von Kommandos, die mit einem speziellen Kontext in Beziehung stehen, bieten die Befehle **apropos** und **whatis**. **apropos** sucht in jedem in **MANPATH** enthaltenen Pfad nach einer Datei **whatis** und gibt alle Zeilen aus, in denen ein gesuchtes Schlüsselwort (genaugenommen eine Zeichenkette) auftritt. **whatis** durchsucht diese Dateien ebenfalls und liefert als Ergebnis alle Zeilen, in denen der gesuchte Kommandoname auftritt.

makewhatis aktualisiert die Datenbasis

Die **whatis**-Dateien enthalten Kopien der in den einzelnen Seiten des jeweiligen On-line-Manuals befindlichen **NAME**-Unterabschnitte, und zwar je eine Zeile pro Handbuchseite. Falls eine Linux-Distribution um zusätzliche Anwendungspakete erweitert wird, reflektiert das Ergebnis von **whatis** gegebenenfalls nicht mehr den tatsächlichen Dokumentationsbestand. Es sei daher empfohlen, nach einer Installation zusätzlicher Software die **whatis**-Dateien mit **mandb** oder **makewhatis** (ist nicht in jeder Distribution enthalten) neu einzurichten. Letzteres erfordert allerdings die Rechte des Superusers.

Kernel-Architektur

Digitale Rechnersysteme bestehen im wesentlichen aus 3 Arten von Funktionseinheiten: Eingabeeinheiten führen dem System externe Informationen zu, die Zentraleinheit verwahrt, interpretiert und verarbeitet diese Daten, und Ausgabeeinheiten leiten die verarbeiteten Daten in irgendeiner Form der Außenwelt zu. Untereinander sind diese Funktionseinheiten durch Leitungen miteinander verbunden, die Programmbefehle, zu verarbeitende Daten und Adreß- sowie Kontrollangaben transportieren.

Moderne Computer bestehen aus Zentral-, Eingabe- und Ausgabe- einheiten

Bei modernen Mikrocomputern besteht die Zentraleinheit aus einem oder mehreren Mikroprozessoren, Taktgeber (Clock), Arbeitsspeicher und speziellen Ein-/Ausgabeprozessoren. Letztere befinden sich in der Regel auf speziellen Einsteckkarten und kommunizieren mit dem Hauptprozessor über ein Bussystem. Beispiele für Ein-/Ausgabeprozessoren sind etwa der Grafikprozessor, befindlich auf der Videokarte, der Audioprozessor des Soundboards und der Kommunikationsprozessor der Ethernetkarte. Weit verbreitete Bussysteme bilden die standardisierten Peripherie-Busse ISA (Industry Standard Architecture), PCI (Peripheral Component Interconnect) und SCSI (Small Computers System Interface).

Bussysteme transportieren Daten-, Adresß- und Steuersignale

Aufgabe des Unix-ähnlichen Linux-Betriebssystemkerns ist es nun, das Zusammenspiel der verschiedenen Hardwarekomponenten zu koordinieren und so eine virtuelle Maschine zu realisieren, die den Ablauf der Anwendungsprogramme steuert und überwacht. Im einzelnen verwaltet der Kernel sogenannte Prozesse, den vorhandenen Systemspeicher, und er stellt Funktionen bereit, die den Zugang zum Dateisystem und den Peripherie- sowie Kommunikationseinrichtungen steuern. Letztere heißen Systemaufrufe; sie bilden die Schnittstelle zwischen den Anwendungen und dem Betriebssystemkern.

Der Kernel bildet die Schnittstelle zwischen den Anwendungen und der Hardware

Im weiteren Verlauf dieses Kapitels wird zunächst das Unix-Schichtenmodell vorgestellt. Anschließend werden ausgewählte Konzepte aufgezeigt, die innerhalb der Architektur von Linux umgesetzt sind. Ein abschließender Abschnitt illustriert die Konfiguration, das Übersetzen und das Einrichten des Kernels.

4.1 Das Unix-Schichtenmodell

Die theoretische Grundlage für die Architektur des Unix-Kernels läßt sich als Schichtenmodell darstellen, das unterhalb der Systemaufrufschnittstelle aus den logischen Komponenten

Die Anwendungen greifen auf die Komponenten des Kernels über Systemaufrufe zu

Prozeßmanager,

Speichermanager,

Dateisystem und

I/O-Dienste

besteht. Der Prozeßmanager enthält Funktionen, die Programme in einen Prozeßkontext einbetten und die dabei erzeugte Datenstruktur in die Kernel-interne Prozeßtabelle eintragen. Der Speichermanager steuert die Verwendung des vereinbarten virtuellen Speichers, der sich aus dem physikalisch vorhandenen Arbeitsspeicher und dem Auslagerungsspeicher (Disk Swap Space) zusammensetzt. Das Dateisystem ermöglicht die Verwaltung umfangreicher Informationen in Form von Dateien, und die I/O-Dienste bilden eine geräteunabhängige Schnittstelle für die Datenein- und -ausgabe.

Die Bedienung der Rechnerhardware ist Aufgabe einer weiteren „darunter liegenden" Schicht mit den Komponenten

Der Scheduler steuert den Multitasking-betrieb

Scheduler,

I/O-Puffer und

Gerätetreiber.

Der Scheduler steuert die Reihenfolge, in der die CPU die parallel anstehenden Prozesse jeweils für eine kurze Zeit bearbeitet. Der I/O-Puffer dient der Zwischenspeicherung von Ein-/Ausgabedaten, und die Gerätetreiber enthalten gerätespezifische Funktionen zur Ansteuerung der vorhandenen Ein-/Ausgabekomponenten.

Benutzerinteraktionen steuert in Unix ein Kommandointerpreter (Shell), der als Benutzerprozeß Kommandos von der Standardeingaben entgegennimmt und interpretiert, daraufhin Programme ausführt beziehungsweise Prozesse erzeugt, und das Resultat auf die Standardausgabe kopiert. Die Shell ist ein konzeptioneller Bestandteil von Unix, aber kein unmittelbarer Bestandteil des Unix-Betriebssystemkerns. Abbildung 4.1 faßt die Komponenten des Unix-Schichtenmodells grafisch zusammen.

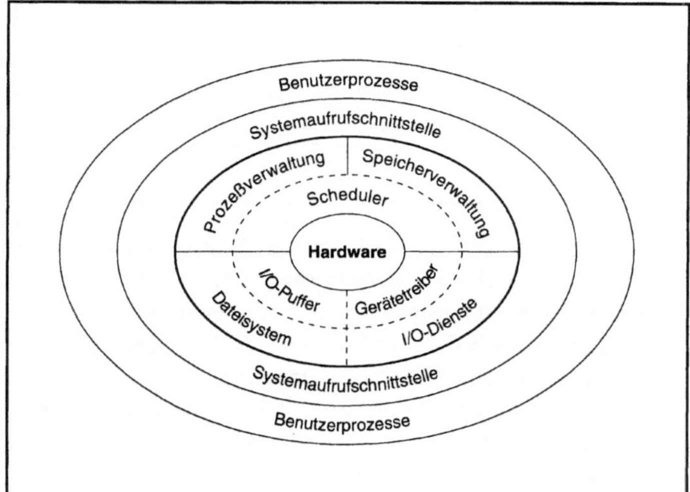

*Abb. 4.1
Komponenten
des Unix-
Schichtenmodells*

4.2 Linux-Komponenten

Linux ist ein monolithischer Unix-ähnlicher Betriebssystemkern, der in seiner Architektur im wesentlichen mit dem theoretischen Unix-Schichtenmodell übereinstimmt. Linux enthält die Hauptkomponenten Systemaufrufschnittstelle, Speichermanager, Prozeßmanager, Scheduler, Dateisystem und Gerätetreiber. Zusätzliche Subsysteme, die im weitesten Sinne in den Bereich der I/O-Dienste fallen, behandeln Hardware-Unterbrechungen (Interrupts) und steuern die Interprozeß- beziehungsweise Netzwerkkommunikation. Abbildung 4.2 illustriert die Komponenten des Linux-Kernels.

*Monolithisch:
Alle Komponenten
sind Bestandteil
eines einzelnen
Programms*

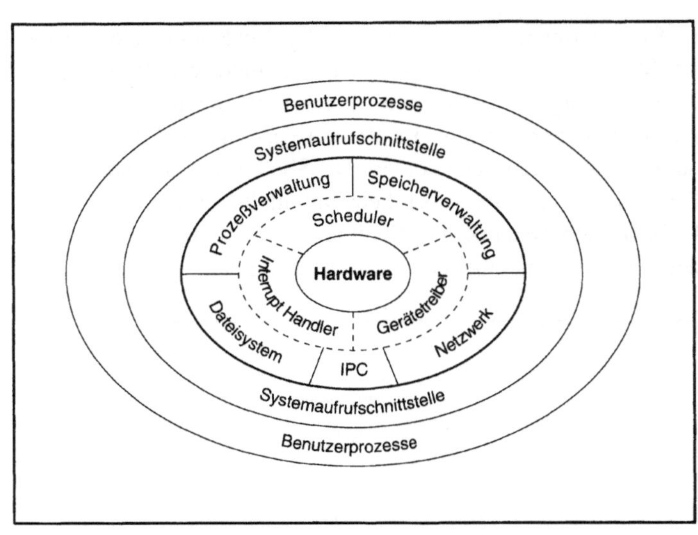

Abb. 4.2
Komponenten
des Linux-
Kernels

Struktur der
Linux-Quellen:

/usr/src/linux

- *Documentation*
- *arch*
- *drivers*
- *fs*
- *include*
- *init*
- *ipc*
- *kernel*
- *lib*
- *mm*
- *modules*
- *net*
- *scripts*

In den Quellen des frei erhältlichen Betriebssystemkerns, der üblicherweise unterhalb von **/usr/src/linux** liegt, sind die genannten Hauptkomponenten folgendermaßen strukturiert: Prozeßmanagement, Scheduler und Systemaufrufschnittstelle liegen im Verzeichnis **kernel**, das Speichermanagement ist in **mm** untergebracht. Funktionen, die den Zugriff auf das (virtuelle) Dateisystem steuern und dafür erforderliche hardwareunabhängige I/O-Dienste bereitstellen, liegen in **fs**. Dort befinden sich außerdem weitere Verzeichnisse, die jeweils den Code für die vielzähligen von Linux unterstützten Dateisystemformate enthalten.

Die Gerätetreiber faßt das Verzeichnis **drivers** zusammen, das, ebenfalls jeweils in Unterverzeichnissen, Funktionen zur Ansteuerung der verschiedenen Typen unterstützter Einsteckkarten und sonstiger Peripheriekomponenten enthält. Kompatibilität mit den zahlreichen von Linux unterstützten Netzwerkprotokollen leisten die unterhalb von **net** befindlichen Quellen, und Funktionen zur Interprozeßkommunikation befinden sich in **kernel** (Signale), **fs** (Pipes), **net** (Sockets, Netzwerkprotokolle) und **ipc** (Message Queues, Semaphoren, Shared-Memory).

Architekturspezifische Kodierungen, zu denen unter anderem die Behandlung von Interrupts, Emulation eines mathematischen Koprozessors und die in Assembler geschriebenen Boot- und Video-Routinen zählen, befinden sich unterhalb von **arch**. Der architekturübergreifende Initialisierungscode liegt in **init**.

4.2.1 Prozeßmanagement

Zu jedem neu gestarteten Programm erzeugt Linux einen Prozeßkontext gemäß der Struktur **task_struct**; ihre Definition befindet sich in der Datei **$KERNEL/include/linux/sched.h**
(**$KERNEL** steht hier für das Wurzelverzeichnis der Kernelquel-
len). Einträge in der Struktur **task_struct** schließen unter anderem folgende Informationen ein:

*Jeder Linux-Prozeß
wird durch eine
Task-Struktur
repräsentiert*

- Verweise auf Programmanweisungen im Maschinencode,
  Darstellung von Daten in Maschinensprache, Inhalt des
  Kernel-Stapelspeichers,

- Prozeß-Status (Task schläft, Task wartet, Task ist rechen-
  willig, Task tut nichts, Zombie, Task ist angehalten, Ein-
  oder Auslagerung findet statt),

*Der Scheduler
aktiviert stets nur
rechenwillige
Prozesse*

- Swap-Status (Prozeß liegt im Hauptspeicher, ist nicht auslagerbar, ist Swap-blockiert, wird protokolliert, es handelt
  sich um ein gemeinsam genutztes Textsegment, Prozeß ist
  teilweise ausgelagert),

- Prozeßpriorität,

- anstehende Signale für den Prozeß,

- Name vom Prozeß mit der höchsten Ebene in der Prozeß-
  gruppenhierarchie sowie Prozeßidentifikation vom übergeordneten Prozeß,

*Prozeßgruppen
stammen von einem
gemeinsamen
Elternprozeß ab*

- Adresse und Größe des ein-/auslagerbaren Teils,

- Zeiger auf die zugehörige Benutzerstruktur,

- Zeit, die noch vergehen muß, bis der Prozeß ein Alarm-
  signal generiert.

Die Anzahl der insgesamt gleichzeitig zulässigen Prozesse
ist in **$KERNEL/include/linux/tasks.h** auf **NR_TASKS**=512
Systemprozesse voreingestellt. Ein Anwender darf unter Linux
maximal 256 Benutzerprozesse (**NR_TASKS**/2) parallel unterhalten. Soll der Kernel eine höhere Anzahl paralleler Prozesse unterstützen, ist dieser Parameter vor dem Übersetzen des Kernels
zu ändern.

*NR_TASKS ist eine
Kernelkonstante*

Neue Prozesse erzeugt der Betriebssystemkern durch Aufruf der Systemfunktion **fork()**, die zunächst die Task-Struktur eines Kindprozesses als Kopie seines Elternprozesses anlegt. Der Prozeßkontext (aktuelles Arbeitsverzeichnis, Umgebungsvariablen et cetera) wird dabei vollständig auf den Kindprozeß vererbt. Anschließender Aufruf von **execve()** überlagert das Code-Segment dieser Task-Struktur mit dem Programmcode des neuen Programms. Terminiert ein Prozeß, dann entfernt der Kernel die zugehörige Task-Struktur und gegebenenfalls auch alle Einträge erzeugter Kindprozesse.

Jeder Linux-Prozeß (mit Ausnahme des Kernels) wird also aus einem Elternprozeß abgeleitet und kann über die Systemaufrufe **fork()** und **execve()** einen oder mehrere Kindprozesse erzeugen. Alle zu einer bestimmten Zeit unterhaltenen Prozesse bilden eine Prozeßhierarchie. Ihre Wurzel ist der **init**-Prozess, den der Kernel unmittelbar nach seiner Initialisierung startet. Abbildung 4.3 illustriert die Prozeßhierarchie mit **init** als Wurzel, **login** als Elternprozeß von **bash** und so fort. Weiteres zum Thema Prozesse ist Gegenstand von Kapitel 5

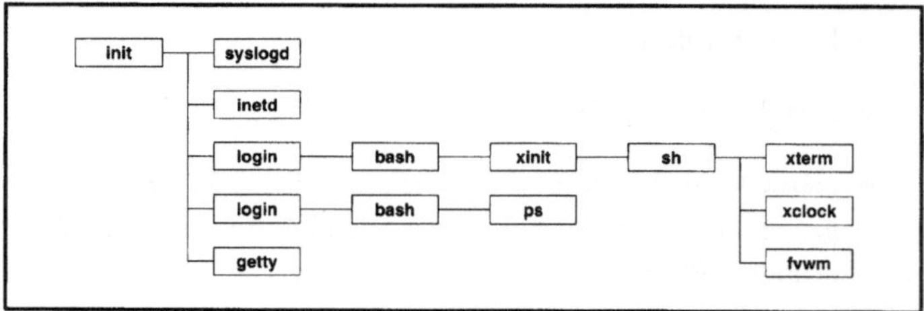

4.2.2 Speicherverwaltung

Linux implementiert ein virtuelles Speicherkonzept. Die insgesamt für den Betriebssystemkern und alle Prozesse verfügbare Speichermenge setzt sich aus dem physikalisch vorhandenen RAM und zusätzlichem Festplattenspeicher zusammen. Die Steuerung der Verwendung dieses virtuellen Speichers obliegt dem Linux-Memory-Manager. Er protokolliert die Auslastung des (virtuellen) Speichers und teilt einzelnen Prozessen auf Anforderung bestimmte Speicherbereiche zu. Bei Bedarf lagert der Speichermanager Bereiche des RAM auf Festplatte aus beziehungsweise er lädt ausgelagerte Daten von der Festplatte in den physikalischen Arbeitsspeicher. Spezielle Caches dienen der Optimierung erforderlicher Festplattenzugriffe.

Jeder Linux-Prozeß arbeitet in einem eigenen (virtuellen) Speicherbereich und der Speichermanager sorgt dafür, daß ein Prozeß nicht auf Speichersegmente schreiben kann, die anderen Prozessen zugeordnet sind. Umgekehrt erlaubt der Linux-Speichermanager mehreren Prozessen den gemeinsamen Zugriff auf spezielle „Shared-Memory"-Bereiche. Diese Technik ermöglicht es, von verschiedenen Prozessen benutzte dynamische Bibliotheken oder auch komplette Anwendungen nur einmal im Speicher halten zu müssen. Ferner können zwei oder mehrere Prozesse einen Shared-Memory-Bereich zum Informationsaustausch nutzen.

Eine Speicherzugriffskontrolle verhindert die Modifikation von Daten „fremder" Prozesse

Linux unterteilt die vereinbarte Menge virtuellen Speichers in sogenannte „Seiten" (Pages) der Größe 4 kByte (Intel) beziehungsweise 8 kByte (DEC-Alpha). Der physikalische Speicher wird in Page Frames unterteilt, und der Zugriff auf den physikalischen Speicher erfolgt durch virtuelle Adressierung. Letzteres steuert eine Seitentabelle, die außerdem Informationen über das Zugriffsrecht auf den Speicher verwahrt (Nur-Lesen, Lesen und Schreiben). Abbildung 4.4 zeigt die Abbildung virtueller auf physikalische Adressen.

Die Größe einer virtuellen Speicherseite ist architekturabhängig

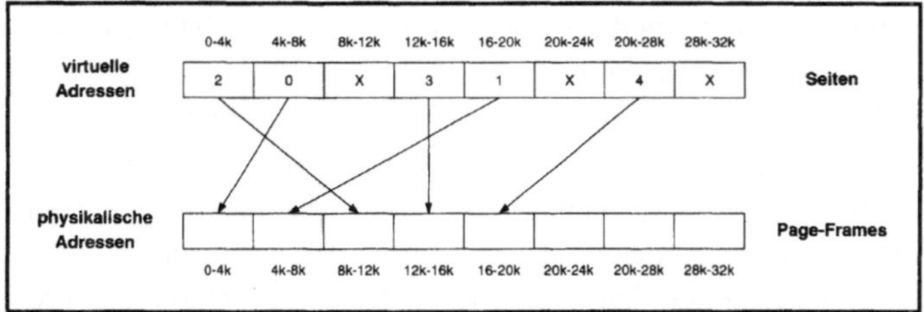

Abb. 4.4 Virtuelle und physikalische Speicheradressen

Im Hinblick auf eine effiziente Speichernutzung kopiert der Linux-Kernel stets nur einen Teil einer Programmdatei in den physikalischen Speicher. Diese als Demand-Paging bezeichnete Technik hat unter anderem zu Folge, daß nicht jede virtuelle Adresse auch mit einer physikalischen Speicherzelle verbunden ist. Falls der Zugriff auf eine nichtgebundene Seite erfolgt, generiert der Kernel ein „Page Fault" und der Speichermanager lädt die adressierte virtuelle Seite von der Festplatte.

Linux implementiert „Demand-Paging"

*kswapd ist ein
Kernel-Thread*

Da die virtuelle Speicherkapazität in der Regel die physikalisch vorhandene Speichermenge übersteigt, steht häufig nicht
genügend freier Arbeitsspeicher für die Aufnahme weiterer Seiten zur Verfügung. In diesem Fall ist vorab die Freigabe einiger
Page Frames erforderlich. Diese Aufgabe übernimmt der Kernel-
Swap-Dämon `kswapd`, der als intervallgesteuerter Dämon in
zyklischen Abständen die Anzahl freier Page Frames prüft und,
falls diese Zahl ein gewisses Maß unterschreitet, einige Page
Frames auslagert oder löscht. Der in Linux implementierte Swap-
Algorithmus basiert auf der „Least Recently Unused"-Technik
(LRU): Es gelten diejenigen Page Frames als auslagerbar, auf die
nur selten zugegriffen wird.

*Der Linux-
Swap-Algorithmus
basiert auf der
LRU-Technik*

4.2.3 Scheduler

Der Schedulers hat die Aufgabe, die quasiparallele Bearbeitung
mehrerer Prozesse im sogenannten Time-Sharing-Betrieb zu steuern. Er sorgt dafür, daß die CPU alle anstehenden Prozesse der
Reihe nach jeweils für eine kurze Zeit bearbeitet. Der Linux-
Scheduler arbeitet gemäß dem Round-Robin-Algorithmus: Jedem
Prozeß wird ein Zeitintervall (Quantum) zugeordnet, das die
maximal zulässige Laufzeit bis zu einem Task-Switch bestimmt,
und der zuletzt aktive Prozeß wird unmittelbar nach seiner Bearbeitung an das Ende der Liste gestellt, die somit praktisch einen
geschlossenen Kreis bildet.

*Time-Sharing:
Die CPU
bearbeitet alle
anstehenden
Prozesse jeweils
für eine kurze Zeit*

Das Quantum (auch Zeitscheibe genannt) ermittelt der Linux-
interne Scheduler-Algorithmus aus der Prozeßpriorität, die er als
Faktor für die Zeiteinheit „Jiffie" (1/100 Sekunde) verwendet.
Spätestens nach Ablauf dieser Zeit führt der Scheduler einen
Task-Switch durch, bei dem unter anderem die Inhalte der Pro-
zessorregister getauscht und der Prozeßstatus des alten und des
neuen Prozesses modifiziert werden. Ein Task-Switch erfolgt unmittelbar, wenn ein laufender Prozeß blockiert oder terminiert.

*Das Quantum
wird aus der
Prozeßpriorität
ermittelt*

Üblicherweise fordern laufende Prozesse häufig spezielle
Kernel-Dienste an, etwa das Öffnen einer Datei, die Ausgabe
eines Zeichens auf der Konsole oder das Starten eines Kindprozesses. Ein derartiger Systemaufruf bewirkt, daß der Scheduler
den laufenden Prozeß anhält und die CPU allein dem Betriebssystem zur Verfügung steht; der Prozeß wechselt dabei vom

User-Modus in den (privilegierten) Kernel-Modus. Blockiert ein Prozeß im Kernel-Modus, etwa weil eine angeforderte Eingabe nicht stattfindet, dann wird der aktuelle Prozeß angehalten und der Scheduler führt einen Task-Switch aus.

4.2.4 Interprozeßkommunikation

Die Interprozeßkommunikation (IPC) unter Linux dient einerseits dem Nachrichtenaustausch zwischen den parallel laufenden Prozessen untereinander, andererseits zwischen einem einzelnen Prozeß und dem Betriebssystemkern. Linux unterstützt Signale, Pipelines, Sockets, Message Queues, Semaphore und die Kommunikation via Shared-Memory.

Linux unterstützt BSD- und SYSV-IPC-Techniken

Signale

Signale ermöglichen die Mitteilung spezieller Ereignisse an einen Prozeß oder an den Kernel. Beispielsweise kann ein Kindprozeß seinem Elternprozeß über **SIGCHLD** die Terminierung kennzeichnen oder einen anderen Prozeß mit **SIGSTOP** anhalten. Umgekehrt generiert der Kernel das Signal **SIGSEGV**, falls ein Prozeß auf eine nicht erlaubte Speicheradresse zugreifen will oder **SIGFPE** aufgrund einer unerlaubten Fließkommaoperation, etwa einer Division durch Null. Eine Auflistung der unter Linux-i386 definierten Signale zeigt Abbildung 5.3 auf Seite 86.

Signale übermitteln kodierte Ereignisse

Pipelines

Pipelines oder Pipes lenken die Standardausgabe eines Prozesses auf die Standardeingabe eines folgenden Prozesses um. Sie bilden unidirektionale Kommunikationskanäle, erlauben also den Nachrichtenaustausch nur in eine Richtung. Intern realisiert der Kernel eine Pipe über 2 virtuelle (im Hauptspeicher befindliche) temporäre Dateien mit jeweils eigenen Dateizeigern, aber identischem Datenbereich. Die Größe dieses Datenbereichs ist auf **PIPE_BUF**=4096 Bytes beschränkt.

Pipelines verbinden stdout und stdin 2er Prozesse

Ein Prozeß, der auf eine Pipe schreibt, wird angehalten falls die Kapazität der Pipe erschöpft ist. Ein lesender Prozeß wird angehalten, falls keine Daten anliegen. Der Scheduler „weckt" diese Prozesse nach entsprechender Zustandsänderung der Pipe. Terminiert der lesende Prozeß, dann erhält der schreibende Prozeß beim nächsten Schreibversuch das Signal **SIGPIPE** und kann aufgrund dieses Signals terminieren. Nachdem alle Prozesse terminiert haben, die eine bestimmte Pipe nutzen, entfernt der Betriebssystemkern die virtuelle temporäre Datei.

Als Erweiterung gegenüber die vorstehend genannten einfachen Pipes unterstützt Linux zusätzlich sogenannte Named Pipes (FIFO). Diese erscheinen im Dateisystem als spezielle Gerätedateien und können als Kommunikationsschnittstelle zwischen beliebigen Prozessen dienen, unabhängig von ihrer gegenseitigen Beziehung innerhalb der Prozeßhierarchie. Ein Beispiel für eine Named Pipe ist die Datei **/tmp/.X11-unix/X0**, die als Nachrichtenkanal für die Kommunikation zwischen Server und Clients des X-Window-Systems dient.

Sockets

Sockets, ursprünglich im Rahmen von BSD-Unix für netzwerkweite Interprozeßkommunikation entwickelt, realisieren einen Mechanismus, der den bidirektionalen Datenaustausch zwischen Prozessen über Systemgrenzen hinweg erlaubt. Im einzelnen können lokale Prozesse über Sockets sowohl mit lokalen als auch mit entfernten (auf einem vernetzten Unix-System laufenden) Prozessen kommunizieren.

Linux unterstützt die Socket-Adreß-Familien Unix (lokal), Inet (TCP/IP), AX25 (Amateur Radio X25), IPX (Novell IPX), Appletalk und X25. Zulässige Protokolltypen unter Linux schließen Stream, Datagram, Raw, Reliable Delivered Messages, Sequenced Packets und Packet ein. Zu beachten ist, daß nicht alle Linux-Protokolltypen standardisiert sind und auch nicht in jeder Adreß-Familie zur Verfügung stehen.

In der Praxis ist die Socket-Kommunikationen von einem Serverprozeß zu initialisieren, und zwar durch Aufruf der Systemfunktion **socket()**. Anschließendes **bind()** bindet einen Namen an diesen Kommunikationspunkt, **listen()** teilt dem Kernel die Bereitschaft zum Verbindungsaufbau mit, und **accept()** wartet auf eine clientseitige Verbindungsanforderung. Clients müssen die Kommunikation ebenfalls mittels `socket()` initialisieren und anschließend mit `connect()` die Verbindung zum Server herstellen. Der bidirektionale Informationsaustausch ist mittels der Systemfunktionen `read()`, `write()`, `recv()` und `send()` auszuführen.

Message Queues

Message Queues sind Nachrichtenkanäle, über die lokale Prozesse einen geschützten Datenaustausch betreiben können. Jede unter Linux erzeugte Message Queue wird an ein Zugriffsrechteschema gekoppelt, das, ähnlich dem Dateizugriffsschutz, vor Lese- und Schreiboperationen auf diese Message Queue die Benutzer- und Gruppenkennung des zugreifenden Prozesses auswertet. Die Anzahl gleichzeitig zulässiger Message Queues ist in `$KERNEL/include/msg.h` auf `MSGMNI`=128 beschränkt, die Länge einer einzelnen Nachricht darf `MSGMAX`=4056 Bytes nicht überschreiten.

Message Queues erlauben einen geschützten Datenaustausch zwischen lokalen Prozessen

Jede neu erzeugte Nachricht besteht aus dem Nachrichtentext und einem frei wählbaren Nachrichtentyp, den der Sender über eine Zahl kodiert. Außerdem verwaltet Linux zu jedem Nachrichtenkanal Zeitstempel, die das Datum der letzten Schreib-, Lese- und Änderungsoperation auf diese Queue festhalten.

Gibt ein lesender Prozeß beim Zugriff auf eine Message Queue zusätzlich eine Typkennung an, dann liefert das System die nächste Nachricht dieses Typs zurück, anderenfalls die nächste anstehende Nachricht. Steht bei einer Schreiboperationen nicht genügend Platz für die Aufnahme einer Nachricht bereit, wird der entsprechende Prozeß angehalten. Gleiches gilt für Prozesse, die von einer leeren Queue lesen wollen, außer, sie teilen dem System mit, daß in diesem Fall keine Suspendierung stattfinden soll, sondern stattdessen eine Fehlermeldung zurückzuliefern ist.

Linux unterstützt blockierendes und nicht-blockierendes Lesen von Message Queues

Semaphore

Semaphore sind gewissermaßen im Hauptspeicher befindliche Zustandsvariablen, die einen ganzzahligen numerischen Wert enthalten. Sie werden häufig zur Synchronisation beim Zugriff auf Dateien oder andere „kritische Betriebsmittel" eingesetzt. Sollen beispielsweise mehrere Prozesse einer Datenbankanwendung im Wechsel auf eine einzelne Datei zugreifen, läßt sich über Semaphore ein Record- oder File-Locking realisieren. Ähnlich den Message Queues ist das Lesen und Schreiben auf eine Semaphore an eine Zugriffskontrolle gebunden. Linux unterstützt standardmäßig maximal **SEMMNI**∗**SEMMSL**=4096 Semaphore.

Semaphore
kodieren
Systemzustände

Shared-Memory

Shared-Memory ermöglicht mehreren Prozessen eine gemeinsame Nutzung von Datenspeicher. Letzterer ist vorab von einem Prozeß mit dem Systemaufruf **shmget()** anzulegen und daraufhin für jeden Prozeß, der diesen Speicherbereich nutzen will, mit **shmat()** (attach) als Referenz in den virtuellen Adreßbereich einzutragen. Das Entfernen dieser Referenz leistet **shmdt()** (detach). Linux unterstützt maximal 128 Shared Memory Segmente mit jeweils bis zu 16 MByte Speicherkapazität.

Shared Memory ist
ein von mehreren
Prozessen
genutzter
Speicherbereich

Schreib- und Leseoperationen auf Shared-Memory regelt analog Message Queues und Semaphore ein Zugriffsrechteschema. Zusätzlich verwaltet der Kernel zu jedem Shared Memory Segment seine Größe, Prozeß-Kennungen seines Erzeugers und des zuletzt darauf operierenden Prozesses, Anzahl der referenzierenden Prozesse, Zeitstempel für letztes Einfügen und Entfernen des Segments sowie der letzten Änderung seines Inhalts, und ein Feld mit Verweisen auf die zugehörigen Speicherseiten.

Der Kernel
protokolliert
den Zugriff auf
Shared Mamory

4.2.5   Virtuelles Dateisystem

Das virtuelle Dateisystem (Virtual File System, VFS) bildet die Basis für die Kompatibilität von Linux mit den zahlreichen unterstützten Dateisystemformaten, die ihrerseits jeweils eigene logische Strukturen enthalten. Seine Aufgabe ist es, eine Schnittstelle zwischen den dateiorientierten Systemaufrufen und den verschiedenen Dateisystemformaten herzustellen, die das Linux-Dateisystem als homogene Struktur repräsentiert und einen transparenten Zugriff auf Dateien gewährleistet.

Das virtuelle
Dateisystem bildet
eine Obermenge
der unterstützten
logischen Formate

Linux verwendet analog Unix ein hierarchischen Dateisystem, das mehrere Festplattenpartitionen in einer Baumstruktur kombiniert. Zu jeder gebundenen Partition verwaltet der Kernel einen VFS-Superblock, der unter anderem den Namen des gebundenen Geräts, Dateisystemtyp, Blockgröße (in Bytes), Zeiger auf den 1. Inode (das ist eine Tabelle mit Verwaltungsdaten) dieser Partition und Zeiger auf Funktionen enthält, die Superblock-Operationen (Lesen und Schreiben von Inodes et cetera) für diesen Dateisystemtyp durchführen. Die Definition der dafür benutzten Struktur **super_block** steht in **$KERNEL/include/linux/fs.h**.

Die Struktur super_block bündelt typspezifische Kenngrößen und Basisoperationen

Dateiobjekte, zu denen auch Verzeichsnisse zählen, verwaltet das virtuelle Dateisystem von Linux in VFS-Inodes (Struktur **inode**). Letztere enthalten unter anderem Informationen über die Dateigröße, Besitzer, Zugriffsrechte, Zeitstempel (Datum der Erstellung, letzter Änderung, letztem Schreiben auf diese Datei) und Anzahl der Systemkomponenten, die diesen VFS-Inode verwenden. Jedes Dateiobjekt wird durch einen eigenen VFS-Inode repräsentiert.

Zur Optimierung von Dateizugriffen unterhält Linux 3 Caches. VFS-Inodes, die Linux während des Öffnens von Dateien erzeugt, verwahrt der Inode-Cache. Bei wiederholtem Zugriff auf eine Datei ist das Anlegen des zugehörigen VFS-Inodes somit in der Regel nicht erforderlich. Einmal gelesene Verzeichnisdateien speichert der Directory-Cache, der Dateinamen und zugehörige Inode-Nummern aufnimmt. Diese Technik beschleunigt das Lokalisieren einer speziellen Datei. Für Dateiinhalte schließlich, genaugenommen Datenblöcke der Festplatten, reserviert Linux einen Buffer-Cache. Er dient gewissermaßen als I/O-Puffer für Festplattendaten. Abbildung 4.5 stellt die Beziehungen zwischen dem virtuellen Dateisystem, den physikalischen Dateisystemen und den verschiedenen Caches grafisch dar.

Inode-, Directory- und Buffer-Cache beschleunigen Dateizugriffe

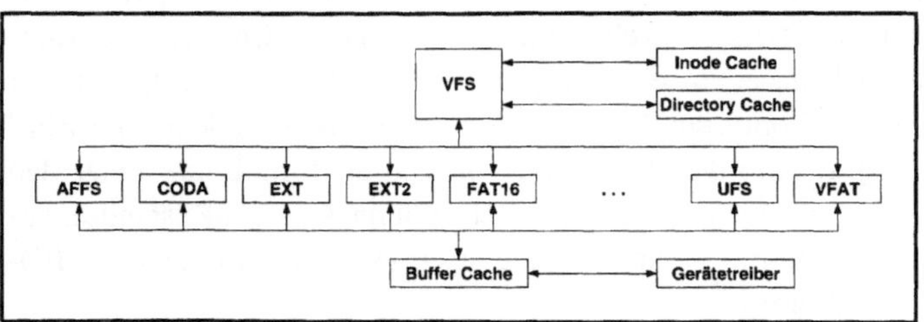

*Abb. 4.5
Virtuelles und physikalische Dateisysteme*

4.2.6   Gerätetreiber

Gerätetreiber (Device Driver) enthalten Funktionen zur Ansteuerung der I/O-Prozessoren. Sie kommunizieren mit den Kontroll- und Statusregistern von seriellen SuperIO-Chips, Audio-, Ethernet-, Grafik-, IDE- und SCSI-Kontrollern und so fort. Da jeder Kontrollertyp über produktspezifische Befehlssätze zu bedienen ist, muß Linux für jede unterstützte I/O-Hardware gerätespezifische Device Driver bereitstellen. Hier aber liegt eine Stärke von Linux, da praktisch für alle namhaften und weit verbreiteten Peripheriekomponenten entsprechende Gerätetreiber verfügbar sind.

Gerätetreiber steuern die Peripherie- kontroller an

Linux unterteilt die unterstützten I/O-Kontroller in die Klassen Character, Block und Netzwerk. Schreib- und Leseoperationen auf/von Character-Geräten erfolgen zeichenweise, also unmittelbar Byte-per-Byte. Beispiele für Geräte dieser Klasse sind die seriellen und parallelen I/O-Chips, Tastatur, Maus, Joystick, Modem, Drucker sowie der Videoprozessor der Grafikkarte. Block-Geräte (Festplatten-, Floppy-, CD-ROM- und Magnetband-Kontroller) operieren mit Datenblöcken einer gewissen Größe, typischerweise bestehend aus 512 oder 1024 Bytes. Die Adressierung dieser Geräte erfolgt asynchron aus dem Dateisubsystem heraus (unter Verwendung des Puffer-Cache). Die Ansteuerung der Netzwerk-Geräte schließlich führt das Netzwerk-Subsystem durch.

Linux unterscheidet zwischen Block-, Character-, und Netzwerk-Geräten

4.2.7   Interrupts

Interrupts (Unterbrechungen) sind Hardware-Signale, die I/O-Prozessoren auslösen, um der CPU eine Zustandsänderung mitzuteilen. Beispielsweise erzeugt der SuperIO-Chip ein Interrupt-Signal, nachdem eine Eingabe auf der Tastatur erfolgt ist, der Floppy-Kontroller löst einen Interrupt aus, nachdem eine Ein-/Ausgabeanforderung beendet ist und so fort. Linux nutzt den Interrupt-Mechanismus zur Behandlung von I/O-Zustandsänderungen, führt also kein Polling aus (zyklisches Abfragen der I/O-Prozessoren).

I/O-Prozessoren teilen der CPU Zustandsänderun- gen per Interrupt mit

Fordert ein Prozeß unter Linux einen I/O-Dienst des Kernels an, dann füllt der Kernel die Kontroll- und Statusregister des entsprechenden I/O-Prozessors und suspendiert den aktiven Prozeß,

führt also die CPU einem anderen Prozeß zu. Außerdem erhält der
suspendierte Prozeß den Status „schlafend". Eine Wiederaufnahme ist frühestens nach Beenden der I/O-Anforderung möglich.

Erhält die CPU einen Interrupt, dann unterbricht sie den aktuell zur Bearbeitung anstehenden Maschinenbefehl und führt
eine Interrupt-Behandlungsroutine aus, die beispielsweise einen
schlafenden Prozeß „aufweckt", indem sie seinen Status entsprechend ändert. Die Behandlung von Interrupts durch Linux ist
architekturspezifisch. Zugehörige Programmquellen liegen in
`$KERNEL/arch/*/irq.c` und `$KERNEL/arch/*/bios32.c`.

Die Routinen zur Behandlung von Interrupts durch Linux sind architekturspezifisch

4.2.8 Netzwerk-Subsystem

Das Netzwerk-Subsystems von Linux stützt sich auf den BSD-
Socket-Mechanismus, der für alle an einer Netzwerkkommunikation beteiligten Prozesse Kommunikationsendpunkte definiert.
Intern realisiert Linux Sockets als spezielle Dateien, die die
Anwendungen gemäß Kapitel 4.2.4 mit `socket()` erzeugen und
auf die sie mit `read()`, `write()`, `recv()` und `send` zugreifen
können.

Das Netzwerk-Subsystem von Linux ist als Schichtenmodell implementiert

Die Aufbereitung der unterschiedlichen von Linux unterstützten Protokollformate leisten Submodule, die aus den generischen
BSD-Sockets zunächst INET-Sockets und daraus TCP-, IP- oder
UDP-Pakete erstellen. Eine weitere Schicht bereitet letztere entsprechend den Erfordernissen der Transportschicht als Ethernet-,
PPP- oder SLIP-Paket auf. Die Ansteuerung der jeweiligen Transportmedien erfolgt über die Gerätetreiber. Abbildung 4.6 faßt die
3 Schichten des Linux-Netzwerksubsystems grafisch zusammen
(siehe auch David Rusling: „The Linux Kernel", Fig. 10.2).

Submodule erzeugen Protokollpakete, Gerätetreiber bedienen die Transportmedien

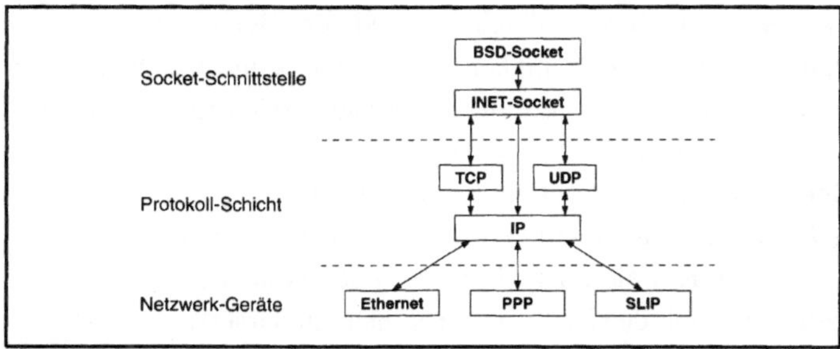

Abb. 4.6 Die Schichten des Linux Netzwerk-Subsystems

4.2.9 Systemaufrufe

Die Systemaufrufschnittstelle besteht (je nach zugrundeliegender Hardwarearchitektur) aus etwa 200 Einsprungstellen, über die Anwendungen und Systemprogramme auf die Hauptkomponenten des Linux-Kernels zugreifen können. Verfügbare Systemaufrufe sind in **$KERNEL/include/asm-*/unistd.h** tabellarisch aufgezählt, jedoch nicht für jede Architektur vollständig. Beispielsweise sind die IPC-Funktionen nur in der Alpha-Version eingetragen, in allen anderen hingegen nicht. **gethostname()**, **getdomainname()** und **getpagesize()** sowie die Netzwerkroutinen fehlen in den Listen für **arm-**, **i386-**, **m68k-** und **ppc-**Architekturen. Ferner sind in den Listen einige Funktionen bereits aufgeführt, die noch nicht implementiert sind.

Anwendungen fordern Dienste des Kernels über Systemaufrufe an

Die Handhabung und Wirkungsweise der realisierten Systemaufrufe ist in den meisten Linux-Distributionen in den entsprechenden Handbuchseiten des On-line-Manuals in der Sektion 2 dokumentiert. Dort ist auch die Familie der **in*()**- und **out*()**-Routinen erläutert, die ein direktes Ansprechen der I/O-Ports ermöglichen. Letztere stellen genaugenommen keine Systemaufrufe dar. Sie ermöglichen die direkte Ansteuerung von Peripheriekomponenten aus Anwendungsprogrammen heraus, vorausgesetzt, es wurde zuvor mit **ioperm()** oder **iopl()** der benutzerseitige Zugriff auf diese Ports freigeschaltet.

Beim Zugriff auf nicht freigeschaltete Ports per in() oder out*() erzeugt der Kernel SEGFAULT*

Nachstehende Auflistung benennt die unter Linux-i386 verfügbaren Systemaufrufe und erläutert ihre Wirkungsweise.

Allgemeines

adjtimex konfiguriert die Systemuhr,
capget liefert Kernel-Fähigkeiten und/oder Benutzerrechte,
capset setzt Kernel-Fähigkeiten und/oder Benutzerrechte,
create_module alloziiert einen Speicherbereich für die Aufnahme eines Kernel-Moduls,
delete_module entfernt ein Kernel-Modul,
getdomainname liefert den Domainnamen des Systems,
gethostname liefert den Hostnamen des Systems,
getitimer holt den Zeitwert eines Intervall-Timers,
gettimeofday liefert die aktuelle Uhrzeit des Systems,

Module enthalten dynamisch ladbare Kernelfunktionen

get_kernel_syms liefert extern zugängliche Kernel-Symbole und Modul-Namen,

init_module lädt ein Modul in den Kernel,

ioperm setzt Zugriffsrechte für I/O-Operationen auf Ports,

iopl setzt I/O-Privilegien,

query_module liefert Informationen über ein Kernel-Modul,

reboot startet das System neu oder aktiviert/deaktiviert ein Reboot durch Ctrl-Alt-Del,

Vor reboot() sollte unbedingt die Funktion sync() aufgerufen werden

setdomainname setzt den Domainnamen,

sethostname setzt den Hostnamen,

setitimer setzt Zeit eines Intervall-Timers,

settimeofday setzt die aktuelle Uhrzeit des Systems,

stime setzt Systemdatum und -uhrzeit,

_sysctl liest und/oder schreibt Kernel-Parameter,

sysinfo liefert allgemeine Informationen über das System,

syslog sendet eine Nachricht an den System-Logger,

time liefert die Systemzeit in Sekunden seit dem 01.01.1970, 00:00:00 GMT,

gettimeofday() liefert auch Mikrosekunden und die eingestellte Zeitzone

times liefert die Anzahl der Clock-Ticks seit Systemstart,

uname liefert System-, Node- und Domainnamen nebst Release- sowie Versions- und Maschinenbezeichnung,

vm86 wechselt in den virtuellen 8086-Modus (i386-spezifisch).

Prozeßmanager

acct schaltet das Prozeß-Accounting an oder aus,

alarm instruiert den Kernel, dem aufrufenden Prozeß nach einer gewählten Zeit ein Alarm-Signal zuzusenden,

clone erzeugt einen Kindprozeß,

execve führt ein Programm aus,

exit beendet den aktuellen Prozeß,

getegid liefert die effektive Gruppen-ID des aufrufenden Prozesses,

Effektive IDs entsprechen den Set-ID-Bits des laufenden Prozesses

geteuid liefert die effektive Benutzer-ID des aufrufenden Prozesses,

getgid liefert die reale Gruppen-ID des aufrufenden Prozesses,

getgroups liefert eine Liste mit zusätzlichen Gruppen-IDs, für die der aufrufende Prozeß Zugriffsrechte hat,

getpgid liefert die Prozeßgruppen-ID des aufrufenden oder eines bestimmten Prozesses,

getpgrp liefert die Prozeßgruppen-ID des laufenden Prozesses,

getpid liefert die Prozeß-ID des laufenden Prozesses,

getppid liefert die Prozeß-ID des in der Hierarchie übergeordneten Prozesses,

Mögliche Werte für die Priorität liegen unter Linux zwischen -20 und 19

getpriority liefert den Nice-Wert (Priorität) eines Prozesses,

getresgid liefert reale und effektive Gruppen- sowie Session-ID,

getresuid liefert reale und effektive Benutzer- sowie Session-ID,

getrlimit liefert den für einen Prozeß maximal zulässigen Verbrauch an Systemressourcen,

getrusage liefert eine Liste der aktuell von einem Prozeß benutzten Systemressourcen,

getsid liefert die Session-ID zu einer Prozeß-ID,

getuid liefert die reale Benutzer-ID eines Prozesses,

fork erzeugt einen Kindprozeß,

idle markiert die Seiten von Prozeß 0 als auslagerbar und versetzt ihn in Leerlauf, darf nur von Prozeß 0 aufgerufen werden,

kill() sendet Signale an einen, an alle, oder an Prozesse einer bestimmten Prozeßgruppe

kill sendet ein angegebenes Signal an einen Prozeß,

modify_ldt liest oder schreibt die lokale Deskriptor-Tabelle eines Prozesses,

nanosleep hält einen Prozeß ein angegebenes Zeitintervall lang an,

nice ändert die Prozeßpriorität,

pause wartet auf eine Signal,

personality setzt die Prozeßausführungsumgebung,

pipe erstellt eine Pipe,

prctl setzt das Signal, das der aktuelle Prozeß generiert, wenn er „stirbt",

profil erstellt Statistiken über die Zeit, die die CPU für die Bearbeitung der Code-Segmente des aktuellen Programms benötigt,

Debugger nutzen ptrace()

ptrace erlaubt einem Prozeß die Steuerung der Ausführung eines Kindprozesses,

setfsgid setzt Gruppen-ID für Dateisystemzugriffe,

setfsuid setzt Benutzer-ID für Dateisystemzugriffe,

setgid setzt die Gruppen-ID,

setgroups setzt dem aufrufenden Prozeß die Zugriffsrechte zusätzlicher Gruppen-IDs,

setpgid setzt die Prozeßgruppen-ID,

setpriority setzt den Nice-Wert (Priorität) eines Prozesses,

setregid setzt reale und/oder effektive Gruppen-ID,

setresgid setzt reale und effektive Gruppen- sowie Session-ID,

setresuid setzt reale und effektive Benutzer- sowie Session-ID,

setreuid setzt reale und/oder effektive Benutzer-ID,

setrlimit setzt den für einen Prozeß maximal zulässigen Konsum
an Systemressourcen,

setsid erzeugt eine neue Session und setzt die Prozeßgruppen-
ID,

setuid setzt die Benutzer-ID,

umask setzt Maske für Zugriffsrechte, die neu erzeugte Dateien
erhalten,

wait4 wartet auf das Terminieren eines Prozesses,

waitpid wartet, bis ein Kindprozeß seinen Status wechselt.

Ressourcen: CPU-Zeit, Speicherbelegung, Dateigrößen, Anzahl der Subprozesse und offener Dateien

Speichermanager

brk ändert Datensegmentgröße,

getpagesize liefert die Seitengröße in Bytes,

mlock markiert einen Speicherbereich als nicht auslagerbar,

mlockall markiert alle Speicherbereiche, die der aktuelle Prozeß
belegt, als nicht auslagerbar,

mmap verbindet virtuelle Seiten mit Page Frames,

mprotect setzt Zugriffsrechte für Speicherseiten,

remap verlegt eine virtuelle Speicheradresse,

msync schreibt einen Speicherbereich auf ein physikalisches
Medium,

munlock markiert einen Speicherbereich als auslagerbar,

munlockall markiert alle Speicherbereiche, die der aktuelle
Prozeß belegt, als auslagerbar,

munmap löst die Verbindung zwischen virtuellen Seiten und
Page Frames,

swapoff stoppt Paging/Swapping auf ein Gerät oder auf eine
Datei,

swapon richtet ein Gerät oder eine Datei für Paging/Swapping
ein.

Bei unerlaubtem Speicherzugriff erzeugt der Kernel das Signal SEGFAULT

Scheduler

sched_priority_max liefert den maximal zulässigen Wert für die
Prozeßpriorität,

sched_get_priority_min liefert den minimal zulässigen Wert für
die Prozeßpriorität,

sched_getparam liefert Scheduling-Parameter,

sched_getscheduler liefert Verhalten und Parameter des Schedulers,

*Neuere Kernel-
Versionen enthalten
Scheduler für nor-
male und für Echt-
zeitanwendungen*

sched_rr_get_interval liefert das Round-Robin-Zeitquantum eines Prozesses,

sched_setparam setzt Scheduling-Parameter,

sched_setscheduler setzt Verhalten und Parameter des Schedulers,

sched_yield erzwingt einen Task-Switch.

Interprozeßkommunikation

*ipc() ist ein
linuxspezifischer
nichtportabler
Systemaufruf*

ipc allgemeiner Einsprungpunkt für Operationen auf Message
Queues, Semaphoren und Shared-Memory,

msgctl führt Steueroperationen auf Nachrichten aus,

msgget liefert eine Message Queue,

msgrcv liest eine Nachricht aus einer Message Queue,

msgsnd schreibt eine Nachricht in eine Message Queue,

semctl führt Steueroperationen auf Semaphoren aus,

semget liefert eine oder mehrere Semaphoren,

semop führt eine Steueroperation auf einer oder mehreren Semaphoren aus,

*Jeder Prozeß
kann auf Signale
reagieren oder
sie ignorieren*

sgetmask liefert Liste der blockierenden Signale,

shmat verbindet ein Shared-Memory-Segment mit einem Data-Segment des aufrufenden Prozesses,

shmctl führt Steueroperationen auf Shared-Memory-Segmente
aus,

shmdt entfernt ein Shared-Memory-Segment aus dem Data-Bereich des aufrufenden Prozesses,

shmget liefert den Bezeichner eines Shared-Memory-Segments,

sigaction setzt eine Aktion, die bei Auftreten eines bestimmten
Signals ausgeführt wird,

signal registriert einen Signalhandler zu einem Signal,

sigpending liefert Signale, die in der Warteschlange für den aktuellen Prozeß stehen,

sigprocmask modifiziert die Liste der blockierenden Signale,

sigreturn Rückkehr vom Signalhandler und Aufräumen des Stacks,

sigsuspend wechselt temporär die bestehende Signalmaske und wartet auf ein Signal,

ssetmask setzt blockierende Signale.

Dateisystem

access prüft die Zugriffsrechte auf eine Datei,

bdflush Schnittstelle zum Kernel-Swap-Dämon,

chdir ändert das aktuelle Arbeitsverzeichnis,

chmod ändert die Zugriffsrechte einer Datei,

chown ändert Besitzer und Gruppe einer Datei,

chroot ändert das für einen Prozeß gültige Wurzelverzeichnis,

close entfernt einen Dateideskriptor,

creat erzeugt eine neue Datei oder überschreibt eine existierende Datei,

dup erzeugt eine Kopie eines geöffneten Dateideskriptors,

dup2 erzeugt eine Kopie eines geöffneten Dateideskriptors,

fchdir ändert das aktuelle Arbeitsverzeichnis,

fchmod ändert die Zugriffsrechte einer Datei,

fchown ändert Besitzer und Gruppe einer Datei,

fcntl steuert Attribute einer geöffneten Datei,

fdatasync veranlaßt die Ausführung aller in der Warteschlange befindlichen I/O-Operationen für eine Datei,

flock setzt einen Lock auf eine geöffneten Datei oder entfernt einen Lock,

fstat ermittelt den Status einer Datei,

fstatfs liefert Statistiken zu einer Datei,

fsync synchronisiert einen im Cache befindlichen Dateiinhalt mit dem physikalischen Medium,

ftruncate setzt die Dateigröße auf ein angegebenes Maß,

getcwd liefert das aktuelle Arbeitsverzeichnis,

getdents liest Verzeichniseinträge,

ioctl manipuliert Parameter der Geräteansteuerung,

access() prüft, ob eine benannte Datei existiert und ob der aktuelle Prozeß dort Lese-, Schreib- oder Ausführungsrecht hat

fchmod() setzt voraus, daß die UID des aufrufenden Prozesses gleich der UID der angesprochenen Datei ist

lchown ändert Besitzer und Gruppe einer (Verweis-) Datei,

link erzeugt einen Hard-Link auf eine Datei,

_llseek bewegt den erweiterten (64-Bit) Dateizeiger um einen angegebenen Offset,

lseek bewegt den Dateizeiger um einen angegebenen Offset,

lstat ermittelt den Status einer (Verweis-) Datei,

mkdir erzeugt einen Verzeichniseintrag,

mknod erstellt eine Spezialdatei,

mount bindet ein Dateisystem,

open öffnet eine Datei für Lese- oder Schreibzugriff,

poll prüft, ob an einem Devicedeskriptor ein bestimmtes Ereignis anliegt,

mount( ) und umount( ) sind linuxspezifische nichtportable Systemaufrufe

pread liest von einer Datei ohne den Dateizeiger zu bewegen,

pwrite schreibt auf eine Datei ohne den Dateizeiger zu bewegen,

quotactl manipuliert Disk Quotas,

read liest von einer Datei,

readdir liest einen Verzeichnis,

readlink liest den Inhalt einer Verweisdatei,

readv liest von einer Datei,

rename ändert den Namen oder die Lage einer Datei,

rmdir entfernt einen Verzeichniseintrag,

select wartet auf Statusänderung von Dateideskriptoren,

stat ermittelt den Status einer Datei,

statfs liefert Statistiken zu einer Datei,

symlink erzeugt eine Verweisdatei,

sync synchronisiert alle im Cache befindlichen Dateiinhalte mit den physikalischen Medien,

Seit der Kernel-Version 1.3.20 kehrt sync( ) erst dann zurück, wenn alle erforderlichen Schreiboperationen abgeschlossen sind

sysfs liefert Informationen über alle gebundenen Dateisysteme,

truncate setzt die Größe einer Datei auf eine angegebene Länge,

umount löst ein gebundenes Dateisystem,

unlink entfernt einen Verzeichniseintrag und dekrementiert den Link-Wert auf diesen Eintrag,

uselib wählt eine dynamisch gelinkte Bibliothek aus,

ustat gibt Statistiken über ein Dateisystem aus,

utime ändert Zugriffs- und Modifikationszeiten eines Inode,

vhangup virtuelles Auflegen (Hangup) des aktuellen Terminals,

write schreibt auf eine Datei,

writev schreibt auf eine Datei.

accept nimmt eine Verbindung auf einem Socket an,

bind verbindet einen Socket mit einem Namen,

connect baut eine Verbindung zu einem Socket auf,

getpeername liefert den Namen eines verbundenen Kommuni-
kationsendpunkts,

getsockname liefert den Namen eines Sockets,

getsockopt liefert die auf einem Socket gültigen Attribute,

listen wartet auf Verbindung mit einem Socket,

recv liest Nachricht von einem verbundenen Socket,

recvfrom liest Nachricht von einem Socket,

recvmsg liest Nachricht von einem Socket,

send schreibt Nachricht auf einen verbundenen Socket,

sendmsg schreibt Nachricht auf einen Socket,

sendto schreibt Nachricht auf einen Socket,

setsockopt setzt die auf einem Socket gültigen Attribute,

shutdown beendet eine Full-Duplex-Verbindung,

socket erzeugt einen Kommunikationsendpunkt,

socketcall bildet einen Einsprungpunkt für allgemeine Socket-
operationen (nicht portabel),

socketpair erzeugt zwei verbundene Sockets.

Einige Unix-Versionen ordnen die Netzwerk-Funktionen den C-Bibliotheks-routinen zu

4.3 Kernel-Version 2.2

Mehr als zweieinhalb Jahre lang durften Linux-Anwender die schrittweise Weiterentwicklung des Kernels mitverfolgen: Bis zur Freigabe der langersehnten Version 2.2 am 25. Januar 1999 wur-den immerhin 133 Developer-Releases sowie 9 Prä-Versionen veröffentlicht. Viele Teile der dabei erstellten Neuerungen sind bereits Bestandteil der 2.0.x-Kernel. Einige der nun zum Stan-dard zählenden Features waren früher nur als Patch erhältlich. Der Umstieg auf den neuen Kernel ist zwar empfehlenswert, aber nicht in jedem Fall notwendig.

Äußerlich glänzt die Kernel-Version 2.2 mit zahlreichen neu-en und überarbeiteten Treibern für aktuelle Audio-, ISDN-, Netz-werk- und SCSI-Boards. Die Kodierungen zur Unterstützung von

Viele Neuerungen der Developer-Releases sind bereits im Kernel-2.0.x enthalten

Joysticks, Gamepads und Videokarten sind dem Experimentierstadium erwachsen und haben nun ebenfalls einen festen Platz in den Kernelquellen.

Gänzlich überarbeitet wurde der SMP-Support: Threads im Kernel-Modus blockieren nicht mehr; multiple, jeweils auf einer eigenen CPU laufende Threads können parallel auf verschiedene Dienste des Kernels zugreifen. Weiteres Novum: Linux 2.2 unterstützt Pseudo-Terminals gemäß dem Unix-98-Standard. Eine neugestaltete Memory-Check-Routine erkennt nun auch Speichermengen jenseits der 64 MByte Grenze, der bisher nötige Boot-Parameter **MEM=xxxM** ist also nicht mehr erforderlich.

Unix-98 PTYs sind optional, nicht zwingend

Die Architektur des Kernels wurde im Prinzip beibehalten, seine Komponenten wurden aber fast überall überarbeitet. Anwender sollen dadurch von höherer Leistung und Stabilität profitieren. Entwickler dürften an der erweiterten Proc-Schnittstelle ihre Freude haben, die nun via **/proc/bus/pci** detaillierte Informationen über den PCI-Bus und darin eingesteckte Karten liefert. Linux 2.2 muß übrigens als ELF-Binary erstellt werden. Programme im **a.out**-Format sind aber weiterhin lauffähig.

Der Eintrag /proc/pci existiert weiterhin

Umfangreichere Modifikationen wurden an der Netzwerkschnittstelle vorgenommen. Das IPv6-Protokoll ist bereits implementiert, gilt aber noch als experimentell. Default-Routes erzeugt der Kernel nun automatisch, die 'route add'-Kommandos aus den Init-Skripten sind nicht mehr erforderlich. Der Firewalling-Code wurde vollständig neu geschrieben, die Filterregeln können nun neben der Ziel- auch die Quelladresse eines Netzwerkpakets berücksichtigen. Eine 'Plug-and-Play'-Option ermöglicht das automatische Konfigurieren der IP-Adresse von Diskless-Clients, die diese via BOOTP oder RARP beziehen.

Die IPv6-Routinen gelten noch als experimentell

Server-Konfigurationen benötigen keine Tastatur und Grafikkarte mehr. Der neue Kernel kann die Konsole über eine serielle Schnittstelle ansteuern. Auf Intel-Hardware lassen sich per Interrupt-Sharing nun auch mehr als vier serielle Schnittstellen gleichzeitig ansprechen. **/dev/cuax** ist obsolet, serielles I/O erfolgt nur noch über **/dev/ttySx**.

Linux-Server benötigen weder Tastatur noch Grafikkarte

Mit der Neugestaltung der Konsol-Schnittstelle wurde außerdem ein Framebuffer-Device eingeführt, so daß neben dem Textnun auch ein Grafikmodus für die Konsole bereitsteht. Für Linux/68k existiert diese schon seit Jahren, da dort praktisch kein Textmodus verfügbar ist. Das Framebuffer-Device erlaubt beispielsweise auch Textdarstellungen mit 48 Zeilen á 128 Zeichen unter Verwendung eines 8x16 Fonts (1024x768 Bildpunkte). Eine XFree86-Version für diese Schnittstelle ist bereits verfügbar. Multi-Head-Betrieb (multiple Grafikkarten/Monitore) ist ebenfalls möglich.

In Bereich der Modulverwaltung wurden ebenfalls Veränderungen vorgenommen. Während in den 2.0.x-Releases der Kernel-Dämon **kerneld** zusätzliche Kernel-Module bei Bedarf einbindet, ist in der Kernel-Version 2.2 der Kernel-Module-Loader **kmod** dafür zuständig. Ferner läßt sich nun auch der IDE-Treiber als Modul spezifizieren, muß also nicht mehr zwingend Bestandteil des Kernels sein.

kmod ersetzt kerneld

Wer sich entscheidet, den neuen Kernel einzusetzen, muß gegebenenfalls einige Upgrades an seiner Systemsoftware durchführen. Eine entsprechende Liste ist Teil der Datei **Changes** aus dem Verzeichnis **Documentation**. Dort sind auch Programmaufrufe genannt, mit denen der Anwender die vorhandene Version der betroffenen Programmpakete abfragen kann.

Ein Kernel-Update erfordert eventuell Systemupgrades

Natürlich fordern die neuen Kernel-Features auch mehr RAM, so daß ein 'schwacher' 80386 mit 4 MByte wohl kaum mehr die Mindestausstattung bildet. Damit dürfte auch klar sein, für wen ein Upgrade nicht in Frage kommt. Kleiner Trost: Alan Cox hat angekündigt, daß die 2.0.x-Kernel auch in naher Zukunft weiterentwickelt werden.

Kernel-Version 2.2 benötigt mehr RAM als Kernel-2.0.x

4.4 Kernel-Installation

Eine Kernel-Installation ist erforderlich 1. unmittelbar nach der Erstinstallation von Linux, wenn der dabei eingerichtete Kernel nicht alle vorhandene Hardwarekomponenten unterstützt, 2. falls der Kernel neu installierte Einsteckkarten oder Peripheriekomponenten nicht unterstützt oder 3. falls der vorhandene Kernel

Viele Linux-Distributionen installieren initial einen generischen

fig, **make menuconfig** oder **make xconfig** zunächst eine
Kernel-Konfiguration erstellen. Daraufhin kann er den Kernel
übersetzen und abschließend den neu erstellten Kernel als Boot-
Image einrichten.

4.4.1 Vorbereiten der Kernel-Quellen

Die Installationsroutinen von Linux-Distributionen kopieren die
Die Wurzel der Kernel-Quellen üblicherweise nach **/usr/src/linux** oder in
Kernel-Quellen ist ein Verzeichnis **/usr/src/linux?***. In letzterem Fall wird in
/usr/src/linux der Regel zusätzlich eine Verweisdatei **/usr/src/linux** angelegt, die auf **/usr/src/linux?*** zeigt.

Eine Aktualisierung der Kernel-Quellen kann auf folgende 3
Arten erfolgen:

- Extrahieren einer neuen Kernel-Distribution im Verzeich-
  Auf der Ziel- nis **/usr/src** durch Aufruf von
  partition muß
  etwa 50 MByte
  Platz sein

```
cd /usr/src
tar zxvf /tmp/linux-XX.tar.gz
```

  falls die Kernel-Quellen unter **/tmp/linux-XX.tar.gz**
  liegen (**XX** steht hier für die Versionsnummer des neuen
  Kernels); anderenfalls ist der angegebene Pfadname geeignet zu modifizieren. Existiert bereits ein Verzeichnis oder
  eine Verweisdatei **/usr/src/linux**, sei empfohlen, das
  Verzeichnis zuvor umzubenennen beziehungsweise die
  Verweisdatei zu entfernen.

- Manuelles Aktualisieren der vorhandenen Kernel-Distribu-
  Das Aktualisieren tion durch Aufruf von
  via patch ist stets
  nur auf die nächst
  höhere Version
  möglich

```
cd /usr/src
gunzip -cd /tmp/patch-XX.gz | patch -p0
```

  wobei **XX** die nächst höhere Versionsnummer in Bezug auf
  die aktuelle Kernel-Version sein muß. Ist eine Aktualisierung über mehrere Versionsnummern beabsichtigt, dann ist
  der zuletzt genannte Aufruf wiederholt auszuführen, und
  zwar jeweils unter Verwendung der Patch-Datei mit der
  nächst höheren Versionsnummer.

- Automatisiertes Aktualisieren der vorhandenen Kernel-Distribution durch Aufruf von

```
cd /usr/src
linux/scripts/patch-kernel \
[ Ziel [ Quelle ] ]
```

Bei dieser Methode ermittelt das Skript **patch-kernel** zunächst die Version der in **/usr/src/linux** oder dem durch **ziel** benannten Pfad liegenden Kernel-Quellen. Anschließend aktualisiert das Skript den Kernel sukzessive unter Verwendung aller Patch-Dateien, die im aktuellen oder dem durch **Quelle** benannten Verzeichnis liegen.

Das Aufspielen einer kompletten Kernel-Version ist normalerweise problemlos, setzt jedoch das Kopieren einer kompletten Kernel-Version voraus, und die ist heute auch im komprimierten Zustand bereits mehr als 10 MByte groß. Patch-Dateien hingegen belegen in der Regel weniger als 100 kByte. Ein Kernel-Update via **patch** ist daher oft wirtschaftlicher als eine Neuinstallation, insbesondere, wenn die benötigten Daten von einem FTP-Server kopiert werden müssen — kleine Datenmengen verursachen dabei erwartungsgemäß geringe Kosten.

Nach jedem Kernel-Patch „von Hand" sollte man sich unbedingt vergewissern, daß das **patch**-Kommando keine ***.rej**-Dateien erzeugt hat, etwa durch Aufruf von

```
find /usr/src/linux -name "*.rej" -print
```

Liefert dieser Aufruf eine oder mehrere Dateinamen zurück, dann ist der Kernel-Patch fehlgeschlagen und die Prozedur ist erneut auszuführen, im Zweifelsfall beginnend mit dem Aufspielen des Ursprungs-Kernels. **patch-kernel** wiederum führt diesen Test selbständig aus und entfernt zusätzlich nach jedem erfolgreichen Kernel-Patch die von **patch** erzeugten Sicherheitskopien ***.orig**. Anderenfalls bricht das Skript mit einer Fehlermeldung ab.

Zum Abschluß muß der Superuser noch sicherstellen, daß 1. die in **/usr/include** befindlichen Einträge **asm**, **linux** und **scsi** auf Verzeichnisse innerhalb der Kernel-Quellen verweisen und 2. die Kernel-Quellen von etwaigen Voreinstellungen bereinigt sind. Die dazu auszuführende Kommandosequenz lautet:

```
cd /usr/include
rm -rf asm linux scsi
ln -s /usr/src/linux/include/asm asm
ln -s /usr/src/linux/include/linux linux
ln -s /usr/src/linux/include/scsi scsi
cd /usr/src/linux
make mrproper
```

4.4.2 Kernel-Konfiguration

Hilfreich: Eine detaillierte Liste der vorhandenen Hardware

Die Kernel-Konfiguration dient einerseits der Anpassung des Linux-Kernels an die jeweils vorhandenen Hardwarekomponenten, andererseits dem Festlegen seines Leistungsspektrums. Es sei empfohlen, vorab eine detaillierte Liste der vorhandenen Hardwarekomponenten anzulegen, die zumindest die exakten Typenbezeichnungen von CPU, Ethernet-, ISDN-, SCSI-Kontroller und Soundkarte sowie Maus und CD-ROM-Laufwerk enthält.

Erforderliche Schritte zur Konfiguration des Kernels bestehen aus einem Wechsel in das Verzeichnis **/usr/src/linux**, Aufruf von **make config**, und anschließendem zeilenorientierten Ausfüllen eines umfangreichen Fragebogens. Alternativ ist die Konfiguration auf der Konsole durch Aufruf von **make menuconfig** über ASCII-Menüs oder unter X11 via **make xconfig** über grafische Menüs möglich.

Alle Kernel-Konfigurations-werkzeuge enthalten eine Hilfefunktion

Unabhängig von der gewählten Konfigurationsmethode sind zu jeder Frage Erläuterungen abrufbar, und zwar durch Eingabe eines Fragezeichen bei der zeilenorientierten Variante oder durch Anwahl einer entsprechend ausgewiesenen Schaltfläche bei den menüorientierten Methoden. Auf eine detaillierte Erläuterung der je nach Architektur bis zu 200 Einzelfragen wird daher hier nicht eingegangen. Stattdessen seien nachstehend einige Tips zusammengestellt:

- Das Integrieren der Hardwareunterstützung für nicht vorhandene Komponenten führt zu unnötiger Vergrößerung des Kernels und kann ein Fehlverhalten der vorhandenen Kontroller verursachen.

- Treiber für vorhandene Hardwarekomponenten sowie Kodierungen, die den Zugriff auf häufig benutzte Dateisystemformate oder Netzwerkprotokolle unterstützen, sollten statischer Bestandteil des Kernels werden (auf **y** setzen).

- Selten benötigte Kernel-Fähigkeiten, beispielsweise die Unterstützung „exotischer" Dateisystemformate und/oder Netzwerkprotokolle, kann man als Module erzeugen.

- Ist die Verwendung von Modulen beabsichtigt, dann muß die Unterstützung von Kernel-Modulen aktiviert werden (Menüpunkt „Enable loadable modules support" und eventuell auch „Kernel Dämon support" auf **y** setzen).

Soll der Kernel eine Multiprozessor-Architektur bedienen, dann muß abschließend in der Datei **/usr/src/linux/MAKEFILE** (mit einem Editor) die Definition **SMP=1** entkommentiert werden. Eventuell ist dort außerdem die Wertzuweisung an die Variable **ARCH** zu ändern, so daß letztere den Namen des vorhandenen Prozessortyps erhält.

Linus Torvalds:
„Ich selbst finde
SMP-Linux und die
Skalierbarkeit des
Kernels fesselnd"

4.4.3 Übersetzen des Kernels

Nach erfolgreicher Kernel-Konfiguration und vor dem eigentlichen Übersetzen des Kernels sind folgende Schritte erforderlich:

cd /usr/src/linux falls das Arbeitsverzeichnis nach der Kernel-Konfiguration gewechselt wurde,

make dep um 2 Listen **.depend** und **.hdepend** zu erzeugen, die die Abhängigkeiten der Include-Dateien untereinander festhalten und

make clean um eventuell vorhandene Objektdateien, Bibliotheken und Assemblerquellen zu entfernen, die bei einer früheren Übersetzung des Kernels erzeugt wurden.

make dep erzeugt
das Programm
scripts/mkdep
und führt es
anschließend aus

Anschließendes Übersetzen der Kernel-Quellen und Anfertigen eines (architekturspezifischen) Kernel-Images leisten

make vmlinux (kompiliert und bindet ein Kernel-Image, Aufruf ist unter allen unterstützten Architekturen zulässig),

make zImage (erzeugt ein **gzip**-komprimiertes Kernel-Image, zulässig für ARM-, i386-, Mips- und PPC-Architekturen),

make zdisk (generiert ein **gzip**-komprimiertes i386-Kernel-Image und kopiert es anschließend auf Diskette; vorab ist eine leere Diskette in das 1. Floppy-Laufwerk einzulegen),

Der Boot-Loader expandiert das komprimierte Kernel-Image

make install (erzeugt ein Kernel-Image und kopiert dieses auf den Standard-Bootpfad **/boot/vmlinux** beziehungsweise **/boot/vmlinuz**, zulässig für ARM- und i386-Architekturen).

Wurden bei der Kernel-Konfiguration Module spezifiziert, dann ist zusätzlicher Aufruf von

make modules (erstellt die bei der Konfiguration ausgewählten Kernel-Module) und

make modules_install (installiert die Kernel-Module in das Verzeichnis **/lib/modules/X.Y.Z**, **X.Y.Z** bezeichnet die Kernel-Version)

erforderlich.

Unter Linux-i386 terminiert **make zImage** mit einer Fehlermeldung, wenn das (komprimierte) Kernel-Image eine gewisse Größe (508 kByte) übersteigt. In diesem Fall ist **make bzImage** aufzurufen, das dem Boot-Loader die Speicheradresse **0x100000** anstelle der sonst üblichen Adresse **0x1000** als Ladeadresse für das Kernel-Image mitteilt.

make bzImage kann auch „kleine" Kernel-Images erzeugen

4.4.4 Einrichten des Kernels als Boot-Image

Je nach vorhandener Systemarchitektur ist das Laden des Linux-Kernels auf bis zu 4 Methoden möglich:

Das Einrichten des Kernels als Boot-Image ist nach jeder Neukonfiguration erforderlich

- als Image von Diskette,

- über einen Linux-Loader, der im Master-Boot-Record einer Floppy oder der Festplatte oder dem Boot-Record einer Festplattenpartition installiert wurde,

- über ein Ladeprogramm, das unter einem anderem Betriebssystem läuft (beispielsweise das DOS-Programm **loadlin.exe**) oder

- über das Netzwerk.

Im weiteren Verlauf dieses Kapitels seien exemplarisch die erforderlichen Schritte zum Einrichten des Kernels als Boot-Image für Linux-i386-Systeme erläutert.

Booten von Diskette

Diskettenbasiertes Laden des Linux-Kernels ist zweifellos nicht komfortabel, eignet sich aber hervorragend zum Testen einer neuen Kernel-Version, da etwa vorhandene andersartige Ladestrategien hierzu keinerlei Modifikation bedürfen. Boot-Disketten sind außerdem nützlich, wenn ein zerstörtes System repariert werden muß. Es sei daher empfohlen, stets mindestens eine funktionsfähige Boot-Diskette parat zu halten.

Man sollte stets mindestens eine Boot-Diskette an einem sicheren Ort verwahren

Zu unterscheiden ist zwischen reinen Boot-Disketten, die nur das Kernel-Image enthalten, und kombinierten Boot/Root-Disketten, die ein Root-Dateisystem nebst Konfigurationsdateien und Basiskommandos sowie einen Linux-Loader enthalten. Erstere erzeugt **make zdisk** automatisch, indem es

```
dd bs=8192 if=zImage of=/dev/fd0
```

aufruft.

Das Erstellen einer kombinierten Boot/Root-Diskette wiederum erfordert mehrere Schritte; eine ausführliche Beschreibung dazu enthält das Dokument **Bootdisk-HOWTO**. Vorteil dieser Variante: Eine kombinierte Boot/Root-Diskette kann ein autarkes System enthalten, das auch für Reparaturen an einer vollständig zerstörten Festplattenkonfiguration einsetzbar ist.

Kombinierte Boot/Root-Disketten enthalten ein autarkes System

Booten von der Festplatte

Die bevorzugt eingesetze Methode zum Booten von Linux-i386 basiert auf dem Linux-Loader **lilo**, der den Kernel wie ein gewöhnliches Programm nebst (optionalen) Kommandozeilenparametern startet. Letztere können interne Kernelparameter setzen und/oder die Handhabung einzelner Geräte beziehungsweise damit verbundener Kontroller steuern. Für eine detaillierte und ausführlich kommentierte Auflistung zulässiger Kernel-Bootparame-

lilo kann dem Kernel Parameter übermitteln

ter sei an dieser Stelle auf das Dokument **Boot-Prompt-HOWTO** verwiesen.

lilo ist genaugenommen ein Boot-Manager, der wahlweise auf dem Boot-Sektor einer Floppy, dem Master-Boot-Record der 1. Festplatte, dem Boot-Sektor einer Linux-Partition oder dem Partitions-Boot-Sektor einer erweiterten Partition eingerichtet werden kann. Seine Arbeitsweise bestimmt ein anwenderseitig zu erstellendes Konfigurationsskript **/etc/lilo.conf**. Letzteres besteht aus einem Kopf, der globale Optionen enthält (Bezeichnung des bootfähigen Geräts, Art der Bildschirmdarstellung et cetera) und einem Rumpf, der zu einem oder mehreren Boot-Images jeweils blockweise eine Reihe von Konfigurationsparametern aufnimmt.

*Bootfähiges Gerät:
/dev/hda kenn-
zeichnet den MBR,
/dev/hda2 die 2.
Partition*

Enthält **lilo.conf** mehr als einen Boot-Eintrag, dann kann **lilo** via Menü den Zugriff auf unterschiedliche Linux-Kernel oder auch andere Betriebssysteme (MS-DOS, Windows 9x, OS/2) gewähren. Eine Konfiguration, die das Einrichten von **lilo** im Master-Boot-Record vorsieht und wahlweises Booten von Linux oder Windows 98 erlaubt, lautet beispielsweise

*Kernel-Parameter
sind in einem
Image-Block per
append=<string>
anzugeben*

```
boot = /dev/hda
timeout = 100
compact
image = /boot/vmlinuz
   label = Linux
   alias = 1
other = /dev/hda1
   label = Windows98
   alias = 2
```

Diese Konfiguration bewirkt, daß **lilo** nach seinem Start 10 Sekunden lang (**timeout**/10) ein Boot-Menü anzeigt, über das der Anwender zwischen Linux und Windows 98 wählen kann. Erfolgt keine Eingabe, dann wird nach Ablauf dieser Zeit Linux gebootet. Anderenfalls startet **lilo** das per Pfeiltaste oder Ziffer ausgewählte Betriebssystem. Für eine ausführliche Erläuterung der Syntax und Wirkungsweise aller zulässigen **lilo**-Konfigurationsparameter sei auf das Dokument **User_Guide.ps** verwiesen, das normalerweise in **/usr/doc/lilo-0.XX** zu finden ist. Dort liegt auch eine Datei **QuickInst**, die ein Shell-Skript ent-

hält, das eine initiale Konfigurationsdatei **lilo.conf** erstellen
kann.

Zur Installation von **lilo** ist anschließend einfach das Kommando **/etc/lilo** aufzurufen, das sich daraufhin auf dem unter **boot=** angegebenen Master-Boot-Record oder einer Partition
installiert (beispielsweise **/dev/hda2**). Bei erstmaligem Aufruf
von **/etc/lilo** fertigt das Programm automatisch eine Sicherheitskopie **boot.xxxx** des während der Installation zu modifizieren Sektors der Festplatte an. Ein Restaurieren dieses Sektors und
damit verbundenes Entfernen des Boot-Managers **lilo** leistet
lilo -u device, wobei für **device** die Bezeichnung des Geräts
oder der Partition anzugeben ist, auf der **lilo** installiert wurde.
Nach dem Anfertigen eines neuen Kernels muß **/etc/lilo** in
jedem Fall erneut aufgerufen werden.

*lilo -v -t verifiziert
den Inhalt von
/etc/lilo.conf*

Soll Linux zusammen mit Windows NT auf dem System koexistieren, dann muß **lilo** im Boot-Record einer Linux-Partition
eingerichtet werden, da Windows NT einen eigenen Boot-Loader
benutzt, der nicht durch **lilo** ersetzt werden darf. Dazu ist nach
der Installation von **lilo** mit

*lilo kann sich
nicht auf einem
NT-Filesystem
installieren*

```
dd if=/dev/hda2 of=boot.lin bs=512 count=1
```

(falls **lilo** auf **/dev/hda2** installiert wurde) aufzurufen, die dabei erzeugte Datei **boot.lin** auf Diskette zu kopieren, diese unter Windows NT in das Wurzelverzeichnis zu Laden und die Datei
C:\boot.ini um einen Eintrag

```
C:\boot.lin="Linux"
```

*C:\boot.ini
konfiguriert den
NT-Bootmanager*

zu erweitern. Falls die Datei **boot.ini** schreibgeschützt ist, dann
muß der Schreibschutz vorab mit **attrib -r boot.ini** entfernt
werden.

Booten von DOS aus

Auf Systemen, auf denen Linux zusammen mit DOS oder Windows 9x koexistieren soll, kann das Laden des Linux-Kernels
über das Programm **loadlin.exe** erfolgen. In einigen Fällen
ist diese Methode nicht nur eine Alternative zu **lilo**, sondern
die bevorzugt einzusetzende Methode, und zwar stets dann, wenn

*Manchmal müssen
DOS-Programme
die Hardware
vorkonfigurieren*

einzelne Hardware-Kontroller vorab mit einem DOS-Programm in einen Kompatibilitätsmodus überführt werden müssen, der erst den ordnungsgemäßen Betrieb der Hardware unter Linux ermöglicht.

Zum Einrichten von **loadlin.exe** wird üblicherweise in der DOS-Konfigurationsdatei **config.sys** ein Boot-Menü eingerichtet, das neben DOS oder Windows einen Eintrag „Linux" enthält. Außerdem ist das Kernel-Image im Dos-/Windows-Dateisystem einzurichten, beispielsweise per

*loadlin.exe läßt
sich nur unter
DOS, aber nicht
aus Windows
heraus starten*

```
mount -t msdos /dev/hda1 /mnt
cp /boot/vmlinuz /mnt
```

Der Aufruf von **loadlin.exe** kann dann unter DOS aus der Batch-Datei **autoexec.bat** heraus erfolgen:

```
goto %config%
...
:Linux
loadlin vmlinuz root=/dev/hda2
```

*An den Aufruf
können zusätzliche
Boot-Parameter
angefügt werden*

Nach jeder Neuübersetzung des Kernels muß anschließend das dabei erzeugte Kernel-Image in das Dos-/Windows-Dateisystem kopiert werden. Sollen mehrere unterschiedlich konfigurierte Kernel-Images im Zugriff stehen, dann müssen diese jeweils mit unterschiedlichem Dateinamen unter Dos-/Windows vorgehalten werden und es sind entsprechend zahlreiche Menüeinträge zu erstellen, die ihrerseits jeweils ein spezielles Kernel-Image laden.

Booten über das Netzwerk

Diese Technik wird normalerweise für Systeme genutzt, die eine Ethernet-Karte enthalten, aber über keine lokalen Festplatten verfügen (Diskless Clients). Sie setzt voraus, daß 1. ein Unix- oder Linux-System als Boot-Server konfiguriert wird, 2. dort ein Linux-Kernel-Image mit aktivierter NFS-Root-Option als Datei vorhanden ist und 3. auf dem Client ein Boot-Prom vorhanden ist, das sowohl das BOOTP- als auch das TFTP-Protokoll unterstützt. Näheres zum Thema sowie eine Schritt-für-Schritt Anleitung zum Aufbau eines Boot-Servers enthält das **Diskless-mini-HOWTO**.

*Preisgünstige
Variante:
„Linux-Box" als
X-Terminal*

Programme und Prozesse

Ein Programm unter Linux ist eine ausführbare Datei, die irgendwo im Dateisystem liegt. In Abgrenzung dazu ist ein Prozeß ein selbständig ablauffähiger Kontext des Betriebssystemkerns, der ein Programm ausführt. Die systeminterne Darstellung von Prozessen, ihre Erzeugung durch den Betriebssystemkern und die Beziehungen zwischen allen zu einer bestimmten Zeit aktiven Prozessen sind in Kapitel 4.2.1 dargestellt.

Programme sind ausführbare Dateien

Ziel dieses Kapitels ist es, zunächst einige Werkzeuge vorzustellen, die Informationen zu aktuell aktiven Prozessen anzeigen (**ps**, **top**), während der gesamten Laufzeit eines Programms benutzte Systemressourcen ausgeben (**time**) oder die Priorität einzelner Prozesse setzen (**nice**) respektive modifizieren (**renice**). In diesem Rahmen werden außerdem die Einträge des **proc**-Dateisystems erklärt.

Prozesse benutzen Systemressourcen

Darauf folgend wird das Thema „Signale" erörtert, das die Basis für die Kommunikation eines Prozesses mit seiner Umwelt bildet. Ein weiterer Schwerpunkt dieses Kapitels behandelt den **init**-Prozeß, den der Kernel unmittelbar nach seiner Initialisierung startet; er ist der Vaters aller weiteren Prozesse. Abschließend werden noch die „Dämonen" diskutiert.

Prozesse kommunizieren mit ihrer Umwelt über Signale

5.1 Prozeß-Monitoring

Analog zu anderen Unix-Versionen enthalten alle Linux-Distributionen das **ps**-Kommando (Prozeß-Status), das, je nach verwendeten Optionen, Informationen zu einzelnen oder allen aktiven Prozessen ausgibt. Das Kommando **top**, im Gegensatz zu den meisten anderen Unixen bei allen Linux-Distributionen standard-

ps und top zeigen Inhalte der Prozeßtabelle

mäßig enthalten, liest in vorgegebenen Zeitabständen die Prozeßtabelle (genaugenommen das Proc-Dateisystem, siehe Kapitel 5.1.5) aus und zeigt unter anderem eine Liste aller aktiven
Prozesse an, sortiert nach der Inanspruchnahme der CPU.

time liefert
Auskunft
über genutzte
Systemressourcen

Das Kommando **time** wiederum liefert Auskunft über die von
einem Programm während seiner gesamten Laufzeit benutzten
Systemressourcen. Das **proc**-Dateisystem schließlich bildet eine Schnittstelle für den dateiorientierten Zugriff auf Prozeß- und
Kernel-Daten.

5.1.1 ps

Umfangreiche Informationen zu aktuell aktiven Prozessen kann
der Anwender mit **ps -l** abfragen, wobei die Option **-l** (long)
die Ausgabe einer ausführlichen Liste bewirkt. Diese hat etwa

Abb. 5.1
ps-Ausgabe

folgendes Format:

```
 FLAGS   UID   PID  PPID PRI   NI    SIZE    RSS WCHAN        STA TTY TIME COMMAND
   100     0     1     0   0    0     836    348 shmctl       S   ?   0:05 init [5]
    40     0     2     1   0    0       0      0 create_elf_  SW  ?   0:00 (kflushd)
    40     0     3     1 -12  -12       0      0 get_filesys  SWK ?   0:00 (kswapd)
   140     0    63     1   0    0     852    412 shmctl       S   ?   0:00 syslogd
   140     0   596     1   0    0     864    384 sigsuspend   S   ?   0:00 crond
   140     0  1145     1   0    0    1284    744 shmctl       S   ?   0:00 sendmail:
   100     0  1578  1573   0    0    6604   4904 shmctl       S   ?   0:00 xemacs
   100     0  1596  1575   0    0    1212    672 read_chan    S   p0  0:00 bash
   100     0  1734  1718  10    0    1180    596 filemap_syn  S   p3  0:00 -su
100100     0  1747  1734  10    0    1012    392              R   p3  0:00 ps -lx
```

Eine vorangestellte Kopfzeile gibt Auskunft über den Inhalt der
spaltenweise aufbereiteten Information. Durch Aufruf von **ps -l**
erzeugte Daten sind wie folgt zu interpretieren: **F** zeigt Prozeß-
Flags, **UID** die Benutzerkennung des Prozeß-Besitzers, **PID** die

UID zeigt,
wem der
Prozeß
„gehört"

Prozeßnummer, **PPID** die Prozeßnummer des Elternprozesses,
PRI die Prozeß-Priorität (je niedriger der Wert, desto mehr Rechenzeit erhält der Prozeß), **NI** den **nice**-Faktor, **SIZE** die vom
Programm belegte (virtuellen) Speichermenge in kByte, **RSS** die
Größe des Programms im Arbeitsspeicher, **WCHAN** das Ereignis,
auf das der Prozeß wartet, **STA** (**STAT**) den Prozeß-Status (**R** lauffähig, **S** schlafend, **D** nicht störbarer Schlaf, **T** angehalten, **Z** Zombie, **W** hat keine residenten Speicherseiten), **TTY** die Dialogsta-

tion, von der aus der Prozeß gestartet wurde, **TIME** die bisher verbrauchte Rechenzeit (Stunden, Minuten und Sekunden) und **COMMAND** den Namen des Kommandos.

Wesentliches Merkmal der Linux-Version von **ps** ist, daß die Daten nicht aus einer Anfrage an den Betriebssystemkern gewonnen werden; **ps** greift direkt auf das Proc-Dateisystem zu und bereitet die dort zu jedem Prozeß verwahrten Proc-Strukturen auf (siehe Kapitel 5.1.5). Im Gegensatz zu BSD-**ps** und SysV-**ps** läuft Linux-**ps** nicht mit den Rechten des Superusers.

Linux-ps ist kein Root-Prozeß

Die von Linux-**ps** verarbeiteten Optionen und das Ausgabeformat unterscheiden sich teils erheblich von **ps**-Ausgaben anderer Unix-Derivate. Im einzelnen bewirken

-a zeigt alle Prozesse,

In der neuesten ps-Version kann das einleitende Minuszeichen entfallen

-c zeigt den Kommandonamen gemäß dem Eintrag in der Struktur **task_struct**,

-e ergänzt den Kommandonamen um eine Liste seiner Umgebungsvariablen,

-f bereitet die Ausgabe als Baumstruktur auf, deutet damit die Prozeßhierarchie an,

-h unterdrückt die Kopfzeile,

-j zeigt Kennungen des übergeordneten Prozesses (**PPID**) und der Prozeßgruppe, der der Prozeß angehört,

-l liefert ein langes Ausgabeformat,

-m zeigt die Speichernutzung,

-n gibt numerische Werte für **USER** und **WCHAN** aus,

-r gibt nur die laufenden Prozesse aus,

Laufende Prozesse haben den Status R

-S addiert die verbrauchte Prozessorzeit und die Zahl der durchgeführten Seitenwechsel der Kindprozesse zu den Eltern,

-s zeigt zu jedem Prozeß die gesetzten Signalmasken,

-txx zeigt nur die Prozesse die von Terminal **xx** kontrolliert werden,

-u erzeugt die Ausgabe im „User"-Format,

-v liefert Statistiken der Speichernutzung,

-w erzeugt in Verbindung mit der Option **e** zu jedem Prozeß eine weitere Ausgabezeile, kann mehrfach angegeben werden,

verlängert die Ausgabe jeweils um 80 Zeichen

-X liefert CPU- und prozeßspezifische Daten (Stack, EIP, ESP, TIMEOUT, ALARM),

-x zeigt nur diejenigen Prozesse, die keinem Terminal zugeordnet sind,

5.1.2 `top`

Das Kommando **top** greift in regelmäßigen Zeitabständen auf das Proc-Dateisystem zu und bereitet daraus eine bildschirmfüllende Tabelle auf, die detaillierte Informationen zu aktuellen Systemdaten sowie den Status ausgewählter Prozesse enthält, sortiert nach der Inanspruchnahme der CPU. Abbildung 5.2 zeigt ein Beispiel der von **top** angezeigten Informationen.

Abb. 5.2
Prozeß-
Monitoring
mit top

```
  4:23pm  up  2:04,  3 users,  load average: 0.58, 0.40, 0.26
66 processes: 62 sleeping, 4 running, 0 zombie, 0 stopped
CPU states:  1.9% user,  9.3% system,  0.0% nice, 89.3% idle
Mem:  515484K av, 117316K used, 398168K free,  45656K shrd,  38788K buff
Swap: 130748K av,       0K used, 130748K free                 48680K cached

  PID USER      PRI  NI  SIZE  RSS SHARE STAT  LIB %CPU %MEM   TIME COMMAND
 6745 root        8   0   720  720   316 S       0  3.1  0.1  0:00 make
 6744 root        0   0   712  712   316 S       0  2.7  0.1  0:00 make
 6765 root       13   0   976  976   288 R       0  2.1  0.1  0:00 cpp
 6766 root       14   0  1748 1748   920 R       0  1.7  0.3  0:00 cc1
 6226 pclinux     1   0   500  500   352 R       0  0.7  0.0  0:01 top
 1485 root        0   0 14268  13M   844 S       0  0.3  2.7  0:11 X
 6764 root       10   0   328  328   252 S       0  0.1  0.0  0:00 gcc
    1 root        0   0   348  348   272 S       0  0.0  0.0  0:05 init
    2 root        0   0     0    0     0 SW      0  0.0  0.0  0:00 kflushd
    3 root      -12 -12     0    0     0 SW<     0  0.0  0.0  0:00 kswapd
    4 root        0   0     0    0     0 SW      0  0.0  0.0  0:00 md_thread
    5 root        0   0     0    0     0 SW      0  0.0  0.0  0:00 md_thread
    6 root        0   0     0    0     0 SW      0  0.0  0.0  0:00 nfsiod
    7 root        0   0     0    0     0 SW      0  0.0  0.0  0:00 nfsiod
```

Fünf vorangestellte Zeilen liefern systemspezifische Daten:

Uptime zeigt die aktuelle Uhrzeit, verstrichene Zeit seit dem letzten Neustart des Systems, Anzahl der aktiven Benutzer und die durchschnittliche CPU-Auslastung innerhalb der letzten 1, 5 und 15 Minuten. Diese Informationen liefern auch die Unix-Kommandos **uptime** und **w**; letzteres zeigt zusätzlich die Aktivitäten einzelner Benutzer an.

uptime zeigt die
Zeit seit dem
letzten Reboot

Processes informiert über die Anzahl der aktuell vom Kernel unterhaltenen Prozesse, unterteilt in untätige, lauffähige, terminierte und angehaltene Prozesse.

CPU weist die momentan geforderte Rechenleistung aus, die von Benutzern und vom System beansprucht wird.

Der von Prozessen mit verändertem **nice**-Faktor geforderte Anteil (siehe Kapitel 5.1.4) zählt bei der Benutzer- und Systemlast doppelt, die Summe aus Benutzerlast, Systemlast und ungenutzter (idle) Rechenkapazität übersteigt daher gegebenenfalls die 100 Prozent Marke.

CPU spiegelt die genutzte Rechenkapazität

Memory gibt die aktuelle Speicherauslastung an. Die Zeile zeigt den verfügbaren Hauptspeicher und seine aktuelle Verwendung (benutzter, freier, geteilt genutzter und für Puffer eingesetzter Speicher). Eine ähnliche Information erzeugt das Kommando **free**.

Das Kommando free gibt die Speicherbelegung aus

Swap weist die Statistik zum Swap-Bereich aus, falls im System welcher vereinbart ist. Auch diese Informationen liefert das Kommando **free**.

Darunter zeigt **top** zu den CPU-intensivsten Prozessen die PID, Besitzer, Priorität, **nice**-Faktor, Informationen zum Speicherbedarf, Status, prozentuale CPU- und Speicherauslastung, Größe der benutzten Bibliotheksseiten (wird für ELF-Prozesse nicht unterstützt), bereits benutzte Rechenzeit und den zugehörigen Programmaufruf (ausschnittweise, falls das Terminal nicht genügend „breit" ist). Das Programm endet nach Betätigen der Taste **q**.

ELF = Executable and Linking Format

Von **top** anzuzeigende Prozeßinformationen kann der Anwender während der Laufzeit des Programms mit **f** erweitern oder einschränken. Ferner erlaubt **top** eine interaktive Prozeßsteuerung in der Weise, daß der Anwender an einzelne Prozesse Signale versenden (Kommando **k**) oder ihren **nice**-Faktor verändern kann (Kommando **r**). Eine Übersicht über alle unterstützten interaktiven Kommandos liefert eine interne Hilfefunktion, die mit **h** oder **?** aktiviert wird.

top kann auch Signale versenden

5.1.3 **time**

Ein nützliches Werkzeug zur Erörterung von Systemressourcen, die ein einzelnes Programm (oder eine Kommandosequenz) während seiner gesamten Laufzeit in Anspruch nimmt, heißt **time**. Linux-Distributionen enthalten 2 Versionen von **time**: zum einen verfügt der Kommandointerpreter **tcsh** über eine interne **time**-Funktion, zum anderen liegt im Verzeichnis **/usr/bin** eine Ver-

Die tcsh hat ein Shell-internes time-Kommando

sion von **time**, die von der Free Software Foundation entwickelt wurde. Beide Varianten gestalten die Ausgabe gemäß einer Formatangabe. Fehlt beim Aufruf von **time** die Formatangabe, dann wertet **time** die Umgebungsvariable **TIME** aus. Existiert auch diese nicht, dann verwendet **time** ein vordefiniertes Standardformat.

Das tcsh-interne time kann die verbrauchten Ressourcen der Shell anzeigen

Die **tcsh**-integrierte Version von **time**, allein aufgerufen, liefert Informationen zur bisher benutzten Rechenzeit der aktuellen Shell. **/usr/bin/time** hingegen ist stets in Verbindung mit einem weiteren Kommando zu verwenden:

```
time Kommando
```

führt **Kommando** aus und leitet anschließend die während der gesamten Laufzeit benutzten Systemressourcen auf den Standardfehlerkanal. Die Ausgabe von **/usr/bin/time** erfolgt standardmäßig in der Gestalt

```
0.01user 0.02system 0:00.12elapsed 83%CPU\
    (0avgtext+0avgdata 0maxresident)k
0inputs+0outputs (84major+15minor)pagefaults\
    0swaps
```

entsprechend dem voreingestellten Format

Aufbau und Inhalt der Ergebnisse von /usr/bin/time steuert ein Format-String

```
%Uuser %Ssystem %Eelapsed %PCPU\
    (%Xavgtext+%Davgdata %Mmaxresident)k
%Iinputs+%Ooutputs (%Fmajor+%Rminor)pagefaults\
    %Wswaps
```

In dieser Information sind die verbrauchte Zeit (absolut vergangene Zeit, benötigte Zeit für die Bearbeitung des Benutzerprogrammteils und von Systemaufrufen), die dem Programm zugeteilte prozentuale Prozessorauslastung (kann auf Multiprozessorsystemen mehr als 100% betragen), Anzahl ausgeführter Zugriffe auf ausgelagerte Seiten und Anzahl der durchgeführten Auslagerungen enthalten. Angaben zur mittleren Größe des belegten Speichers (geteilt, ungeteilt, resident) in kByte, Anzahl der Zugriffe auf das Dateisystem (lesend und schreibend) tragen den Wert **0**, da Linux diese Daten nicht mitführt.

Eine Handbuchseite im **man**-Format ist für **time** nicht verfügbar. Stattdessen ist die Dokumentation zu **time** über das **info**-System zugänglich (siehe Kapitel 8.3.17).

5.1.4 `nice` und `renice`

Jeder aktuell zur Bearbeitung anstehende Prozeß bekommt vom
Scheduler des Betriebssystemkerns einen bestimmten Anteil der
insgesamt verfügbaren Prozessorleistung zugeteilt. Wie hoch dieser Anteil ist, bestimmt die Priorität, die das System oder der Anwender einem Prozeß zugeordnet hat.

Soll ein Prozeß mit einer geringeren Priorität behandelt werden als andere, kann der Anwender ihm beim Programmaufruf
einen sogenannten **nice**-Faktor mitgeben. Der Wertebereich des
nice-Faktors erstreckt sich unter Linux von **-20** bis **19**. Standardwert von Vordergrundprozessen ist **0**, höhere Werte stehen
für geringere Prioritäten. Durch Aufruf von

*nice-Faktoren
sind Zahlen
zwischen
-20 und 19*

```
nice [Option]... [Kommando]
```

erteilt der Anwender dem Programm **Kommando** eine geringere
Priorität. Die Vergabe von höheren Prioritäten ist dem Superuser
vorbehalten. Fehlt die Angabe von **Kommando**, dann zeigt **nice**
den für den Kommandointerpreter gültigen **nice**-Faktor.

Ohne Angabe von Optionen vermindert **nice** die Priorität um
10 Punkte (der **nice**-Faktor wird um **10** erhöht). Davon abweichende Änderungen des **nice**-Faktors kann der Anwender unter
Verwendung der Option **-n** vorgeben, wobei **n** eine positive oder
negative Zahl sein darf. Würde der so spezifizierte **nice**-Faktor
den Höchstwert **19** (niedrigste Priorität) übersteigen beziehungsweise den niedrigsten Wert unterschreiten, dann setzt **nice** den
nice-Faktor auf den höchsten (niedrigsten) zulässigen Wert.

*niedrigere
Priorität
bedeutet
längere
Laufzeit*

Eine Änderung des **nice**-Faktors bei bereits laufenden Prozessen veranlaßt

```
renice Faktor [[-p]PID] [[-g]PGRP] [[-u]User]
```

Mit **renice** kann ein gewöhnlicher Anwender die Prioritäten
einzelner Prozesse (Option **-p**, gefolgt von der gewünschten
Prozeß-ID), Prozeßgruppen (**-g**) oder aller ihm gehörenden Prozesse (**-u**) herabsetzen. Ein anschließendes Erhöhen der Priorität
ist ihm jedoch niemals möglich. Lediglich der Superuser hat die
Berechtigung zur uneingeschränkten Prozeßsteuerung, darf also
die Prioritäten aller Prozesse herauf- oder herabsetzen. Möchte
er beispielsweise den **nice**-Faktor aller Prozesse der Benutzer

*renice kann
die Antwortzeit
erhöhen oder
herabsetzen*

*Normale User
dürfen renice nur
auf ihre eigenen
Prozesse anwenden*

games und **guest** und einen weiteren, dessen PID **217** ist, auf
8 setzen, leistet folgender Befehl das Gewünschte:

```
renice 8 -u games guest -p 217
```

Normalerweise wird **nice** nur auf Hintergrundprozesse angewandt. Im Dialog arbeitende Prozesse sollten stets mit hoher
Priorität laufen.

5.1.5 **proc**-Strukturen

*Das proc-
Dateisystem
ermöglicht den
dateiorientierten
Zugriff auf
Prozeßdaten*

Weitreichende und tiefgehende Informationen über laufende
Prozesse sind unter Linux über das **proc**-Dateisystem zugänglich, das einen dateiorientierten Zugriff auf Prozeß-Strukturen
und -Parameter sowie verschiedene Kernel-Datenstrukturen gestattet. Prozeßdaten liegen dort in Verzeichnissen, die nach der
jeweiligen numerischen Prozeßkennung benannt sind, Kernel-
Daten sind über Dateien und Verzeichnisse mit alphabetischen
Namen zugänglich. Eine Sonderrolle spielt noch die Verweisdatei **self**, die jeweils das Verzeichnis desjenigen Prozesses referenziert, der aktuell auf das **/proc**-Dateisystem zugreift. Über
diesen Eintrag kann ein Prozeß ohne Kenntnis seiner Prozeßkennung auf seine eigenen **proc**-Daten zugreifen.

*cat, more, head
und tail können
den Inhalt von
proc-Dateien
anzeigen*

Der lesende Zugriff auf Kernel- und **proc**-Strukturen ist in
den meisten Fällen mit gewöhnlichen Unix-Basiskommandos
möglich, die Dateiinhalte anzeigen (siehe Kapitel 7.3.4). Einige
Kernel-Variablen, etwa die maximale Anzahl offener Dateien **fi-
le_max**, kann der Superuser durch Schreiben auf die entsprechende Pseudo-Datei ändern. Die Kernel-Dateien im einzelnen:

cmdline enthält die Kommandozeilenparameter, mit denen der
Kernel geladen wurde,

*Details zu
„BogoMips"
enthält das
BogoMips-
Mini-HOWTO*

cpuinfo zeigt Informationen zu den vorhandenen Prozessoren
einschließlich Typbezeichnung und ihre CPU-Leistung,
angegeben in BogoMips,

devices liefert Gerätenummern und Namen der seitens des
Kernels ansprechbaren Gerätedateitypen,

dma gibt eine Liste der benutzten ISA-DMA-Kanäle (Direct
Memory Access) aus,

filesystems liefert die unterstützten Dateisystemformate, `interrupts` zeigt zeilenweise die verwendeten Interruptkanäle, Anzahl der bisher ausgelösten Unterbrechungen und Namen des dort arbeitenden Geräts an,

`ioports` listet zeilenweise die für I/O-Operationen benutzten Speicherbereiche und die Bezeichnung des Gerätetreibers, der diesen Bereich verwendet,

`kcore` repräsentiert den physikalisch vorhandenen Speicher des Systems,

Die Länge der Datei kcore entspricht der Menge installiertem Hauptspeichers

`kmsg` sammelt Kernel-Meldungen, falls der Syslog-Dämon im System nicht aktiv ist,

`ksyms` zeigt externe Kernel-Symbole, über die das dynamische Einbinden von Kernel-Modulen möglich ist,

`loadavg` enthält 3 Zahlen, die die durchschnittliche Anzahl der laufwilligen Prozesse anzeigen, die während der letzten 1, 5 und 15 Minuten während eines Task-Switches in der Warteschlange des Schedulers waren,

`locks` zeigt eine Liste aktiver File-Locks,

`meminfo` spiegelt die aktuelle Speicherkonfiguration und -auslastung,

Zeigt vorhandenen, benutzten und freien RAM und Swap-Speicher

`modules` zeigt die Namen der zur Laufzeit geladenen Kernel-Module und zu jedem Modul die Anzahl der belegten Speicherseiten sowie Anzahl der Prozesse, die dieses Modul benutzen,

`mounts` enthält eine Liste aller aktuell gebundener Dateisysteme analog der Datei **/etc/mtab**,

`net` ist ein Verzeichnis, das Statusinformationen verschiedener Schichten der Netzwerkschnittstelle enthält,

/proc/net/dev enthält Informationen zur aktiven Netzwerkhardware

`pci` liefert Hardwareinformationen zu allen an den PCI-Bus des Rechners angeschlossenen Komponenten,

`scsi` ist ein Verzeichnis, das in weiteren Unterverzeichnissen Daten zu den vorhandenen SCSI-Adaptern und in einer Datei **scsi** alle, während des Bootvorgangs erkannten SCSI-Geräte auflistet,

`stat` liefert statistische Informationen zu Systemkomponenten, und zwar Anzahl der Jiffies, die das System im User-Modus, User-Modus mit reduzierter Priorität, System-Modus sowie ohne Tätigkeit verbraucht hat, Anzahl ausgeführter Seitenwechsel, Seitenauslagerungen, Interrupts und Kontextwechsel sowie das Boot-Datum, angegeben in Sekunden seit dem 1. Januar 1970,

Das Boot-Datum ist eine 9-stellige Zahl

sys ist ein Verzeichnis, das in weiteren Unterverzeichnissen einige Kernel-Parameter (Domainname, Hostname, OS-Type et cetera), Netzwerkparameter und Konfigurationsdaten des Speichersubsystems, zugänglich macht

Das Verhältnis beider Zahlen spiegelt die Auslastung des Systems

uptime zeigt die Anzahl der Sekunden, die seit dem letzten Laden des Kernels vergangen sind und die Anzahl der Sekunden, die das System seitdem untätig war,

version enthält die Versionsnummer des Kernels, die zum Übersetzen benutzte Compilerversion und das Datum, an dem der Kernel gebunden wurde.

Per Prozeß verwaltete Einträge sind:

cmdline enthält die komplette Kommandozeile des Programmaufrufs, in der der Programmname und die Argumente jeweils durch ASCII-Null getrennt sind,

Das Shell-interne pwd-Kommando liefert einen mit /proc beginnenden Wert

cwd verweist auf das aktuelle Arbeitsverzeichnis eines Prozesses; sein Wert ist nach einem Wechseln in das Verzeichnis **cwd** und anschließendem Aufruf von **/bin/pwd** zugänglich,

environ liefert eine Liste der Umgebungsvariablen mit jeweils Null-terminierten Einträgen,

exe ist ein Verweis auf das ausführbare Programm, angegeben im Format **[Gerät]:Inode**,

fd ist ein Verzeichnis mit Einträgen, die auf alle Dateien verweisen, die der zugehörige Prozeß geöffnet hat, ebenfalls in der Notation **[Gerät]:Inode** angegeben,

maps zeigt zeilenweise die benutzten Speicherbereiche nebst darauf gültiger Zugriffsrechte,

Die Datei mem hat die Länge 0

mem verweist auf den Speicherbereich des Prozesses,

root zeigt auf die für den entsprechenden Prozeß gültige Wurzel des Dateisystems,

stat enthält zahlreiche Statusinformationen einschließlich Prozeßkennung, Programmname, Kennung vom Elternprozeß, benutzter Terminalkanal et cetera, jedoch ohne Erläuterung der Bedeutung der einzelnen Felder,

statm zeigt die Anzahl benutzter, residenter und geteilt (shared) genutzter Seiten, Anzahl residenter Page Frames mit Text-, Bibliotheks- und Data-Inhalten und die Anzahl der Bibliotheksseiten, auf die der Prozeß zugegriffen hat,

status liefert zeilenweise den Programmnamen, Prozeßstatus, Kennungen des Prozesses und seines Elternprozesses, Besitzer- und Gruppenkennung Speicherverwendung und Signalmasken.

5.2 Prozeßsignale

Die Kommunikation zwischen einem Prozeß und seiner Umwelt steuern Signale, die ein Prozeß entweder erzeugt oder auf die er reagiert (für den Nachrichtenaustausch dienen Sockets und Shared-Memory Bereiche). Linux-Signalnummern sind architekturspezifisch, sie stimmen mit den in anderen Unix-Betriebssystemkernen verwendeten nicht überall überein. Innerhalb von Linux-i386 sind **30** Signale definiert; Abbildung 5.3 zeigt Namen, intern verwendete Signalnummer und Bedeutung. *Prozesse senden und empfangen Signale*

Auf empfangene Signale reagiert ein Prozeß, indem er sich beendet, das Signal ignoriert oder zu einem anderen Prozeß verzweigt. Zwei Wege stehen bereit, einem Prozeß von der Kommandozeile aus Signale zuzusenden:

Vordergrundprozesse empfangen **SIGINT**, wenn der Anwender am Terminal **C-C** eingibt und **SIGTSTP** aufgrund von **C-Z**, *C-C beendet ein laufendes Programm, C-Z hält es an*

Hintergrundprozessen (und auch Vordergrundprozessen) kann man unter Verwendung des (Shell-integrierten) Kommandos **kill** ein beliebiges Signal übermitteln.

Wurde ein von der Kommandozeile aus gestarteter Vordergrundprozeß mit C-C beendet oder mit C-Z angehalten, dann zeigt daraufhin die Shell mittels Shell-Prompt Betriebsbereitschaft an. Angehaltene Prozesse kann man anschließend mit dem Shell-integrierten Kommando **bg** zur weiteren Bearbeitung als Hintergrundprozeß auffordern. Soll ein angehaltener Prozeß als Vordergrundprozeß weiterlaufen, ist das (ebenfalls Shell-integrierte) Kommando **fg** zu verwenden, gegebenenfalls gefolgt von einer sogenannten Job-Nummer. Eine Liste der Hintergrundprozesse, die von einer Shell aus veranlaßt wurden, zeigt der Befehl **jobs** (jede Shell verwaltet eine eigene Job-Liste). *Angehaltene Prozesse können später als Vorder- oder Hintergrundprozeß weiterlaufen*

Die Shell-integrierten Kommandos **bg**, **fg** und **jobs** sind in den jeweiligen Handbuchseiten zu den einzelnen Kommandointerpretern mehr oder minder als Randnotiz erläutert (**kill** existiert auch als **/bin/kill**). Aufgrund der zentralen Bedeutung dieser Kommandos für die Prozeßsteuerung sind sie nachstehend kurz zusammengefaßt:

bg %n veranlaßt die Weiterbearbeitung von Job **n** als Hintergrundprozeß,

fg %n veranlaßt die Weiterbearbeitung von Job **n** als Vordergrundprozeß,

jobs zeigt die Liste der Jobs, die von der aktuellen Shell aus gestartet wurden,

Abb. 5.3
Linux-i386-
Signale und
Bedeutung

Signal	Nummer	Bedeutung
SIGHUP	01	Hangup (Auflegen)
SIGINT	02	Interrupt (Unterbrechung)
SIGQUIT	03	Quit (Beenden)
SIGILL	04	illegale Instruktion
SIGTRAP	05	Trace Trap ($\rightarrow$ Debugger)
SIGIOT	06	IOT Instruktion ($\rightarrow$ Debugger)
SIGBUS	07	Bus Error
SIGFPE	08	Fehler bei Gleitkommarechnung
SIGKILL	09	Kill (Abbruch)
SIGUSR1	10	1. benutzerdefiniertes Signal
SIGSEGV	11	unerlaubter Speicherzugriff
SIGUSR2	12	2. benutzerdefiniertes Signal
SIGPIPE	13	Schreiben auf Pipeline ohne Leser
SIGALRM	14	Alarmuhr
SIGTERM	15	Software-Beendigungssignal
SIGSTKFLT	16	Stack-Fehler (Koprozessor)
SIGCHLD	17	Ende des Kindprozesses
SIGCONT	18	gestoppten Prozeß fortsetzen
SIGSTOP	19	Stopsignal
SIGTSTP	20	Stopsignal von TTY
SIGTTSIN	21	Lesen von TTY im Hintergrund
SIGTTOU	22	Schreiben auf TTY im Hintergrund
SIGURG	23	wichtige Bedingung am I/O-Kanal
SIGXCPU	24	CPU-Zeitlimit überschritten
SIGXFSZ	25	Dateigröße überschritten
SIGVTALRM	26	Ablauf des virtuellen Timers
SIGPROF	27	Überschreitung des Profiling Timers
SIGWINCH	28	Änderung der Fenstergröße
SIGIO	29	I/O auf einem Deskriptor möglich
SIGPWR	30	Stromzufuhr unterbrochen
SIGUNUSED	31	nicht benutzt

kill Signal %n sendet ein Signal **Signal** an Job **n**,

kill Signal PID sendet ein Signal **Signal** an den Prozeß mit der Prozeß-Identifikation **PID**,

stop %n hält einen Hintergrundprozeß an.

5.3 Selbständige Prozesse

Normalerweise führt das Beenden eines Elternprozesses zur Terminierung aller von diesem Prozeß gestarteten Kindprozesse. Im einzelnen zieht ein Abmelden vom System (**logout**) ein automatisches Löschen aller Jobs nach sich, die während dieser Sitzung gestartet wurden.

Selbständige Prozesse ignorieren SIGHUP

Abhilfe schafft hier das Kommando **nohup**, das bewirkt, daß der in diesem Kontext gestartete Prozeß die Signale **SIGHUP**, **SIGINT**, **SIGQUIT** und **SIGTERM** ignoriert. In der Praxis ist einfach dem Programmaufruf das Wort **nohup** voranzustellen und die Kommandozeile selbst mit **&** abzuschließen:

       nohup Kommando [Option]... [Argument]... &

startet **Kommando** nebst angegebener Kommandozeilenargumente als Hintergrundprozeß in der Art und Weise, daß es gegen ein Beenden seines Elternprozesses (der Shell) „immun" ist.

Mit **nohup** aufgerufene Kommandos schreiben ihre Ergebnisse nicht auf die Standardausgabe, und etwaige Fehlermeldungen erscheinen nicht auf dem Standardfehlerkanal. **nohup** leitet diese beiden Ausgabekanäle auf eine Datei **$HOME/nohup.out** um. Existiert diese Datei noch nicht, dann erzeugt **nohup** sie in der Weise, daß nur der Besitzer darauf zugreifen kann (→ Zugriffsrechte, siehe Kapitel 6.4). Anderenfalls werden etwaige Ausgaben an die bereits existierende Datei angefügt.

Ergebnisse von nohup-Kommandos liegen in der Datei $HOME/nohup.out

Kommandosequenzen lassen sich ebenfalls mittels **nohup** als selbständige Prozesse starten. Dazu ist die gewünschte Kommandosequenz als Shell-Skript in eine Datei zu schreiben. Näheres zur Ausführung von Shell-Skripts behandelt das Kapitel 9.2.6.

nohup-Kommandos laufen mit verminderter Priorität

Ein Nebeneffekt der Verwendung von **nohup** ist, daß die Priorität vom daraufhin erzeugten Prozeß um **5** Punkte heraufgesetzt wird.

5.4 Der **init**-Prozeß

Nachdem der Kernel geladen wurde, führt dieser einen Speicher-
test durch, initialisiert die Gerätetreiber und startet abschließend
den **init**-Prozeß, der daraufhin die Wurzel der Linux-Prozeß-
hierarchie bildet und somit gewissermaßen der Urvater aller weiteren Prozesse ist. In der Frühphase von Linux enthielten Linux-
Distributionen ausschließlich die Version **simpleinit**, die je
eine Singleuser- und eine Multiuser-Betriebsart erlaubt. Jüngere
Linux-Distributionen integrieren stattdessen ein System V kom-
patibles **init**, das die Konfiguration mehrerer Modi (sogenannte
Runlevel) unterstützt. Dieser Abschnitt behandelt ausschließlich
das System-V-**init**.

init ist der Urvater aller Linux-Prozesse

Von System-V-**init** auszuführende Arbeiten steuert die Konfigurationsdatei **/etc/inittab**. Dort in Zeilen befindliche Einträge folgen dem Format

Früher: simpleinit, heute: SysV-init

```
id:rstate:action:process
```

id ist eine aus 1 oder 2 Buchstaben bestehende eindeutige Kennung des Eintrags,

rstate spezifiziert einen oder mehrere Runlevel, in denen **init**
diesen Eintrag berücksichtigen soll (gekennzeichnet durch
die Ziffern **0** bis **6** oder Buchstaben **a** bis **c**). Ist **rstate**
leer, dann ist die Zeile für jeden Runlevel gültig,

235 kennzeichnet Runlevel 2, 3 und 5

action legt fest, wie **init** den unter **process** angegebenen Programmaufruf behandeln soll:

    boot (**process** wird nur beim Systemboot ausgeführt),

    bootwait (**process** wird ausgeführt, wenn **init** in den
Multiusermodus wechselt. **init** setzt erst dann fort,
wenn **process** terminiert hat),

    ctrlaltdel (legt den Prozeß fest, den **init** startet, wenn
an der Konsole die Tastenkombination Ctrl-Alt-Del
eingegeben wurde),

Löst normalerweise ein shutdown -r aus

    initdefault (spezifiziert den Standard-Runlevel, in den
init nach einem Systemboot überleitet. Ist **rstate**
leer, dann fragt **init** nach dem auszuführenden Runlevel. **process** wird bei diesem Eintrag nicht ausgeführt),

kbrequest (**process** wird ausgeführt, wenn auf der Tastatur eine Tastenkombination eingegeben wurde, die ein **KeyboardSignal** erzeugt),

off (nicht implementiert),

once (**process** wird einmal ausgeführt, wenn **init** in den entsprechenden Runlevel wechselt),

ondemand (**process** wird bei einem Wechsel in einen **ondemand**-Runlevel ausgeführt),

powerfail (**process** wird ausgeführt, wenn **init** das Signal **SIGPWR** empfängt),

powerokwait (**process** wird ausgeführt, wenn **init** das Signal **SIGPWR** empfängt und zusätzlich eine Datei **/etc/powerstatus** existiert, die die Zeichenkette **OK** enthält),

powerwait (**process** wird ausgeführt, wenn **init** das Signal **SIGPWR** empfängt; **init** wartet, bis **process** terminiert hat),

respawn (**process** wird nach seiner Terminierung erneut gestartet),

sysinit (**process** wird vor dem 1. Zugriff auf die Konsole ausgeführt und **init** wartet auf seine Terminierung. Das **rstate**-Feld bleibt bei diesem Eintrag unberücksichtigt),

wait (**process** wird einmal beim Wechsel in den angegebenen Runlevel ausgeführt, **init** setzt erst dann fort, wenn **process** terminiert hat),

process enthält eine Kommandozeile, **command**, die **init** via **sh -c 'exec command'** aufruft, wenn er in den unter **rstate** genannten Runlevel wechselt.

Zur Veranschaulichung des Aufbaus und der Wirkungsweise der **init**-Konfigurationszeilen sollen folgende 3 Beispiele dienen:

13:3:wait:/etc/init.d/rc 3
ruft beim Wechsel in den Runlevel 3 das in **/etc/init.d** befindliche Skript **rc** mit Argument **3** auf und wartet auf dessen Terminierung.

ca::ctrlaltdel:/sbin/shutdown -t3 -r now
führt in jedem Runlevel ein Reboot aus, nachdem an der

Siehe auch: Linux UPS Howto, Information on using a UPS power supply with Linux

Aktiviert normalerweise /etc/rc.d/rc.sysinit

Alle von init gestarteten Prozesse laufen in einer eigenen Sub-Shell

Konsole die Tastenkombination Ctrl-Alt-Del eingegeben wurde. Diese Funktion läßt sich durch Kommentieren beziehungsweise Entfernen dieses Eintrags aus der Konfigurationsdatei `/etc/inittab` deaktivieren.

```
s1:235:respawn:/sbin/mgetty ttyS1 38400 vt100
```

aktiviert das Programm `/sbin/mgetty` beim Wechsel in die Runlevel **2**, **3** und **5** mit den angegebenen Parametern (der serielle Kanal **1** soll mit **38400** Baud Transferrate arbeiten und ein dort angeschlossenes Gerät wird im **vt100**-Modus bedient). **mgetty** gibt den Login-Prompt aus, nimmt den Benutzernamen entgegen und initiiert daraufhin einen Login-Prozeß, der **mgetty** ersetzt. Der Login-Prozeß wiederum wird nach erfolgreicher Validierung des Benutzers durch einen Kommandointerpreter ersetzt. Wird letzterer beendet, startet **init** das Programm **mgetty** erneut.

Alternative getty-Programme sind getty, mingetty, agetty und uugetty

System-V-**init** unterstützt insgesamt 8 Runlevel, bezeichnet mit den numerischen Werten **0** bis **6** sowie mit Buchstaben **S** oder **s**, und 3 **ondemand**-Runlevel (**a**, **b** und **c**). Letztere beschreiben keine vollständigen Betriebsarten; sie ermöglichen das Auslösen spezieller Prozesse ohne Wechsel des Runlevels.

Im laufenden Betrieb kann der Superuser den Runlevel mit init oder telinit ändern

Unter Linux sind die Runlevel üblicherweise folgendermaßen konfiguriert:

0 hält das System an,

1 startet das System im Singleuser-Modus,

2 startet das System im eingeschränkten Multiuser-Modus (ohne NFS-Unterstützung),

3 startet das System im vollen Multiuser-Modus,

4 konfiguriert einen alternativen Multiuser-Modus (ist in einigen Linux-Distributionen nicht genutzt),

5 aktiviert den vollen Multiuser-Modus und startet anschließend das Window-System X11,

6 deaktiviert alle Prozesse und führt ein Reboot aus,

s deaktiviert alle Prozesse und startet einen Kommandointerpreter.

3 ist der Standardrunlevel nach der Erstinstallation

Für die einzelnen Runlevel jeweils benötigte Dämonen startet das Skript `/etc/rc.d/rc`, das der Reihe nach alle im Verzeichnis `/etc/rc?.d` befindlichen Shell-Skripte ausführt (**?** steht hier für den gewählten Runlevel). Da einige Shell-Skipte in mehreren Runleveln genutzt werden, sind die Einträge als Verweise auf Elemente aus **/etc/rc.d/init.d** realisiert. Gegebenenfalls ausgeführte Änderungen an einem dieser Shell-Skripte wirken sich daher auf alle Runlevel aus, in denen das modifizierte Skript gestartet wird.

Ferner nehmen die in **/etc/sysconfig** befindlichen Konfigurationsdateien Einfluß auf Art und Umfang der zu startenden Dämonen. Beispielsweise legt **ifcfg-eth0** (befindlich im Unterverzeichnis **network-scripts**) IP-Adresse, Netzmaske et cetera der ersten Ethernet-Karte fest, **keyboard** bestimmt die Tastatur-Bindungen, **mouse** kodiert den vorhandenen Maustyp und so fort. Menügestützte Methoden zur Modifikation dieser „Parameter-Dateien" und teilweise auch zur Konfiguration der Runlevel sind bei der Mehrzahl der heute verfügbaren Linux-Distributionen Bestandteil jeweils proprietärer Werkzeuge wie **lisa** (Caldera), **dldadmin** (DLD), **control-panel** (RedHat) oder **yast** (Suse). Abbildung 5.4 zeigt als Beispiel den SysV-Runlevel-Manager der RedHat-Distribution, der als TCL/Tk-Anwendung eine menügestützte Konfiguration der in den Multiuser-Runleveln zu aktivierenden Dämonen erlaubt.

keyboard verweist auf eine Tastatur-Tabelle

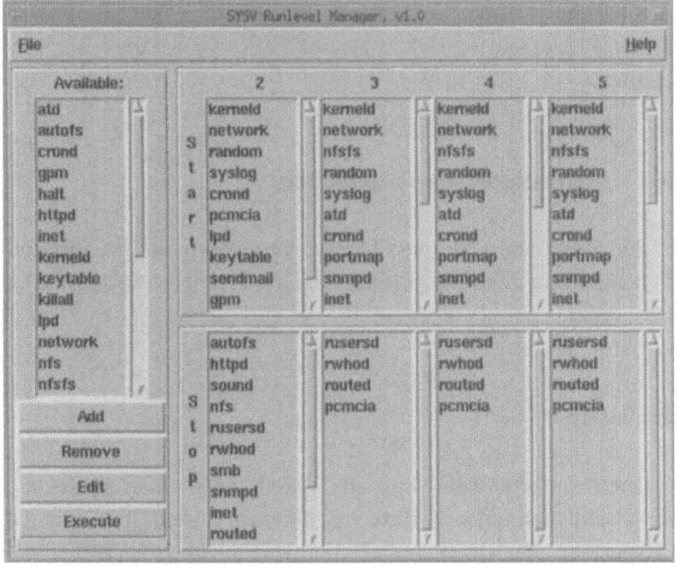

*Abb. 5.4
Der RedHat
SysV-Runlevel-
Manager*

5.5 Dämonen

Im Unterschied zu anwenderseitig gestarteten Prozessen, die stets
an einen Benutzer und eine Dialogstation gebunden sind und je
nach verwendeter Aufrufkonvention im Vorder- oder Hintergrund
laufen, arbeiten Dämon-Prozesse stets im Hintergrund. Gemäß
Kapitel 5.4 startet der **init**-Prozeß die Dämonen beim Übergang
in den Multiuser-Modus, indem er die aus **/etc/rc.d/rc?.d**
heraus referenzierten Shell-Skripte ausführt.

Die Aufgabe von Dämon-Prozessen besteht im wesentlichen
in der Bearbeitung von zentralen, benutzerübergreifenden Dien-
sten, beispielsweise das Druckerspooling (Line Printer Spooler
Dämon **lpd**), die Steuerung von Netzwerkzugriffen (Internet-
Superserver **inetd**) oder von einmal zu bestimmter Zeit auszuführenden (**atd**) oder zyklisch zu wiederholenden Kommandos
(**crond**).

Normalerweise führen Dämonen auf Anfrage eine bestimmte
Tätigkeit aus, um sich danach für ein bestimmtes Zeitintervall zu
suspendieren und sich zu einem späteren Zeitpunkt, gegebenenfalls aufgrund eines Signals, einer neuen Aufgabe zuzuwenden.
Die Lebensdauer von Dämonen erstreckt sich häufig über die gesamte Laufzeit des Betriebssystemkerns; erst das Herunterfahren
des Betriebssystemkerns führt zur Terminierung. Das Starten von
Dämon-Prozessen ist in den meisten Fällen dem Superuser vorbehalten.

5.5.1 Intervallgesteuerte Dämonen

Zu den Dämonen, die einen Dienst verrichten und anschließend
ein bestimmtes Zeitintervall lang schlafen, zählen **bdflush**, **atd**
und **crond**.

bdflush

Aufgabe von **bdflush** ist es, alle 30 Sekunden einen **sync**- und
alle 5 Sekunden einen **flush**-Systemaufruf auszuführen, um die
im Speicher gehaltenen, gepufferten Datenblöcke mit dem physi-

kalischen Dateisystem abzugleichen. **bdflush** wird von **init** in jedem Runlevel über das **update**-Kommando gestartet, und zwar vor dem automatisierten Überprüfen der Dateisystemintegrität.

crond

crond lädt initial eine Reihe von Tabellen (Crontabs), nämlich die System-Crontab **/etc/crontab** und weitere, nach Benutzernamen benannte Crontabs aus **/var/spool/cron**. Alle 60 Sekunden wertet **crond** die geladenen Crontabs aus und startet diejenigen Kommandos, die gemäß der Crontab-Einträge innerhalb dieser Minute auszuführen sind. Außerdem prüft **crond** dabei, ob die Crontabs modifiziert wurden. Ist dies der Fall, dann lädt **crond** die betroffenen Dateien neu.

crond steuert regelmäßig auszuführende Aufträge

In **/var/spool/crontab/*** eingetragene Benutzeraufträge laufen mit den Rechten ihrer Besitzer. Etwa erzeugte Ausgaben auf die Kanäle **stdout** und **stderr** fängt **crond** ab und leitet sie per E-Mail an den Benutzer weiter. Crontab-Einträge haben das Format

```
Minute Stunde Tag Monat Wochentag Kommando
```

Minute: 0-59,
Stunde: 0-23,
Tag: 1-31
Monat: 1-12,
Wochentag: 0-6,
0 $\widehat{=}$ Sonntag

Die Komponenten sind voneinander durch Leer- oder Tabulatorzeichen zu trennen. Leerzeilen und solche, die mit einem #-Zeichen beginnen, werden ignoriert. Zeitangaben sind mit Zahlen, durch Komma getrennte Zahlenfolgen (**0,3,6**) oder Zahlenbereiche (**4-8**) anzugeben. Soll ein Kommando an jedem Tag, zu jeder vollen Stunde et cetera ausgeführt werden, kann man in der entsprechenden Spalte anstelle einer Bereichsangabe auch einen Stern ***** eintragen. Die Zeile

```
0    9-18   *   *   * date > /dev/console
```

beispielsweise schreibt an jedem Tag jedes Monats zwischen **8** und **18** Uhr zu jeder vollen Stunde Datum und Uhrzeit auf die Konsole.

Gewöhnliche Anwender haben in **/var/spool/cron** kein Schreibrecht, können also ihre regelmäßig auszuführenden Aufträge dort nicht „von Hand" eintragen. Stattdessen ist das Kommando **crontab** auszuführen, das mit den Rechten des Systemverwalters läuft und ein Neuanlegen beziehungsweise Bearbeiten

Anwender erzeugen ihre Auftragsliste mit crontab

(Option **-e**) der Benutzer-Crontab mit einem Editor ermöglicht.
crontab kann außerdem den Inhalt einer bestehenden Benutzer-
Crontab anzeigen (Option **-1**) oder diese entfernen (Option **-r**).

atd

at-Jobs laufen zu einem bestimmten Zeitpunkt an

Der **at**-Dämon **atd** steuert die Ausführung von Kommandos, die
einmalig zu einem bestimmten Zeitpunkt anlaufen sollen. Letztere initialisiert der Anwender durch Aufruf des **at**- oder des
batch-Kommandos gemäß der Syntax

```
at [Option]... [-f Datei] Zeit oder
batch [Option]... [-f Datei] [Zeit]
```

Zeit kann man in der Form **HHMM, HH:MM, MM/DD/YY** oder auch
als **now + n Units** angeben, wobei **Units** für **minutes, hours,
days** oder **weeks** stehen kann. Für eine Auflistung weiterer möglicher Wege der Spezifikation der Ausführungszeit sei an dieser
Stelle auf die entsprechende Handbuchseite des On-line-Manuals
verwiesen.

Ergebnisse von at-Aufträgen erhält der Anwender via Electronic-Mail

Das auszuführende Kommando ist entweder an der Dialogstation einzugeben (nach Absetzen von **at**, Beenden mit **C-D**) oder
in eine Datei zu schreiben, deren Name **at** auf die Option **-f** folgend zu benennen ist. Etwaige Ausgaben so gestarteter Kommandos übersendet **at** dem Anwender via Electronic-Mail. Hat der
Anwender vor Aufruf von **at** oder **batch** seine Kennung durch
Aufruf von **su** geändert, dann sendet **atd** etwaige Ausgaben an
den Besitzer der Login-Shell.

batch-jobs laufen erst dann an, wenn der load-Wert klein genug ist

Mit **at** oder **batch** gestartete Kommandos oder Kommandosequenzen kodiert der **at**-Dämon in ein Shell-Skript, das er im
Verzeichnis **/var/spool/at** ablegt. Analog **crond** prüft **atd**
in zyklischen Abständen (alle 60 Sekunden), ob ein in der Warteschlange befindliches Skript auszuführen ist und stößt dieses gegebenenfalls an. Via **batch** in die Warteschlange gestellte Aufträge, bei denen die Angabe eines Zeitwerts optional ist, startet
atd erst dann, wenn der System-Load im Mittel unterhalb eines
Schwellwerts liegt. Den voreingestellten Schwellwert 0,8 kann
der Systemverwalter durch Verwendung der Option **-1** beim Aufruf von **atd** modifizieren. Für Multiprozessor-Systeme gilt die

Faustregel, daß der Schwellwert oberhalb der Anzahl vorhandener Prozessoren minus 1 liegen sollte. Ferner erhält der Anwender eine E-Mail, wenn ein mit **batch** abgesetztes Kommando terminiert hat.

Die Verwaltung der mit **at** oder **batch** gestarteten Programme erfolgt in Warteschlangen, benannt mit Buchstaben **a** bis **z** und **A** bis **Z**. **at**-Jobs gehören automatisch der Warteschlange **a** an, **batch**-Jobs automatisch **b**. Die Option **-q** erlaubt bei beiden Programmen das Zuordnen zu einer alternativen Warteschlange.

Weitere Befehle, die im Zusammenhang mit dem **at**-Mechanismus stehen und auf die von **atd** verwaltete Warteschlange nehmen, sind

atq zur Ausgabe der für die spätere Bearbeitung anstehenden Kommandos und

atrm zum Entfernen von Kommandos aus der **atjobs**-Liste.

5.5.2 Signalgesteuerte Dämonen

Im Gegensatz zu den intervallgesteuerten Dämonen, die in regelmäßigen Zeitabständen Routinearbeiten auslösen oder selbst durchführen, werden signalgesteuerte Dämonen nur dann tätig, wenn der Kernel oder ein Anwenderprogramm sie dazu auffordert. Beispielsweise fängt der Kernel-Log-Dämon **klogd** Meldungen des Betriebssystemkerns auf und leitet sie an den Syslog-Dämon weiter. **syslogd** wiederum archiviert diese und von anderen Dämonen erzeugte Meldungen gemäß seiner Konfigurationsdatei **/etc/syslog.conf**.

Die Mehrzahl der für Linux verfügbaren Dämonen stellen ihre Dienste netzwerkweit zur Verfügung. Eine zentrale Rolle in diesem Zusammenhang spielt der Internet Dämon **inetd**, der im wesentlichen Anfragen aus dem Netzwerk entgegennimmt und daraufhin einen auf den geforderten Netzdienst zugeschnittenen Unterdämon aufruft:

bootpd: übermittelt Dateien an entfernte Systeme; er unterstützt damit das Hochfahren entfernter Systeme, die über keine lokale Festplatte verfügen (Diskless-Clients),

in.comsat: benachrichtigt einen Benutzer über eingegangene Mail,

in.fingerd: liefert einem entfernten System eine Liste aktuell eingeloggter Personen oder detaillierte Informationen zu einem einzelnen Benutzer,

Standard-Dienst für Dateitransfer

in.ftpd: öffnet den entfernten Zugang zum Datenaustausch (File Transfer) und prüft dazu die Zugangsberechtigung des entfernten Anwenders,

in.identd implementiert den IDENT-Dienst, der die Weitergabe der Benutzerkennung leistet, unter der ein Programm eine TCP/IP-Verbindung unterhält,

in.rexecd: prüft die Zugangsberechtigung eines entfernten Benutzers und führt bei erfolgreicher Validierung eine Aufgabe aus, zu der die Bibliotheksfunktion **rexec()** einer entfernten Anwendung auffordert,

Ermöglicht das Anmelden über eine Netzwerkverbindung

in.rlogind: steuert das Anmelden von Benutzern, die aus dem Netzwerk Zugang zum lokalen System suchen und öffnet bei erfolgreicher Validierung ein Pseudo-Terminal. Falls auf dem lokalen System im Heimatverzeichnis des angewählten Benutzers eine Datei **.rhosts** vorhanden und dort der entfernte Anwender aufgeführt ist, entfällt das Anfordern eines Paßworts,

in.rshd: prüft die Zugangsberechtigung eines entfernten Benutzers und führt bei erfolgreicher Validierung ein entfernt abgesetztes Kommando lokal aus,

in.talkd: benachrichtigt einen Anwender darüber, daß ein anderer Teilnehmer bidirektionalen Informationsaustausch wünscht (Echtzeit-Dialog),

Ähnlich in.rlogind, kein Auswerten von $HOME/.rhosts

in.telnetd: steuert analog **in.rlogind** das Anmelden von Benutzern, die aus dem Netzwerk Zugang zum lokalen System erhalten wollen, und öffnet bei erfolgreicher Validierung ein Pseudo-Terminal,

in.tftpd: öffnet den entfernten Zugang für Datenaustausch (File Transfer) ohne Paßwortabfrage (wird normalerweise zum Transport von Dateien verwendet, auf die jeder Zugriff hat),

`in.timed`: dient dem Abgleich der lokalen Uhrzeit mit der von anderen (im Netz befindlichen) Systemen,

`imapd`: unterstützt das Interactive Mail Access Protokoll IMAP (Spezifikation für die clientseitige Manipulation einer entfernten Mailbox),

`ipopd`: dient dem TCP/IP-basierten Zugriff (Post Office Protokoll POP) auf einen Mailbox-Server und der Übermittlung der dort vorhandenen Daten. **`ipopd`** unterstützt sowohl POP Version 2 als auch POP Version 3.

IMAP ist „mächtiger", POP ist weiter verbreitet

Diese von **`inetd`** bei Bedarf gestarteten Unterdämonen sind nur dann aktiv, wenn sie konkrete Dienste unterhalten; anschließend terminieren sie.

Eine weitere Klasse von Netzdiensten basiert auf dem von Sun Microsystems entwickelten Remote Procedure Call Mechanismus. Zentrale Schnittstelle bildet hier der Portmapper-Dämon **`rpc.portmap`**, der Anfragen entfernter RPC-Anwendungen entgegennimmt und daraufhin eine Kanalnummer zurückliefert, die besagt, wo welcher Dienst angeboten wird. Unterdämonen, die der Portmapper aufruft, und RPC-basierte Dienste agieren wie folgt:

RPC-Dienste adressieren den Portmapper

`rpc.mountd`: ermöglicht entfernten Systemen das Einbinden lokaler Dateisysteme oder darin befindlicher Unterverzeichnisse in das entfernt vorhandene Dateisystem,

`rpc.nfsd`: steuert den Zugriff auf entfernte, über das Network File System Protocol NFS angebundene Dateisysteme. NFS-Dateisysteme enthalten häufig Daten, die mehrere Systeme gemeinsam nutzen, beispielsweise das On-line-Manual oder X-Fonts,

rpc.mountd exportiert, rpc.nfsd importiert

`rpc.rquotad`: übermittelt einem NFS-Client Quota-Daten von Benutzern des NFS-Servers,

`rpc.rusersd`: liefert entfernten Systemen Auskunft über lokal angemeldete Benutzer,

rpc.rwalld: steuert das Versenden von Nachrichten an alle im Netzwerk aktiven Benutzer.

Ferner enthalten Linux-Distributionen eine Reihe zusätzlicher Dämonen, die das System analog den bereits genannten „Hauptdämonen" normalerweise beim Hochfahren startet. Der Vollständigkeit halber seien diese Dämonen hier kurz genannt:

In neueren
Distributionen
wurde amd durch
automount ersetzt

amd: bindet lokale oder entfernte Dateisysteme automatisch an ein dafür vorbereitetes Verzeichnis, falls auf das Verzeichnis zugegriffen wird (Automounter),

automount: ist ein Kernel-basierter Automounter, der eine entsprechende Konfiguration des Kernel voraussetzt,

gpm: bildet einen Maus-Server für das Arbeiten auf virtuellen Konsolen, der das Markieren, Kopieren und Einfügen von Textsegmenten unterstützt,

Netscape nutzt
den http-Dienst

httpd: steuert den Zugriff auf lokal bereitgestellte Informationen, die gemäß dem Hypertext-Transfer-Protokoll HTTP aufbereitet sind,

lpd: nimmt Druckaufträge entgegen, bereitet sie auf und leitet sie an einen angewählten Drucker weiter,

named: konvertiert Systemnamen, üblicherweise aus Hostname und Domainname bestehend, in Internetadressen,

nmbd: ist ein NetBIOS-Nameserver,

pppd ermöglicht
den Transport von
IP-Paketen über
serielle Leitungen

pppd: steuert Aufbau und Betrieb von seriellen Punkt-zu-Punkt-Verbindungen,

rwhod: liefert Informationen über lokal aktive Benutzer über das Netzwerk,

sendmail: realisiert die Transportschicht beim netzwerkweiten Versenden von Electronic-Mail (E-Mail),

smbd: stellt Datei- und Druckdienste für Windows-Clients bereit.

Dateien und Dateisysteme

Dateien fassen Daten zu einer Gruppe zusammen, Verzeichnisse strukturieren Dateien und Verzeichnisse und Dateisysteme sind logische Komponenten, aufgesetzt auf physikalischen Datenträgern – so könnte man mit wenigen Worten den Unterschied zwischen den, das Thema dieses Kapitels bildenden Fachbegriffen zusammenfassen. Für ein tieferes Verständnis dieser, für die Arbeitsweise von Unix (und Linux) eine zentrale Bedeutung tragenden konzeptionellen Elemente ist eine derart knappe Abgrenzung der Begriffe hingegen absolut unzureichend.

Dateien und Verzeichnisse sind logische Komponenten auf physikalischen Datenträgern

Gegenstand der folgenden Abschnitte bilden daher zunächst Abhandlungen über den Unterschied zwischen physikalischen und logischen Datenträgern und über die (logische) Struktur eines Dateisystems sowie eine Erläuterung seiner Elemente, zu denen unter anderem der Inode-Block und der Datenblockbereich zählen. Auf diese Betrachtung des Dateisystems aus der Sicht des Betriebssystems folgend ist der von Linux verwendete Aufbau des Verzeichnisbaums Thema eines eigenen Abschnitts. Dort wird unter anderem aufgezeigt, welche Elemente des Dateisystems das Betriebssystem benötigt, wo anwenderseitig zugängliche Programme zu finden sind, wo der Anwender private Informationen verwahren kann und wie das Betriebssystem sich und den Anwender vor unbefugtem Zugriff schützt.

Der Linux-Verzeichnisbaum strukturiert Programme und Anwenderdaten

Ein weiterer Schwerpunkt dieses Kapitels ist den Gerätedateien gewidmet, die, im Gegensatz zu gewöhnlichen Dateien, keine Daten enthalten sondern betriebssystemintern mit realen (physikalischen) oder abstrakten (Pseudo-) Geräten verbunden sind. Ein abschließender Abschnitt zeigt die Werkzeuge auf, mit denen der Systemverwalter und mit Einschränkungen auch der gewöhnliche Anwender die Arbeitsweise der Peripherikomponenten unter Linux konfigurieren kann.

Gerätedateien adressieren die Peripheriekomponenten

6.1 Dateisysteme

Basis jedes Dateisystems ist ein physikalisches Medium in Form einer Diskette oder einer Festplatte beziehungsweise eines darauf angelegten logischen Bereichs (Partition). Jede Partition kann ein eigenes Dateisystem aufnehmen. Auf einer Festplatte lassen sich daher auch mehrere, unterschiedlich strukturierte Dateisysteme einrichten und im Einzelfall dort auch mehrere Betriebssysteme unterbringen. In der Praxis läßt sich nämlich jede Partition wie eine eigenständige Festplatte ansprechen. Theoretisch könnte man auch Disketten partitionieren, jedoch scheint dies aufgrund der geringen Speicherkapazität derzeit erhältlicher Diskettenmedien wenig sinnvoll. Abbildung 6.1 zeigt den prinzipiellen Aufbau einer Festplatte, auf der 3 Partitionen eingerichtet wurden, sowie die Komponenten eines Unix-Dateisystems.

Eine Festplatte kann mehrere Betriebssysteme beherbergen

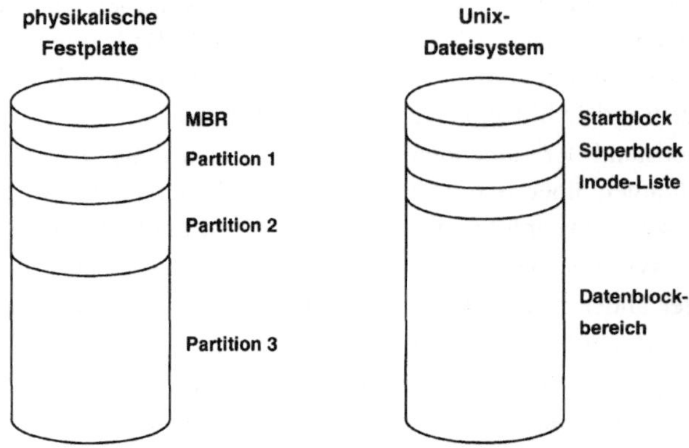

*Abb. 6.1
Physikalische
Festplatte
und Unix-
Dateisystem*

Informationen über die logische Struktur, also über Anzahl und Größe eingestellter Partitionen, verwahrt der 1. Sektor einer Festplatte, der sogenannte Master-Boot-Record MBR. Nach dem Einschalten liest der Rechner, falls keine Diskette eingelegt wurde, zunächst den MBR der 1. Festplatte, identifiziert die als aktiv markierte Partition und lädt dann von dieser den 1. Sektor (Startblock). Dort befindliche Informationen kodieren ein Programm, das den (auf der angesprochenen Partition befindlichen) Betriebssystemkern lädt und anschließend startet.

Der Master-Boot-Record verwaltet Partitions-informationen

Neben dem Startblock als Bestandteil eines logischen Dateisystems sind Unix-Dateisysteme weiter unterteilt in einen Superblock, eine Inode-Liste und eine Vielzahl von Datenblöcken.

Im Superblock werden beim Einrichten eines Dateisystems Informationen über Struktur und Status des Dateisystems eingetragen, unter anderem Anzahl der Inodes (Index-Knoten) und Anzahl der vorhandenen sowie freien Datenblöcke. Die Inode-Liste enthält zu jeder im Datenblockbereich befindlichen Datei Informationen bezüglich Position und Größe der Datei sowie weitere für den Zugriff auf Dateien benötigte Verwaltungsdaten mit Ausnahme des Dateinamens. Letzterer ist Bestandteil eines Verzeichniseintrags im Datenblockbereich, der den Dateinamen mit einer Inode-Nummer verbindet.

Die Inode-Liste speichert sämtliche Verwaltungs-informationen von Dateien und Verzeichnissen

Von praktischer Bedeutung ist die beim Einrichten eines Dateisystems zugrundegelegte Blockgröße: Große Blöcke erhöhen die Schreib-/Lesegeschwindigkeit. Da der Datenblock aber die kleinste physikalische Speichereinheit bildet, bleibt ein großer Teil der theoretischen Kapazität ungenutzt, wenn ein auf hohe Blockgröße eingerichtetes Dateisystem überwiegend sehr kleine Dateien beherbergt. Typische Werte der Blockgröße von Linux-Dateisystemen sind **1024**, **2048** oder **4096** Byte.

Die Blockgröße beeinflußt die Schreib-/Lese-geschwindigkeit

Für den Einsatz unter Linux wird normalerweise die Verwendung von **ext2fs**-Dateisystemformaten empfohlen. Dateinamen dürfen dort bis zu **255** Zeichen lang sein, und die maximale Partitionsgröße beträgt 4 TByte. Prinzipiell ist es möglich, eines der alternativen Dateisystemformate zu verwenden, etwa **minix** oder **xiafs**, die gegenüber **ext2fs** weniger Platz für Verwaltungsstrukturen beanspruchen. Ferner ist ein Aufbau des Verzeichnisbaums aus Dateisystemen unterschiedlicher Formate möglich, mit dem Nebeneffekt, daß der Betriebssystemkern mit jedem zusätzlich zu unterstützenden Dateisystemtyp wächst.

ext2fs unterstützt Partitionen bis 4 TByte

6.2 Der Verzeichnisbaum

Analog zu Unix bildet die Basis der Dateiverwaltung unter Linux ein Verzeichnisbaum, der aus einer eindeutigen Wurzel **/** (**root**) besteht. Darunter befindliche, hierarchisch angeordnete Elemente repräsentieren entweder eine Datei, ein Verzeichnis, einen Verweis oder einen Gerätetreiber. Jedem Element des Dateisystems sind Attribute zugeordnet, die den Dateityp kennzeichnen, gewisse Zeitstempel beinhalten und insbesondere die Basis für Datensicherheit bilden.

Verzeichnisse sind hierarchisch strukturiert, Dateien bilden die „Blätter"

Benutzerklassen:
Besitzer (user)
Gruppe (group),
Andere (other)

Das Sicherheitskonzept in Unix basiert auf einem Zugriffsrechteschema, das eine Einteilung von Unix-Benutzern in die Klassen Besitzer (user), Gruppe (group) und Andere (other) vorsieht und zu jeder Datei für jede dieser 3 Benutzerklassen Zugriffsrechte für Lesen, Schreiben und Ausführen verwaltet. Diese Informationen sind nicht Bestandteil des Verzeichnisbaums; sie zählen zu den Dateiattributen.

Jeder Eintrag im Verzeichnisbaum besteht aus einem Dateinamen und einem Verweis auf einen Inode der auf einen oder mehrere Datenblöcke zeigt, die die zugehörigen Daten enthalten.

Das
FHS-Dokument
definiert die Linux
Verzeichnisstruktur

Aus organisatorischen Gründen liegt dem Linux-Verzeichnisbaum eine Struktur zugrunde, die eine klare Abgrenzung zwischen Dienstprogrammen, Systemdateien und Anwenderdateien umsetzt. Diese Aufteilung wurde im Laufe der Entwicklung mehrfach modifiziert. Standardisierungsbemühungen, initial festgeschrieben unter dem Arbeitstitel „Linux Filesystem Standard" (FSSTND) und heute unter der Bezeichnung „Filesystem Hierarchy Standard" (FHS) zusammengefaßt, führten zur Festlegung der 3 Haupthierarchien **/** (**root**), **/usr** und **/var**, die üblicherweise auf eigene Partitionen aufgespielt werden.

6.2.1 Das **root**-Verzeichnis

Das Linux-**root**-Verzeichnis hat folgende Struktur:

Abb. 6.2
Inhalt des root-
Verzeichnisses

```
/         Wurzelverzeichnis
├── bin   unbedingt erforderliche Kommandos
├── boot  enthält den Kernel
├── dev   Gerätedateien (Gerätetreiber)
├── etc   System-Konfigurationsdateien
├── home  Hauptverzeichnis für Anwenderdateien
├── lib   unbedingt erforderliche Laufzeitbibliotheken
├── mnt   zum temporären Binden von Dateisystemen
├── opt   optionale Anwendungspakete
├── root  Heimatverzeichnis des Superusers
├── sbin  Systemverwaltungsprogramme
├── tmp   Zwischenablage für Dateien
├── usr   Hauptverzeichnis für Anwendungspakete
└── var   enthält systemgenerierte Dateien
```

Gemäß dem FHS-Dokument nimmt die **root**-Partition alle Dateien und Programme auf, die für das Booten des Kernels und ein etwa erforderliches Reparieren des Systems erforderlich sind. Unentbehrlich sind dazu der Betriebssystemkern, befindlich im **/boot**-Verzeichnis, das Heimatverzeichnis des Systemverwalters **/root**, die Programme aus **/bin** und **/sbin**, die Laufzeitbibliotheken aus **/lib**, die in **/dev** liegenden Gerätedateien und die Host-spezifischen Konfigurationsdateien aus **/etc**. Werden an die verbleibenden Verzeichnisse **/home**, **/opt**, **/usr**, **/tmp** und **/var** weitere Partitionen gebunden, dann ist eine Größe der **root**-Partition von 20 MByte in der Regel ausreichend.

Das root-Datei-system enthält das Boot-Image und Basis-Werkzeuge

/bin muß laut FHS mindestens die Anwender-Programme **cat**, **chgrp**, **chmod**, **chown**, **cp**, **date**, **dd**, **df**, **dmesg**, **echo**, **ed**, **false**, **kill**, **ln**, **login**, **ls**, **mkdir**, **mknod**, **more**, **mount**, **mv**, **ps**, **pwd**, **rm**, **rmdir**, **sed**, **setserial**, **sh**, **stty**, **su**, **sync**, **true**, **umount** und **uname** enthalten.

Zu den Systemverwaltungsprogrammen aus **/sbin** gehören allgemeine Kommandos (**clock**, **getty**, **init**, **update**, **mkswap**, **swapon**, **swapoff**, **telinit**), „Shutdown-Kommandos" (**fastboot**, **fasthalt**, **halt**, **reboot**, **shutdown**) sowie Programme zur Dateisystem-Verwaltung (**fdisk**, **fsck***, **mkfs***) und zur Netzwerk-Administration (**ifconfig**, **route**).

Die Programme aus /sbin darf nur der Superuser ausführen

Der Vorrat an dynamischen Laufzeitbibliotheken in **/lib** soll sich gemäß dem FHS-Dokument auf diejenigen Bibliotheken beschränken, die für das Ausführen der in **/bin** und **/sbin** liegenden Programme erforderlich sind. Dazu zählen mindestens die C-Bibliothek **libc-*.so**, die mathematische Bibliothek **libm-*.so** (der * steht hier für die Versionsnummer) und der dynamische Linker **ld.so**. Ferner sucht der Kernel unterhalb von **/lib/modules** nach Kernel-Modulen.

/lib enthält Basis-Bibliotheken und Kernel-Module

Alle, für die Steuerung des Betriebssystems und die Benutzerverwaltung relevanten Dateien findet der Systemverwalter in **/etc**. Dazu zählen unter anderem Benutzer- und Gruppentabelle (**passwd**, **group**), Druckerliste (**printcap**), automatisch zu bindende Dateisysteme (**fstab**), Hosttabellen (**hosts***) sowie die Konfigurationsdateien für den Internet-Superserver Dämon (**inetd.conf**, **rpc**, **protocols**, **services**). Benötigte Shell-Skripte für die Initialisierung der Runlevel durch **init** liegen dort im Unterverzeichnis **rc.d**. Näheres zur Steuerung und Arbeitsweise von **init** ist in Kapitel 5.4 zusammengestellt.

/etc enthält Host-spezifische Konfigurations-dateien

6.2.2 Das **/usr**-Verzeichnis

Gleichsam für Systemverwalter und Anwender bedeutsam ist die unter **/usr** zu findende Hierarchie, die der FHS folgendermaßen gliedert:

/usr Hauptverzeichnis für Anwendungspakete

X11R6	X-Window-System Version 11 Release 6
X386	X-Window-System Version 11 Release 5
bin	zusätzliche Anwenderprogramme
games	Spiele und Lehrprogramme
include	Definitionsdateien für C-Entwicklungen
lib	Bibliotheken
local	lokal erzeugte Zusatzanwendungen
sbin	zusätzliche Administrationsprogramme
share	architekturunabhängige Daten
src	Programmquellen

*Die Anwendungs-
pakete einer
Linux-Distribution
liegen mehrheitlich
unterhalb von /usr*

Das **/usr**-Verzeichnis bildet das Hauptverzeichnis für Benutzerprogramme und -daten, enthält die Unix-Standardprogramme, Endanwendungen und Entwicklungswerkzeuge, die mehrheitlich allen Anwendern zugänglich sind. Alle unterhalb von **/usr** liegenden Objekte haben für den gewöhnlichen Benutzer den Status „read-only", nur der Superuser kann diese modifizieren oder entfernen.

Das Verzeichnis **/usr/X11R6** bildet die Wurzel der XFree86-Distribution, die eine Portierung des X-Window-System Release 6 für PC-Systeme bildet. Aus Gründen der Kompatibilität mit anderen Unix-Derivaten werden die dort befindlichen Unterverzeichnisse **bin**, **lib/X11** und **include/X11** durch die Einträge **/usr/bin/X11**, **/usr/lib/X11** und **/usr/include/X11** referenziert. **X386** fehlt in neueren Linux-Distributionen.

*glibc-basierte
Distributionen
bündeln „alte"
Bibliotheken in
i486-linux-libc5*

Desweiteren enthält **bin** alle Unix-Kommandos, die für das Booten des Kernels oder eine Reparatur des Systems entbehrlich sind, **include** faßt die für die Anwendungsentwicklung benötigten Definitionsdateien zusammen, **lib** enthält Objekt-Dateien und zusätzliche Laufzeitbibliotheken, **local** dient der Aufnahme von Software, die nur auf dem lokalen System genutzt werden soll, **sbin** verwahrt zusätzliche Administrations-Werkzeuge und **src** nimmt Quellhierarchien wie die Linux Kernel-Quellen auf.

share schließlich faßt alle architekturunabhängigen Daten zusammen. Dazu zählen Wörterbücher (**dict**), die Dokumentationen (**doc**), von Spielen benötigte Dateien (**games**), das GNU-Info-System (**info**), die Locale-Datenbasis (**locale**), das Online-Manual (**man**), nationale Sprachunterstützung (**nls**) **troff**-Makros (**tmac**), die Terminfo-Datenbasis (**terminfo**) und für die Konfiguration der lokalen Zeitzone benötigte Dateien. **dict**, **doc**, **info** und **man** sind bei vielen heute erhältlichen Linux-Distributionen noch direkt an **/usr** angebunden.

Während des Betriebs von Linux ist in der Regel kein Schreiben auf das **/usr**- oder ein darunter liegendes Verzeichnis erforderlich. Bei mehreren, im Netzwerk untereinander verbundenen Linux-Rechnern identischer Architektur ist es ferner möglich und üblich, das **/usr**-Verzeichnis nur auf einem System einzurichten und dieses an alle anderen Rechner zu „exportieren".

Das Einbinden entfernter Partitionen erfolgt via NFS-Mount

6.2.3 Das **/var**-Verzeichnis

Die **/var**-Hierarchie dient der Aufnahme von „variablen" Daten. Dazu zählen unter anderem Systemmeldungen, Druckaufträge, E-Mails und News. An der Wurzel der **/var**-Hierarchie stehen:

```
/var    Variable Daten
  ├── account    Log-Dateien für Prozeß-Accounting
  ├── cache      Cache-Daten für Anwendungen
  ├── crash      System-Crash-Dumps
  ├── games      variable Daten für Spiele
  ├── lock       Lock-Dateien
  ├── log        Log-Dateien für Systemmeldungen
  ├── mail       E-Mail-Dateien der Benutzer
  ├── opt        variable Dateien für /opt
  ├── run        von aktiven Prozessen benutzte Dateien
  ├── spool      Spool-Dateien für Druckdienst, E-Mail, News
  ├── state      variable Status-Informationen
  ├── tmp        temporäre Sicherungen vor einem Reboot
  └── yp         Datenbasis für NIS
```

Abb. 6.4
Inhalt des /var-Verzeichnisses

Das **/var**-Verzeichnis bildet gewissermaßen das Arbeitsverzeichnis für den Betriebssystemkern und alle aktiven Dämonen. Es muß daher in jedem Fall im RW-Modus gebunden werden.

account nimmt eine oder mehrere Dateien auf, in die der Kernel bei aktiviertem Accounting zu jedem terminierenden Prozeß unter anderem den Namen des Prozeßeigners und die benutzte CPU-Zeit einträgt. **cache** bildet einen temporären Datenspeicher für Anwendungen, etwa zum Abspeichern lokal erzeugter Fonts oder lokal formatierter Handbuchseiten.

Ein Crash-Dump ist das Speicherabbild des Kernels während eines System-Crashs

crash ist auf die Aufnahme von System-Crash-Dumps vorbereitet, die Linux in seiner aktuellen Version allerdings noch nicht erzeugen kann. Unter **games** sollen Spielprogramme ihre variablen Daten (etwa Spielstände) ablegen. Letztere liegen bei den meisten Distributionen noch unter **/usr/games**; bei einem im Nur-Lesen-Modus gebundenen **/usr**-Dateisystems ist somit das Abspeichern von Spielständen nicht möglich.

Lock-Files in **lock** kennzeichnen Geräte, die aktuell von einer Anwendung benutzt werden. Im Verzeichnis **log** liegen in der Datei **messages** die Meldungen des **syslogd**, **lastlog** archiviert jegliche Logins, **wtmp** zusätzlich die Abmeldungen der Benutzer vom System.

Vernetzte Systeme verwenden häufig ein gemeinsames Mail-Verzeichnis

Das **mail**-Verzeichnis, ehemals unterhalb von **/var/spool** angesiedelt, sammelt eingehende E-Mails, zugeordnet zu Dateien, die dem Login-Namen des adressierten Empfängers entsprechen. Die Verlagerung nach **/var** wurde beschlossen, da die Mehrheit der am Markt befindlichen Unix-Derivate E-Mails dort sammelt und in größeren Netzen das Verzeichnis **/var/mail** oft nur auf einem Rechner physikalisch vorhanden ist. Weitere Systeme im Netz binden dieses Verzeichnis dann per NFS an.

Analog den Spielen, die ihre statischen Daten in **/usr/games** und ihre variablen Daten in **/var/games** finden sollen, sieht das FHS eine Ausgliederung der von optionalen Programmpaketen benötigten variablen Daten nach **/var/opt** vor. Diese Strategie ermöglicht es, bei vernetzten Systemen auch umfangreiche optionale Programmpakete nur auf einem Rechner installieren zu müssen.

Dämonen kopieren ihre Prozeßkennungen nach /var/run/.pid*

In **run** befindliche Dateien reflektieren Systeminformationen seit dem letzten Reboot. Dazu zählen etwa Prozeßkennungen aktiver Dämonen (***.pid**) und die Liste der aktuell angemeldeten Benutzer **utmp**.

spool sammelt im wesentlichen Daten, die für eine Weiterverarbeitung durch einen Dämon vorbereitet sind. Neben den bereits in Kapitel 5.5.1 diskutierten **at**- und **cron**-Jobs zählen dazu

Druckaufträge (**lpd**) sowie zum Versand bestimmte E-Mails und News-Mitteilungen (**mqueue**, **smail**, **news**).

Status-Informationen aus **state/*** sollen den Status von Anwendungen während ihrer letzten Aktivität speichern; das FS-STND Dokument gruppierte diese Daten unterhalb **/var/lib**. Bisher wird **state** praktisch nicht genutzt und fehlt auch bei den meisten Linux-Distributionen.

Definiert, aber nicht genutzt: /var/state

/var/tmp bildet analog **/tmp** ein Verzeichnis zur Aufnahme temporärer Dateien. Konzeptionell sind die in **/var/tmp** liegenden Daten „sicherer" als die aus **/tmp**, da sie bei einem Reboot nicht gelöscht werden dürfen.

yp schließlich verwahrt die Konfigurationsdateien für das Network Information System NIS, das bei vernetzten Systemen die zentrale Archivierung von Hostnamen, Benutzer- und Gruppenkennungen und zugehöriger Paßwörter auf einem NIS-Server vorsieht. Angebundene NIS-Clients benötigen dadurch nur eine minimale lokale Konfiguration in diesen Bereichen; bei Bedarf beziehen sie letztere über eine Anfrage an den NIS-Server. Linux-NIS+, die Weiterentwicklung von NIS, befand sich zum Zeitpunkt der Drucklegung dieses Buchs im Beta-Stadium.

Alternative zu NIS: NIS+, sicherer, aber aufwendiger zu konfigurieren

Falls das **/var**-Verzeichnis im **root**-Dateisystem liegt, besteht die Gefahr, daß das System inoperabel wird, da aufgrund hoher Zahl eingegangener E-Mails oder einer großen Druckerwarteschlage die Kapazität des **root**-Dateisystems erschöpft ist. Ist zusätzlich **/tmp** dort unmittelbarer Bestandteil, dann kann es passieren, daß manche Anwendungen nicht mehr laufen (etwa der C-Compiler), da sie im Verzeichnis **/tmp** Zwischendateien ablegen wollen.

Auf Server-Systemen sollte /var auf einem eigenständiges Dateisystem liegen

6.2.4 Partitions-Strategien

Die Verteilung einzelner Hauptverzeichnisse auf unterschiedliche Dateisysteme ist nicht unbedingt erforderlich, bietet aber einige Vorteile. Einerseits sind statische Informationen vor unbeabsichtigtem Löschen oder Überschreiben geschützt, wenn sie im Nur-Lesen-Modus in den Verzeichnisbaum eingebunden sind. Andererseits erfordert eine komplette Neuinstallation vergleichsweise geringen Aufwand, wenn die zur Distribution gehörenden Dateien, optionale Programmepakete und insbesondere Anwenderdaten auf jeweils getrennten Partitionen eingerichtet sind.

Multiple Partitionen erleichtern die System-Pflege

/bin, /dev, /etc
/lib, /sbin, boot
/mnt, /proc und
/root gehören
in das root-
Dateisystem

Bei der Konzeption einer Architektur des Verzeichnisbaums, der aus mehreren Dateisystemen bestehen soll, ist es erforderlich, daß die Verzeichnisse **/bin, /boot, /dev, /etc, /lib, /root** und **/sbin** Bestandteil des **root**-Dateisystems sind. **/mnt** ist ein optionaler Eintrag, der dem Systemverwalter zum temporären Anbinden weiterer Dateisysteme dient. **/proc** ist ein zwingender Eintrag, wenn die Proc-Strukturen als Dateien zugänglich sein sollen. Wie bereits erwähnt, sind 20 MByte Kapazität für das **/root**-Dateisystem in der Regel ausreichend.

Der Inhalt von **/opt** und **/usr** ist gemäß den Vorschlägen des FHS statischer Natur, muß also im laufenden Betrieb nur lesbar sein und kann gleichzeitig von mehreren vernetzten Systemen genutzt werden. Stehen ausreichend viele Festplatten-Partitionen zur Verfügung, dann kann der Systemverwalter für jedes dieser

/usr und /opt
müssen im
laufenden Betrieb
nur lesbar sein

2 Verzeichnisse eigene Dateisysteme erstellen. Alternativ kann er **/opt** als Verweisdatei auf **/usr/opt** anlegen und die optionalen Pakete dort einrichten. Nutzen mehrere Rechner ein derart konfiguriertes **/usr**-Dateisystem, dann muß diese Verweisdatei auf jedem System eingerichtet werden. Der Platzbedarf für das **/usr**-Dateisystem hängt vom Umfang der bei der Installation ausgewählten Pakete ab und kann mehrere hundert MByte betragen.

In **/tmp** liegen normalerweise nur Dateien, die dort zu Testzwecken abgelegt wurden oder Zwischenergebnisse enthalten, die ein Compiler bei der Übersetzung eines Programms erzeugt. Für kleinere Applikationen sind normalerweise schon 10 MByte mehr als genug. Soll **/tmp** Bestandteil des **root**-Dateisystems sein, dann ist für letzteres entsprechend mehr Platz zu reservie-

In einigen
Konfigurationen
wird /tmp beim
Booten gelöscht

ren. Unter keinen Umständen sollte man in **/tmp** kritische Daten ablegen, da dieses Verzeichnis bei einigen Konfigurationen mit jedem Neustart des Systems oder in zyklischen Abständen routinemäßig gelöscht wird. Im Einzelfall wird **/tmp** ferner als Ramdisk eingerichtet, um eine maximale Zugriffsgeschwindigkeit zu erreichen.

/var beansprucht nach der Erstinstallation einer **rpm**-basierten Linux-Distribution etwa 11 MByte. Im laufenden Betrieb muß **/var** zusätzlich Druckaufträge, E-Mails und so fort aufnehmen. Entsprechend läßt sich keine eindeutige Empfehlung für die vorzusehende Kapazität eines **/var**-Dateisystems aussprechen. Für ein Einzelplatzsystem sollte eine Partitionsgröße von 30 MByte für **/var** ausreichend sein, bei einem Mehrplatzsystemen sind möglicherweise zusätzliche 1-5 MByte pro Benutzer erforderlich. Genaueres zeigt aber erst der Langzeitbetrieb, da das Nutzerverhalten schwer vorhersehbar ist: Manche tragen sich in zahlreiche Mailing-Listen ein und erhalten täglich megabyteweise Post, andere drucken gerne umfangreiche Handbücher aus.

Das **/home**-Verzeichnis schließlich, unterhalb dessen alle Anwender ihre privaten Dateien verwahren, sollte in jedem Fall auf einer eigenen Partition untergebracht werden. Die Größe des **/home**-Dateisystems richtet sich in der Regel nach der Größe der Festplatte: Alles, was nach der Partitionierung der für das System relevanten Dateisysteme übrigbleibt, wird dem **/home**-Dateisystem zugeordnet.

Besser: /home auf einer eigenständigen Festplatte einrichten

Eine Sonderrolle nimmt noch die Swap-Partition ein. Bei der heute üblichen Standardausstattung von 64 MByte ist eine Swap-Partition in Einzelfällen entbehrlich (falls das System überwiegend „kleine" Programme bearbeiten soll). Wer über einen geringeren Hauptspeicherausbau verfügt, der sollte eine Swap-Partition mit 32 MByte oder mehr anlegen.

Systeme mit geringer RAM-Kapazität benötigen eine Swap-Partition

6.3 Dateitypen

Im Verzeichnisbaum befindliche Elemente repräsentieren jeweils einen der folgenden Dateitypen:

normale Dateien bestehen aus Bytefolgen und enthalten entweder lesbare Textinformationen oder nicht lesbare binäre Informationen. Zu den normalen Dateien zählen Dokumente, Datendateien, Programme, Shell-Skripts et cetera,

Verzeichnisdateien prägen gewissermaßen Kataloge des Dateisystems. Jede Verzeichnisdatei (einschließlich **/**) enthält mindestens 2 Dateien, die ebenfalls Verzeichnisdateien sind: Der 1. Eintrag heißt **..** und ist ein Verweis auf das übergeordnete Verzeichnis (parent directory). Der 2. Eintrag mit Namen **.** verweist auf das Verzeichnis selbst. Der Eintrag **..** im Wurzelverzeichnis verweist auf **/**,

Zugriffsrechte entscheiden, ob der Inhalt von Verzeichnissen lesbar ist

spezielle Dateien (Verweise, Geräte) unterscheiden sich von den beiden vorstehenden Dateitypen in folgender Weise: Ver-

*/dev/mouse
ist häufig ein
Soft-Link auf
/dev/ttyS0*

*X-Anwendungen
kommunizieren
mit dem X-Server
über Sockets*

weise (Soft- oder Hard-Links) sind weder normale Dateien noch Verzeichnisdateien, können aber sowohl auf eine Datei als auch auf ein Verzeichnis „zeigen". Gerätedateien wiederum dienen dem Zugriff auf Geräte; sie bilden die Ein-/Ausgabeschnittstelle zu Tastatur, Maus, serieller, paralleler und Ethernetschnittstelle, Floppy-Laufwerk, Magnetband et cetera und auch zu den Festplatten,

FIFO-Dateien (Pipes) dienen im wesentlichen dem Informationsaustausch zwischen Prozessen, und zwar für die Datenübermittlung von einem Eltern- zum Kindprozeß. Der Kommandointerpreter kann stets nur unidirektionale Pipes erzeugen; ein Kindprozeß kann an seinen Elternprozeß keine Daten übermitteln. Prinzipiell erlauben Pipes aber auch eine bidirektionale Kommunikation.

Verzeichnisdateien können sowohl Dateien als auch Verzeichnisdateien enthalten. Verweise „zeigen" auf ein Dateielement beliebigen Typs und können, falls es sich um Soft-Links handelt, auch auf sich selbst verweisen. Falls eine Datei entfernt (gelöscht) wird, die ein Soft-Link referenziert, dann zeigt der Soft-Link anschließend gewissermaßen ins Leere.

Zwischen den genannten 2 Typen von Verweisen besteht folgender Unterschied: Ein Hard-Link auf ein Dateielement ist ein Verzeichniseintrag, der auf denselben Inode zeigt wie das referenzierte Element. Hard-Links können stets nur auf Dateielemente verweisen, die sich auf demselben Dateisystem befinden wie die Originaldatei. Außerdem können gewöhnliche Anwender Hard-Links nur auf normale Dateien legen; nur der Superuser hat das Recht, Hard-Links auf Verzeichnisse anzuwenden. Soft-Links hingegen sind Verzeichniseinträge, die auf einen anderen Inode verweisen als die Originaldatei. Einziger Inhalt des zugeordneten Datenblocks ist der Pfad der referenzierten Datei. Soft-Links können auf beliebige Elemente des Verzeichnisbaums verweisen, auf anderen Dateisystemen befindliche Verzeichniseinträge eingeschlossen.

*Hard-Links
verweisen auf
einen Inode,
Soft-Links
enthalten
Pfadnamen*

Um den Inhalt einer gewöhnlichen Datei über den Dateinamen erkennen zu können, ist es üblich, Namenserweiterungen zu benutzen. Beispielsweise deutet die Namenserweiterung `.c` darauf hin, daß es sich bei der entsprechenden Datei um eine C-Quelle handelt. Analog tragen Fortran-Quellen die Kennung `.f`,

Pascal-Quellen erkennt man an der Kennung `.p` et cetera. Es ist auch erlaubt, mehrere Namenserweiterungen zu verwenden, etwa um Dateien gleichen Inhalts zusätzlich mit Versionsnummern zu kennzeichnen. Ausführbare Dateien besitzen in der Regel nur dann eine Namenserweiterung, wenn sie Programmaufrufe zusammenfassen. Diese Shell-Skript genannten Dateien sind an der Endung `.sh`, `.csh` oder `.ksh` erkennbar. Komprimierte Dateien tragen die Endung `.z`, `.Z`, `.gz`, `.taz` oder `.tgz`.

Die Endung kennzeichnet den Dateityp

6.4 Dateiattribute

Alle Dateielemente eines Unix-Verzeichnisbaums, im folgenden kurz Dateien genannt, sind an eine Reihe von Informationen gekoppelt. Diese zu jeder Datei im zugehörigen Inode verwalteten Dateiattribute schließen das bereits erwähnte Zugriffsrechteschema sowie Angaben zu Dateityp, Anzahl der Hard-Links zur Datei, Dateigröße, Besitzer- und Gruppenidentifikation des Besitzers (desjenigen, der die Datei erzeugt hat), Erstellungsdatum, Datum des letzten Zugriffs und Datum der letzten Modifikation ein. Beim Anlegen einer Datei trägt der Betriebssystemkern diese Informationen in den zugehörigen Inode ein und aktualisiert sie gegebenenfalls aufgrund anwenderseitigem Dateizugriff.

Der Inode speichert Dateityp, Dateigröße, Besitzer, Gruppe und Zugriffsrechte

Grundlage für die Zugriffskontrolle bildet eine Einteilung aller Anwender des Systems in Besitzer (user), Benutzergruppen (group) und alle übrigen, die auf das System Zugriff haben (other). Eine Sonderrolle kommt dem Systemverwalter **root** zu, der stets auf alle Dateien Zugriff hat. Auf Basis dieser Dreiteilung unterscheidet Unix zwischen der Berechtigung zum Lesen, Schreiben und Ausführen von Dateien beziehungsweise Suchen oder Wechseln in Verzeichnisse.

Zugriffskriterien: Lesen, Schreiben, Ausführen

Zusätzliche Attribute steuern die Zugriffsrechte seitens eines Anwendungsprogramms auf Dateien: Das Set-User-ID-Bit, auch Magic-Bit genannt, und das Set-Group-ID-Bit verleihen einem Programm diejenigen Dateizugriffsrechte, die der Besitzer hat beziehungsweise die Gruppe, der er angehört. Dieser Mechanismus ist speziell dann erforderlich, wenn ein Anwender ein Programm aufruft, das seinerseits geschützte Dateien bedient. Möchte beispielsweise ein Benutzer sein Paßwort ändern, benutzt er das Programm **passwd**, das dem Systemverwalter gehört.

S-Bit-Programme laufen mit den Zugriffsrechten ihres Besitzers

Das Programm **passwd** gehört stets dem Superuser; es dient der Modifikation eines in der Datei **/etc/passwd** befindlichen Paßwort-Eintrags. Die Datei **/etc/passwd** gehört dem Systemverwalter, und nur er hat dort Schreibberechtigung. Da aber in den Zugriffsrechten des Programms **passwd** das Set-User-ID-Bit (und auch das Set-Group-ID-Bit) gesetzt ist, ist jedem Anwender bei seiner Ausführung die Modifikation der Datei **/etc/passwd** möglich, und zwar in der Art und Weise, wie es das Programm **passwd** zuläßt.

passwd ist S-Bit root und darf daher /etc/passwd modifizieren

Ein weiteres Attribut ist das sogenannte Sticky-Bit. Wenn 2 oder mehr Prozesse gleichzeitig dasselbe Programm ausführen, können sie denselben physikalischen Speicher gemeinsam benutzen. Mit dem Sticky-Bit ausgestattete Programme bleiben auch dann im (virtuellen) Hauptspeicher wenn das Programm von keinem Anwender mehr benutzt wird. Sollte ein Anwender das Programm zu einem späteren Zeitpunkt erneut aufrufen, steht es sofort zur Verfügung.

Ist ein Verzeichnis mit dem Sticky-Bit ausgestattet, dann dürfen dort befindliche Dateien nur von ihrem Besitzer gelöscht oder umbenannt werden. Dies gilt auch dann, wenn ein Dateielement mit Schreibberechtigung für **group** oder **other** ausgestattet ist. Der Superuser wiederum hat in jedem Fall das Recht, auch auf solche Verzeichnisse frei zuzugreifen.

Einen Einblick in die Attribute zu einer Datei liefert der Aufruf von **ls -1**. Die nachstehende Abbildung 6.5 zeigt den prinzipiellen Aufbau der dabei erzeugten Ausgabe und erläutert die darin enthaltene Information.

Abb. 6.5
Dateiattribute

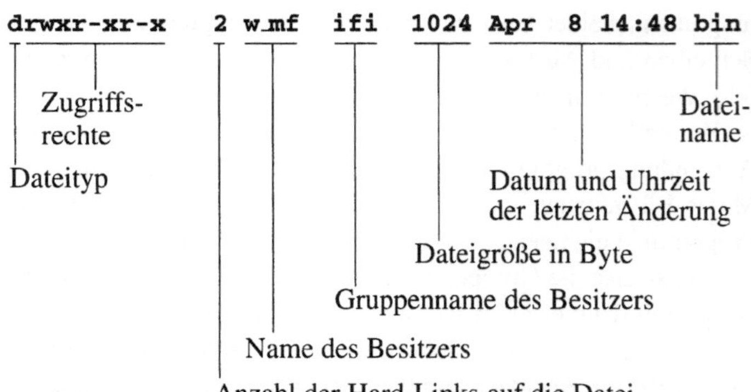

Der anfangs stehende Buchstabe gibt Auskunft über den Dateityp. Ein Minus-Zeichen besagt, daß es sich um eine normale Datei handelt, Verzeichnisse tragen ein **d** und Soft-Links ein **1**. Gerätedateien sind entweder durch ein **c** (zeichenorientiert) oder ein **b** (blockorientiert) gekennzeichnet. FIFO-Dateien schließlich kodiert ein **p** (Pipe) oder ein **s** (Socket).

Die anschließend folgenden 9 Buchstaben enthalten die Zugriffsrechte. Sie kennzeichnen von links nach rechts mit jeweils 3 Buchstaben das Lese-, Schreib- und Zugriffs- beziehungsweise Ausführungsrecht für Besitzer, Gruppe und Andere. Nicht erteilte Zugriffsrechte kodiert ein Minus-Zeichen. Bei Soft-Links sind stets alle Zugriffsrechte gesetzt. Bei der Anwahl eines Soft-Links bestimmt die dadurch referenzierte Datei das Zugriffsrecht.

Nicht erteilte Zugriffsrechte zeigt ls -l als Minuszeichen

Ist für ein Dateielement das Set-User-ID-Bit oder das Set-Group-ID-Bit gesetzt, dann steht anstelle des **x** bei den Besitzer- beziehungsweise Gruppenrechten der Buchstabe **s**. Dateien und Verzeichnisse, für die das Sticky-Bit gesetzt ist, tragen im Bereich „Andere" ein **t** anstelle des **x**. Falls eines dieser Bits gesetzt ist, jedoch kein Ausführungs-/Suchrecht existiert, erscheint in der Ausgabe von **1s -1** ein Großbuchstabe (**S** oder **T**).

Intern sind die Zugriffsrechte in einer 4stelligen Oktalzahl beziehungsweise 4 3stelligen Bitfeldern kodiert. Die Ziffern kennzeichnen (von links nach rechts) systemspezifische Attribute sowie Zugriffsrechte für Besitzer, Gruppe und Welt:

755 entspricht rwxr-xr-x

Oktalwert	Bedeutung
4000	Set-User-ID-Bit.
2000	Set-Group-ID-Bit.
1000	Sticky-Bit
400	Lesezugriff Besitzer
200	Schreibzugriff Besitzer
100	Ausführungs-/Suchzugriff Besitzer
40	Lesezugriff Gruppe
20	Schreibzugriff Gruppe
10	Ausführungs-/Suchzugriff Gruppe
40	Lesezugriff Gruppe
20	Schreibzugriff Gruppe
10	Ausführungs-/Suchzugriff Gruppe
4	Lesezugriff Welt
2	Schreibzugriff Welt
1	Ausführungs-/Suchzugriff Welt

Abb. 6.6 Oktalwerte der Zugriffsrechte

6.5 Gerätedateien

Alle über den Betriebssystemkern ansprechbaren Geräte sind im Verzeichnis **/dev** als sogenannte Device-Special-Files eingetragen. Das Kommando **ls –** liefert für diese Dateien eine Typkennung **c** (zeichenorientiert, gepuffert), **u** (zeichenorientiert, ungepuffert) oder **b** (blockorientiert), um die Arbeitsweise hervorzuheben.

Block-
orientiere
Geräte
unterstützen
wahlfreien
Datenzugriff

Zeichenorientierte Geräte arbeiten stets sequentiell. Blockorientierte Geräte hingegen können auf einzelne Daten eines Datensatzes wahlfrei zugreifen. Um einen bestimmten Datensatz zu lesen, kann man zuvor den Dateizeiger geeignet positionieren. Es ist also nicht erforderlich, die Datei von Anfang an durchzusuchen. Beispiele für die 1. Gruppe bilden Terminals sowie serielle und parallele Schnittstellen. In die 2. Gruppe fallen Diskettenlaufwerk, Festplatte und CD-ROM-Laufwerk.

Für jeden
Gerätetyp
benötigt
der Kernel
einen Treiber

Anders als bei den anderen Dateitypen zeigt die Ausgabe von **ls –l** außerdem für Gerätedateien keine Dateigröße an, sondern statt dessen 2, durch Komma getrennte Zahlen. Die 1. davon kodiert den Gerätetyp (Major-Device-Number). Sind in einem System mehrere Geräte gleichen Typs vorhanden, dann unterscheiden sie sich im 2. Wert (Minor-Device-Number). Der Betriebssystemkern benötigt für jeden Gerätetyp einen speziellen Hardwaretreiber.

Im Verzeichnis **/dev** befinden sich etwa 500 vordefinierte Gerätenamen. Weitere kann der Systemverwalter mit **MAKEDEV** generieren, das implizit **mknod** aufruft:

```
mknod [Option]... Datei {bcu} Major Minor
```

legt eine block- (**b**), zeichen- (**c**) oder ungepufferte zeichenorientierte (**u**) Gerätedatei **Datei** an. Der Aufruf von **mknod** beziehungsweise **MAKEDEV** zum Einrichten zusätzlicher Gerätedateien ist dem Systemverwalter vorbehalten.

devices.txt
enthält eine
Liste der Linux-
Gerätetypen

Seit der Kernel-Version 1.3.25 gehört zu den Quellen des Betriebssystemkerns ein Verzeichnis **Documentation**, das unter anderem in der Datei **devices.txt** eine Zusammenfassung von Gerätenamen nebst zugehöriger Major- und Minor-Device-Number enthält. Zu beachten ist, daß stets nur solche Gerätedateien ansprechbar sind, für die der Betriebssystemkern entsprechende Hardwaretreiber enthält.

Abbildung 6.7 faßt die wichtigsten Gerätedateien zusammen, die
Peripheriegeräte ansprechen.

Gerätename	Typ	Major	Gerät
atibm	c	10	ATI XL Bus-Maus
audio	c	14	Soundkarte, Sun-kompatibles I/O
aztcd	b	29	Aztech CD-ROM
cdu535	b	24	Sony CDU-535 CD-ROM
cdrom	l		Soft-Link auf CD-ROM
console	c	4	Systemkonsole
cuaN	c	5	Callout-Geräte (COM1...)
dsp	c	14	allgemeines Soundkarten I/O
fd0	b	2	1. Diskettenlaufwerk
hda	b	3	1. IDE-Festplatte
ht0	c	37	1. IDE-Bandlaufwerk
lp0	c	6	1. parallele Schnittstelle
js0	c	15	1. Joystick
mcd	b	23	Mitsumi CD-ROM
midi00	c	14	1. Midi-Schnittstelle
mixer	c	14	Audio-Mixer
modem	l		Soft-Link auf Modemschnittstelle
mouse	l		Soft-Link auf Mausschnittstelle
psaux	c	10	PS/2-kompatible Maus
ptyN	c	2	Pseudoterminals
sbpcd0	b	25	SoundBlaster CD-ROM-Port
sda	b	8	1. SCSI-Festplatte
sequencer	c	14	Audio Sequenzer
sonycd	b	15	Sony CDU-31A/33A CD-ROM
sr0	b	11	1. SCSI-CD-ROM-Laufwerk
st0	c	9	1. SCSI-Magnetbandlaufwerk
tape	l		Soft-Link auf Magnetband
ttyN	c	4	virtuelle Konsolen
ttySN	c	4	serielle Schnittstellen
xda	b	13	1. XT-Festplatte

Abb. 6.7
Einige Linux-
Gerätedateien

Die 4 Soft-Links **cdrom, modem, mouse** und **tape** sind
optional und werden normalerweise beim Einrichten des Systems
erzeugt. Beispielsweise verweisen **mouse** und **modem** auf serielle
Schnittstellen, etwa **ttyS0** und **cua1**.

Festplatten sind einerseits als Ganzes (**hda, sda, xda**) oder
partitionsweise ansprechbar. Die 1. Partition der 1. SCSI-Festplatte lautet etwa **sda1**, die 2. Partition ist mit **sda2** ansprechbar und so weiter. Normalerweise sind nach der Erstinstallation

cdrom, modem,
mouse und tape
sind Soft-Links

*Maximal
4 IDE- und
16 SCSI-
Festplatten*

*Bandlaufwerke
können mehrere
Archivdateien
aufnehmen*

*fd0 ist ein
Autodetect-
Gerätetreiber*

*fd0H1440
entspricht
3,5 Zoll
HD-Format*

*modem ist
ein Soft-Link
auf cua*,
mouse zeigt
auf ttyS**

einer Linux-Distribution Gerätedateien für 4 IDE- und 4 SCSI-Festplatten vorhanden (**hda...hdd, sda...sdd**) sowie jeweils 15 Partitionen (**hda1...hda15** et cetera). Die maximale Anzahl von Partitionen beträgt bei SCSI-Laufwerken 15, bei IDE-Laufwerken 63. Bedingt durch die IDE/EIDE-Spezifikation sind maximal 4 Festplatten (einschließlich IDE-CD-ROM-Laufwerke) dieses Typs anschließbar. Die Grenze für die Anzahl ansprechbarer SCSI-Festplatten liegt bei 16.

Für Magnetbandlaufwerke (**ht0, st0**) existieren zusätzliche „Non-Rewind" Gerätedateien (**nht0, nst0**), die ein Zurückspulen beim Zugriff auf die Bandstation unterbinden. Diese Gerätedateien sind immer dann anzusprechen, wenn ein Magnetbandmedium mehrere Archivdateien hintereinander speichern soll beziehungsweise enthält.

Diskettenlaufwerke werden normalerweise im „autodetect"-Modus angesprochen. In diesem Fall prüft der Betriebssystemkern ihren Typ (3,5 oder 5,25 Zoll) und die Kapazität des eingelegten Diskettenmediums. Soll eine Diskette ein bestimmtes Format erhalten, gekennzeichnet durch Anzahl Spuren und Anzahl der Sektoren pro Spur, dann ist das Gerät über eine alternative Gerätedatei anzusprechen. Mit **fd0D720** beispielsweise wird der Betriebssystemkern aufgefordert, das Laufwerk als 3,5 Zoll Diskette anzusprechen (80 Spuren und 9 Sektoren pro Spur, Gesamtkapazität 720 kByte). **fd0E2880** adressiert eine 3,5 Zoll Diskette mit 80 Spuren à 36 Sektoren (2880 kByte).

Bei virtuellen Konsolen und seriellen Schnittstellen steht der angehängte Buchstabe **N** für eine Gerätenummer (**0** beziehungsweise **1** bis **63**). Die Anzahl zu unterstütztender virtueller Konsolen kann der Systemverwalter in **/etc/inittab** konfigurieren.

Serielle Schnittstellen korrespondieren mit den COM-Ports der Rechnerhardware. COM1 entspricht dabei **ttyS0/cua0**, COM2 ist **ttyS1/cua1** und so fort. **cua0** ist ein sogenanntes Callout-Device, das dieselbe physikalische Schnittstelle bedient wie **ttyS0**.

Pseudo-Terminals sind von **p0** bis **sf** numeriert. Der Betriebssystemkern unterstützt maximal 64 Pseudo-Terminal-Master und 64 Pseudo-Terminal-Slaves (**ttyp0 ... ttysf**). Sie dienen der Steuerung von Terminalverbindungen über Netzwerkschnittstellen, beispielsweise SLIP oder Ethernet.

6.6 Geräte-Administration

Jeder Linux-Gerätetreiber entnimmt seine Betriebsparameter aus
speziellen Konfigurationsdateien. Ziel dieses Abschnitts ist es,
die jeweils verantwortlichen Dateien zu benennen und die Werkzeuge zu erläutern, die dem Systemverwalter und dem Anwender
erlauben, bestehende Konfigurationen zu ändern.

6.6.1 Tastatur-Anpassung

Die Konfiguration der Tastatur erfolgt initial während der Erstinstallation, bei der das Installationsskript die anfangs ausgewählte Tastaturtabelle in `/etc/sysconfig/keyboard` der Variablen
`KEYTABLE` zuweist. Beim Hochfahren des Systems führt `init`
dann das Skript `/etc/rc.d/rc?.d/S75keytable` aus und
verbindet die Keycode-Signale der Tastatur mit ASCII-Codes:

Linux enthält etwa 80 nationale Tastaturtabellen

```
KEYTABLE="/usr/lib/kbd/keytables/de-latin1.map"
loadkeys $KEYTABLE
```

beispielsweise lädt Tastaturbindungen für die im deutschsprachigen Raum übliche Tastatur. `loadkeys` setzt voraus, daß sein Anwender auf `/dev/console` das Leserecht hat.

Die oben genannte Methode definiert jedoch nur die Tastaturbindungen für eine Sitzung an der Konsole. Anwender des
X-Window-Systems müssen die gewünschte Tastaturbindung in
der Datei `/etc/XF86Config` festlegen und gegebenenfalls mit
`xmodmap` eine spezielle Konfiguration laden.

Tastaturbindungen unter X11 steuern /etc/XF86Config und xmodmap

Neben `loadkeys` enthält Linux weitere Werkzeuge, die einzelne Tastaturparameter konfigurieren. Beispielsweise setzt

Delay sind Werte in Millisekunden im Bereich 250-1000 ms

```
kbdrate [-r Rate] [-d Delay]
```

die Anzahl Zeichen pro Sekunde, die die Tastatur bei gedrückt
gehaltener Taste erzeugt (`-r Rate`), und die Zeit, die eine Taste
gedrückt sein muß bis die „Autorepeat-Funktion" aktiviert wird
(`-d Delay`). Das Kommando

```
setleds [{+-}num] [{+-}caps] [{+-}scroll]
```

zeigt, setzt oder entfernt den Status von LED-Flags. Ein Setzen der **Caps**-LED etwa kehrt die Wirkung der **Shift**-Taste um, und die **Num**-LED beeinflußt die Interpretation der Tasten aus dem Nummernblock.

Das Programm **setmetamode** manipuliert die Wirkung der **Alt**-Taste. Ist der Meta-Modus auf einen der Werte **esc**, **prefix** oder **escprefix** eingestellt, dann erzeugt der Tastaturtreiber bei Betätigen der **Alt**- zusammen mit einer weiteren Taste 2 Zeichen (gedrückte Taste mit vorangestelltem Escape-Zeichen). Anderenfalls (**meta**, **bit**, **metabit**) wird ein Zeichen generiert, bei dem das 8. Bit gesetzt ist. **dumpkeys** schließlich kopiert die aktuell im Tastaturtreiber befindliche Tastaturtabelle auf die Standardausgabe, formatiert entsprechend den Anforderungen von **loadkeys**.

Im Meta-Modus liefert Alt-a ein ß und Alt-A erzeugt ü

6.6.2 Grafik-Modi

Während der Boot-Sequenz initialisiert der Betriebssystemkern die Grafikkarte standardmäßig für eine Darstellung von 80 Zeichen und 25 Zeilen. Andere Bildschirmauflösungen kann der Systemverwalter frei wählen, wenn er die Boot-Option **VGA=ASK** verwendet oder den Kernel mit

Standard-Auflösungen sind 80x25 und 80x50

```
rdev -v -3
```

bittet, bei jedem Systemstart zu fragen, welche Auflösung verwendet werden soll. Im laufenden Betrieb kann der Superuser durch Aufruf von

```
resizecons ZxS
```

den Bildschirm auf **Z** Zeilen und **S** Spalten konfigurieren. Das Programm **resizecons** sucht die Datei **ZxS** im Verzeichnis **/usr/lib/kbd/videomodes**, das nach der Erstinstallation in der Regel nicht existiert. Der Systemverwalter erzeugt die benötigten Konfigurationsdateien, indem er zunächst das genannte Verzeichnis anlegt und anschließend den Kernel der Reihe nach mit den gewünschten Auflösungen initialisiert. Den Status muß er dann jeweils mit

Video-Dateien erstellt der Systemverwalter

```
restoretextmode -w /usr/lib/kbd/videomodes/ZxS
```

sichern. Im X-Window-System zugängliche Auflösungen muß der Systemverwalter in **/etc/XF86Config** eintragen.

Die Textausgabe auf der Linux-Konsole benutzt einen internen Zeichengenerator, der Fonts in den Feldgrößen **8x8**, **8x14** und **8x16** aus Pixelfeldern erzeugt. Letztere lädt er aus einer in **/usr/lib/kbd/consolefonts** befindlichen Datei; voreingestellt wird **default-8x16** verwendet. Dem Anwender stehen über das Kommando

Die Fonts erzeugt ein Zeichengenerator

```
setfont [Option]... Datei
```

etwa 120 verschiedene Bildschirmfonts zur Wahl.

6.6.3 Festplatten-Administration

Während einer Erstadministration wird das Einrichten von Dateisystemen weitgehend automatisiert ausgeführt. Eine Ergänzung des Systems um weitere Festplattenkapazität hingegen erfordert einige Maßnahmen zur Vorbereitung des Mediums, Einrichten von Dateisystemen und Integration der erzeugten Dateisysteme in den Linux-Verzeichnisbaum. Diese Operationen darf nur der Superuser ausführen.

In einem 1. Schritt ist dazu mit **fdisk** eine Partitionsstruktur einzurichten. Die Aufrufsyntax lautet

```
fdisk [Option]... [Gerät]
```

fdisk unterteilt eine Festplatte in Partitionen

Die anschließende Eingabe des **fdisk**-Kommandos **m** führt zur Ausgabe einer Befehlsübersicht. Die vorhandene Partitionstabelle liefert das Kommando **p**.

Neue Partitionen erzeugt der Systemverwalter mit dem Kommando **n**. Daraufhin fragt **fdisk**, ob eine primäre oder erweiterte Partition anzulegen ist. Eine Festplatte kann maximal 4 primäre Partitionen verwalten. Wird eine größere Partitionszahl gewünscht, dann ist eine erweiterte Partition anzulegen, innerhalb der dann mehrere logische Partitionen möglich sind. Auf ergänzenden Festplatten wird häufig nur eine Partition eingerichtet.

Eine erweiterte Partition enthält logische Partitionen

Nach erfolgter Partitionierung der Festplatte sollte man in jedem Fall nochmals die angelegte Struktur einsehen (mit **p**) und überprüfen (mit **v**). Außerdem sollte man die Partitionskennung **Id** kontrollieren. Linux verwendet standardmäßig den Typ **83**

(Linux native). Abschließend ist die Partitionsinformation aus **fdisk** heraus mit dem Kommando **w** auf die Festplatte zu schreiben und das System neu zu booten.

Der 2. Schritt besteht im Einrichten eines Dateisystems. Linux enthält dazu das Programm

mkfs erzeugt minix- oder ext2- Dateisysteme

```
mkfs [-V]] [-t Typ] [Option]... Partition
```

und, falls der Typ **ext2fs** eingerichtet werden soll, das komfortablere Programm

```
mke2fs [Option]... Partition
```

Für eine ausführliche Erläuterung der **mke2fs**-Optionen sei auf das On-Line-Manual verwiesen.

Ein abschließender 3. Schritt besteht im Anlegen eines Mount-Punkts, der Modifikation von **/etc/fstab** und dem Einbinden des neu eingerichteten Dateisystems in den Verzeichnisbaum. Der Mount-Punkt ist ein einfacher Verzeichniseintrag, anzulegen mit **mkdir**.

fstab-Einträge bindet der Kernel automatisch

Erforderliche Modifikationen an **/etc/fstab** betreffen das Eintragen einer zusätzlichen Zeile. Beispielsweise bewirkt

```
/dev/sdb1 /usr/local ext2 defaults 0 3
```

ein Anbinden der 1. Partition der 2. SCSI-Festplatte an das Verzeichnis **/usr/local**. Der 4. Parameter (im Beispiel **defaults**) kann eine durch Komma getrennte Aufzählung von **mount**-Optionen enthalten, die unter anderem die Betriebsart steuern (nur Lesen et cetera). Der 5. Parameter ist für das **dump**-Kommando von Bedeutung. Steht hier ein von **0** verschiedener Wert, dann berücksichtigt **dump** die Partition bei der Datensicherung. Das letzte Feld kennzeichnet die Reihenfolge, in der Dateisysteme beim Hochfahren von **fsck** (File System Check) geprüft werden. Fehlt der Eintrag oder ist sein Wert **0**, dann wird das entsprechende Dateisystem nicht geprüft.

rw-gebundene Dateisysteme sollte der Kernel beim Hochfahren immer prüfen

Vor dem ersten Anbinden eines neuen Dateisystems sei noch empfohlen, einen File System Check durchzuführen, etwa durch Aufruf von

```
fsck /dev/sdb1
```

Daraufhin kann der Superuser das Dateisystem in den Verzeichnisbaum einbinden, beispielsweise über das Kommando

```
mount -t ext2 /dev/sdb1 /usr/local
```

oder einfacher mit **mount -a** (Anbinden aller Partitionen, die in
/etc/fstab eingetragen sind).

6.6.4 CD-ROM-Operation

CD-ROMs sind austauschbare Datenträger, die Linux als Daten-
CD oder als Audio-CD ansprechen kann. Am Markt befindliche
Daten-CDs sind überwiegend entsprechend dem ISO-9660-For-
mat aufgebaut und lassen sich bequem als Nur-Lese-Dateisystem
in den Verzeichnisbaum integrieren. Audio-CDs hingegen haben
nicht die Struktur eines Dateisystems und lassen sich nicht via
mount anbinden.

Audio-CDs enthalten kein Dateisystem

Ein Einbinden von Daten-CDs in den Verzeichnisbaum leistet
der Aufruf

```
mount -r -t iso9660 /dev/cdrom /cdrom
```

Möchte der Superuser anschließend das Medium wechseln, dann
muß er das Dateisystem zunächst aus dem Verzeichnisbaum
entfernen, etwa mit

Vor einem Medienwechsel ist ein umount erforderlich

```
umount /dev/cdrom
```

Diese Operation schlägt jedoch fehl, wenn das Dateisystem von
einer Anwendung genutzt wird, beispielsweise ein Kommandointerpreter ein dort befindliches Verzeichnis als aktuelles Arbeitsverzeichnis verwendet. Nach dem Wechsel der Daten-CD ist das
Kommando **mount** erneut aufzurufen, damit die enthaltenen
Daten und Dateien über den Verzeichnisbaum zugänglich sind.

Das Austauschmedium steht erst nach erneutem mount im Zugriff

6.6.5 Floppy-Operation

Disketten sind ebenso wie CD-ROMs austauschbare Medien
mit dem Zusatz, daß sie Schreib/Lese-Dateisysteme bereitstellen.
Vorformatierte Medien sind praktisch sofort einsetzbar. Anderenfalls ist das Medium zunächst zu formatieren und, je nach beab-
sichtigter Betriebsart, ein Dateisystem darauf einzurichten.

Eine Formatierung fabrikneuer Disketten führt das Programm **fdformat** durch. Als Argument benötigt **fdformat** den Namen einer Gerätedatei, die ein festes Format verwendet („autodetect" ist bei unformatierten Disketten nicht möglich). Beispielsweise richtet

fdformat operiert nur auf Gerätedateien mit festem Format

```
fdformat /dev/fd0H1440
```

auf einer 3,5 Zoll Diskette 80 Spuren à 18 Sektoren ein. Ferner prüft **fdformat** das Medium. Derart vorbereitete Disketten lassen sich unmittelbar als Datenträger einsetzen und können mit **dd**, **cpio** oder **tar** gelesen und geschrieben werden.

Das Einbinden von Disketten in den Verzeichnisbaum erfordert zusätzlich das Einrichten einer logischen Struktur auf dem Medium. Analog zu Festplatten richtet **mkfs** ein Standard-Linux-Dateisystem ein. Alternativ ermöglicht das Kommando **mformat** das Einrichten einer DOS-ähnlichen Struktur, bestehend aus einem Boot-Sektor, der File Allocation Tabelle FAT und einem Wurzelverzeichnis. DOS-Disketten lassen sich etwa mit

mformat legt eine logische DOS-Struktur an

```
mount -t msdos /dev/fd0 /floppy0
```

in den Verzeichnisbaum integrieren.

Abb. 6.8 mtools- Programme

Programm	Aufgabe
mattrib	ändert DOS-Dateiattribute
mcd	wechselt in ein anderes DOS-Verzeichnis
mcopy	kopiert DOS-Dateien in den Linux-Verzeichnisbaum und umgekehrt
mdel	entfernt DOS-Dateien
mdir	zeigt das Inhaltsverzeichnis einer DOS-Diskette
mformat	erzeugt eine DOS-Format-Struktur
mlabel	legt eine DOS-Datenträgerkennung an
mmd	erzeugt ein DOS-Unterverzeichnis
mrd	entfernt ein DOS-Unterverzeichnis
mread	kopiert DOS-Dateien nach Unix
mren	ändert den Namen einer DOS-Datei
mtype	gibt den Inhalt einer DOS-Datei aus
mwrite	kopiert Unix-Dateien nach DOS

Zur Unterstützung der Arbeit mit DOS-Disketten enthalten Linux-Distributionen das **mtools**-Paket, das diverse Kommandos für den Zugriff auf DOS-Disketten bereitstellt. In der Syntax der **mtools** adressiert der Gerätename **a:** das 1. und **b:** das 2. Diskettenlaufwerk. Unterverzeichnisse sind mit dem Unix-üblichen Pfadseparator **/** zu trennen. Abbildung 6.8 auf Seite 122 faßt die **mtools**-Werkzeuge zusammen.

6.6.6 Magnetbandlaufwerke

Magnetbandlaufwerke sind das bevorzugt eingesetzte Medium für Datensicherung und -auslagerung. Ihre Speicherkapazität erreicht in der Regel die Kapazität einer Festplatte. Linux kann diverse handelsübliche SCSI-DAT- und Streamer-Laufwerke sowie einige preisgünstige Systeme, die an den Floppy-Disk-Kontroller anzuschließen sind, bedienen.

Im Unterschied zu Festplatten, Disketten und CD-ROMs arbeiten Magnetbandlaufwerke sequentiell; sie sind nicht für den Einsatz als Dateisystem gedacht. Die Aufzeichnung von Dateien oder allgemeinen Datenströmen erfolgt als Bytefolge auf einen austauschbaren Datenträger. Dafür verfügbare Unix-Werkzeuge sind unter anderem **cpio**, **dd**, **dump** und **tar**. Beispielsweise erzeugt

Magnetbänder enthalten kein Dateisystem, sie speichern Dateien

```
tar cvf /dev/st0 /usr
```

eine Sicherung aller unterhalb **/usr** befindlicher Dateien auf das 1. (SCSI-) Magnetbandlaufwerk. Umgekehrt extrahiert

```
tar xvf /dev/st0
```

eine Sicherung, befindlich auf dem 1. Magnetbandlaufwerk und kopiert die enthaltenen Verzeichnishierarchie in das aktuelle Arbeitsverzeichnis. Es sei empfohlen, zum Zurückladen stets das Kommando zu verwenden, mit dem die Sicherung erzeugt wurde.

Soll ein Magnetband mehrere Sicherungen aufnehmen, muß der Anwender das Gerät im „Non-Rewind"-Modus ansprechen. Anstelle von **st0** ist dazu einfach das korrespondierende Non-Rewind-Gerät **nst0** zu adressieren. Dadurch wird das adressierte Laufwerk nach der Aufzeichnung angehalten, aber nicht zurückgespult.

Im Non-Rewind-Modus kann ein Magnetband mehrere Dateien aufnehmen

Für die Operation auf Magnetbandlaufwerken enthalten Linux-Distributionen ferner ein Steuerprogramm **mt**. Es stellt einige Basisoperationen bereit wie Vor- und Zurückspulen oder auch Löschen eines Mediums. Zur Verarbeitung von Bändern, die auf einem fremden System geschrieben wurden, sei empfohlen, zuvor mit

*mt setzt
Parameter
und bietet
Basisoperationen*

```
mt -f /dev/st0 setblk 0
```

die hardwareseitig benutzte Blockgröße auf „variabel" einzustellen.

Basisoperationen von **mt** schließen block- oder dateiweises Vor- und Zurückspulen des Mediums ein. Beispielsweise kann der Anwender mit

```
mt -f /dev/nst0 fsr 1
```

*Fehlerhafte,
nicht komprimierte
Aufzeichnungen
sind auszugsweise
restaurierbar*

das Band um einen Block vorwärts spulen. Letzteres ist häufig hilfreich, wenn das Medium fehlerhaft ist. Tritt bei einem Lesevorgang ein Fehler auf, kann der Anwender das Band ein Stück vorspulen und versuchen, mit **dd** weitere Daten zu extrahieren. Bei nicht komprimierten Aufzeichnungen läßt sich mit dieser Methode oft ein Teil der Daten „retten".

6.6.7 Serielle Anschlüsse

*Linux unterscheidet
zwischen aus-
und eingehenden
Verbindungen*

Die in der DOS-Welt als COM-Ports bezeichneten seriellen Anschlüsse behaftet Linux mit 2 Gerätetreibern pro physikalischer Schnittstelle. Der Linux-Betriebssystemkern unterscheidet zwischen aus- (**cua***) und eingehenden (**ttyS***) Verbindungen. In der Praxis wird häufig eine serielle Maus über **/dev/ttyS0** und ein (externes) Modem über **/dev/cua1** angesprochen.

Technisch bedingt sind bei PCs 2 Hardwarekennungen für den erfolgreichen Betrieb seriell angeschlossener Peripheriegeräte verantwortlich: Hardwareseitig eingestellte Werte für Interrupt und I/O-Adresse müssen mit den treiberseitig verwendeten Daten übereinstimmen. Betriebsprobleme können aber auch in verschiedenen Signalparametern begründet sein, etwa in der verwendeten Übertragungsrate oder der Anzahl der Stop-Bits.

*setserial
konfiguriert
Hardware-
parameter*

Von den Standardwerten abweichende Konfigurationen von Interrupt und I/O-Adresse kann der Systemverwalter dem Kernel unter Verwendung des Programms **setserial** mitteilen. Dabei ist zu berücksichtigen, daß **setserial** nicht die Hardware programmiert, sondern lediglich einige Kernelparameter modifiziert.

Näheres zum Thema ist der entsprechenden Handbuchseite zum Programm **setserial** zu entnehmen.

Sind Hardwareadressen und Kernelparameter aufeinander abgestimmt, kann der Systemverwalter beispielsweise mit

```
cat < /dev/mouse
```

testen, ob der Betriebssystemkern von der Maus Daten empfängt. Ist das der Fall und die Maus verweigert dennoch den ordnungsgemäßen Betrieb, dann ist in der Regel entweder ein falscher Maustyp eingestellt oder die Ursache liegt in einer falschen Baudrate begründet. Standardübertragungsraten für serielle Mäuse sind **1200** und **9600** Baud.

Maustyp und Baudrate müssen passen

Bei seriellen Druckern und Terminals trägt die Baudrate ebenfalls eine Schlüsselstellung für einwandfreien Betrieb, aber nicht die einzige. Weitere Konfigurationsparameter betreffen die Zeichenbreite (7 oder 8 Bit), Anzahl Stop-Bits, Synchronisationsart (RTS/CTS oder XON/XOFF) und so fort.

Bei Druckern und Terminals sind weitere Parameter von Bedeutung

Auskunft über voreingestellte Eigenschaften einer Terminalschnittstelle liefert das Kommando **stty**:

```
stty < /dev/ttyS0
```

zeigt Baudrate, diverse Signalparameter und einige weitere Konfigurationsparameter der 1. seriellen Schnittstelle, die unter anderem die Interpretation von Steuerzeichen regeln.

stty zeigt und setzt Konfigurationsparameter

Das Programm **stty** dient ferner dem Einstellen von Terminaleigenschaften. Erzeugt beispielsweise die Backspace-Taste **DEL** ein Sonderzeichen ^? anstelle das davorstehende Zeichen zu löschen, kann der Anwender das Betriebssystem mit

```
stty erase ^?
```

auffordern, DEL als „Erase-Character" zu verwenden. Mit **stty** nicht setzbare Terminaleigenschaften, die speziell bildschirmorientierte Anwendungen ausnutzen enthält **/etc/termcap** (siehe Kapitel 8.2).

Auf- und Abbau von Sitzungen mit Linux über Terminalverbindungen obliegt einem **getty**-Programm, konfiguriert in **/etc/inittab**. Der Aufbau dieser Datei und die Wirkungsweise dort befindlicher Einträge ist in Kapitel 5.4 zusammengestellt.

getty steuert den Login-Zugang

6.6.8 Drucker-Administration

Das Drucksystem von Linux besteht aus dem Line-Printer-Dämon **lpd** und den 4 Anwendungsprogrammen **lpr**, **lprm**, **lpq** und **lpc**. Im einzelnen nimmt **lpr** anwenderseitige Druckaufträge entgegen und leitet sie an den **lpd** weiter; letzterer reiht den Druck-Job in eine dem adressierten Drucker zugeordnete Warteschlange ein. Das Kommando **lpq** gibt den Inhalt einer Druckerschlange aus, **lprm** entfernt Druckaufträge und **lpc** bietet im wesentlichen interaktiven Zugriff auf Warteschlangen, einschließlich Öffnen, Schließen und Zurücksetzen.

Das Drucksystem von Linux erzeugt und bearbeitet Warteschlangen

Sämtliche für die Druckersteuerung relevanten Informationen entnimmt der **lpd** aus der Datei **/etc/printcap**. Ihr Aufbau entspricht in etwa dem von **/etc/termcap**. Jeder Drucker wird dort durch eine Zeile beschrieben, die nach einem einleitenden Druckernamen diverse Optionen definieren. Ein elementarer Eintrag lautet etwa

Die Steuerdatei des Drucksystems ist /etc/printcap

```
lp|laser:lp=/dev/lp1:sd=/var/spool/lp:sh:mx#0:
```

Die so definierte Warteschlange **lp** mit Alias-Namen **laser** adressiert den Gerätetreiber **/dev/lp1**. An den Drucker **lp** gerichtete Druckaufträge kopiert **lpd** in das Spool-Verzeichnis **/var/spool/lp**. Nach vollständiger Ausgabe des Druckauftrags wird die dabei erzeugte Spool-Datei wird nach wieder entfernt.

lpd erzeugt Spool-Dateien

Die verbleibenden 2 Einträge fordern **lpd** auf, keine Titelseite auszugeben (suppress header **sh**) und unbeschränkt große Dateien entgegenzunehmen (maximum file size **mx**). **printcap**-Einträge können bis zu 40 verschiedene Attribute definieren. Wird ein **printcap**-Eintrag über mehrere Zeilen verteilt, dann ist jeder Zeilenschub mit einem Backslash \ zu maskieren. Abbildung 6.9 erläutert einige, häufig benötigte Optionen.

Ein Filterprogramm, eingeleitet durch **if=**, dient der Konvertierung der Druckdaten auf ein druckerverständliches Protokoll. Ein bevorzugt eingesetzter Linux-Druckerfilter ist das Produkt **apsfilter**, das ASCII-Dateien sowie diverse Dokument- und Grafikformate auf Protokolle abbildet, die Nadel-, Tintenstrahl- oder Laserdrucker bearbeiten können.

apsfilter konvertiert Druck-Protokolle

`lp=`	Name der Gerätedatei
`sd=`	Name des Spool-Verzeichnisses
`lf=`	Datei für Fehlermeldungen
`if=`	Name eines Filter-Programms
`rm=`	Name eines entfernt druckenden Hosts
`rp=`	Name des Druckers auf dem entfernten Host
`sh`	Unterdrückt die Ausgabe einer Titelseite
`sf`	Unterdrückt die Ausgabe eines Form-Feed-Zeichens am Ende des Druckauftrags
`mx#`	maximale Größe der Druckdatei

Abb. 6.9
printcap-
Optionen

Drucker, die an einen entfernten Host angeschlossen sind, erkennt **lpd** einerseits an den Einträgen **rm=**, andererseits muß auf **lp=** unmittelbar der Doppelpunkt folgen. Ein Eintrag, der einen Matrixdrucker auf dem Host **ares** adressiert, lautet etwa

```
dotpr:lp=:rm=ares:sd=/usr/spool/dotpr:
```

Der Druckdienst
operiert
netzwerkweit

Die Option **rp=** ist zusätzlich erforderlich, wenn der Drucker auf dem Zielsystem unter einem anderen Namen geführt wird. Außerdem muß das lokale auf dem entfernten System als zugelassener Host eingetragen sein, und zwar entweder in der Datei **/etc/hosts.lpd** oder **/etc/hosts.equiv**.

Das Einrichten von Druckern für Linux unterstützen praktisch alle aktuellen Linux-Distributionen durch Werkzeuge, die dem Systemverwalter per ASCII- oder grafischem Menü mindestens einen Druckernamen, einen Druckertyp (Hersteller, Produktbezeichnung) und die zu verwendende Schnittstelle abfragen. Entsprechend dem ausgewählten Druckertyp richten sie außerdem automatisch einen Druckfilter ein, der die Aufbereitung der auszudruckenden Information in ein Protokoll leistet, das mit dem Druckertyp verträglich ist. Mehrheitlich leisten diese Werkzeuge jedoch nur die Konfiguration lokaler Drucker; zum Einrichten von Netzwerkdruckern ist daher gegebenenfalls eine Konfiguration „von Hand" erforderlich.

Proprietäre
Werkzeuge
unterstützen
die Drucker-
konfiguration

Eine Druckerinstallation von Hand besteht aus der Modifikation von **etc/printcap**, Erzeugen des Verzeichniseintrags für Spool-Dateien sowie dort befindlicher leerer Dateien **.seq**, **status**, **lock** und gegebenenfalls einer Datei für Fehlermeldungen. Unbedingt erforderlich ist, daß das Spool-Verzeichnis und alle darin befindlichen Dateien dem Benutzer **root** und der Gruppe **lp** gehören. Die Zugriffsrechte sind außerdem auf **775** zu setzen.

Leere Dateien
.seq, status und
lock erzeugt
der Superuser
mit touch

127

6.6.9 Ethernet-Konfiguration

Bei einer Erstinstallation bereitet die Konfiguration einer Netzwerkschnittstelle praktisch kaum Probleme, da erstens der Betriebssystemkern in den meisten Fällen eine vorhandene Ethernetkarte einschließlich der eingestellten Hardwareparameter automatisch erkennt. Zweitens erfragt das Installationsskript alle benötigten logischen Adressen und trägt diese in diverse Dateien unterhalb von **/etc/sysconfig/*** ein. Auch für Umkonfigurationen enthält praktisch jede Linux-Distribution ein geeignetes (distributionsspezifisches) Werkzeug.

Logische Adressen:
IP-Nummer,
Netzmaske,
Broadcast- und
Router-Adresse

Dennoch stellt die Ethernet-Konfiguration eine vergleichsweise anspruchsvolle Aufgabe dar, da unter anderem ausführliche Kenntnisse zum Thema Netzwerkadressierung erforderlich sind. Kapitel 10.5 erläutert einige Grundlagen dazu. Im Rahmen dieses Abschnitts seien nachstehend die Kommandos diskutiert, mit denen Linux die Ethernet-Konfiguration durchführt.

Alle erforderlichen Schritte zur Konfiguration von ISA-, PCI und/oder PCMCIA-Ethernetkarten führt **S10network** aus, das **init** im Rahmen eines Wechsels in einen Multiuser-Runlevel aus **/etc/rc.d/rc?.d** heraus startet. Initial lädt das **S10network** einige zusätzliche Funktionen und daraufhin die Parameterdatei **/etc/sysconfig/network**, die unter anderem die zu verwendenden Werte für Hostnamen, Domainnamen, IP-Adresse und Gateway enthält.

Linux kann ISA-,
PCI und PCMCIA-
Ethernetkarten
bedienen

Die eigentliche Ethernet-Konfiguration erfolgt mittels der Kommandos **ifconfig** und **route**. Zunächst richtet

Loopback ist
eine Software-
Schnittstelle

```
ifconfig lo 127.0.0.1 netmask 255.0.0.0 \
         broadcast 127.255.255.255
```

die Loopback-Schnittstelle **lo** ein und ordnet ihr die Kennung (IP-Adresse) **127.0.0.1**, die Netzmaske **255.0.0.0** und die Broadcast-Adresse **127.255.255.255** zu. In einem 2. Schritt teilt der Aufruf

```
route add -net 127.0.0.0 netmask 255.0.0.0 lo
```

Der Gateway
vermittelt zur
Zieladresse

dem Netzwerksubsystem mit, daß das lokale System sich selbst als „Gateway" dient, also den zu adressierenden Router bildet, der zum lokalen Host vermitteln kann. Für die Kommunikation über Punkt-zu-Punkt-Verbindungen (SLIP, PPP) und für lokale

Netzdienste ist diese Konfiguration nicht erforderlich, da dort automatisch die Gegenstelle den Router bildet.

Ein 2. Aufruf **ifconfig**, diesmal zusammen mit den Daten aus **/etc/sysconfig/network** auf **eth0** angewandt, initialisiert die Ethernetschnittstelle:

```
ifconfig eth0 192.47.11.129 \
        netmask 255.255.255.128 \
        broadcast 192.47.11.255
```

Ohne Argument aufgerufen, liefert ifconfig die aktuelle Konfiguration

ordnet dem lokalen Rechner die IP-Adresse **192.47.11.129** innerhalb des Netzwerks **192.47.11.128** zu. Optional kann **ifconfig mtu num** die auf diesem Gerät maximal zugelassene Paketgröße auf **num** (Standardwert: 1500) einstellen oder die Schnittstelle aktivieren beziehungsweise deaktivieren.

Daraufhin ruft **S10network** (genauer: **/etc/sysconfig/ network-scripts/ifup**) 2mal das Kommando **route** auf:

```
route add -net 192.47.11.128 \
          netmask 255.255.255.128 eth0
```

Das route-Kommando benennt Gateways

erweitert die Routing-Tabelle um eine Netzwerk-Route und

```
route add default gw 192.47.11.254 metric 1 eth0
```

spezifiziert das System **192.47.11.254** als Verbindungsknoten in die Außenwelt. **route del Host** entfernt die Route **Host**.

Ohne zusätzliche Argumente aufgerufen, liefern die Kommandos **ifconfig** und **route** Auskunft über die aktuell eingestellte Konfiguration. Geeignet parametrisiert können sie außerdem im laufenden Betrieb die Treibereigenschaften modifizieren.

Zum Testen der Netzwerkschnittstelle enthält Linux die Programme **ping** und **traceroute**:

```
ping 127.0.0.1
```

Zum Testen der Netzwerk-schnittstelle enthält Linux ping und traceroute

prüft die Funktionsfähigkeit der Loopback-Schnittstelle, und

```
traceroute jeannie
```

zeigt eine Liste der Gateways auf, die jedes Datenpaket auf dem Weg zum Zielsystem **jeannie** passiert. Das bei dieser Aufrufart erforderliche Übersetzen des Hostnamen in die zugehörige IP-Adresse leistet der Resolver, eine Sammlung von Bibliotheksfunktionen des Laufzeitsystems.

Die Art und Weise, in der der Resolver Hostnamen auflösen soll, steuert die Datei `/etc/host.conf`. Dort wird normalerweise festgelegt, daß der Resolver als erstes die Einträge der lokalen Hosttabelle `/etc/hosts` untersuchen und anschließend den Name-Server befragen soll, um die zugehörige IP-Adresse zu erhalten.

/etc/hosts verbindet Hostnamen mit IP-Adressen, /etc/resolv.conf verweist auf Name-Server

Eine 2. Konfigurationsdatei `/etc/resolv.conf` enthält den Domainnamen des lokalen Systems und die IP-Adresse eines Name-Servers. Der Name-Service wird normalerweise nur in großen Netzen betrieben oder dann, falls einige Systeme im Netz kein lokales Auflösen von Hostnamen durchführen können. Die Name-Service-Konfiguration ist unter anderem im „Linux Network Administrators Guide" des deutschen Olaf Kirch (1992) sehr ausführlich beschrieben.

6.6.10 Audio-Konfiguration

Sämtliche Konfigurationsdaten von Soundkarten sind bei der Kernelkonfiguration anzugeben. Dazu muß der Administrator die vorhandene Soundkarte genau kennen. Notwendige Informationen betreffen den Prozessortyp, hardwareseitig eingestellten Interrupt und DMA-Kanal sowie verwendete I/O-Adresse.

Zusätzlich oder alternativ läßt sich das Audio-Subsystem über Boot-Parameter konfigurieren gemäß

Kann auch beim Laden des Audio-Moduls mit insmod verwendet werden

    sound=0xTaaaId

wobei **T** den Gerätetyp (**1**=FM, **2**=SB, **3**=PAS, **4**=GUS, **5**=MPU-401, **6**=SB16, **7**=SB16-MPU401), **aaa** die zu verwendende hexadezimale I/O-Adresse, **I** den Interrupt-Kanal und **d** den DMA-Kanal benennen und somit das Audio-Subsystem auf die hardwareseitig eingestellten Parameter des Audio-Boards einstellen.

Während des Betriebs kann man die Konfiguration des Audio-Subsystems in der Log-Datei `/var/log/messages` einsehen oder, anstatt dort nach den letzten Boot-Meldungen zu suchen,

dmesg liefert alle Boot-Meldungen

einfach das Programm **dmesg** aufrufen und dort die Zeichenkette **Sound** lokalisieren. Stimmen die angezeigten Daten mit den Hardwarekennungen überein, dann sollte der Aufruf

    cat /dev/sndstat

eine ausführliche Liste aller Konfigurationsdaten liefern.

Dateiorientierte Kommandos

Hauptsächlich ausgeführte Aktionen auf Dateien oder Verzeichnissen bestehen im Anlegen, Entfernen, Anzeigen, Umbenennen, Kopieren und Zurückladen. Zusätzlich zählt zum Leistungsumfang typischer Unix-Distributionen eine Vielzahl von Kommandos, die aus binären oder Textdateien spezielle Informationen extrahieren. Eine weitere Gruppe von Unix-Programmen dient dem Umgang mit Dateisystemen, wobei dafür verfügbare Kommandos teilweise einem gewöhnlichen Anwender gar nicht oder nur mit eingeschränktem Leistungsumfang zugänglich sind.

Dateisysteme kann nur der Superuser einrichten

7.1 Arbeitsverzeichnis wechseln: cd

Das möglicherweise von allen Unix-Anwendern (neben **ls** am zweithäufigsten genutzte Unix-Kommando, das eigentlich der Anpassung der Umgebungsbedingung dient, aber durchweg auf Verzeichnisnamen operiert, folgt der Syntax

```
cd [Verzeichnis]
```

cd

und setzt im Kontext des Kommandointerpreters das aktuelle Arbeitsverzeichnis auf **Verzeichnis**. Wird **cd** ohne Argument aufgerufen, dann setzt **cd** das aktuelle Arbeitsverzeichnis auf das Heimatverzeichnis des Benutzers (genauer: auf den Wert der Umgebungsvariablen **HOME**). Erhält **cd** anstelle eines Verzeichnisnamens das Minuszeichen – als Argument, dann erhält das aktuelle Arbeitsverzeichnis den Wert der Umgebungsvariablen **OLDPWD** (**bash**) beziehungsweise **owd** (**tcsh**).

cd setzt das aktuelle Arbeits- verzeichnis

Ist der spezifizierte Verzeichnisname in der angegebenen Form nicht erreichbar, dann wertet **cd** die Umgebungsvariable

CDPATH aus und sucht das Zielverzeichnis unter einem der dort eingetragnen „Suchpfade". Das aktuelle Arbeitsverzeichnis wird nicht gewechselt, wenn der adressierte Pfad nicht existiert oder der Anwender dort kein (Such-) Zugriffsrecht hat.

Beispiele:

cd setzt das aktuelle Arbeitsverzeichnis auf das Heimatverzeichnis des Anwenders.

cd /usr/local setzt das aktuelle Arbeitsverzeichnis auf das Verzeichnis **/usr/local**.

cd /./usr/local setzt das aktuelle Arbeitsverzeichnis ebenfalls auf das Verzeichnis **/usr/local**. Der angegebene Pfad beschreibt von der Wurzel ausgehend die Wurzel, dann das darunter liegende Verzeichnis **usr** und schließlich **local**, unterhalb von **/usr** befindlich.

Im aktuellen Arbeitsverzeichnis befindliche Programme findet die Shell immer, wenn . in PATH enthalten ist

Der Wechsel des aktuellen Arbeitsverzeichnisses bietet in erster Linie praktische Vorteile: Da die Shell jedes Kommando als Kindprozeß startet und letzterer stets den Kontext von seinem Elternprozeß (also der Shell) erbt, sind die im aktuellen Arbeitsverzeichnis befindlichen Dateien und Verzeichnisse für das Kommando direkt zugänglich, also ohne komplette, mit der Wurzel beginnende Pfadangabe. **cd** ist ein Shell-internes Kommando.

7.1.1 Arbeitsverzeichnis anzeigen: pwd

pwd

Auskunft über das aktuelle Arbeitsverzeichnis liefert das Kommando

pwd

Linux-Distributionen enthalten 2 verschiedene **pwd**-Kommandos: Zum einen verfügt der Kommandointerpreter **bash** über ein internes **pwd**, zum anderen befindet sich im Pfad **/bin** das GNU-**pwd**. Letzteres zeigt stets den absoluten Pfad vom aktuellen Arbeitsverzeichnis an und ersetzt dabei Verzeichnisverweise durch den tatsächlichen Pfad. Das **bash**-interne **pwd**-Kommando hingegen löst Verweise nur dann auf, falls der Anwender zuvor entweder mit **set -P** das **physical**-Attribut der **bash** gesetzt hat oder falls die **bash** mit **enable -n pwd** angewiesen wurde, das interne **pwd** nicht zu verwenden.

Hat der Anwender beispielsweise mit **cd** das aktuelle Arbeitsverzeichnis auf **/usr/X386** gesetzt (**X386** ist ein Verweis nach **X11R6**), dann liefert das **bash**-integrierte **pwd** standardmäßig **/usr/X386**. Das Ergebnis des Aufrufs **/bin/pwd** ist hingegen stets **/usr/X11R6**.

Nach Aufruf von set -P gibt das bash-interne pwd den physikalischen Pfad aus

Bei geeigneter Konfiguration der Umgebungsvariablen **PS1** beziehungsweise **prompt** (siehe Kapitel 9.2.1 und 9.3.1) wird das aktuelle Arbeitsverzeichnis vom Shell-Prompt reflektiert. Dies hat zwar praktische Vorteile, führt aber gelegentlich zu sehr langen Shell-Prompts. Häufig wird der Shell-Prompt daher so konfiguriert, daß er nicht den kompletten Pfad, sondern nur den Verzeichnisnamen anzeigt.

7.2 Anlegen und Entfernen

Normalerweise kann jeder Anwender über sein Heimatverzeichnis frei verfügen und dort nach Belieben Dateien und Verzeichnisse anlegen oder entfernen. Während **mkdir** das einzige Kommando zum Anlegen von Verzeichnissen ist, bietet Unix für das Erzeugen von Dateien gleich mehrere Wege an. In der Praxis kann jedes Kommando eine Datei anlegen, wenn seine Ausgabe mittels Umleitungsoperatoren in eine Datei kopiert wird.

Das Entfernen von Dateien und Verzeichnissen leistet **rm**. Mit **rmdir** kann der Anwender „leere"Verzeichnisse entfernen. Sowohl das Anlegen als auch das Entfernen von Dateien und Verzeichnissen ist natürlich an Zugriffsrechte gekoppelt: Anlegen ist immer dort möglich, wo der Anwender ein Schreibrecht hat. Löschen kann man stets nur solche Dateien und Verzeichnisse, die einem selbst gehören oder die dem Anwender das Schreiben gestatten (siehe auch Kapitel 6.4).

Anlegen und Entfernen von Dateien setzt ein Schreibrecht voraus

Eine Sonderrolle spielen Verzeichnisse, bei denen das Sticky-Bit gesetzt ist: Diese kann stets nur der Besitzer löschen. Aus genau diesem Grund ist standardmäßig das Verzeichnis **/tmp** mit dem Sticky-Bit ausgestattet; jeder darf hier Dateien und Verzeichnisse anlegen beziehungsweise löschen, aber das Verzeichnis selbst darf nur der Besitzer **root** (der Superuser) entfernen.

mount zeigt
dem Anwender
auch die
Zugriffsrechte
auf gebundene
Dateisysteme an

Ferner gehören zum Leistungsumfang von Unix (und von Linux-Distributionen) Kommandos zum Anlegen von Gerätedateien (**mknod**) und Dateisystemen (**mkfs**) sowie zum Einbinden von Dateisystemen in den Verzeichnisbaum (**mount**); das Entfernen von Dateisystemen leistet **umount**. Das Kommando **mount** darf auch der gewöhnliche Anwender aufrufen, jedoch nur ohne Argumente; das Ergebnis ist eine Liste der angebundenen Dateisysteme. Im operativen Einsatz manipulieren die genannten 4 Kommandos Systemdateien, ihre Ausführung ist daher nur dem Systemverwalter erlaubt.

7.2.1 Verzeichnisse anlegen: `mkdir`

mkdir

mkdir [-p] [-m Modus] Verzeichnis...

legt den Verzeichniseintrag **Verzeichnis** an beziehungsweise eine Liste von Verzeichnissen, falls mehrere angegeben wurden. Enthält ein gewähltes **Verzeichnis** keine pfadbeschreibenden Sonderzeichen, dann legt **mkdir** den Eintrag im aktuellen Arbeitsverzeichnis an. Existiert der Eintrag bereits (als Datei oder Verzeichnis), dann erzeugt **mkdir** eine Fehlermeldung.

Modus symbolisch:
u=rwx,go=x,
Modus oktal: 711

Die Option **-p** (parent) bewirkt, daß **mkdir** gegebenenfalls nicht existierende Unterverzeichnisse automatisch mit erzeugt. Ferner setzt die Option **-m Modus** für jedes neu erzeugte Verzeichnis die Zugriffsrechte entsprechend **Modus**. Näheres zum Aufbau von **Modus** wird im Zusammenhang mit dem Kommando **chmod** auf Seite 154 erläutert. Standardmäßig setzt **mkdir** die Zugriffsrechte gemäß der Umgebungsvariablen **umask**. Voreingestellt ist der Wert **022**; er bewirkt, daß Gruppe und Andere kein Schreibrecht erhalten.

Beispiele:

mkdir src bin tmp erzeugt im aktuellen Arbeitsverzeichnis die Unterverzeichnisse **src**, **bin** und **tmp**.

mkdir /tmp/newtmp erzeugt das Verzeichnis **/tmp/newtmp**.

mkdir ../local legt im übergeordneten Verzeichnis das Unterverzeichnis **local** an.

7.2.2 Verzeichnisse entfernen: `rmdir`

Das Kommando

`rmdir [-p] Verzeichnis...`

entfernt leere Verzeichnisse, also solche, die nur noch die Einträge . und .. enthalten. Wurde in der Kommandozeile die Option `-p` angegeben, entfernt `rmdir` außerdem das darüberliegende (parent) Verzeichnis, falls dies nach Entfernen von `Verzeichnis` leer ist.

Beispiele:

`rmdir /tmp/newtmp` entfernt das Verzeichnis `/tmp/newtmp`, falls dort nur noch die Verzeichnisse . und .. vorhanden sind. Das Verzeichnis `/tmp` wird nicht entfernt.

rmdir entfernt nur leere Verzeichnisse

`rmdir -p local/tmp` entfernt das Verzeichnis `local/tmp` relativ zum aktuellen Arbeitsverzeichnis und `local`, falls dort nach Entfernen von `tmp` nur noch die Einträge . und .. vorhanden sind.

7.2.3 Dateien anlegen

Wie bereits erwähnt, kann man mittels Umleitungsoperatoren in der Praxis jedes Unix-Kommando zum Anlegen von Dateien verwenden. Dazu einige

Alle Unix-Kommandos können Dateien erzeugen

Beispiele:

`echo Text > Datei` erzeugt eine Datei `Datei` mit dem Inhalt `Text`, ergänzt um ein abschließendes Zeilenvorschubzeichen.

`ls -l /bin > /tmp/Liste` legt im Verzeichnis `tmp` eine Datei `Liste` an, die das Ergebnis des Aufrufs `ls -l /tmp` enthält.

>> erweitert vorhandene Dateien

`cat > Datei` liest von der Standardeingabe (der Tastatur), bis der Anwender dort das Dateiendezeichen `C-D` eingegeben hat, und kopiert alle davor entgegengenommenen Zeichen (Zeilenvorschübe eingeschlossen) nach `Datei`.

In der Praxis ist es üblich, zum Anlegen von Dateien entweder den Zeileneditor **ed**, den Unix-Standardeditor **vi** oder das Allzweckwerkzeug **emacs** einzusetzen, zumal diese Programme nicht nur zum Anlegen, sondern auch zum Modifizieren von Dateien verwendbar sind. An dieser Stelle sei darauf hingewiesen, daß der **emacs** im Gegensatz zu den beiden anderen Editoren auch binäre Dateien bearbeiten kann.

Gelegentlich möchte der Anwender eine Datei erzeugen, die nur eine einzelne Zeile enthält. Für diesen Anwendungsbereich wird das Kommando

echo

```
echo [Option]... [Text]...
```

bevorzugt eingesetzt. Die Kommandointerpreter **bash** und **tcsh** verfügen über integrierte **echo**-Kommandos. Ferner befindet sich im Verzeichnis **/bin** das **echo**-Kommando der Free Software Foundation, das gegenüber den Shell-integrierten **echo**-Kommandos einige zusätzliche Fähigkeiten bietet.

/bin/echo erlaubt das Anlegen beliebiger (auch binärer) Dateien. Im wesentlichen ist dazu **Text** von doppelten Hochkommata **"** zu umschließen, um eine Fehlinterpretation des von **/bin/echo** verarbeiteten Metazeichens **** durch die Shell zu unterbinden. Beliebige Zeichen lassen sich dann mit **\nnn** erzeugen; **nnn** ist dabei der oktale Wert des gewünschten Zeichens und muß zwischen **000** und **377** liegen. Ferner versteht **/bin/echo** unter anderem die Sonderzeichen **\t** (Tabulator), **\n** (Zeilenvorschub) und **\f** (Seitenvorschub). Eine Datei, deren Inhalt aus 3 Zeilen besteht, wobei in jeder Zeile nach einem Tabulatorzeichen die Zeilennummer folgt, erzeugt

/bin/echo kann beliebige Zeichen erzeugen

```
/bin/echo "\t1\n\t2\n\t3" > Datei
```

Zweifellos ist diese Methode wenig komfortabel, und außerdem kann der Aufruf von **/bin/echo** nur Dateien relativ kleiner Größe anlegen. Durch wiederholten Aufruf von **/bin/echo** lassen sich auch größere Dateien erzeugen, indem ab dem 2. Aufruf der Umleitungsoperator **>>** verwendet wird. Mit

```
echo "alias ls=´ls -F´" >> ~/.bashrc
```

beispielsweise kann der Anwender die Startup-Datei der **bash** um eine Alias-Definition erweitern.

Analog zu **mkdir** wird jede neu angelegte Datei mit einem Zugriffsrecht versehen, abgeleitet aus der Umgebungsvariablen **umask**. Mit den genannten Methoden neu angelegte Dateien erhalten jedoch kein Such-/Ausführungsrecht. Der voreingestellte Wert **022** von **umask** setzt dem Besitzer das Recht zum Lesen und Schreiben, Gruppe und Andere erhalten das Recht zum Lesen.

umask bestimmt das Zugriffsrecht neu angelegter Dateien

Das Recht zum Ausführen setzen Editoren und auch der Kommandointerpreter beim Anlegen einer Datei normalerweise nicht. Hat der Anwender beispielsweise mit einem Editor ein Shell-Skript erzeugt, dann muß er anschließend mit dem Kommando **chmod** das Ausführungsattribut setzen, falls die Datei ausführbar sein soll. Mit einem Compiler erzeugte Anwendungsprogramme hingegen erhalten dieses Attribut automatisch. Ferner sei auf das Kommando **touch** hingewiesen, das leere Dateien (Dateigröße **0**) anlegen kann.

touch erzeugt „leere" Dateien

7.2.4 Dateien entfernen: rm

rm [Option]... Datei...

löscht alle angegebenen Dateien, vorausgesetzt, der Anwender hat das erforderliche Schreibrecht. Da Unix normalerweise keinen Mechanismus enthält, gelöschte Dateien wiederherzustellen, sei empfohlen, mit dem Kommando **rm** sorgsam umzugehen.

Einen gewissen Schutzmechanismus bietet die Verwendung der Option **-i** (interactive), da in diesem Fall der Anwender vor dem Löschen jeder einzelnen Datei aufgefordert wird, die Operation mit **y** oder **Y** zu bestätigen. Es sei empfohlen, in jedem Fall in der von der verwendeten Shell konsultierten Startup-Datei (**.bashrc**, **.kshrc**, **.tcshrc**) eine Alias-Definition

gelöschte Dateien können nicht restauriert werden

```
alias rm='rm -i'
```

einzutragen. Ohne Abfrage löscht **rm** daraufhin nur dann, wenn es mit **\rm** aufgerufen wird.

Ferner kann es passieren, daß **rm**, ohne **-i** aufgerufen, vor dem Löschen einer Datei um Bestätigung bittet, da der Anwender kein Schreibrecht für diese Datei hat, sie aber entweder ihm selbst gehört oder (falls nicht) sie sich in einem Verzeichnis

rm entfernt Dateien
und Verzeichnisse

*Mit Backslash \
eingeleitete
Kommandonamen
werden nicht durch
ihren Alias ersetzt*

*file analysiert
Dateien und zeigt
den Dateityp an*

befindet, das dem Anwender gehört. Ein Unterdrücken dieser Abfrage leistet **-f** (force).

Soll **rm** Verzeichnisse respektive darin befindliche Dateien und Unterverzeichnisse entfernen, dann muß der Anwender das Kommando mit der Option **-r** oder **-R** (rekursiv) aufrufen.

Beispiele:

rm -i ./.[A-Z]* entfernt alle, im aktuellen Arbeitsverzeichnis befindlichen Dateien, die mit einem Punkt beginnen und bei denen an 2. Stelle ein Großbuchstabe steht. Vor jeder Löschoperation wird angefragt, ob die betreffende Datei gelöscht werden soll.

\rm -rf /tmp/newtmp entfernt **/tmp/newtmp** sowie alle darin befindlichen Dateien und Unterverzeichnisse (rekursiv). Bei dieser Aufrufmethode wird **rm** nicht durch eine etwa vorhandene Alias-Definition ersetzt.

7.3 Inhalte anzeigen

Auskunft über aktuell gebundene Dateisysteme liefert **mount**, **df** gibt den freien Platz aller gebundenen Dateisysteme aus. Zur Anzeige von Verzeichnisinhalten dient **ls**, das in Verbindung mit der Option **-l** auch Größe und Attribute einzelner Dateien anzeigt. Das Kommando **du** wiederum zeigt den Speicherplatz an, den Verzeichnisse einschließlich dort enthaltener Dateien und Unterverzeichnisse belegen.

Zum Zugriff auf Dateiinhalte bietet Unix unter anderem die Kommandos **cat**, **more**, **pg** und **pr** sowie, falls man nur an den ersten oder letzten Zeilen einer Datei interessiert ist, **head** und **tail**. Während **cat**, **head** und **tail** sowohl Text- als auch Binärdateien anzeigen können, ist die Anwendung von **more**, **pg** und **pr** normalerweise auf Textdateien beschränkt. Informationen über den Dateityp liefert **file**, das versucht, den Inhalt einer oder mehrerer Dateien zu identifizieren und diese anschließend zu klassifizieren.

Desweiteren zählen zu den Unix-Werkzeugen, die im wesentlichen Inhalte binärer Dateien ausgeben, **od** zur Konvertierung in lesbare ASCII-Zeichen, Oktalwerte, Integer- oder Fließkommazahlen, **strings** zur Anzeige von Zeichenketten, die in einer binären Datei enthalten sind und **nm**, das die Namen vorhandener Symbole aus einer Bibliothek oder Objektdatei extrahiert. **od** und **strings** sind auch auf Textdateien anwendbar, **nm** hingegen nicht.

7.3.1 Information zu Dateisystemen: **mount** und **df**

mount

liefert eine Liste aller aktuell gebundenen Dateisysteme, bestehend aus Gerätenamen, Pfad im Verzeichnisbaum, an den das Dateisystem gebunden wurde, Dateisystemtyp und allgemeine Attribute, die unter anderem zulässige Zugriffsarten auf dort befindliche Einträge festlegen (nur lesen, lesen und schreiben et cetera). Dem gewöhnlichen Anwender steht **mount** nur in dieser Betriebsart zur Verfügung.

df [Option]... [Dateisystem]...

zeigt den freien Platz gebundener Dateisysteme an. Der Parameter **Dateisystem** darf dabei auch ein Verzeichnisname sein; in diesem Fall liefert **df** den freien Platz von dem Dateisystem, das den gewählten Verzeichnisnamen enthält. Fehlt die Angabe von **Dateisystem**, dann gibt **df** zu jedem aktuell gebundenen Dateisystem den freien Platz aus.

df. zeigt, ob das aktuelle Arbeitsverzeichnis eine „große" Datei aufnehmen kann

Mit der Option **-T** aufgerufen, zeigt **df** zusätzlich den Dateisystemtyp an. **df -t Typ** beschränkt die Ausgabe auf Dateisysteme vom Typ **Typ**, und **df -x Typ** zeigt nur diejenigen Dateisysteme an, die nicht vom Typ **Typ** sind.

Standardmäßig liefert **df** Auskunft über die Anzahl freier Datenblöcke, bezogen auf eine Blockgröße von 1024 Byte beziehungsweise, falls im Kontext der aufrufenden Shell die Umgebungsvariable **POSIXLY_CORRECT** gesetzt ist, als Vielfaches von 512 Byte großen Blöcken. Soll **df** alternativ Auskunft über die Anzahl vorhandener, belegter und freier Inodes liefern, dann muß der Anwender das Kommando zusammen mit der Option **-i** aufrufen.

ls

7.3.2 Information zu Verzeichnissen: ls und du

Das Kommando

```
ls [Option]... [Datei]...
```

druckt den Inhalt von Verzeichnissen aus beziehungsweise zeigt an, ob benannte Dateien existieren. Enthält der Parameter **Datei** Jokerzeichen, dann gibt **ls** alle Dateien aus, die auf die vorgegebene Maske passen. Wird **ls** ohne ein Argument **Datei** aufgerufen, dann zeigt **ls** den Inhalt des aktuellen Arbeitsverzeichnisses.

Der **ls**-Befehl zählt wohl neben dem bereits erwähnten **cd** zu den am häufigsten verwendeten Unix-Basiskommandos. Mehr als 30 Optionen steuern einerseits die anzuzeigende Information, andererseits das Ausgabeformat.

Ohne Option aufgerufen, druckt **ls** alle Datei- und Verzeichnisnamen aus mit Ausnahme derer, die mit einem Punkt beginnen. **ls −a** hingegen zeigt auch diese „hidden" Dateien an. Über den Dateinamen hinaus führt die Option **−i** zur Angabe der Nummer des korrespondierenden Inodes, **−l** ergänzt den Dateinamen um Dateityp, Zugriffsrecht, Anzahl der Hard-Links, Namen von Besitzer und Gruppe, denen die Datei gehört, Dateigröße und Datum der letzten Modifikation. Erwähnenswert ist ferner die Option **−R** (rekursiv), die zur Ausgabe aller Verzeichnissen hierarchisch untergeordneten Dateien und Verzeichnissen führt.

Mit einem Punkt beginnende Dateien zeigt ls normalerweise nicht an

Das Ausgabeformat ist bei Bildschirmausgabe normalerweise in Spalten und innerhalb der Spalten alphabetisch von oben nach unten nach Dateinamen sortiert. Wird hingegen die Ausgabe in eine Datei überführt oder mittels Pipe an ein folgendes Kommando weitergeleitet, dann besteht die Ausgabe aus nur einer Spalte, und in jeder Zeile steht genau ein Dateiname. Soll die Ausgabe in jedem Fall spaltenweise aufbereitet werden, dann ist die Option **−C** zu verwenden. Mit **−m** erreicht man, daß einzelne Dateinamen durch Komma (gefolgt von einem Leerzeichen) getrennt ausgegeben werden und jede Zeile soviele Einträge enthält, wie es die Spaltenzahl der Dialogstation zuläßt.

ls-Optionen steuern das Ausgabeformat

Alternative Sortierkriterien setzen **−t** (geordnet nach der Modifikationszeit), **−S** (Dateigröße), **−x** (horizontal) und **−X** (alphabetisch nach Dateikennung); **−f** schließlich bewirkt eine Ausgabe entsprechend der Reihenfolge der Verzeichniseinträge.

Beispiele:

ls -alt zeigt ausführliche Informationen zu allen Dateien des
aktuellen Arbeitsverzeichnisses an, sortiert nach der Modifikationszeit. Dateien und Verzeichnisse, die mit einem
Punkt beginnen, werden ebenfalls angezeigt.

ls -RFC /usr erzeugt eine spaltenweise Ausgabe aller Datei-
en aus **/usr** und aus dort befindlichen Unterverzeichnissen, ergänzt um eine abschließende Typkennung. Dateien
und Verzeichnisse, die mit einem Punkt beginnen, werden
nicht angezeigt.

```
du [Option]... [Datei]...
```

<code>du</code>

liefert für jedes angegebene Element **Datei** den davon belegten
Plattenplatz. Ist **Datei** ein Verzeichnis, zeigt **du** den belegten
Platz von diesem und allen darunter befindlichen Unterverzeichnissen an. Fehlt die Angabe **Datei**, dann gibt **du** Auskunft über
das aktuelle Arbeitsverzeichnis.

*du -c zeigt die
Gesamtsumme
aller Argumente*

Analog zu **df** liefert **du** standardmäßig Angaben auf Basis ei-
ner Blockgröße von 1024 Byte. Die Ausgabe erscheint auf eine
Blockgröße von 512 Byte bezogen, falls die Umgebungsvariable
POSIXLY_CORRECT gesetzt wurde. Möchte man statt dessen die
Werte in Byte erhalten, leistet die Option **-b** das Gewünschte.

7.3.3 Dateitypidentifikation: `file`

```
file [Option]... Datei...
```

<code>file</code>

versucht, den Inhalt einer oder mehrerer Dateien zu identifizieren
und diese anschließend zu klassifizieren.

file führt 3 Tests durch: Ein Dateitest auf Basis des System-
aufrufs **stat()** prüft, ob **Datei** leer ist und ob sie einem
speziellen Dateityp entspricht (Verzeichnisdatei, Verweis, Socket
et cetera). Enthält **Datei** einen sogenannten Magie-Kode – das
kann ein binärer Code oder eine Zeichenkette sein – klassifiziert
file die Datei standardmäßig entsprechend einem Eintrag aus

*/usr/share/magic
verbindet
Magie-Kodes
mit Dateitypen*

der „Magiedatei" **/usr/share/magic**. Enthält **Datei** ASCII-Daten, dann versucht **file** zu erraten, ob der Inhalt einer bestimmten Programmiersprache gleicht.

Ist die Liste der von **file** zu analysierenden Dateien umfangreich, kann man das Programm mit **-f Liste** dazu veranlassen, die Namen der zu klassifizierenden Dateien aus der Datei **Liste** zu entnehmen. Soll **file** eine alternative Magiedatei verwenden, dann ist die Option **-m Magiedatei** anzugeben. Diese üblicherweise selbst erstellte Magiedatei kann **file** auch syntaktisch überprüfen (Option **-c**).

file -z
analysiert
komprimierte
Dateien

Soft-Links erkennt **file** als Verweisdateien, liefert aber beim Aufruf von **file -L** den Typ der referenzierten Datei. Ferner führt **file** auf Wunsch (Option **-z**) eine Analyse komprimierter Dateien durch.

Beispiele:

file /etc/* zeigt zu jeder im Verzeichnis **/etc** befindlichen Datei den Dateityp an.

file -z /usr/man/cat1/a* analysiert alle Dateien aus dem Verzeichnis **/usr/man/cat1**, die mit einem kleinen **a** beginnen (einschließlich komprimierter Dateien).

7.3.4 Dateien anzeigen: cat, head und tail

cat

cat [Option]... [Datei]..

kopiert die angegebenen Dateien auf die Standardausgabe, und zwar in der Reihenfolge, wie sie in der Kommandozeile angegeben wurden. Fehlt die Angabe **Datei**, dann liest **cat** von der Standardeingabe. Wird **Datei** mit einem Minuszeichen - benannt, liest **cat** ebenfalls von der Standardeingabe. Möchte man etwa eine Datei mit einem, von der Tastatur einzulesenden Vorspann ergänzen und außerdem noch etwas hintenanfügen, leistet

cat
erzeugt
keine
seitenweise
Ausgabe

```
cat - Datei -
```

das Gewünschte: Zunächst liest **cat** von der Tastatur, bis der Anwender das Dateiendezeichen **C-D** eingibt, kopiert dann **Datei** und liest anschließend erneut von der Tastatur.

Hauptanwendungsbereich von **cat** ist das Verknüpfen mehrerer Dateien zu einer neuen, die unter Verwendung des Umleitungsoperators **>** angelegt wird. Zu verarbeitende Eingabedateien sind dabei nicht auf lesbare Dateien beschränkt; **cat** kann auch binäre Dateien verknüpfen. Soll **cat** wiederum binäre Dateien auf der Dialogstation ausgeben, kann es Komplikationen geben, da die Dialogstation etwa enthaltene (nicht druckbare) Zeichen als Steuerzeichen verarbeitet und dann beispielsweise auf einen nicht lesbaren Zeichensatz umschaltet.

cat kann binäre und Textdateien verknüpfen

/usr/bin/reset „repariert" den Zeichensatz

Abhilfe schafft hier die Option **-v**, die die ASCII-Steuerzeichen (zwischen oktal **000** und **037** liegende Zeichen) mit Ausnahme von Tabulator-, Zeilen- und Seitenvorschubzeichen mit einem ^-Zeichen kodiert, gefolgt von einem druckbaren Zeichen aus dem Bereich **100** bis **137** (oktal). Außerdem kodiert **cat -v** die Zeichen, bei denen das 8. Bit gesetzt ist (oktal **200** bis **377**) mit vorangestelltem **M-** (Meta). Das **DEL**-Zeichen (oktal **177**) erscheint als ^**?**.

cat -v zeigt nicht-druckbare Zeichen kodiert an

Zu weiteren Fähigkeiten von **cat** zählt eine fortlaufende Numerierung aller verarbeiteten Textzeilen (Option **-n**) oder auch aller Textzeilen mit Ausnahme von Leerzeilen (Option **-b**). Soll **cat** mehrere, aufeinanderfolgende Leerzeilen durch eine einzelne Leerzeile ersetzen, ist die Option **-s** zu verwenden (hat bei anderen Unix-Versionen eine andere Bedeutung!). Ferner bewirkt **cat -E** das Anfügen eines Dollarzeichens **$** an das Ende jeder Textzeile.

cat -s faßt aufeinanderfolgende Leerzeilen zu einer Leerzeile zusammen

Beispiele:

cat *.out > outfile erzeugt eine neue Datei **outfile**, bestehend aus den Inhalten aller Dateien aus dem aktuellen Arbeitsverzeichnis, die die Kennung **.out** tragen.

cat ~/src/*.c | wc verknüpft alle C-Programmquellen aus **~/src** in alphabetischer Reihenfolge. Das folgende Kommando **wc** liefert als Ergebnis die Zahl der Zeichen, Wörter und Zeilen aller C-Programmquellen.

Neue Dateien erzeugt cat nur bei Verwendung von Umleitungsoperatoren

cat -sn ~/src/*.c | lpr kopiert die angegebenen Dateien auf die Standardausgabe. Dabei ersetzt **cat** aufeinanderfolgende Leerzeilen durch eine einzelne Leerzeile und numeriert alle Zeilen der so erzeugten Ausgabe. Das Ergebnis wird an den Drucker weitergeleitet.

Linux enthält ferner ein Kommando **zcat**, das komprimierte Dateien entpackt auf die Standardausgabe kopiert. **zcat** ist ein Soft-Link auf **gzip** (siehe Kapitel 7.9.2). **zcat** verarbeitet die Optionen **-b**, **-n**, **-s** und **-v** nicht.

head

```
head [Option]... [Datei]...
```

gibt die ersten 10 Zeilen von Dateien auf der Standardausgabe aus. Fehlt die Angabe von **Datei** oder wurde **Datei** mit einem Minuszeichen - benannt, dann entnimmt **head** die zu verarbeitende Information aus der Standardeingabe.

head erzeugt keine seitenweise Ausgabe

Eine größere (oder kleinere) Anzahl von Zeilen gibt **head** aus, wenn der Anwender die Option **-num** verwendet, wobei **num** die Anzahl auszugebender Zeilen ist. Soll **head** mehrere Dateien verarbeiten, wird jeder einzelnen Datei in der Ausgabe eine Kopfzeile vorangestellt, die den Namen der Datei anzeigt, der der nachfolgende Text entnommen wurde. Ein Unterdrücken der Ausgabe des Dateinamens bewirkt die Option **-q**.

Binäre Daten gibt head stets unkodiert aus

Linux-Distributionen enthalten die von der Free Software Foundation entwickelte **head**-Variante, die auch binäre Dateien bearbeiten kann. Im einzelnen legt die Option **-c num** fest, wieviele Bytes **head** auf die Standardausgabe kopieren soll. Ein **num** angefügter Buchstabe kennzeichnet ferner, ob **num** als Anzahl 512-Byte (**b**), 1024-Byte (**k**) oder MByte (**m**) großer Blöcke zu verwenden ist.

Beispiel:

head -20 /var/log/messages zeigt auf dem Terminal die ersten 20 Systemmeldungen an.

tail

```
tail [Option]... [Datei]...
```

kopiert die letzten 10 Zeilen der angegebenen Datei(en) auf die Standardausgabe. Wurde keine Eingabedatei genannt, entnimmt **tail** die zu verarbeitende Information aus der Standardeingabe. Dasselbe gilt, falls **Datei** mit dem Minuszeichen - spezifiziert wurde.

Bei Verwendung der Option **–num** liefert **tail** die letzten **num** Zeilen. Ferner kopiert **tail +num** den Inhalt von **Datei** ab der Zeile **num** bis zum Dateiende auf die Standardausgabe. Möchte man beispielsweise die Zeilen 17 bis 25 von **Datei** ausgeben, ist **tail** in Verbindung mit **head** zu verwenden:

```
tail +17 Datei | head -9
```

leistet das Gewünschte.

Soll **tail** mehrere Dateien verarbeiten, dann wird jedem Informationsblock eine Kopfzeile vorangestellt, die den zugehörigen Dateinamen ausweist; die Option **–q** unterdrückt die Ausgabe der Kopfzeile.

Eine spezielle Betriebsart ermöglicht **tail –f** (follow). Diese Option veranlaßt **tail**, nach Ausgabe der letzten Zeile der angegebenen Datei nicht zu terminieren. Das Kommando kopiert daraufhin fortlaufend alle Daten auf die Standardausgabe, die ein anderer Prozeß an das Ende der angesprochenen Datei anfügt. Typischer Einsatzbereich von **tail –f** ist das Beobachten von Protokolldateien, beispielsweise als Hintergrundprozeß gestartete Kommandos, deren Ausgabe in eine Datei umgeleitet wurde.

Das „Linux-**tail**" wurde von der Free Software Foundation entwickelt und erlaubt analog zu **head** auch die Verarbeitung binärer Dateien (Option **–c num**). Ein **num** angefügter Buchstabe kennzeichnet, ob **num** als Anzahl 512-Byte (**b**), 1024-Byte (**k**) oder MByte (**m**) großer Blöcke zu verwenden ist.

7.3.5 Textdateien anzeigen: more

```
more [Option]... [Datei]...
```

dient der seitenweisen Ausgabe von Textdateien beziehungsweise der Standardeingabe. Nach Ausgabe einer Seite – die Seitenlänge entnimmt **more** der **termcap**-Beschreibung des verwendeten Terminals – fordert **more** den Anwender zur Eingabe auf. Das anschließend eingegebene Leerzeichen (oder **f**) zeigt die nächste Seite an, **n Leertaste** gibt die nächsten **n** Zeilen aus, **C-D** zeigt 11 weitere Zeilen und ein Zeilenvorschub führt zur Ausgabe einer weiteren Zeile. Außerdem gestattet **more** seitenweises Zurückblättern, ausgeführt nach eingegebenem **b** oder **C-B**. Das Kommando **=** zeigt die aktuelle Zeilennummer an.

Soll **more** die Ausgabe mit einer Zeile beginnen, die eine bestimmte Zeichenkette **Text** enthält, dann ist die Option **+/Text** zu verwenden. Während **more** aktiv ist, kann der Anwender mit dem Kommando **/Text** erreichen, daß **more** bis zu der Zeile weiterblättert, die das gesuchte Textmuster enthält. **Text** darf dabei in beiden Fällen auch ein regulärer Ausdruck sein (siehe Kapitel 7.10). Das Kommando **n** blättert bis zum nächsten Auftreten des zuletzt eingegebenen Musters vor, **N** sucht das betreffende Muster rückwärts.

more bietet Kommandos zum interaktiven Vor-, Zurückblättern und Suchen

Aus dem **more**-Kommando heraus kann man auch Unix-Kommandos starten, die nach Eingabe eines Ausrufungszeichens **!**, gefolgt von einer Kommandozeile in einer Sub-Shell bearbeitet werden. Eine besondere Rolle spielt in diesem Zusammenhang der Unix-Standardeditor **vi**, der nach Eingabe des Kommandos **v** von **more** aus aufgerufen wird und dabei die aktuell angezeigte Zeile als Startposition benutzt.

Das Kommando v ruft den Editor vi auf

Wurden in der Kommandozeile mehrere Dateinamen genannt, dann zeigt **more** zunächst die 1. Datei an. Zum Umschalten auf die nächste Datei dient das Kommando **:n**, **:p** „blättert" eine Datei zurück. Den Namen der aktuell bearbeiteten Datei erhält man nach Eingabe von **:f**. Mit **q** oder **Q** schließlich kann man das **more**-Kommando beenden.

:n und :p blättern dateiweise vor und zurück

Den interaktiven Kommandos **b**, **f**, **/muster**, **n**, **:n** und **:p** kann eine Zahl vorangestellt werden; daraufhin wird der gewählte Befehl entsprechend oft ausgeführt. Nach Eingabe von **3b** beispielsweise blättert **more** 3 Seiten zurück.

Die Option **-s** führt bei **more** (analog zu **cat**) zur Ausgabe einer einzelnen Leerzeile, falls in der Eingabedatei mehrere Leerzeilen aufeinanderfolgen. Soll **more** bestimmte Optionen standardmäßig berücksichtigen, kann der Anwender diese in der Umgebungsvariablen **MORE** zusammenfassen.

Seiten- oder dateiweises Zurückblättern ist nicht möglich, wenn **more** als „Filter" eingesetzt wird, seine Eingabe also aus einem anderen Programm empfängt. Dies gilt insbesondere für die Befehlsketten

Im Einsatz als Filter erlaubt more kein Zurückblättern

```
ls -R | more  und
cat * | more
```

Ergänzend erhalten Linux-Distributionen daher zusätzlich das Kommando **less**, das die Standardeingabe komplett puffert und auch in dieser Betriebsart ein Rückwärtsblättern erlaubt. Früher war **more** häufig als Soft-Link auf **less** implementiert. Wer heute standardmäßig **less** anstelle von **more** einsetzen will, sollte in der Startup-Datei der Shell **alias more=less** eintragen.

less ist eine
Erweiterung
von more

7.3.6 Binärdateien anzeigen: od, nm und strings

Die Anzeige binärer Dateien auf der Standardausgabe kann zu unerwünschten Nebeneffekten führen, falls dazu eines der Kommandos **cat**, **more**, **head** oder **tail** benutzt wird. Dies liegt darin begründet, daß die verwendete Dialogstation gegebenenfalls enthaltene Steuersequenzen interpretiert. Im Einzelfall kann es sogar erforderlich sein, das Terminal mit **/usr/bin/reset** zurücksetzen zu müssen.

Nach Ausgabe der
Sequenz ESC-[7m
erscheinen die
Buchstaben auf der
Konsole invers

Für die Ausgabe von Inhalten binärer Dateien in einem lesbaren Format eignet sich prinzipiell der Aufruf von **cat -v**, der jedoch nur eingeschränkt brauchbare Ergebnisse liefert. Für diese Aufgabe bevorzugt eingesetzte Kommandos bilden statt dessen **od**, **nm** und **strings**.

Während **strings** im wesentlichen das Extrahieren von Zeichenketten (einer Folge von ASCII-Zeichen) leistet, zeigt **nm** Symbole an, die ein Objektmodul enthält (Namen von Unterprogrammen et cetera). **od** wiederum führt eine Konvertierung binärer Daten durch und leistet dadurch unter anderem die Ausgabe binär kodierter Integer- und Fließkommazahlen als lesbare Ziffernfolge.

```
od [Option]... [Datei]...
```


konvertiert Eingabedaten in diverse Formate. Hauptanwendung von **od** ist die Wandlung binärer Daten in Oktal- Dezimal- oder Hexadezimalzahlen sowie in Integer-, Fließkommazahlen oder ASCII-Zeichen. Wurde keine Eingabedatei spezifiziert, entnimmt **od** die zu verarbeitende Information aus der Standardeingabe.

od wandelt binäre
Daten in Zeichen
oder Zahlen

Das Ausgabeformat ist mit der Option **-t Typ** zu wählen. Unterstützte Werte für **Typ** sind **a** (ASCII-Name eines Zeichens),

c (ASCII-Zeichen oder Oktalnummer), **d** (Dezimalzahl mit Vorzeichen), **f** (Fließkommazahl), **o** (Oktalzahl), **u** (vorzeichenlose Dezimalzahl) und **x** (Hexadezimalzahl).

Mit Ausnahme von **a** und **c** kann an den angegebenen Typindikator eine Zahl angehängt werden, die besagt, wieviele Bytes bei der Konvertierung zu berücksichtigen sind. Zulässige Zahlenwerte sind 1, 2, 4 und 8. Alternativ versteht **od** bei Verwendung dieser Option auch einen angehängten Buchstaben analog der Syntax innerhalb der Programmiersprache C: Für ganzzahlige Typen (d, o, u, x) sind C (Char), S (Short), I (Int) und L (Long), für Fließkommazahlen die Buchstaben F (Float), D (Double) und L (Long Double) erlaubt.

Formatoptionen ähneln den Konvertierungsspezifikationen der C-Funktion printf()

od versteht folgende Kurzformen zur Spezifikation des Ausgabeformats:

Option	entspricht	Option	entspricht
-a	**-t a**	**-h**	**-t x2**
-b	**-t oC**	**-i**	**-t d2**
-c	**-t c**	**-l**	**-t d4**
-d	**-t u2**	**-o**	**-t o2**
-f	**-t fF**	**-x**	**-t x2**

Mit **-j num** kann der Anwender festlegen, ab welchem Byte der Datei die Konvertierung durchzuführen ist. Ferner legt **-N num** fest, wieviele aufeinanderfolgende Bytes **od** bearbeiten soll. Der Wert von **num** wird als Dezimalzahl oder, falls **num** mit **0x** beginnt, als Hexadezimalzahl interpretiert. Ein an **num** angehängter Buchstabe kennzeichnet optional eine Einheit, die mit **num** multipliziert wird: **b** entspricht 512, **k** 1024 und **m** 1 048 576 Bytes.

Der Offset zeigt die Position oktal, dezimal oder hexadezimal

Die Ausgabe von **od** erfolgt zeilenweise mit vorangestelltem Dateioffset. Voreingestellt ist die Anzeige vom Offset als Oktalzahl. Mit der Option **-A Basis** kann man **od** auffordern, den Offset dezimal (**Basis=d**), hexadezimal (**Basis=x**) oder gar nicht anzuzeigen (**Basis=n**).

In jeder Zeile stellt **od** standardmäßig 16 (konvertierte) Bytes dar. Davon abweichende „Zeilenlängen" sind mit **-w Bytes** einstellbar.

Bei aufeinanderfolgenden Zeilen gleichen Inhalts zeigt **od** normalerweise nur die 1. Zeile mit seinem Inhalt an. Sollen in der Ausgabe stets alle Zeilen erscheinen, ist die Option **-v** zu verwenden.

Eine weitere Option **-s[num]** bewirkt das Anzeigen nur solcher Bytefolgen, die eine aus **num** Bytes (Voreinstellung: 3) bestehende Zeichenkette repräsentieren, analog der Behandlung binärer Dateien durch **strings**.

Beispiele:

od -j 47b -N 8 -f /bin/bash konvertiert 8 Bytes aus der Datei **/bin/bash** in 2 Fließkommazahlen, beginnend im 47. Block.

od -A n -s4 /usr/bin/od extrahiert aus der angegebenen Datei alle, aus mindestens 4 Buchstaben bestehenden Zeichenketten. Am Anfang jeder Zeile wird kein Dateioffset angezeigt. Der Aufruf liefert ein ähnliches (aber nicht identisches) Ergebnis wie **strings -a /usr/bin/od**.

---

nm [Option]... [Datei]...

extrahiert aus **Datei** (genaugenommen einer Laufzeitbibliothek oder einem Objektmodul) Symbole, die Namen von Unterprogrammen repräsentieren. Wird **nm** ohne **Datei** aufgerufen, dann sucht **nm** im aktuellen Arbeitsverzeichnis nach einer Datei **a.out** und gibt die dort enthaltenen Symbole aus.

nm zeigt die Namen der Unterprogramme

Die Ausgabe erfolgt standardmäßig als Kombination von Symbolname, Symboltyp und einem „Wert", der die relative Adresse des Symbols (als Hexadezimalzahl) im Objektmodul aufzeigt. Mit der Option **-t Basis** läßt sich erreichen, daß der Wert alternativ als Dezimal- (**Basis=d**) oder Oktalzahl (**Basis=o**) angezeigt wird. Das Ausgabeformat steuert die Option **-f**. Zulässige Werte für **Format** sind **bsd** (Voreinstellung) **posix** und **sysv**. Als Kurzform versteht **nm** außerdem die Optionen **-B** (**bsd**) und **-P** (**posix**).

nm

Zu jedem Symbolnamen kodiert **nm** den Symboltyp mit **A** (absolut), **B** (uninitialisierter Datenbereich), **C** (Common), **D** (initialisierter Datenbereich), **I** (indirekte Referenz), **U** (nicht definiert) oder **T** (Programmcode). Wird der Symboltyp als Großbuchstabe angezeigt, dann handelt es sich um eine globale (extern zugängliche), anderenfalls um eine lokale Referenz. Nicht definierte Symbole haben keinen Wert.

Extern zugängliche Unterprogramme kodiert ein Großbuchstabe

149

In Ergänzung zu den normalerweise angezeigten lokalen und globalen Symbolen liefert **nm -a** auch solche Symbole, die das Objektmodul für Analysen mittels eines Debuggers enthält. Zu unterscheiden ist ferner zwischen normalen und dynamischen Symbolen, wobei letztere prinzipiell nur in dynamischen Objekten auftreten (etwa Shared Libraries) und **nm** diese nur bei Verwendung der Option **-D** anzeigt. Soll **nm** seine Ausgabe auf externe Symbole beschränken, ist die Option **-g** zu verwenden. **nm -u** liefert nur nicht definierte Symbole. Bei der Bearbeitung mehrerer Dateien führt die Option **-A** zur Kennzeichnung jedes Symbols mit dem Namen der Datei, dem das Symbol entnommen wurde.

nm -r gibt
die Symbole
in umgekehrter
Reihenfolge aus

Abschließend sei noch auf die Möglichkeit hingewiesen, sortierte Ausgaben zu erzeugen. Standardmäßig gibt **nm** die Symbole alphabetisch sortiert aus; die Option **-v** führt zur wertmäßig sortierten Ausgabe. Mit **-r** aufgerufen, zeigt **nm** die Symbole in (entsprechend dem gewählten Kontext) umgekehrter Reihenfolge an. Ein Unterdrücken von Sortiervorgängen leistet **-p**.

Beispiele:

nm -g /lib/libc.so.5 gibt die Liste der in der C-Laufzeitbibliothek enthaltenen externen Symbole aus.

nm -u /usr/X11R6/lib/libXaw.so.6 zeigt alle Symbole an, die **/usr/X11R6/lib/libXaw.so.6** benötigt.

```
strings [Option]... Datei...
```

durchsucht jede angegebene **Datei** nach ASCII-Sequenzen, die aus mindestens 4 Buchstaben bestehen, und kopiert das Ergebnis auf die Standardausgabe, extrahiert also gewissermaßen lesbaren Text aus (binären) Dateien. Einsatzbereiche von **strings** sind beispielsweise die Analyse von Programmen bezüglich der Namen dort benutzter Umgebungsvariablen oder Namen von Dateien, auf die das Programm bezug nimmt.

strings
extrahiert
lesbare
Zeichenketten

Die Mindestlänge auszugebender Zeichenketten steuern die Optionen **-n len** und **-len**. Soll **strings** in der Ausgabe jeder gefundenen Zeichenkette seine relative Position in der Datei voranstellen, ist die Option **-t Basis** zu verwenden. Analog zu den zuvor diskutierten Kommandos **od** und **nm** sind **o** (oktal), **d** (dezimal) und **x** (hexadezimal) zulässige Werte für **Basis**. Als Kurzform führt die Option **-o** zur Behandlung gemäß **-t o**.

Bei der Arbeit mit **strings** ist zu beachten, daß das Kommando normalerweise nur den initialisierten Datenbereich einer Datei berücksichtigt. Soll **strings** die komplette Datei bearbeiten, ist die Option **-a** zu verwenden. Wird beim Aufruf die Option **-f** verwendet, dann stellt **strings** jeder extrahierten Zeichenkette den Namen der zugehörigen Datei voran.

strings -a liefert alle Zeichenketten

Beispiele:

strings -a /bin/bash zeigt alle, aus mindestens 4 ASCII-Zeichen bestehenden Zeichenketten des Kommandointerpreters **/bin/bash** an.

strings -f -n 10 /lib/* extrahiert aus allen Dateien **/lib/*** diejenigen Zeichenketten, die aus mindestens 10 ASCII-Zeichen bestehen. Jeder Zeichenkette wird außerdem der Name der Datei vorangestellt, der die Zeichenkette entnommen wurde.

7.4 Einträge umbenennen

mv [Option]... Quelle... Ziel

entfernt den Verzeichniseintrag **Quelle** und legt einen neuen Verzeichniseintrag **Ziel** an. Die Datei selbst bleibt im selben Datenblock des Dateisystems, falls die Umbenennung innerhalb eines Dateisystems stattfindet (der Inode bleibt erhalten). Ist **Ziel** ein Verzeichnis, werden alle Dateien **Quelle** in das Verzeichnis **Ziel** eingetragen. Ist **Ziel** ein Dateiname, erzeugt **mv** den angegebenen Verzeichniseintrag (vorausgesetzt, das Zielverzeichnis existiert). In dieser Betriebsart ist nur ein Argument **Quelle** zulässig. Wurden mehrere Quelldateien angegeben, dann muß Ziel ein Verzeichnisname sein.

mv

mv kann Dateien und Verzeichnisse umbenennen

Bereits vorhandene Zieldateien werden bei der Umbenennung mit **mv** überschrieben. Zwei Optionen können den Anwender davor schützen: **mv -i** bittet den Anwender um Bestätigung. **mv -b** hingegen erzeugt vorab von der zu überschreibenden Datei eine Sicherungskopie. Standardmäßig erscheint diese unter dem

Die Option -i schützt vor versehentlichem Überschreiben

151

alten Namen mit einem angefügten Tilde-Zeichen **~**. Hat der Anwender die Umgebungsvariable **SIMPLE_BACKUP_SUFFIX** gesetzt, dann erhält die Sicherungskopie die dort festgelegte Endung. Findet **mv** im Kontext des Benutzers die Umgebungsvariable **VERSION_CONTROL**, verwendet **mv** die dort festgelegte Sicherungsmethode.

mv -b erzeugt Sicherungskopien

Bei Verwendung der Optionen **-S Endung** erzeugt **mv -b** die Sicherungskopie mit der Kennung **Endung**. Andererseits bietet die Option **-V Methode** dem Anwender die Wahl zwischen folgenden 3 Methoden: **-V numbered** erzeugt numerierte Sicherungen, die 1. erhält die Endung **~1~**, die 2. **~2~** und so fort. **-V existing** erzeugt nur dann numerierte Sicherungen, wenn solche bereits vorhanden sind. **-V never** schließlich legt stets Kopien mit „simplen" Endungen an.

Beispiel:

mv *.c ~/src verlegt alle, im aktuellen Arbeitsverzeichnis befindlichen C-Quellprogramme in das Verzeichnis **src** (relativ zum Heimatverzeichnis des Anwenders).

---

ln

```
ln [Option]... Quelle [Ziel]    und
ln [Option]... Quelle... Ziel
```

legen Verweise an. Wurde genau eine **Quelle** angegeben, aber kein **Ziel**, dann legt **ln** im aktuellen Arbeitsverzeichnis einen Verweis auf **Quelle** an, und zwar unter gleichem Namen. Soll **ln** in einem Aufruf mehrere Verweisdateien erzeugen, dann muß **Ziel** ein Verzeichnis sein.

Hard-Links auf Verzeichnisse kann nur der Superuser einrichten

Normalerweise erzeugt **ln** Hard-Links. Gemäß Kapitel 6.3 müssen diese jedoch auf demselben Dateisystem angelegt werden wie die referenzierte Datei, und nur der Superuser hat das Recht, Hard-Links auf Verzeichnisse einzurichten. Soft-Links hingegen, erzeugt mit **ln -s**, dürfen auch auf Verzeichniseinträge verweisen und insbesondere auch auf solche, die sich auf einem anderen Dateisystem befinden.

Analog **mv** überschreibt **ln -f** etwa vorhandene Zieldateien. In Verbindung mit **-b** erzeugt **ln** vor etwaigem Überschreiben einer bereits vorhandenen Zieldatei eine Sicherungskopie, deren

Endung der Anwender mittels **-S Endung, -V Methode** oder den Umgebungsvariablen **SIMPLE_BACKUP_SUFFIX** respektive **VERSION_CONTROL** steuern kann.

Beispiele:

ln /bin/less /bin/more erzeugt im Verzeichnis **/bin** den Eintrag **more**. Er verweist auf denselben Inode wie **less**. Bei anschließendem Aufruf von **more** wird das Kommando **less** ausgeführt.

Besser: In der Startup-Datei der Shell alias more=less eintragen

ln -s /usr/X11R6 /usr/X386 legt in **/usr** einen Soft-Link **X386** an. Der Zugriff auf alle, unterhalb von **/usr/X11R6** befindlichen Dateien und Verzeichnisse ist anschließend auch über Pfadnamen möglich, die mit der Zeichenkette **/usr/X386** beginnen.

ln -s Datei erzeugt einen Verweis auf sich selbst. Derartige Verweise sind zwar sinnlos, werden aber vom Betriebssystemkern nicht unterbunden.

7.5 Attribute ändern

Dateiattribute fassen gemäß Kapitel 6.4 die charakteristischen Eigenschaften von Dateien zusammen, zu denen das Zugriffsrechteschema, Angaben zum Dateityp, Anzahl der Hard-Links zur Datei, Besitzer- und Gruppenidentifikation, Erstellungs-, Modifikations- und Zugriffsdatum zählen.

Der Dateityp (gewöhnliche Datei, Verzeichnis, Socket) ist ein Attribut, das der Betriebssystemkern jedem Dateielement beim Anlegen zuordnet; es ist für die gesamte „Lebenszeit" der Datei gültig, wird also niemals geändert. Die Anzahl der Hard-Links hingegen ändert das Betriebssystem beim Einrichten eines zusätzlichen Hard-Links oder beim Löschen eines Elements, dessen Inode im Verzeichnisbaum mehrfach referenziert wird.

ls -il zeigt fast alle Dateiattribute

Die übrigen Attribute sind benutzerzugängliche, variable Informationen in der Weise, daß einerseits der Betriebssystemkern automatisch das Modifikations- und Zugriffsdatum ändert. Andererseits enthält Unix Kommandos, die Datumseinträge (**touch**), Besitzer- und Gruppenidentifikation (**chown, chgrp**) sowie das Zugriffsrecht (**chmod**) benutzergesteuert modifizieren.

7.5.1 Zugriffsrechte ändern: `chmod`

Das Kommando

chmod

```
chmod [Option]... Modus Datei...
```

ändert die Zugriffsrechte auf Dateien, Verzeichnisse et cetera. Das Argument **Modus** akzeptiert **chmod** als Oktalzahl oder als symbolischen Ausdruck im Format

```
<ugoa>{+-=}<rwxXstugo>
```

Die Buchstaben aus dem 1. Block bestimmen, für welche Benutzergruppen die Zugriffsrechte zu modifizieren sind (Besitzer **u**, Gruppe **g**, Andere **o**, Alle **a**). Darauf folgend ist ein Operator anzugeben, der festlegt, ob Zugriffsrechte hinzugefügt (**+**), entfernt (**–**) oder exklusiv erteilt werden sollen (**=**, entfernt alle anderen Zugriffsrechte des angesprochenen Bereichs). Darauf folgende Buchstaben bestimmen, welche Zugriffsrechte **chmod** modifizieren soll.

u=rwx erteilt dem Besitzer das Recht zum Lesen, Schreiben und Ausführen

Im einzelnen setzt oder entfernt **chmod** das Recht zum Lesen (**r**), Schreiben (**w**) und zum Ausführen beziehungsweise Zugreifen (**x**) auf ein Verzeichnis. Ferner kann **chmod** die Werte des Sticky-Bits (**t**), des Set-User-ID-Bits und des Set-Group-ID-Bits (**s**) ändern. Wird im 3. Block einer der Buchstaben **u**, **g** oder **o** verwendet, dann setzt **chmod** diejenigen Zugriffsrechte, die aktuell für Besitzer, Gruppe oder Welt gültig sind. **x** wiederum bewirkt, daß **chmod** das Such-/Ausführungsrecht nur dann setzt, wenn dies bei der betreffenden Datei bereits für Besitzer, Gruppe oder Andere existiert.

g=u erteilt „Gruppe" die Zugriffsrechte, die der Besitzer hat

Soll **chmod** in einem Aufruf mehrere, symbolisch formulierte Änderungen der Zugriffsrechte ausführen, dann sind die Ausdrücke durch Kommata zu trennen; **chmod** führt die gewählten Operationen in der angegebenen Reihenfolge aus.

Bei oktal kodiertem Modus setzt chmod die Zugriffsrechte für Besitzer, Gruppe und Andere

Alternativ setzt **chmod** die Zugriffsrechte entsprechend einer 4stelligen Oktalzahl beziehungsweise 4 3stelligen Bitfeldern, und zwar exklusiv. Das gewünschte Zugriffsrecht ist unter Verwendung der auf Seite 113 abgebildeten Liste der Oktalwerte durch Addition einzelner Rechte zu bilden. Beispielsweise kennzeichnet der Wert **640**, daß der Besitzer das Recht zum Lesen und Schreiben, Gruppe das Recht zum Lesen und Andere kein Zugriffsrecht erhalten.

Gewöhnliche Anwender dürfen stets nur die Zugriffsrechte von Dateien ändern, dessen Besitzer sie sind. Bei unbefugtem Versuch, das Zugriffsrecht zu modifizieren, erzeugt **chmod** eine Fehlermeldung, und die Modifikation wird nicht ausgeführt (die Option **-f** unterdrückt die Fehlermeldung). Wird **chmod** mit **-R** (rekursiv) aufgerufen, dann ändert das Programm auch die Zugriffsrechte aller, in etwaigen Unterverzeichnissen vorhandenen Dateien. Ferner liefert **chmod -v** das Zugriffsrecht aller angesprochenen Dateien als Oktalzahl und als kodierte Zeichenkette; die Option **-c** beschränkt diese Ausgabe auf Dateien, deren Zugriffsrecht geändert wurde.

Zugriffsrechte einer Datei kann nur der Besitzer oder der Superuser ändern

Beispiele:

chmod u+x $HOME/.xsession erteilt dem Anwender das Ausführungsrecht für die XDM-Startup-Datei **~/.xsession**.

chmod a-rwxst,u+rw,g+r Datei setzt die Zugriffsrechte auf **Datei** derart, daß der Besitzer lesen und schreiben darf, Gruppe das Leserecht erhält und Andere kein Zugriffsrecht haben.

chmod 700 . modifiziert das Zugriffsrecht auf das aktuelle Arbeitsverzeichnis derart, daß keiner außer dem Besitzer und dem Superuser den Inhalt einsehen kann. Gruppe und Andere können fortan auch keine dort befindlichen Dateiinhalte ansehen.

Die Zugriffsrechte auf Dateien haben fortan für Gruppe und Andere keine Bedeutung

7.5.2 Dateibesitzer wechseln: chown

```
chown [Option]... [User][:.][Group] Datei...
```


übereignet die angegebene(n) Datei(en) an **User**, wobei letzterer Parameter entweder ein vom Kommando **login** akzeptierter Benutzername oder die damit korrespondierende Benutzerkennung (User-ID) sein kann, die die Datei **/etc/passwd** verwahrt.

Folgt auf **User** unmittelbar ein Punkt (oder Doppelpunkt) und darauf ein Gruppenname beziehungsweise eine Gruppenkennung (Group-ID), dann ändert **chown** zusätzlich das Gruppenattribut der angesprochenen Dateien. Folgt auf **User** ein Punkt (oder

Doppelpunkt), darauf jedoch kein Gruppenname, dann ordnet
chown die angewählten Dateien der Gruppe zu, der der durch
User spezifizierte Benutzer angehört. Wurde ein Punkt (oder
Doppelpunkt) mit darauf folgendem Gruppennamen angegeben,
jedoch kein Benutzername, dann verhält sich **chown** wie **chgrp**
(siehe Kapitel 7.5.3).

Das Besitzer-
attribut kann nur
der Superuser
ändern

Änderungen des Besitzerattributs von Dateien sind dem
Superuser vorbehalten. Gewöhnliche Anwender können Dateien
stets nur an Gruppen übereignen, denen sie aber selbst angehören
müssen.

chown -R
übereignet eine
Verzeichnis-
hierarchie

Mögliche Optionen an **chown** sowie die daraus resultierende
Arbeitsweise sind im wesentlichen mit denen für **chmod** identisch: **-f** unterdrückt Fehlermeldungen, die **chown** bei unbefugtem Zugriff erzeugt, **-R** berücksichtigt bei der Änderung von
Besitzer-/Gruppenkennung auch etwaige Unterverzeichnisse und
darin befindliche Dateien, **-v** zeigt für jede angesprochene Datei
an, ob und wie die Besitzer-/Gruppenkennung geändert wurde,
und **-c** zeigt nur die Dateien an, bei denen **chown** die Besitzer-
/Gruppenkennung geändert hat.

Beispiele:

chown adm /var/adm übereignet das Verzeichnis **/var/adm**
dem Administrator (**adm**).

chown akzeptiert
Benutzernamen
und -kennung

chown -R 25101:25000 /home/mf übereignet das Verzeichnis **/home/mf** und alle darin befindlichen Dateien und
Unterverzeichnisse an den Benutzer mit der UID **25101**.
Außerdem erhalten bei diesem Aufruf alle Dateielemente
die Gruppenkennung **25100**.

chgrp

7.5.3 Gruppenkennung ändern: chgrp

chgrp [Option]... Gruppe Datei...

ändert die Gruppenkennung von **Datei**. Analog **chown** akzeptiert **chgrp** den Parameter **Gruppe** in Form eines Gruppenna-
mens oder der damit korrespondierenden numerischen Kennung
(Group-ID), entsprechend einem Eintrag aus **/etc/group**.

Gewöhnliche Benutzer können Dateien stets nur an solche Gruppen übereignen, denen sie selbst angehören. Zulässige Optionen an **chgrp** sowie die daraufhin veranlaßte Arbeitsweise sind im übrigen identisch mit **chown** (siehe Kapitel 7.5.2); auf eine detaillierte Auflistung wird an dieser Stelle verzichtet.

7.5.4 Zeitstempel modifizieren: `touch`

```
touch [Option]... Datei...
```

touch

setzt die Zeitstempel für letzten Zugriff und/oder letzte Änderung von **Datei** auf das aktuelle (oder das angegebene) Datum. Existiert **Datei** nicht, dann legt **touch** eine neue Datei **Datei** der Länge 0 an, also ohne Inhalt (vorausgesetzt, der Anwender hat Schreibberechtigung im adressierten Verzeichnis). Gewöhnliche Benutzer dürfen die Zeitstempel aller Dateien ändern, deren Besitzer sie sind. Zusätzlich gilt dies für alle Dateien, die der Anwender „schreiben" darf.

Ohne Optionen aufgerufen, setzt **touch** den Zeitstempel für letzten Zugriff (access time) und letzte Änderung (modification time). **touch -a** ändert nur das Datum des letzten Zugriffs und **touch -m** das Datum der letzten Modifikation. Soll alternativ zum aktuellen Datum ein anderes gesetzt werden, kann der Anwender entweder mit **-r Referenz** den Zeitstempel vergeben, den eine Referenzdatei trägt, oder unter Angabe von

touch ändert Modifikations- und Zugriffsdatum

```
-t MMDDhhmm[[CC]YY][.ss]
```

das dort spezifizierte Datum vergeben, bestehend aus Monat, Tag, Stunde, Minute, optional Jahrhundert und Jahr, optional Sekunde. Ein häufig genutzter Einsatzbereich von **touch** besteht darin, Versionsnummern von Programmpaketen als Uhrzeit in der Modifikationszeit zugehöriger Dateien zu kodieren.

touch -t benötigt Werte für Monat, Tag, Stunde und Minute

Beispiele:

touch * setzt die Zeitstempel aller im aktuellen Arbeitsverzeichnis befindlichen Dateien auf das aktuelle Datum.

touch $HOME/.emacs legt eine neue Datei **.emacs** im Heimatverzeichnis des Anwenders an, falls diese noch nicht

existiert. Anderenfalls werden die Zeitstempel der angegebenen Datei modifiziert.

touch -t 01010000 *.c erteilt allen Dateien ***.c** des
aktuellen Arbeitsverzeichnisses Zeitstempel, die auf den
1. Januar 0 Uhr datiert sind.

7.6 Kopieren, Sichern, Zurückladen

Nur wenige Unix-Basiskommandos dienen dem Kopieren,
Sichern (Archivieren) und Zurückladen von Dateien. Für den
Anwender ist dies aber eher ein Vorteil, da er nur eine geringe
Anzahl von Befehlen für die jeweilige Aufgabenstellung kennen
muß.

Zum Kopieren von Dateien innerhalb des Verzeichnisbaums
ist **cp** das bevorzugt einzusetzende Kommando. Es eignet sich mit
Einschränkungen auch zur Datensicherung auf Diskettenmedien.
Dieser Einsatzbereich ist jedoch für Linux-Anwender unüblich,
da zuvor auf der Diskette ein Dateisystem einzurichten ist und
dieses mit **mount** in den Verzeichnisbaum eingebunden werden
muß. In Anlehnung an das Kapitel 3.2 sei für die Datensicherung
auf Disketten die Verwendung von **mcopy** empfohlen.

cp kopiert innerhalb des Verzeichnisbaums, mcopy bedient DOS-Disketten

Nahezu uneingeschränkt für gleichermaßen Kopieren und
Archivieren von Dateien einsetzbar sind **cpio** und **tar**, die
einzelne Dateien oder Dateigruppen in eine Archivdatei zusammenfassen und umgekehrt derart gesicherte Dateien extrahieren
können. Quell- und Zielmedium für **cpio** und **tar** sind normale
und Gerätedateien; die genannten Kommandos bilden somit universelle Unix-Werkzeuge, die den Datenaustausch mit anderen
(Unix-) Systemen unterstützen. **cpio** unterstützt diverse Archivformate, unter anderem auch das **tar**-Format. **tar** verarbeitet
normale und komprimierte **tar**-Archive.

cpio und tar operieren auf Archivdateien

Eher auf Bestandsicherung hin abgestimmt ist **dump**, das den
kompletten Inhalt eines Dateisystems archiviert. Als Archivmedium kommt hier üblicherweise ein Magnetband zum Einsatz.
Reicht die Kapazität eines Magnetbands nicht aus, kann **dump** die
Sicherung auch über mehrere Bänder verteilen. Sein Gegenstück
restore dient ausschließlich dem Zurückladen aller oder bestimmter Dateien, die zuvor mit **dump** gesichert wurden.

dump sichert Dateisysteme, restore lädt dump-Sicherungen zurück

Mit **dd** schließlich kann der Anwender eine Datei von einem beliebigen Quell- in ein beliebiges Zielmedium kopieren und dabei gegebenenfalls erforderliche Konvertierungen durchführen (Wandlung des verwendeten Zeichensatzes, byteweises Vertauschen). **dd** ist außerdem das einzige Unix-Basiskommando, das bootfähige Linux-Disketten erzeugen kann.

7.6.1 Dateien kopieren: cp

```
cp [Option]... Quelle... Ziel
```


kopiert Dateien **Quelle** nach **Ziel**. Wurden mehrere Quellen angegeben, dann muß **Ziel** ein Verzeichnis sein. Anderenfalls darf **Ziel** ein Datei- oder Verzeichnisname sein (**Quelle** erhält entweder einen neuen Dateinamen oder wird unter demselben Namen in ein anderes Verzeichnis kopiert). Ferner kann **cp** Zieldateien als Verweis auf die Originaldatei einrichten, und zwar als Hard- (**-l**) oder Soft-Link (**-s**).

Normalerweise dupliziert cp den Datenblockbereich

Etwa existierende Zieldateien überschreibt **cp**. Analog **mv** erlaubt **cp** die Verwendung der Optionen **-i** (interaktiv) und **-b** (Backup), die den Anwender zur Bestätigung der Operation auffordern oder automatisch eine Sicherungskopie erzeugen. Sicherungskopien erzeugt **cp** auf die gleiche Art wie **mv** (siehe Seite 151) und wertet dabei insbesondere die Umgebungsvariablen **SIMPLE_BACKUP_SUFFIX** und **VERSION_CONTROL** aus. **cp** **-f** (force) wiederum überschreibt in jedem Fall und **cp** **-u** (update) nur dann, wenn die Zieldatei „älter" ist.

cp -i erzeugt Sicherungskopien

Soll **cp** auch Unterverzeichnisse und darin befindliche Dateien kopieren, dann muß der Anwender das Programm zusammen mit **-R** oder **-r** aufrufen. **cp** **-R** kopiert normale Dateien, Verzeichnisse, Gerätedateien und Soft-Links derart, daß die Zieldatei identischen Typs ist wie die Quelldatei. Zu beachten ist, daß ein gewöhnlicher Anwender keine Gerätedateien kopieren kann. **cp** **-r** kopiert keine Soft-Links, sondern die dadurch jeweils referenzierte Datei. Bei zusätzlicher Angabe der Option **-x** spart **cp** **-R** (**cp** **-r**) alle Unterverzeichnisse aus, die auf anderen Dateisystemen liegen.

cp -r und cp -R kopieren Verzeichnishierarchien

Ferner führt **cp** **-P** **Pfad** zum Kopieren von Dateien in der Weise, daß sie in einem Unterverzeichnis **Pfad** relativ zu **Ziel**

angelegt werden. Dafür benötigte Unterverzeichnisse erzeugt das
Kommando automatisch.

Mit **cp** kopierte Dateien erhalten stets die Benutzer- und
Gruppenkennung des Anwenders. Dem Superuser bietet **cp** die
Möglichkeit, vorhandene Besitzer- und Gruppenkennungen beim
Kopieren zu erhalten (Option **-p**). Ihm steht auch die volle Funktionalität von **cp -a** (archiv) zur Verfügung, das die Optionen **-d**
(Soft-Links bleiben erhalten), **-p** und **-R** umsetzt.

Mit cp erzeugte
Kopien gehören
dem cp-Anwender

Beispiele:

cp $HOME/.bashrc /tmp kopiert die **bash**-Startup-Datei des
Anwenders in das Verzeichnis **/tmp**.

cp -u *.c ~/src kopiert alle C-Programmquellen in das
Verzeichnis **src** relativ zum Heimatverzeichnis des Anwenders. Dort befindliche Dateien gleichen Namens
überschreibt **cp** nicht, falls die Modifikationszeit der Zieldatei neueren Datums ist.

7.6.2 Archivprogramme: cpio und tar

cpio

```
cpio -o [Option]... [< Liste] [> Archiv]
cpio -i [Option]... [Muster]... [< Archiv]
cpio -p [Option]... Ziel [< Liste]
```

kopiert Dateien in oder aus Archivdateien. Eine Archivdatei
bündelt mehrere Dateielemente zuzüglich Dateiinformationen,
die aus Pfadnamen und Attributen (Besitzer, Gruppe, Zugriffsrechte, Zeitstempel) bestehen. Zulässige Archivdateien sind normale Dateien, befindlich auf der Festplatte, einem Magnetband
oder einer Pipeline. Mit **cpio** erzeugte Archivdateien enthalten
ein standardisiertes Format; sie dienen dem Austausch von
Datenbeständen zwischen verschiedenen Rechnersystemen.

cpio-Archive
dienen dem
Datenaustausch
zwischen Unix-
systemen
unterschiedlicher
Hersteller

Die 3 Betriebsarten von **cpio** dienen dem Erzeugen von
Archivdateien (**-o**, output), dem Extrahieren aller oder ausgewählter Dateien (**-i**, input) und dem Kopieren von Dateien in
ein anderes Verzeichnis (**-p**, copy-pass).

Standardmäßig erzeugt **cpio** die Sicherung im Binärformat.
Davon abweichende Aufzeichnungsformate erzeugt **cpio**, wenn

der Anwender **cpio -o -H Format** aufruft. Verfügbare Formate sind:

Option	Aufzeichnungsformat
-H bin	Binärformat (Standard)
-H odc	altes portables POSIX-1-Format
-H newc	portables SVR4-Format
-H crc	portables SVR4-Format mit Prüfsummen
-H tar	Tape-Archiv-Format
-H ustar	POSIX-1-tar-Format
-H hpbin	HP-UX-Binärformat
-H hpodc	portables HP-UX-POSIX-1-Format

Linux-cpio verarbeitet 8 Archivformate

Beim Extrahieren von Dateien erkennt **cpio** das verwendete Archivformat.

In ein Archiv zu kopierende Dateien sind dem Programm über die Standardeingabe zuzuleiten, etwa durch Umleiten der Standardeingabe auf eine Datei, die die zu kopierenden Elemente enthält, oder durch Übergabe von Dateinamen, die von **ls**, **find** et cetera erzeugt wurden, über eine Pipeline.

Soll **cpio -o** das erzeugte Archiv in eine Datei ablegen, dann muß der Benutzer entweder einen Umleitungsoperator oder die Option **-O Datei** verwenden. Optional kann **Datei** der Name eines anderen Systems sowie der Name eines dort zugelassenen Benutzers vorangestellt werden, entsprechend der Syntax

```
-O [[User@]Host:]Datei
```

Diese Betriebsart erfordert einen geeigneten .rhosts-Eintrag auf dem Zielsystem

Außerdem erlaubt **cpio -oA** das Anfügen von Dateien an eine Archivdatei.

Zum Extrahieren von Dateien greift **cpio** entweder auf die Standardeingabe oder eine Datei zu, wobei letztere dem Programm mittels **-F Datei** mitzuteilen ist. Analog zur Option **-O** kann man auch hier **Datei** den Namen eines anderen Systems und eines dort zugelassenen Benutzers voranstellen.

Beim „Auspacken" kopiert **cpio -o** die Dateien eines Archivs entsprechend ihrer kompletten Pfadnamen. Etwa benötigte, noch nicht existente Unterverzeichnisse erzeugt das Programm nur bei Verwendung der Option **-d**. Bereits vorhandene Dateien überschreibt **cpio -i** normalerweise nur dann, wenn die vorhandene Datei älter ist als die zu extrahierende. Mit **-u** aufgerufen, überschreibt das Programm bereits vorhandene Dateien in jedem

cpio -od erzeugt die zum Auspacken erforderlichen Unterverzeichnisse

161

Fall. Ferner erlaubt **cpio -ir** dem Anwender interaktives Umbenennen auszupackender Dateien.

Soll **cpio -i** nur bestimmte Dateien extrahieren, muß der Anwender in der Kommandozeile ein oder mehrere **Muster** angeben (als regulären Ausdruck, siehe Kapitel 7.10), oder das Programm ist mit **-E Datei** aufzufordern, auszuwertende **Muster** aus **Datei** zu entnehmen. Wird zusätzlich die Option **-f** angegeben, dann extrahiert **cpio -i** alle Dateien, die nicht auf **Muster** passen.

cpio -ivt gibt Dateinamen und -attribute aus

Den Inhalt einer Archivdatei zeigt **cpio -it** an (die Dateien werden nicht kopiert). Eine zusätzliche Option **-v** führt ferner zur Ausgabe einer ausführlichen Inhaltsangabe. Mit **-n** aufgerufen, gibt das Programm Benutzer- und Gruppenkennungen in numerischer Form aus.

Im copy-pass-Modus ist es möglich, anstelle der Kopie des Datenblockbereichs einzelner Dateien Soft-Links zu erzeugen (**cpio -pdl**) oder aber vorhandene Soft-Links durch die jeweils referenzierten Dateien zu ersetzen (**cpio -pdL**). Letztere Option ist auch beim Anlegen einer Archivdatei erlaubt (**cpio -oL**).

cpio kann die Zugriffszeiten ändern oder erhalten

Normalerweise ändert **cpio -o** die Zugriffszeit der bearbeiteten Dateien. Die Option **-a** veranlaßt das Programm, diese auf die letzte Zugriffszeit vor dem Lesen zurückzusetzen. Analog setzt **cpio -i** die Modifikationszeit anzulegender Dateien auf das aktuelle Datum; die Option **-m** führt zur Eintragung der ursprünglichen Modifikationszeit.

Ausgepackte Dateien übereignet das Programm seinem Benutzer und dessen Gruppe. In Ergänzung hat der Superuser die Möglichkeit, alle extrahierten Dateien einem bestimmten Benutzer zuzuordnen (**-R [User] [:.] [Group]**).

Beim Auspacken kann cpio die Daten byte- und wortweise vertauschen

Weitere, speziell beim Austausch von Archivdateien zwischen Systemen unterschiedlicher Architektur nützliche Optionen erlauben das Vertauschen der Bytes von Datenwörtern (ein Datenwort besteht aus 4 Byte) und Halbwörtern (**-b**) oder auch nur der Bytes von Halbwörtern (**-s**) respektive die Halbworte eines Worts. Diese Optionen setzt nur **cpio -o** um. Ferner kann der Anwender die zu verwendende Blockgröße vorgeben, etwa um den Zugriff auf Magnetbandgeräte zu optimieren. Dafür verfügbare Optionen sind **-B** (Blockgröße beträgt 5120 Byte), **--block-size=Anzahl** (Blockgröße beträgt **Anzahl** * 512 Byte) und **-C Size** (ein Block besteht aus **Size** Bytes).

Beispiele:

ls | cpio -o > /dev/fd0 erzeugt ein **cpio**-Archiv, das alle im aktuellen Arbeitsverzeichnis befindlichen Dateien enthält. Etwa vorhandene Verzeichnisdateien archiviert **cpio** ebenfalls, jedoch nicht die darin befindlichen Dateien und Unterverzeichnisse.

cpio -ivt < /dev/st0 zeigt den Inhalt eines auf Magnetband befindlichen **cpio**-Archivs an.

find . -depth -print | cpio -pd /mnt kopiert vom aktuellen Arbeitsverzeichnis ausgehend den kompletten darunter befindlichen Verzeichnisbaum nach **/tmp**.

cpio -pdl erzeugt Hard- oder Soft-Links

---

tar Option... Datei...

bildet ein Universalwerkzeug zum Anlegen und Auspacken von normalen oder komprimierten **tar**-Archiven. Die Mehrzahl der Optionen an **tar** kann der Anwender auch ohne einleitendes Minuszeichen spezifizieren. In einigen Fällen hingegen ist ein einleitendes Minuszeichen zwingend erforderlich.

tar sieht insgesamt 7 Betriebsarten vor. Die Arbeitsweise des Kommandos spezifiziert die 1. Option:

Viele Linux-Distributionen werden als Sammlung von komprimierten tar-Archiven vertrieben

A erweitert eine Archivdatei um den Inhalt anderer **tar**-Dateien,

c erzeugt eine neue Archivdatei,

d weist Unterschiede zwischen Dateien eines **tar**-Archivs und lokal im Dateisystem befindlichen Dateien aus,

r fügt Dateien an eine bestehende Archivdatei an,

t zeigt den Inhalt einer Archivdatei,

u ergänzt eine Archivdatei nur um diejenigen Dateien, die eine neuere Modifikationszeit tragen als bereits vorhandene,

x extrahiert Dateien.

Ein markanter Unterschied gegenüber **cpio** besteht darin, daß **tar** nur **tar**-Archive verarbeiten kann, die jedoch zusätzlich komprimiert sein dürfen: Die Option **z** erzeugt oder extrahiert mit **compress** gepackte Dateien. Mit **z** aufgerufen, verwendet

tar die Programme **gzip** oder **gunzip**. Ein alternatives Kompressionsprogramm benutzt **tar**, wenn der Anwender die Option **--use-compress-program prog** angibt.

Im Gegensatz zu **cpio** erwartet **tar** die zu verarbeitende Information außerdem nicht grundsätzlich von der Standardeingabe und liefert erzeugte Archive nicht automatisch auf die Standardausgabe. Normalerweise bedient **tar** das 1. Magnetbandgerät (**/dev/rmt0**). Andere Geräte, etwa Floppylaufwerk (**/dev/fd0**) oder auch gewöhnliche Dateien sind mit **f Archiv** wählbar, Standardein- und -ausgabe mit **f -**. Das auf **f** folgende Argument darf auch von der Form **Host:Archiv** sein.

Standardmäßig bedient tar das 1. Magnetbandlaufwerk

Sowohl beim Anlegen als auch beim Extrahieren verarbeitet **tar** die in der Kommandozeile Unterverzeichnisse. Die Option **T Datei** veranlaßt **tar**, die Liste zu berücksichtigender Dateien aus **Datei** zu entnehmen. Umgekehrt kann der Anwender eine Datei ausschließen (**--exclude Datei**) oder auch eine Liste von Dateien (**X Datei**). Eine Liste der verarbeiteten Dateien zeigt **tar** nur an, wenn das Programm zusammen mit der Option **v** aufgerufen wird.

Bei Verwendung spezieller Optionen (die mit 2 Minuszeichen beginnen) ist es erforderlich, auch „einfache" Optionen einzeln zu notieren und diese jeweils mit – einzuleiten.

tar M verarbeitet Multi-Volume-Archive

Ist die Kapazität des verwendeten Mediums kleiner als die Archivdatei – bei Disketten ist dies häufig der Fall – kann der Anwender mit der Option **M** sogenannte Multi-Volume-Archive erzeugen. Das Anfordern eines neuen Mediums läßt sich zusätzlich über **L num** steuern, wobei **num** die Kapazität des Mediums als Vielfaches von 1024 Bytes bezeichnet.

Beispiele:

tar ztvf /dev/st0 zeigt den Inhalt eines komprimierten, auf Magnetband befindlichen **tar**-Archivs an.

tar xvfC - /tmp entnimmt ein **tar**-Archiv aus der Standardeingabe und extrahiert die enthaltenen Dateien in das Verzeichnis **/tmp**. Zu beachten ist, daß direkt hintereinander geschriebene Optionen, die zusätzliche Argumente benötigen, diese in der Reihenfolge aufnehmen, wie die Optionen selbst angegeben sind.

`tar -c --remove-files -f - .` schreibt den im aktuellen Verzeichnis beginnenden Verzeichnisbaum im **tar**-Format auf die Standardausgabe. Gleichzeitig entfernt **tar** alle verarbeiteten Dateien aus dem Dateisystem.

7.6.3 Kopieren und Konvertieren: dd

`dd [Option]...`

dd

kopiert eine oder mehrere Dateien oder Auszüge davon und führt Konvertierungen durch. Ohne Optionen aufgerufen, liest **dd** von der Standardeingabe und schreibt das Ergebnis auf die Standard-ausgabe. Alternative Ein-/Ausgabedateien muß der Anwender dem Programm mit **if=Eingabe** und **of=Ausgabe** mitteilen, wobei sowohl **Eingabe** als auch **Ausgabe** Namen von Dateien oder Gerätedateien sein dürfen.

dd operiert auf einer gewöhnlichen oder auf einer Gerätedatei

Die Option **count=n** beschränkt die Anzahl zu verarbeitender Blöcke, deren Größe über **bs=size** für Lesen und Schreiben auf **size** Bytes setzbar ist. Getrenntes Einstellen der Blockgrößen für Lese- und Schreiboperationen leisten die Optionen **ibs=size** (input block size) und **obs=size** (output block size). Ein auf **size** (optional) folgender Buchstabe legt fest, als Wievielfaches von welcher Einheit **size** zu verstehen ist: **c**=1, **w**=2, **b**=512, **k**=1024 Bytes und **xm=n** setzt den Multiplikator auf eine beliebige Zahl **n**.

Ferner kann der Anwender **dd** veranlassen, erst ab einer bestimmten Blocknummer zu lesen (**skip=n**) oder mit dem Kopieren erst **n** Blöcke nach dem Anfang der Ausgabedatei zu beginnen (**skip=n**).

Von **dd** ausführbare Konvertierungen, unmittelbar nach der Option **conv=** anzugeben, ermöglichen eine Wandlung des enthaltenen Zeichensatzes, und zwar von ASCII nach EBCDIC (**ebcdic**) oder dem auf IBM-Systemen üblichen EBCDIC-Format (**ibm**) und zurück (**ascii**), Wandlung von Klein- in Großbuchstaben (**ucase**) oder umgekehrt (**lcase**). **dd** kann auch aufeinanderfolgender Bytes vertauschen (**conv=swab**), jedoch nicht aufeinanderfolgende Halbwörter. Soll **dd** mehrere Konvertierungen durchführen, dann sind diese durch Kommata getrennt hintereinanderzuschreiben.

dd wandelt Zeichensätze und führt byteweises Vertauschen durch

Die Operationen
conv=block und
conv=unblock
wandeln
zwischen
festem und
variablem
Satzformat

Auf älteren Systemen erzeugte Dateien verwendeten häufig ein blockorientiertes Archivformat, bei dem einzelne Zeilen stets eine feste Anzahl von Zeichen einnahmen. Anstelle des Zeilenendezeichens markierte dort das Blockende das Ende einer Zeile. Zur Wandlung zwischen solchen und Unix-typischen Formaten stellt **dd** die Konversionsmethoden **block** (Ersetzen des Zeilenendezeichens durch soviele Leerzeichen, wie zum Auffüllen des Blocks erforderlich sind) und **unblock** bereit (Ersetzen von abschließenden Leerzeichen durch ein Zeilenendezeichen). Die Größe des dabei benutzten Konvertierungspuffers ist **dd** mit der Option **cbs=n** mitzuteilen.

Beispiele:

dd if=/vmlinuz of=/dev/fd0 erzeugt eine Linux-Boot-Diskette.

dd dupliziert
Festplatten

dd if=/dev/hda1 of=/dev/hdb2 spiegelt den kompletten Inhalt von der 1. Partition der 1. Festplatte auf die 2. Partition der 2. Festplatte.

dd if=/dev/fd0 of=/tmp/floppy1 kopiert den physikalischen Inhalt einer Diskette in eine Datei.

dd if=/tmp/floppy1 of=/dev/fd0 erzeugt ein Duplikat der zuvor eingelesenen Diskette.

7.6.4 Dateien und Dateisysteme sichern: dump

dump

```
dump [Option]... Quelle
```

dump ist das
Unix-Standard-
werkzeug für
zyklische
Datensicherung

dient der Sicherung von Dateien und Dateisystemen, typischerweise durch Kopieren aller oder der seit dem zuletzt ausgeführten **dump**-Kommando veränderten Dateien auf ein externes Speichermedium (Magnetband, Festplatte) im **dump**-Format. Basis für den „Dump-Level" bildet eine als Option anzugebende Ziffer **0-9**, die festlegt, ob alle Dateien oder nur die seit der letzten Sicherung mit gleichem oder niedrigerem Dump-Level veränderte Dateien zu berücksichtigen sind. **0** besagt, daß alle Dateien zu sichern sind, Standardwert ist **9**. Die Datensicherung mit **dump** darf nur der Superuser durchführen.

Normalerweise führt **dump** Sicherungen auf das Magnetband-gerät aus, das mit **/dev/rmt8** anzusprechen ist. Soll dafür ein anderes Gerät verwendet werden, ist die Option **f Datei** zu verwenden. Im einzelnen bildet **dump** damit ein Werkzeug, das es erlaubt, Dateisysteme zu spiegeln.. Hat der hinter **f** angegebene Parameter das Format **Host:Datei** oder **User@Host:Datei**, schreibt **dump** auf **Datei** eines entfernt befindlichen Systems.

dump sichert auf lokale oder entfernte Medien

Ist die Kapazität der Zieldatei für die Aufnahme aller Daten nicht ausreichend – dies ist immer dann der Fall, wenn „große" Partitionen auf „kleine" Bänder zu sichern sind – verteilt **dump** die Sicherung auf mehrere Bänder. Bei Bandlaufwerken, die keine „end-of-media"-Meldung erzeugen können, ist dem **dump**-Kommando zusätzlich die Kapazität des Mediums mitzuteilen.

Die Kapazität des Sicherungsmediums berechnet **dump** aus der Schreibdichte (mit **-d density**) einstellbar, Standardwert ist 1600BPI und der Bandlänge (Option **-s feet**, Bandlänge in Fuß). Alternativ kann der Superuser die Kapazität des Mediums mit **-B records** benennen (**records** wird als Vielfaches von 1024 Bytes interpretiert). Die zu verwendenden Satzgröße (in kByte) kann mit **-b blocksize** festgelegt werden.

90m DAT: 4150 feet, 40 000 BPI; 120m DAT: 6900 feet, 60 000 BPI

Beispiele:

dump 0f /dev/sdb1 /dev/sda1 schreibt sämtliche Daten, die sich auf der 1. Partition der 1. SCSI-Festplatte befinden auf die 1. Partition der 2. SCSI-Festplatte.

dump dupliziert Festplatten

dump 0sf 600 /dev/rst0 /dev/hda3 führt eine Level-0-Sicherung von der 3. Partition der 1. IDE-Festplatte auf das 1. SCSI-Magnetbandlaufwerk durch.

7.6.5 Dateien und Dateisysteme zurückladen: restore

restore Option... [Datei]...

restore

erlaubt dem Superuser, mit **dump** gesicherte Dateien in das aktuelle Arbeitsverzeichnis zurückzuladen. Das voreingestellte Medium, auf das **restore** zugreift, ist **/dev/rmt8**; ein im Linux-Verzeichnisbaum standardmäßig nicht vorhandenes Gerät,

das der Superuser als Soft-Link auf das vorhandene Magnetbandlaufwerk anlegen kann (etwa **/dev/st0**).

Alternative Sicherungsmedien kann der Superuser mit der
Option **f Datei** wählen. Ist **Datei** von der Gestalt **Host:Datei**
oder **User@Host:Datei**, dann verwendet **restore** ein entfernt
befindliches Sicherungsmedium.

Einsatzbereiche von **restore** schließen das Zurückladen von
Dateien nach einem (unbeabsichtigten) Datenverlust sowie Konvertierung von Dateisystemen in ein anderes Dateisystemformat
ein (erst Komplettsicherung mit **dump**, dann neues Dateisystem
einrichten, abschließend Zurückladen mit **restore**). Folgende 4
Optionen steuern die Arbeitsweise von **restore**:

*restore
restauriert
Teil- oder
Komplett-˜
sicherungen*

r führt zum Auffüllen neu angelegter Dateisysteme,
x extrahiert nur die in der Kommandozeile benannten Dateien,
i erlaubt interaktives Auswählen der zurückzuladenden Dateien,
t zeigt den Inhalt eines Sicherungsmediums.

Gelegentlich kann **restore** eine **dump**-Sicherung, die über
mehrere Medien verteilt ist, nur teilweise zurückladen, da ein Sicherungsmedium fehlerhaft ist. Für diesen Fall erlaubt die Option
R interaktives Auswählen eines bestimmten Sicherungsmediums.
Ferner erlaubt **b blocksize** das Einstellen der Blockgröße, und
s num veranlaßt **restore**, eine bestimmte Sicherung von einem
Sicherungsmedium zu restaurieren. Dies ist immer dann nötig,
wenn auf einem Sicherungsmedium mit hoher Kapazität mehrere
dump-Dateien hintereinander angelegt wurden und ein normalerweise erforderliches Positionieren des Lesekopfes entfallen soll.

*Multi-Volume-
Sicherungen
kann restore
auszugsweise
zurückladen*

Beispiele:

restore rf /dev/st0 lädt alle Dateien einer **dump**-Siche-
rung des 1. SCSI-Bandlaufwerks. Vor Anwendung dieses
Aufrufs sei empfohlen, das betreffende Dateisystem neu
einzurichten (**mkfs**) und daraufhin an einer bestimmten
Stelle in den Verzeichnisbaum einzubinden (mit **mount**).

dump 0f - /usr | (cd /mnt; restore xf -) kopiert
den Inhalt des **/usr**-Dateisystems auf ein an **/mnt** an-
gebundenes Dateisystem. Die Datenübermittlung erfolgt
über Standardein-/ausgabe.

7.7 Suchen, Vergleichen, Sortieren

Ein Unix-Verzeichnisbaum beherbergt in der Regel mehrere 1000 Einträge, und es ist für den Anwender praktisch unmöglich, dabei den Überblick zu behalten. Gezieltes Suchen nach einer bestimmten Datei oder nach Dateien, deren Name einem Muster folgt, leistet **find**. Darüber hinaus kann **find** auf „Treffer", also Dateien, die dem vorgegebenen Suchkriterium entsprechen, gewisse Aktionen anwenden.

find lokalisiert Dateien im Verzeichnisbaum

Ferner ist es häufig erforderlich, eine Datei zu lokalisieren, in der eine bestimmte Zeichenkette enthalten ist, etwa der Name eines Variablenbezeichners in einer Programmquelle. Auf diese Aufgabenstellung ist **grep** abgestimmt, das außerdem Textmuster lokalisieren kann, die sich als regulärer Ausdruck beschreiben lassen.

grep durchsucht Dateien nach Zeichenketten

Eine andere, gelegentlich auftretende Aufgabenstellung betrifft das Überprüfen auf Dateigleichheit oder -ungleichheit. Zu unterscheiden ist dabei zwischen binären Dateien, die ausführbare Programme repräsentieren oder binär kodierte Daten enthalten, und Textdateien, etwa Konfigurationsdateien oder Programmquellen. Dafür vorhandene Unix-Programme sind im wesentlichen **cmp** und **diff**. Letzteres bildet ein vergleichsweise mächtiges Werkzeug insofern, als **diff** auch Skripts erzeugen kann, die der Unix-Editor **ed** oder das Programm **patch** verwenden können, um eine „ältere" Datei auf einen neueren Stand zu bringen.

cmp und diff vergleichen Dateien und zeigen Unterschiede auf

Abschließend wird das Kommando **sort** erläutert, das einzelne Textdateien sortiert oder mehrere bereits sortierte Dateien mischt.

7.7.1 Suchen nach Dateinamen: find

```
find [Pfad]... [Ausdruck]... [Aktion]...
```

find

sucht im Dateisystem beziehungsweise einem Teil davon nach Dateien, die einem vorgegebenem Muster entsprechen (**find** wertet für jedes in der angewählten Verzeichnishierarchie befindliche Dateielement logische Ausdrücke aus). Zu allen Elementen, die **find** entsprechend den angegebenen Kriterien als Treffer identifiziert, führt der Befehl eine oder mehrere Aktionen **Aktion** aus. Häufig benutzte Suchkriterien:

- **-empty** sucht nach Dateien, die keine Daten enthalten, und nach Verzeichnissen, die keine Dateien enthalten,
- **-name Name** sucht nach Dateien mit Namen **Name**. Falls Dateien zu suchen sind, die zu einer Maske passen, kann man die Jokerzeichen der Shell verwenden; **Name** ist dann in Hochkommata einzuschließen,
- **-newer Datei** sucht nach Dateien, die neuer als die Referenzdatei **Datei** sind,
- **-perm Wert** sucht nach Dateien, die das Zugriffsrecht **Wert** tragen,
- **-type Typ** sucht nach Dateien vom Typ **Typ**. Zulässige Werte für **Typ** sind **b** (blockorientiertes Gerät), **c** (zeichenorientiertes Gerät), **d** (Verzeichnis), **f** (normale Datei), **l** (Verweis), **p** (Pipe) und **s** (Socket),
- **-user User** sucht nach Dateien, die dem Benutzer **User** gehören.

Von jeder Datei, die zu den gewählten Kriterien paßt, wird der Dateiname an **Aktion** weitergeleitet. Zu den wichtigsten Aktionen zählen

- **-exec Kommando \;** führt **Kommando** aus. Alle auf **Kommando** folgende Zeichen interpretiert **find** als Kommandoparameter, das Ende der Kommandozeile kennzeichnet ein Semikolon mit vorangestelltem Leerzeichen und Backslash (****). Bestandteil der Kommandozeile sollte dabei ein Paar geschweifter Klammern **{}** sein; **find** ersetzt diese durch den aktuellen Pfadnamen,
- **-fprint Datei** schreibt alle Pfadnamen, die den gewählten Kriterien entsprechen, in die Datei **Datei**,
- **-ls** kopiert den Pfadnamen mit zusätzlichen Informationen (entsprechend einem Aufruf von **ls -dils**) auf die Standardausgabe,
- **-ok** entspricht **-exec** mit dem Zusatz, daß der Anwender zur Bestätigung der Aktion aufgefordert wird,
- **-print** kopiert den Pfadnamen auf die Standardausgabe.

Beispiele:

`find ~ -name ".*rc" -print` sucht nach Dateien, deren
Name mit einem Punkt beginnen, mit den Buchstaben `rc`
enden und unterhalb des Heimatverzeichnisses des Anwenders liegen.

*Jokerzeichen sind
mit Hochkommata
zu klammern*

`find / -name core -exec rm {} \;` führt das Kommando `rm` auf alle im Verzeichnisbaum befindlichen Dateien
`core` aus.

7.7.2 Suchen nach Dateiinhalten: `grep`

`grep [Option]... Ausdruck [Datei]...`

grep

zeigt alle Zeilen einer (oder mehrerer) Datei(en) an, in denen ein
bestimmter Ausdruck enthalten ist, und kopiert diese auf die Standardausgabe. Fehlt **Datei** oder wurde ein Minuszeichen – verwendet, dann entnimmt **grep** die zu verarbeitende Information
der Standardeingabe. Drei Optionen bestimmen die Arbeitsweise
von **grep**:

-G fordert **grep** auf, **Ausdruck** als regulären Ausdruck (siehe
Kapitel 7.10) zu interpretieren,

*grep, egrep und
fgrep suchen
Zeichenketten
oder reguläre
Ausdrücke*

-E führt zur Behandlung von **Ausdruck** im Sinne eines erweiterten regulären Ausdrucks,

-F erlaubt die Suche nach mehreren, in einer Liste angegebenen Ausdrücken, die sich normalerweise (durch Zeilenvorschub getrennt) in einer Datei befinden (Option **-f Datei**
verwenden).

Wurde keine der genannten Optionen angegeben, dann arbeitet
das Programm gemäß **grep -G**. Für die beiden anderen Betriebsarten stehen alternativ die Kommandos **egrep** (entspricht im wesentlichen **grep -E**) und **fgrep** (mit **grep -F** identisch) bereit. Linux-Distributionen enthalten die von der Free Software
Foundation entwickelten **grep**-Versionen, die in jeder Betriebsart
erweiterte reguläre Ausdrücke zulassen.

Standardmäßig liefert **grep** jeweils die Zeile einer Datei,
die den angegebenen Ausdruck enthält. In Ergänzung führt die

Option **–num** zur Ausgabe von **num** Zeilen vor und nach der Zeile, die **Ausdruck** enthält. Möchte man nur entweder vorhergehende oder nachfolgende Zeilen erhalten, dann ist eine der Optionen **–B** (before) oder **–A** (after) zu verwenden.

grep –i
behandelt
Versalien wie
Kleinbuchstaben

Normalerweise unterscheidet **grep** zwischen Groß- und Kleinschreibung; **grep –i** schaltet dies ab. Weitere wichtige Optionen sind **–n** zur Ausgabe der Zeilennummer, in der **Ausdruck** gefunden wurde, **–h** zum Unterdrücken des Dateinamens, den **grep** bei der Bearbeitung mehrerer Dateien mit ausgibt, **–c**, falls man an der Zahl der „Treffer" interessiert ist, und **–l**, falls **grep** nur die Namen der Dateien anzeigen soll, in denen **Ausdruck** vorkommt. Inverses Suchen, also Ausgabe aller Zeilen, in denen **Ausdruck** nicht vorkommt, leistet **grep –v**.

Beispiele:

grep –n –A 2 inetd /etc/rc.d/* zeigt alle Zeilen einschließlich zugehöriger Zeilennummern aller im Verzeichnis **/etc/rc.d/*** befindlichen Dateien, die die Zeichenkette **inetd** enthalten. Zusätzlich gibt **grep** jeweils die 2 nachfolgenden Zeilen aus.

Häufig wird grep
zusammen mit
strings verwendet

strings –a /bin/bash | grep –i version extrahiert zunächst den lesbaren Text aus **/bin/bash** und filtert anschließend alle Zeilen heraus, die die Zeichenkette **version** enthalten. Zwischen Groß- und Kleinschreibung wird dabei nicht unterschieden.

7.7.3 Vergleichen von Dateiinhalten: cmp und diff

cmp

cmp [Option]... Datei1 [Datei2]

vergleicht 2 Dateien (oder eine Datei mit der Standardeingabe) und zeigt bei Ungleichheit die Dateiposition und das dort befindliche Byte des 1. Unterschieds. **cmp** terminiert mit Status **0**, falls die Dateien übereinstimmen und mit **1**, falls Unterschiede vorhanden sind. Ein Unterdrücken der Ausgabe bewirkt die Option **–s** (silent). In diesem Fall ist die Identität zweier Dateien dem Exit-Status von **cmp** zu entnehmen.

Mit der Option **-l** aufgerufen, zeigt **cmp** zeilenweise alle Unterschiede auf, jeweils mit vorangestelltem Dateioffset als Dezimalzahl, gefolgt von den Oktalwerten der dort befindlichen Bytes beider Dateien. Die zusätzliche Ausgabe des Oktalwerts und des zugehörigen Symbols des jeweiligen Bytes bewirkt die Option **-c**. Analog **cat -v** kennzeichnet **cmp** in dieser Betriebsart Steuerzeichen mit vorangestelltem ^ und Zeichen, bei denen das 8. Bit gesetzt ist, mit vorangestelltem **M-**.

diff

diff [Option]... Datei1 Datei2

vergleicht 2 Dateien **Datei1**, **Datei2** und gibt auf der Standardausgabe aus, welche Zeilen in **Datei1** zu ändern sind, um **Datei2** zu erzeugen. Falls **Datei1** ein Verzeichnis ist, vergleicht **diff Datei2** mit der Datei aus dem Verzeichnis **Datei1**, die den Namen **Datei2** trägt. Sind **Datei1** und **Datei2** Verzeichnisse, dann vergleicht **diff** jeweils gleichnamige Dateien aus **Datei1** mit denen aus **Datei2**. Bei Verwendung geeigneter Optionen behandelt **diff** in diesem Fall nicht vorhandene primäre (**-P**) oder sekundäre (**-N**) Dateien wie leere Dateien. Außerdem führt **-r** zum rekursiven Vergleich (berücksichtigt alle Unterverzeichnisse.

diff vergleicht Dateien und Verzeichnisse

    diff vergleicht im wesentlichen Textdateien, kann aber auch binäre Dateien handhaben (für den Vergleich binärer Dateien sei die Verwendung von **cmp** empfohlen). Mit **-s** (**-q**) aufgerufen, liefert **diff** die Namen identischer (verschiedener) Dateien. Anderenfalls erzeugt das Programm eine Folge von markierten Zeilen, die aufzeigen, wo und wie sich die bearbeiteten Dateien unterscheiden. Die Ausgabe hat etwa folgende Gestalt:

n1an3,n4	für einzufügende Zeilen,
n1,n2cn3,n4	für auszutauschende Zeilen und
n1,n2dn3	für zu löschende Zeilen,

a,c und d stehen für append, change und delete

wobei **n1**, **n2**, **n3** und **n4** jeweils Zeilennummern kennzeichnen. Danach schreibt **diff** zunächst die entsprechende(n) Zeile(n) aus **Datei1**, anschließend die aus **Datei2**. Die aus **Datei1** entnommenen Zeilen markiert **diff** mit einer vorangestellten linken spitzen Klammer **<**, die aus **Datei2** stammende mit einer rechten spitzen Klammer **>**. Außerdem fügt **diff** hinter den Zeilen aus **Datei1** eine Zeile mit 3 Minus-Zeichen ein, falls im selben Block Informationen aus **Datei2** folgen (nur in Verbindung mit der Option **-c**).

diff kann die Ausgabe für ed oder patch formatieren

Wird **diff** mit der Option **-e** aufgerufen, dann erscheint die Ausgabe in einem Format, das der Unix-Zeileneditor **ed** als Kommandosequenz verwenden kann, um **Datei1** in **Datei2** zu wandeln. Alternativ formatiert **diff -c** die Ausgabe im „Context-Format" (entsprechend den Anforderungen des Programms **patch**).

Bei Verwendung der Option **-y** zeigt **diff** die Inhalte der zu bearbeitenden Dateien nebeneinander (Side-by-Side) und markiert die Zeilen, in denen **Datei2** von **Datei1** abweicht. Die Zeilenbreite beträgt normalerweise 130 Zeichen, eine alternative Spaltenzahl setzt **-W num**.

diff -y mischt C-Programme

Eine weitere Betriebsart **diff -D Name** erlaubt das Zusammenbinden zweier C-Programmquellen. Übereinstimmende Zeilen kopiert **diff** unverändert auf die Standardausgabe, sich unterscheidende Zeilen umrahmt **diff** mit den Präprozessor-Direktiven **#ifdef Name** beziehungsweise **#ifndef Name**, **#else** und **#endif**.

Bei diff -i sind Groß- und Kleinbuchstaben gleichgestellt

Die Arbeitsweise von **diff** sieht einen zeichenweisen Vergleich vor. Mit der Option **-i** aufgerufen, unterdrückt **diff** die Unterscheidung von Groß- und Kleinschreibung, **-w** entfernt vor dem Vergleich etwa vorhandene Leerzeichen, **-b** faßt mehrere Leerzeichen zu einem zusammen und **-B** ignoriert Leerzeilen. Ferner bleiben beim Vergleich alle Zeilen unberücksichtigt, die einem regulären Ausdruck **RegExp** entsprechen, falls **diff** mit **-I RegExp** aufgerufen wird.

Beispiele:

diff rc.local rc.local~ gibt die Unterschiede zwischen der aktuellen System-Startup-Datei **rc.local** und einer **emacs**-Sicherungskopie **rc.local~** aus.

diff -crN neu alt > neu.patch vergleicht alle Dateien aus der Verzeichnishierarchie **neu** mit denen aus **alt**. Mit der erzeugten Patch-Datei kann der Anwender daraufhin die Verzeichnishierarchie **alt** so modifizieren, daß sie dem Stand von **neu** entspricht (**patch -p < neu.patch**).

7.7.4 Sortieren von Textdateien: `sort`

Das Kommando

`sort [Option]... [Datei]...`

`sort`

sortiert die Zeilen der angegebenen Dateien (beziehungsweise der
von der Standardeingabe gelesenen Datenzeilen) und kopiert das
Ergebnis auf die Standardausgabe oder in eine Datei (bei Aufruf
mit **-o Datei**). **sort -c** prüft lediglich, ob das Datenmaterial
bereits sortiert ist. Bei nicht sortierter Eingabedatei terminiert
sort mit Exit-Status 1. Außerdem kann **sort -m** die Inhalte
mehrerer Dateien zusammenfügen und daraus eine Ergebnisdatei erzeugen, wobei die beteiligten Eingabedateien bereits vor-
sortiert sein müssen (Mehrbandmischen). Mit **-u** läßt sich dabei erreichen, daß identische Zeilen in der Ausgabe nur einmal
vorkommen.

*sort sortiert eine
einzelne Datei oder
mischt mehrere
vorsortierte
Dateien*

    Zu verarbeitende Eingabezeilen faßt **sort** als Aneinanderrei-
hung von Feldern auf, die ein Separator trennt. Normalerweise ist
der Separator eine leere Zeichenkette zwischen einem Nichtleer-
zeichen und einem Leerzeichen. Das von **sort** zu verwendende
Trennzeichen kann der Anwender optional mit **-t x** festlegen.
Dabei ist zu beachten, daß das Trennzeichen niemals Bestandteil
eines Felds ist.

    Mit **+pos1 [-pos2]** oder **-k pos1[,pos2]** wird **sort** auf-
gefordert, für den Vergleich nur die ab dem Feld **pos1** bis zum
Zeilenende oder bis **pos2** vorhandenen Daten zu verwenden. Die
Feldbezeichner **pos1** und **pos2** können dabei von der Gestalt
f.c sein, wobei **f** die Feldnummer und **c** die Nummer des Zeichens des Felds bezeichnet, ab dem der Vergleich durchzuführen
ist. Das 1. Feld hat die Position **0**.

*+pos1.c -pos2.c
bestimmt
Schlüsselfelder,
nach denen sortiert
werden soll*

    Normalerweise sortiert **sort** entsprechend der lexikografi-
schen Ordnung des zugrundeliegenden Maschinenzeichensatzes,
benutzt also den Oktalwert einzelner Zeichen einer Zeile und sortiert die Zeilen in aufsteigender oder absteigender (Option **-r**)
Reihenfolge. Stimmen 2 Zeilen im 1. Feld überein, entscheiden
die nachfolgenden Felder über den „Rang" einer Zeile. Leer- und
Tabulatorzeichen am Feldanfang ignoriert **sort**, falls das Programm zusammen mit der Option **-b** aufgerufen wird.

    Einschränkungen hinsichtlich des Zeichensatzes, den **sort**
beim Vergleich verwenden soll, ermöglichen die Optionen **-d**

(nur Buchstaben und Ziffern) und **-i** (nur Zeichen im oktalen Bereich **040** bis **0176** werden berücksichtigt). **sort -f** wiederum wandelt vor dem Vergleich die Kleinbuchstaben einer Zeile in Großbuchstaben, so daß beispielsweise **d** und **D** als gleichwertig gelten.

sort -M sortiert
Monatsnamen

Ein alternatives Sortierkriterium setzt **sort -M** um, indem es die ersten 3 Buchstaben einer Zeile als Monatsangabe betrachtet und die Zeilen der Datei in der Reihenfolge **JAN < FEB <...< DEZ** sortiert. Ungültige Monatsangaben werden dabei vor **JAN** einsortiert.

sort -n behandelt
numerische
Zeichenketten wie
Dezimalzahlen

In Verbindung mit der Option **-n** aufgerufen, sortiert das Programm am Anfang der Zeile stehende numerische Zeichenketten entsprechend ihrem arithmetischen Wert. Numerische Zeichenketten bestehen aus führenden Leerzeichen, gefolgt von einem Vorzeichen und einer beliebigen Anzahl Ziffern, optional ergänzt um einen Dezimalpunkt und weitere Ziffern.

Beispiele:

sort /etc/passwd gibt den Inhalt der Paßwort-Datei aus, sortiert nach Benutzernamen.

Das 1. Feld
hat die Nummer 0

ls -l | sort -M +5 sortiert die ausführliche Liste der im aktuellen Arbeitsverzeichnis befindlichen Dateien nach Monatsdaten (6. Feld).

7.8 Dateien formatieren

Gelegentlich ist es erforderlich, Dateien vor der Ausgabe geeignet aufzubereiten beziehungsweise zu formatieren. Ziel dieses Abschnitts ist es, bisher nicht diskutierte Unix-Kommandos zu erläutern, die im weitesten Sinne der Formatierung von Dateiinhalten dienen.

pr erzeugt
Textausgaben
im Druckformat

In diese Klasse fällt unter anderem das Kommando **pr**, das Textdateien für eine Druckausgabe vorbereitet. **pr** integriert auch die Fähigkeit, mehrere Dateien parallel zu verarbeiten und die Inhalte einzelner Dateien spaltenweise nebeneinander anzuordnen.

Ebenfalls auf den Umgang mit Spalten abgestimmt sind die Programme **expand** und **unexpand**. Einzige Aufgabe dieser Kommandos ist das Ersetzen von Tabulatorzeichen durch eine geeignete Anzahl von Leerzeichen beziehungsweise umgekehrt das Ersetzen von Leerzeichen durch Tabulatoren.

Häufig stellen Textdateien mit langen Zeilen ein Problem dar, da das Ausgabegerät für die Anzeige aller Zeichen einer Zeile „zu klein" ist. Abhilfe schafft hier das Programm **fold**, das lange Zeilen an einer vorgegebenen Position umbricht.

fold umbricht Zeilen und paste fügt Zeilen zusammen

Umgekehrt entfernt **paste** Zeilenumbrüche und faßt dabei alle Zeilen einer Datei zu einer Zeile zusammen. Außerdem kann **paste** Textzeilen gleicher Zeilennummer aus mehreren Dateien zu einer Textzeile zusammenfügen; das Ergebnis besteht dann aus mehreren Zeilen mit spaltenweise aufbereitetem Inhalt der zusammengefaßten Dateien.

Neben den bereits bekannten Kommandos **head** und **tail**, die bestimmte Zeilen oder Bereiche eines Dokuments extrahieren, zählt zum Leistungsumfang aller Unix-Distributionen das Kommando **cut**, das die Ausgabe auf bestimmte Spalten oder Felder beschränkt.

cut extrahiert Spalten aus Textdateien

Wesentlich weitreichender ist der Einsatzbereich von **awk**, das neben der bloßen Ausgabe von Feldelementen einer Zeile eine eigene Programmiersprache bereitstellt (**awk** bildet gewissermaßen einen programmierbaren Textfilter).

Ferner wurde das Programm **tr** diesem Bereich zugeordnet. Im wesentlichen führt **tr** eine Transformation bestimmter oder aller Zeichen einer Datei auf einen alternativen Zeichensatz durch. Möglicher Einsatzbereich von **tr** ist etwa die Transformation aller Klein- in Großbuchstaben, das Ersetzen aller Ziffern durch Leerzeichen et cetera.

tr konvertiert den Zeichensatz

7.8.1 Druckausgaben vorbereiten: pr

```
pr [Option]... [Datei]...
```

pr

gibt Textdateien im Druckformat aus. Fehlt das Argument **Datei**, entnimmt **pr** die zu verarbeitende Information aus der Standardeingabe. Mit **+Seite** wird **pr** veranlaßt, die Ausgabe erst ab Seite **Seite** zu erzeugen.

pr unterteilt die Ausgabe in einzelne Seiten und versieht dabei jede Seite mit einer Überschrift, die standardmäßig Namen und Modifikationszeit der Textdatei sowie eine fortlaufende Seitenzahl enthält. Ein Unterdrücken der Kopfzeile leistet die Option **-t**. Ferner ersetzt **pr -h Text** den Dateinamen in der Kopfzeile durch die Zeichenkette **Text**.

Bei Verwendung der Option **-num** setzt **pr** den Text in **num** Spalten. Bei zusätzlicher Angabe der Option **-a** ordnet **pr** einzelne Zeilen nebeneinander (sonst untereinander) an. Soll das Programm mehrere Dateien parallel verarbeiten, führt die Option **-m** zur Ausgabe jeder Datei in einer eigenen Spalte. Zusätzliche Angabe von **-num** und **-a** ist in diesem Fall nicht erlaubt.

pr -m druckt mehrere Dateien spaltenweise nebeneinander aus

Die zu verwendende Breite einzelner Spalten berechnet **pr** als Quotient aus der Seitenbreite und der Spaltenzahl. Eine vom voreingestellten Wert 72 abweichende Seitenbreite läßt sich mit **-w num** einstellen. Falls eine auszugebende Textzeile länger als die Spaltenbreite ist, wird die Zeile verkürzt, der Text also geeignet abgeschnitten.

Bei mehrspaltiger Ausgabe verkürzt pr „lange" Textzeilen

Die Länge einer Seite beträgt normalerweise 66 Zeilen; **pr** ist gewissermaßen an das in den USA gebräuchliche 11 Zoll hohe Druckerpapier angepaßt. Eine alternative Zahl der Zeilen pro Seite ist mit der Option **-lnum** einstellbar, wobei **pr** keine Kopfzeile ausgibt, falls **num** kleiner als 11 gewählt wurde. Für das in Deutschland gebräuchliche 12 Zoll Druckerpapier ist beispielsweise **num=72** zu wählen.

pr -l72 formatiert für eine Ausgabe auf 12 Zoll Druckerpapier

Zu beachten ist dabei, daß die Anzahl der Druckzeilen kleiner als die Seitenlänge zu wählen ist, falls die Option **-t** nicht verwendet wird. **pr** verwendet 5 Zeilen für die Kopfzeile und erzeugt den Seitenumbruch mit weiteren 5 Leerzeilen. Zusätzlich kann der Anwender das Kommando mit der Option **-f** auffordern, am Ende jeder Seite ein Seitenvorschubzeichen (FormFeed) einzufügen. In dieser Betriebsart sorgt der Drucker dafür, daß die Kopfzeile stets am Seitenanfang steht.

Für Kopfzeile und Seitenumbruch verwendet pr je 5 Zeilen

Weitere Fähigkeiten von **pr** schließen das Einfügen einer Leerzeile nach jeder Textzeile (Option **-d**) sowie die Numerierung jeder Textzeile ein (**-n**). Standardmäßig sind die Zeilennummern 5stellig; eine unmittelbar auf **-n** folgende Zahl führt zu „breiteren" Zeilennummern. Zwischen die Zeilennummer und den Zeilentext fügt **pr -n** außerdem 3 Leerzeichen ein oder ein Trennzeichen, das als abschließender Parameter an die Option **-n** angefügt wurde.

pr -n erzeugt Zeilennummern

Beispiele:

pr -n -172 pr.c | lpr bereitet die Datei **pr.c** für seiten-
weise Druckausgabe vor. Jede Zeile erhält eine fortlaufende Zeilennummer. Die Seitenlänge beträgt 72 Zeilen. Das
Ergebnis wird an das Druckkommando **lpr** weitergeleitet.

pr -m main.c main.c.org druckt die Dateien **main.c** und
main.c.org seitenweise nebeneinander aus.

*pr schneidet
„lange" Zeilen ab*

7.8.2 Tabulator-Konvertierung: expand und unexpand

expand [Option]... [Datei]...

expand

ersetzt Tabulatorzeichen durch eine geeignete Anzahl von
Leerzeichen. Ohne Optionen aufgerufen, ersetzt **expand** alle
Tabulatorzeichen durch die Anzahl Leerzeichen, die erforderlich
ist, um eine Spaltenbreite von 8 Zeichen zu erreichen. Alternative
Tabulatorpositionen verarbeitet **expand -tab** beziehungsweise
expand -t tab. Den Wert von **tab** faßt das Programm als
Breite aller Spalten im Dokument auf.

*Backspace-Zeichen
haben für expand
die Länge -1*

    Wurde das Programm zusammen mit einer durch Kommata
getrennten Liste der Form **-tab1,tab2,...** aufgerufen, dann
setzt **expand** die Breite der 1. Spalte auf **tab1** Zeichen, die
der 2. Spalte auf **tab2** Zeichen und so weiter. Falls eine Eingabezeile mehr Tabulatoren enthält als in der Option genannt, dann
ersetzt **expand** die „höheren" Tabulatoren durch einfaches Leerzeichen.

*expand -40\
/etc/services
erzeugt „breite"
Spalten*

    Zusammen mit der Option **-i** aufgerufen, konvertiert **expand**
nur die führenden Tabulatorzeichen, ersetzt sie also nur dann
durch Leerzeichen, wenn sie am Zeilenanfang stehen.

unexpand [Option]... [Datei]...

unexpand

ersetzt multiple Leerzeichen in Eingabezeilen durch Tabulatoren,
bildet gewissermaßen das Gegenstück zu **expand**. Der Algorithmus sieht vor, aufeinanderfolgende Leerzeichen daraufhin zu untersuchen, ob sie sich bis zu einer Tabulatorposition erstrecken

179

und solche Folgen von Leerzeichen durch jeweils ein Tabulatorzeichen zu ersetzen.

Standardmäßig erzeugt **unexpand** nur führende Tabulatoren. Die Option **-a** fordert das Programm auf, alle Zeichenketten einer Textzeile, die aus mindestens 2 Leerzeichen bestehen, entsprechend zu behandeln. Analog **expand** kann der Anwender die jeweils zu berücksichtigenden Tabulatorpositionen in der Kommandozeile mit **-tab1[,tab2[,...]]** festlegen.

7.8.3 Textzeilen umbrechen: fold

fold

```
fold [Option]... [Datei]...
```

fold kann Texte vorbereiten, die pr mehrspaltig ausgeben soll

führt bei „langen" Zeilen der angegebenen Textdateien (oder den Zeilen der Standardeingabe) einen Zeilenumbruch durch, so daß die Zeilenlänge ein bestimmtes Maß nicht übersteigt. Voreingestellt ist eine Zeilenlänge von 80 Zeichen (entsprechend der Spaltenzahl einer Dialogstation). Alternative Zeilenlängen berücksichtigt **fold** bei Verwendung der Option **-num**.

Normalerweise umbricht **fold** lange Zeilen mitten im Wort. Abhilfe schafft hier die Option **-s**, die statt dessen den Zeilenumbruch vor dem Wort durchführt, das den Überlauf der zulässigen Zeilenlänge verursacht. Bei überlangen Zeilen, bei denen bis zur maximal zulässigen Spaltenzahl keine Leerzeichen auftreten, umbricht **fold -s** mitten im Wort.

fold -s bricht Textzeilen am Wortende um

Beispiel:

ps -wwwef | fold -s -60 gibt das Ergebnis des **ps**-Aufrufs in einer Zeilenbreite von 60 Zeichen aus.

7.8.4 Textdateien mischen: paste

paste

```
paste [Option]... [Datei]...
```

erzeugt Ausgabezeilen durch das Hintereinanderschreiben jeweils korrespondierender Eingabezeilen von Textdateien (oder der Standardeingabe), führt also gewissermaßen ein Mischen von Textdateien durch.

Als Begrenzer zwischen den Elementen einzelner Dateien verwendet **paste** standardmäßig das Tabulatorzeichen. Alternativ kann der Anwender dem Programm mittels **-d Liste** eine Liste von Begrenzern nennen, wobei **paste** das 1. dort enthaltene Zeichen zwischen die Zeilenteile der 1. und der 2. Datei setzt, das 2. Zeichen zwischen die Zeilenteile der 2. und der 3. Datei und so fort.

Mit der Option **-s** aufgerufen, verbindet **paste** sukzessive die Zeilen jeweils einzelner Dateien zu einer Zeile. In dieser Betriebsart konkateniert **paste** zuerst die Zeilen der 1. Datei (ersetzt also die Zeilenvorschübe durch Begrenzerzeichen). Das Dateiende markiert dann ein Zeilenvorschubzeichen. Weitere zur Bearbeitung anstehende Dateien behandelt **paste** analog.

Mit fold vorbereitete und mit paste verbundene Dateien erhalten festes Spaltenformat, wenn expand das Ergebnis von paste nachbereitet

7.8.5 Spalten ausschneiden: cut

cut Option... [Datei]...

cut

kopiert Ausschnitte von Textzeilen einer oder mehrerer Dateien auf die Standardausgabe. **cut** erwartet mindestens eine der 3 Optionen **-b** (Byte-Liste), **-c** (Zeichen-Liste) oder **-f** (Feldliste), jeweils gefolgt von einer Bereichsspezifikation. Letztere kodiert Spalten- oder Feldelemente, die **cut** den Eingabedaten entnehmen soll.

cut extrahiert Buchstaben oder Felder

Bereichsspezifikationen sind entweder einzelne Spalten (Felder), benannt durch eine Zahl, oder zusammenhängende Gruppen von Spalten (Feldern), die der Anwender durch 2 mit einem Minuszeichen verbundene Spaltenzahlen spezifiziert. Fehlt dabei ein Start- oder Endwert, setzt **cut** die 1. Zeile als Startwert beziehungsweise das Zeilenende als Endwert. **cut** extrahiert mehrere Bereiche, wenn diese in der Kommandozeile durch Komma getrennt als Liste angegeben wurden.

-2,4-5,7- beschreibt den gesamten Text ohne die Spalten 3 und 6

Feldelemente identifiziert **cut** anhand von Separatoren. Als Feldbegrenzer verwendet **cut** das Tabulatorzeichen (Voreinstellung) oder ein in der Kommandozeile mit **-d Separator** angegebenes Trennzeichen. Jokerzeichen und insbesondere reguläre Ausdrücke sind als Feldbegrenzer nicht zugelassen. Zusätzliche Angabe der Option **-s** führt ferner zum Aussparen von Zeilen, die den Feldbegrenzer nicht enthalten.

cut -d " " verarbeitet Wörter

181

Die Arbeitsweise von **cut -b** und **cut -c** ist derzeit identisch. Die Option **-c** wurde bereits integriert, um zukünftig zu erwartende Multibyte-Zeichen handhaben zu können. Die ebenfalls dafür vorgesehene Option **-n**, die das Trennen von Multibyte-Zeichen verhindern soll, ist bis zur Verfügbarkeit entsprechender Zeichensätze funktionslos.

Beispiele:

cut -f
funktioniert
hier nicht

ls -l | cut -b -10,29-41,55- erzeugt einen Ausschnitt aus dem Ergebnis von **ls -l** in der Weise, daß zu jeder Datei nur das Zugriffsrecht, die Dateigröße und der Dateiname in der Ausgabe erscheinen.

cut -f 1,3-4 -d ":" /etc/passwd beschränkt die Ausgabe des Inhalts der Datei **/etc/passwd** auf Benutzernamen nebst zugehörigen Benutzer- und Gruppenkennungen.

7.8.6 Listenverarbeitung: awk

awk

awk [Option]... Datei...

leistet im wesentlichen ein Suchen und Ersetzen von Textmustern in Dateien, bietet aber darüber hinaus den Zugriff auf die **awk**-Programmiersprache und bildet damit ein universelles Werkzeug zur Bearbeitung von Listen. Der Name **awk** setzt sich aus den Anfangsbuchstaben seiner Autoren Alfred V. Aho, Peter J. Weinberger und Brian W. Kernighan zusammen; er repräsentiert gleichermaßen ein Programm als auch die darin verfügbare Programmiersprache, beschrieben im Dokument „POSIX 1002.3 Command Language And Utilities Standard".

awk wird häufig
zur Aufbereitung
von Ausgaben
anderer Unix-
Kommandos
eingesetzt

Seinen Haupteinsatzbereich findet **awk** im weitesten Sinne als Filter von Textdateien, etwa bei der Aufbereitung von Ausgaben anderer Unix-Programme oder zur Handhabung kleinerer Datenbanken. In vielen Fällen bildet **awk** ferner ein Werkzeug für elementare Aufgaben der Systemadministration.

Für eine ausführliche Beschreibung der Bedienung von **awk** sei beispielsweise auf das mehr als 300 Seiten umfassende Handbuch „AWK Language Programming" von Arnold D. Robinson verwiesen, das speziell auf das, jeder Linux-Distribution bei-

gefügte GNU-**awk** der Free Software Foundation abgestimmt ist.
Im Rahmen dieses Werks seien lediglich einige Merkmale von
awk herausgestellt mit dem Ziel, einen Einblick in seine
Leistungsmerkmale zu geben.

Das Programm **awk** bearbeitet Textdateien zeilenweise und
zerlegt dazu die Zeile selbst in einzelne Felder. Einzelne Felder
trennen Leerzeichen oder ein Separator, der dem Programm in
der Kommandozeile mit der Option **-F s** mitgeteilt wurde. Der
Zugriff auf ein bestimmtes Feldelement gelingt durch Angabe
der Feldnummer mit vorangestelltem Dollarzeichen. Intern verwaltet **awk** die Feldelemente der aktuell zu bearbeitenden Zeile
in den Variablen **$1 ... $n** (**n** ist die Anzahl der Felder), und die
gesamte Zeile ist mit **$0** ansprechbar. Außerdem speichert **awk**
die Anzahl der Felder einer Zeile in der internen Variablen **NF**.

Feldbegrenzende Separatoren sind kein Bestandteil eines Felds

Die Behandlung einzelner Feldelemente steuern Befehle, die
im einfachsten Fall direkt in der Kommandozeile stehen (als
Option). Komplexe Befehle beziehungsweise **awk**-Programme
faßt man hingegen in Dateien zusammen und fordert **awk** mit
-f Datei auf, den Inhalt von **Datei** als **awk**-Programm zu
verwenden.

awk-Befehle bestehen aus einem Muster und einer Aktion,
die ausgeführt wird, wenn die aktuelle Eingabezeile auf das
Muster zutrifft. Das Ergebnis der Aktion leitet **awk** auf die
Standardausgabe. Beispielsweise prüft der Aufruf

awk-Befehle bestehen aus den Komponenten „Muster" und „Aktion"

```
ps -ax | awk '$1 < 100 { print $1 " " $5 }'
```

jede Zeile der Ausgabe von **ps -ax** daraufhin, ob die Prozeß-
ID (**$1**) unter 100 liegt. Trifft dies zu, druckt **awk** die Prozeß-
ID zusammen mit dem Kommandonamen (**$5**) aus. Zwischen die
beiden Felder fügt **awk** ein Leerzeichen ein.

Der Ausdruck **$1 < 100** bildet in diesem **awk**-Programm das
Muster, die Aktion ist der Inhalt des Klammernpaars. Der Befehl
selbst ist von einfachen Hochkommata **'** umschlossen, um eine
Interpretation durch die Shell zu unterbinden.

Im angegebenen Beispiel entspricht das Muster einem rela-
tionalen Ausdruck. Andere Formen zulässiger **awk**-Muster sind
reguläre Ausdrücke, logisch verknüpfte Muster und Bereichsangaben. Der Aufruf

```
ps -ax | awk '$1 > 50 && $1 < 60 {print $1 " " $5}'
```

etwa beschränkt die Ausgabe auf solche Prozesse, deren Prozeß-ID zwischen 50 und 60 liegt.

Eine Sonderrolle spielen die Muster **BEGIN** und **END**. Sie kennzeichnen Aktionen, die vor beziehungsweise nach der Bearbeitung der Eingabe auszuführen sind, sowie das leere Muster, das auf jede Eingabezeile paßt. Die Bedeutung der Verwendung dieser Muster zeigt das Beispiel auf Seite 185.

Aktionskomponenten eines **awk**-Befehls sind in geschweifte Klammern einzubetten. Dort aufgeführte Konstrukte sind in der Syntax der **awk**-Programmiersprache zu formulieren. Ihre Syntax ist in etwa mit der der Shell-Programmiersprachen vergleichbar, der Vorrat an Sprachmitteln reicht hingegen an die Leistungsmerkmale traditioneller Hochsprachen heran.

Die Syntax der awk-Befehle ähnelt der der Shell-Programmiersprachen

Zum einen bietet **awk** eine Reihe interner Variablen, die unter anderem den jeweils aktuellen **awk**-Status reflektieren. Anwendungsseitig ist außerdem die Verwendung von nicht internen Variablen möglich. Anders als bei den meisten Programmiersprachen ist eine Definition zu verwendender Variablen nicht erforderlich; **awk** initialisiert sie bei der 1. Wertzuweisung. Anschließend kann **awk** ihre Werte für Vergleiche verwenden oder sie verändern. Variablen sind als einfache Variablen verfügbar, die Zeichenketten oder Fließkommazahlen beinhalten, oder als (eindimensionale) Felder, auf deren Elemente analog zur Programmierung in C mittels Indizierung zuzugreifen ist.

Anwendungsdefinierte Variablen können Zeichenketten oder Fließkommazahlen aufnehmen

Zum anderen stellt die **awk**-Programmiersprache Steueranweisungen bereit, die ähnlich zu traditionellen Programmiersprachen den Ablauf des Aktionsteils beeinflussen. Dazu zählen unter anderem Verzweigungen (**if-else**-Statements) und Schleifen (**while**, **do while**, **for**). Vielzählige numerische, zeichenketten- und ein-/ausgabeorientierte Funktionen runden das Leistungsspektrum ab. Außerdem kann der Anwender unter Verwendung der standardmäßig vorhandenen Sprachmittel eigene Funktionen definieren.

awk-Programme strukturieren Verzweigungen, Schleifen und interne sowie selbstdefinierte Funktionen

Dennoch sind der Anwendung von **awk** einige Schranken auferlegt, die im wesentlichen daraus resultieren, daß sämtliche, benutzerseitig formulierte Befehle ein programminterner Interpreter analysiert. Zwangsläufig ist daher die Verarbeitungsgeschwindigkeit nicht gerade optimal und außerdem hat darauf der Umfang des zu bearbeitenden **awk**-Skripts einen direkten Einfluß.

Ein abschließend als Beispiel angegebenes **awk**-Skript wertet das Ergebnis des Aufrufs **ps -aux** aus und erzeugt daraus die aktuelle Auslastung von CPU und Speicher sowie die Zahl der vom System unterhaltenen Prozesse:

```
BEGIN {
  print "Systemstatus:"
}
{
  if ($1 != "USER")
  {
    cpu += $3
    mem += $4
    procs++
  }
}
END {
  print cpu " %CPU " mem " %MEM " procs " PROCS"
}
```

Der BEGIN-Teil wird vor der Bearbeitung des Datenmaterials ausgeführt, der END-Teil danach

Zunächst wird jede Eingabezeile daraufhin untersucht, ob es sich um die Kopfzeile handelt (**$1 != USER**). Trifft dies nicht zu, wird auf die Variablen **cpu** und **mem** das betreffende Feldelement (**$3**, **$4**) addiert und die Anzahl verarbeiteter Zeilen inkrementiert. Nach Bearbeitung der kompletten Liste liefert das Skript ein Ergebnis der Form

awk initialisiert anwendungs-definierte Variablen mit 0

```
Systemstatus:
34.1 %CPU 71.6 %MEM 52 PROCS
```

Befindet sich das AWK-Skript in der Datei **pstat.awk** (im aktuellen Arbeitsverzeichnis), läßt es sich folgendermaßen einsetzen:

```
ps -aux | awk -f pstat.awk
```

7.8.7 Zeichenkonvertierung: tr

```
tr [Option]... String1 [String2]
```

tr

kopiert die Daten der Standardeingabe auf die Standardausgabe und entfernt dabei bestimmte Zeichen oder ersetzt sie durch andere. Zusätzlich kann **tr** mehrfach hintereinander stehende Zeichen zu einem einzelnen Zeichen zusammenfassen.

Ohne Optionen aufgerufen, führt **tr** einen Tausch von Buchstaben aus **String1** in solche aus **String2** durch, erwartet also 2 Zeichenketten, die jeweils eine geordnete Liste von Buchstaben zu einer Menge zusammenfassen.

Zulässige Formate zur Definition von Buchstabenlisten sind unmittelbar hintereinander geschriebene Einzelbuchstaben, Bereiche (2 durch Minuszeichen verbundene Buchstaben) und wiederholte Zeichen, dargestellt durch **[c*n]** (**n**-faches wiederholen von **c**). Die Reihenfolge, in der Buchstaben in **String1** enthalten sind, bestimmt die Ordnung, die **tr** beim Buchstabentausch anwenden soll: Das Programm ersetzt jeweils Buchstaben aus **String1** durch diejenigen aus **String2** mit korrespondierender Ordnung.

Die Buchstabenliste darf keine oktalkodierten Zeichen enthalten. Einzige Steuerzeichen, die **tr** akzeptiert, sind **\a** (**C-G**, Bell), **\b** (**C-H**, Backspace), **\f** (**C-L**, Form-Feed), **\n** (**C-J**, Line-Feed) und **\r** (**C-M**, Return). Um mögliche Fehlinterpretationen von **String1** (**String2**) seitens der Shell zu unterbinden, sei empfohlen, die Zeichenketten in Hochkommata einzuschließen. Wurden für **String2** weniger Zeichen als für **String1** angegeben, ergänzt **tr** die Menge **String2** um das dort zuletzt auftretende Zeichen in der erforderlichen Anzahl.

Alternative oder zusätzliche Arbeitsweisen ermöglichen folgende Optionen: **-c** weist **tr** an, als 1. Zeichenkette die zu **String1** komplementäre (bezüglich des erweiterten ASCII-Zeichensatzes **\000-\377**) Zeichenmenge zu verwenden, **-s** führt zum Zusammenfassen aufeinanderfolgender gleicher Buchstaben zu einem, und **-d** entfernt bei der Transformation alle angegebenen Buchstaben.

Beispiele:

tr a-z A-Z < /etc/passwd kopiert den Inhalt der Datei **/etc/passwd** auf die Standardausgabe und wandelt dabei alle Kleinbuchstaben in Großbuchstaben.

tr a-z b-za < ~/.bashrc führt ein zyklisches Vertauschen aller in **~/.bashrc** vorhandenen Kleinbuchstaben durch, das Ergebnis wird auf die Standardausgabe kopiert. Aus **ls** wird **mt**, **bc** wird in **cd** gewandelt und so fort.

Soll tr das Minuszeichen tauschen, dann muß es am Ende der 1. Liste stehen

Buchstabenlisten können die Sonderzeichen Bell, Backspace, Line-Feed, Form-Feed und Return enthalten

tr -d Liste entfernt alle in Liste enthaltenen Buchstaben

`ls -l | tr -s " " | cut -f 1,5,9 -d " "`   beschränkt die Ausgabe von `ls -l` auf das Zugriffsrecht, Dateigröße und Dateiname. Das Kommando `cut` kann die Eingabedaten feldweise bearbeiten, da `tr` zuvor multiple Leerzeichen durch einzelne Leerzeichen ersetzt hat.

7.9 Datenkompression

Linux-Distributionen enthalten Werkzeuge für verlustfreie und verlustarme Datenkompression. Letztere finden ihren Einsatz bei der Reduktion der Datenmenge von Standbild- und Bewegtbildinformationen, bei denen der Informationsverlust auf weitgehend nicht wahrnehmbare Details reduziert ist.

Zur Kompression von Daten- und Programmdateien benutzt man verlustfrei arbeitende Verfahren

Zur Reduktion von Speicherplatz, den Programme, Textdateien und beispielsweise Datenbankdateien belegen, sind verlustfrei arbeitende Verfahren erforderlich. Daraufhin abgestimmte Programme nutzen die Redundanz des Datenmaterials aus und kodieren sich wiederholende Buchstabensequenzen. Beim Auspacken ersetzen sie die verschlüsselte Information durch die mit dem jeweiligen Schlüssel kodierten Ursprungsdaten.

Zu unterscheiden ist zwischen 2 Verfahren, die beide auf den sogenannten Lempel-Ziv-Algorithmen basieren. Eines dieser beiden realisiert das Programm `compress`, das heute jede am Markt befindliche Unix-Version enthält. Damit komprimierte Dateien lassen sich problemlos zwischen verschiedenen Unix-Derivaten austauschen. Textdateien reduziert `compress` im Mittel um 50 bis 60 Prozent. Bei binären Dateien fällt die Datenreduktion in der Regel geringer aus.

Mit compress komprimierte Dateien sind in der Unix-Welt portabel

Linux-Distributionen enthalten außerdem das von der Free Software Foundation entwickelte Programm `gzip`. Die darin realisierte Methode leistet eine teils deutlich bessere Datenreduktion als `compress` (60 bis 70 Prozent bei Textdateien). Nur wenige andere Unix-Versionen enthalten `gzip`, der Austausch `gzip`-komprimierter Dateien mit anderen Systemen ist nicht immer möglich.

Für Linux wiederum bildet `gzip` gewissermaßen den Standardkompressor. Einige Linux-Distributionen bestehen aus einer Vielzahl `gzip`-komprimierter `tar`-Dateien, die einzelne System- und Anwendungskomponenten zu Gruppen bündeln. Auch auf

Archivservern befindliche Programmpakete werden bevorzugt in diesem Format bereitgestellt, um bei Kopiervorgängen möglichst kurze Übertragungszeiten zu ermöglichen.

Datenkompression bietet zweifellos den Vorteil platzsparender Archivierung von Datenmaterial und auch reduziertem Zeitbedarf bei Kopiervorgängen jedweder Art. Gekoppelt ist die Datenkompression jedoch mit dem Risiko, bei fehlerhaftem Archivmedium gegebenenfalls höheren Datenverlust in Kauf nehmen zu müssen als dies bei unverschlüsselt aufgezeichneten Dateien der Fall wäre. Das liegt daran, daß die Rückgewinnung der Originaldaten mit den dafür vorhandenen Kommandos **uncompress** und **gunzip** nur bis zum Auftreten des 1. Fehlers möglich ist.

*Die Daten-
kompression
reduziert den
Zeitbedarf bei
Kopiervorgängen*

7.9.1 LZC-Kompression: `compress` und `uncompress`

compress

```
compress [Option]... [Datei]...
```

reduziert den Platzbedarf von Dateien durch Datenkompression auf Basis einer leicht abgewandelten Version des Lempel-Ziv-Welch-Algorithmus LZW, häufig als LZC-Verfahren bezeichnet. Im wesentlichen kodiert LZC zusammenhängende Zeichenketten (Muster) als Sonderzeichen, bestehend aus 9 oder mehr Bits. Die maximale Bitlänge, die eine derart kodierte Zeichenkette einnehmen darf, beträgt standardmäßig 16. Mittels der Option **-b Bits** kann der Anwender einen kleineren Wert wählen ($9 \leq$ **Bits** ≤ 16), den das Programm gewissermaßen als Kompressionsparameter verwendet.

*compress kodiert
Zeichenketten
in Bitfeldern*

Wurde **compress** ohne Angabe von Dateinamen aufgerufen, entnimmt es die zu komprimierende Information aus der Standardeingabe und kopiert das Ergebnis auf die Standardausgabe. Dateien hingegen konvertiert **compress** in eine gleichnamige Datei und erweitert deren Namen um die Kennung **.Z**; die Originaldatei wird anschließend aus dem Verzeichnisbaum entfernt. Zum Schluß überprüft **compress** den erreichten Kompressionsgrad und ersetzt die Ursprungsdatei nur dann durch die komprimierte Version, wenn ihr Platzbedarf unter dem der Originaldatei liegt. Auskunft über die jeweils erreichte Datenreduktion liefert das Programm bei Verwendung der Option **-v**.

*Mit compress
komprimierte
Dateien tragen
die Kennung .Z*

Soll die Originaldatei erhalten bleiben, dann ist **compress** mit der Option **-c** anzuweisen, das Ergebnis auf die Standardausgabe zu kopieren und dieses in eine Datei umzuleiten. Zu beachten ist dabei, daß diese Technik nur dann erfolgreich ist, wenn **compress** genau eine Datei zur Zeit verarbeiten soll.

compress komprimiert prinzipiell nur normale Dateien, die noch nicht die Endung **.Z** tragen. Aus Soft-Links erzeugt das Programm eine komprimierte Version der dadurch referenzierten Datei und legt sie unter dem Namen des Soft-Links nebst üblicher Kennung ab; der Soft-Link wird anschließend entfernt. Hard-Links beziehungsweise Dateien, deren Inode im Dateisystem mehrfach referenziert ist, komprimiert **compress** nur in Verbindung mit der Option **-c**. In Unterverzeichnissen befindliche Dateien schließt **compress** ein, wenn es zusammen mit der Option **-r** (rekursiv) aufgerufen wird.

compress kann normale Dateien und Soft-Links verarbeiten

Beispiel:

compress -c Datei > Datei.Z erzeugt eine komprimierte Fassung von **Datei**, die Originaldatei bleibt erhalten.

```
uncompress [Option]... [Datei]...
```

uncompress

entpackt Dateien, die mit **compress** komprimiert wurden. **uncompress** verarbeitet dieselben Optionen wie **compress**, mit Ausnahme von **-b**. Letztere ist außerdem nicht erforderlich, da mit **compress** erzeugte Dateien den verwendeten Parameter für die maximale Wortlänge enthalten. Im Linux-Verzeichnisbaum ist **uncompress** als Soft-Link auf **compress** eingetragen; das Programm leitet seine Betriebsart aus dem verwendeten Kommandonamen ab.

Ohne Dateinamen aufgerufen, entnimmt **uncompress** die zu verarbeitenden Daten der Standardeingabe und kopiert das Ergebnis auf die Standardausgabe. Die Operation wird nur dann ausgeführt, wenn der empfangene Datenstrom komprimiert ist (angezeigt durch einen Magie-Kode).

uncompress erkennt komprimierte Dateien am Magie-Kode

Dateien entpackt **uncompress** nur dann, wenn sie die Endung **.Z** tragen. Enthält ein in der Kommandozeile angegebener Dateiname diese Endung nicht, dann ergänzt **uncompress** ihn entsprechend. Restaurierte Dateien legt das Programm unter ihrem Originalnamen ab und entfernt daraufhin die komprimierte Fassung. Mit der Option **-c** aufgerufen, kopiert **uncompress** das Ergebnis analog **compress** auf die Standardausgabe; die komprimierte Datei bleibt in diesem Fall erhalten.

7.9.2 LZ77-Kompression: `gzip` und `gunzip`

gzip

`gzip [Option]... [Datei]...`

komprimiert Dateien unter Verwendung einer LZ77-basierten Methode. Das Verfahren besteht darin, ein „Fenster" über die Eingabedaten zu führen und dort nach Mustern zu suchen, die

gzip ersetzt
„Muster" durch
einen Index

in diesem Fenster schon „gesehen" wurden. LZ77 ersetzt das Muster durch einen Index, ergänzt um die Länge des Musters im Fenster.

Ohne Dateinamen aufgerufen, erwartet **gzip** die zu komprimierende Information von der Standardeingabe und kopiert das Ergebnis auf die Standardausgabe. Anderenfalls konvertiert **gzip**

Mit gzip
komprimierte
Dateien tragen
die Endung .gz

eine Originaldatei in eine gleichnamige Datei mit der zusätzlichen Endung **.gz**; die Originaldatei wird daraufhin aus dem Verzeichnisbaum entfernt. Alternativ kopiert **gzip -c** die komprimierte Fassung einer oder mehrerer Dateien auf die Standardausgabe. Hard- oder Soft-Links komprimiert **gzip** nicht.

Soll **gzip** die Ergebnisdatei mit einer anderen Endung als **.gz** erzeugen, dann ist das Kommando zusammen mit der Option **-S suf** aufzurufen. Linux-Anwendern sei empfohlen, die Zeichenkette **suf** stets mit einem Punkt einzuleiten.

Mit **gzip** komprimierte Dateien enthalten normalerweise in

gzip-Dateien
enthalten Namen
und Zeitstempel
der Originaldatei

ihren Daten sowohl den Namen der Originaldatei als auch zugehörige Zeitstempel. Zum einen schützt dies vor einem Informationsverlust auf Dateisystemen, die nur „kurze" Dateinamen zulassen, zum anderen ist gewährleistet, daß beim Entpacken die Originaldatei wieder ihren ursprünglichen Zustand erhält. Wird **gzip** zusammen mit der Option **-n** aufgerufen, dann sind diese Daten in der komprimierten Fassung nicht enthalten.

Ferner berücksichtigt **gzip -r** auch Dateien, die sich in Unterverzeichnissen befinden, und die Option **-v** führt zur Ausgabe des jeweils erreichten Kompressionsgrades jeder bearbeiteten Datei. Mit **−1** aufgerufen, zeigt **gzip** zusätzlich den Namen und die Größe der Originaldatei sowie die Größe der komprimierten Version an.

Mittels **−num** kann der Anwender die Verarbeitungsgeschwindigkeit und damit implizit den Kompressionsgrad steuern. Der Wert **1** führt zu hoher Verarbeitungsgeschwindigkeit und geringer Kompression, **num=9** bewirkt langsame Kompression mit hoher Datenreduktion. Voreingestellt ist **num=6**.

gzip -9 erzeugt die bestmögliche Datenreduktion

Abschließend sei noch darauf hingewiesen, daß **gzip** auch die Integrität komprimierter Dateien testen kann (Option **−t**). Findet **gzip** in seinem Prozeßkontext die Umgebungsvariable **GZIP**, stimmt das Programm seine Arbeitsweise auf die dort angegebenen Optionen ab. In der Kommazeile zusätzlich angegebene Optionen können diese Voreinstellung überschreiben.

---

gunzip [Option]... [Datei]...

bildet das Gegenstück zu **gzip** und ist in seiner Arbeitsweise mit **gzip −d** identisch. Das Programm entpackt komprimierte Dateien, die mit **gzip** oder **compress** erzeugt wurden; **gunzip** erkennt die verwendete Kompressionsmethode an dem am Anfang der Datei befindlichen Magie-Kode. Im übrigen sei darauf hingewiesen, daß die Arbeitsweise von **gunzip −c** identisch ist mit der des Unix-Kommandos **zcat**. Sowohl **gunzip** als auch **zcat** sind Soft-Links auf **gzip**. Analog **compress** leitet **gzip** seine Betriebsart aus dem verwendeten Kommandonamen ab.

gunzip entpackt sowohl compress- als auch gzip-komprimierte Dateien

gunzip erwartet die zu verarbeitenden Daten entweder von der Standardeingabe oder aus Dateien, die der Anwender in der Kommandozeile genannt hat. Die Angabe der Dateikennung kann dabei entfallen; **gunzip** ergänzt die angegebenen „Muster" um die Endungen **.z**, **−z**, **.Z**, **−Z**, **.gz** sowie **−gz** und sucht nach entsprechenden Dateien. Ferner interpretiert **gunzip** die Kennungen **.tgz** und **.taz** als komprimierte **tar**-Datei, deren Endung das Programm als Kurzform für **.tar.gz** beziehungsweise **.tar.Z** auffaßt. Derartig gekennzeichnete Dateien entpackt **gunzip** in Dateien mit der Endung **.tar**.

Dateien mit der Endung .taz oder .tgz entpackt gunzip in Dateien mit der Endung .tar

7.10   Reguläre Ausdrücke

Reguläre
Ausdrücke sind
komplexe
Suchmuster

Einige Unix-Basiskommandos, beispielsweise **awk**, **cpio**, **diff**, **grep** und **more** akzeptieren Jokerzeichen, die weitaus mehr Freiraum bieten als gewöhnliche, von der Shell verstandene Wildcards. Zur Unterscheidung solcher Konstrukte von gewöhnlichen Jokerzeichen redet man von regulären Ausdrücken (regular expressions).

7.10.1   Elementare reguläre Ausdrücke

.()[]{}$\ sind*
Sonderzeichen

Elementare reguläre Ausdrücke sind Konstrukte, die ein einzelnes Zeichen beschreiben. Die Buchstaben des Alphabets, die Ziffern und die meisten Sonderzeichen beschreiben jeweils sich selbst. Punkt, Stern, runde, eckige und geschweifte Klammern, Dollar, Caret (^) und Backslash sind reservierte Zeichen (Metazeichen). Um zu erreichen, daß ein Metazeichen sich selbst beschreibt, ist diesem ein Backslash voranzustellen.

Der Punkt
kennzeichnet ein
beliebiges Zeichen

Der Punkt bildet das Jokerzeichen eines regulären Ausdrucks. Er kennzeichnet ein beliebiges Zeichen, jedoch nicht den Zeilenvorschub.

Wird eine Zeichenkette gesucht, in der ein Leerzeichen enthalten ist, dann ist **Ausdruck** in einfache ' oder doppelte Hochkommata " einzubetten, um eine Interpretation der Leerzeichen durch die Shell zu unterbinden. Gleiches gilt, wenn **Ausdruck** Klammern oder den Backslash \ enthalten soll.

7.10.2   Bereichsangaben

[A-Z] bezeichnet
die Menge aller
Großbuchstaben

Von eckigen Klammern umschlossene Zeichen (Bereichsangaben) bilden Jokerzeichen, die bestimmten Zeichen entsprechen dürfen. Ist das 1. Zeichen nach der öffnenden eckigen Klammer das Caret-Zeichen, dann darf das Jokerzeichen jeden Wert annehmen, der im angegebenen Bereich nicht enthalten ist.

Bereichsangaben bestehen aus einer Liste einzelner Zeichen und/oder Zeichenbereichen, definiert durch 2 mit einem Minuszeichen verbundene Zeichen. Soll ein Buchstabenbereich die

rechte eckige Klammer enthalten, dann ist dieses Zeichen als 1.
Element der Liste zu setzen. Das Caret-Zeichen darf nicht an erster Stelle stehen, falls es explizit ein Element der Liste sein soll.
Das Minuszeichen wiederum ist einfach als letztes Element zu
nennen, falls es nicht schon in einem davor angegebenen Zeichen-
bereich enthalten ist.

Richtig: [[^-],
falsch: [^-[]

Für häufig benötigte Bereichsangaben akzeptieren die meisten
Linux-Werkzeuge, die reguläre Ausdrücke verarbeiten, folgende
Bereichsbezeichner:

Bezeichner	enthaltene Zeichen
`[:alnum:]`	Ziffern und Buchstaben (`[0-9A-Za-z]`)
`[:alpha:]`	Buchstaben (`[A-Za-z]`)
`[:cntrl:]`	Steuerzeichen
`[:digit]`	Ziffern (`[0-9]`)
`[:graph:]`	lesbare Zeichen (`[!-~]`)
`[:lower:]`	Kleinbuchstaben (`[a-z]`)
`[:print:]`	druckbare Zeichen (`[ -~]`)
`[:punct:]`	Komplement von `[:alnum:]` (`[^0-9A-Za-z]`)
`[:space:]`	Leer- und Tabulatorzeichen
`[:upper:]`	Großbuchstaben (`[A-Z]`
`[:xdigit:]`	hexadezimale Ziffern (`[0-9A-Fa-f]`)

Soll beispielsweise ein Jokerzeichen in einem regulären Ausdruck für eine beliebige Ziffer stehen, lautet die Bereichsangabe
`[[:digit:]]`. Anstelle von `[[:alnum:]]` wird auch die Er-
satzdarstellung `\w` verstanden. Ferner bezeichnet `\W` den Bereich
`[^[:alnum:]]`.

Bereichs-
bezeichner
sind doppelt zu
klammern

7.10.3 Wort- und Zeilengrenzen

Außerhalb eines eckigen Klammerpaares kennzeichnet das
Caret-Zeichen `^` den Zeilenanfang und das Dollarzeichen `$` das
Zeilenende. Möchte man beispielsweise alle Zeilen zu suchen,
in denen die Zeichenkette **Text** am Zeilenanfang steht, ist als
Ausdruck die Zeichenkette `^Text` anzugeben. Analog sucht
Text$ alle Zeilen, in denen **Text** am Zeilenende steht.

^Text\>
beschreibt ein
am Zeilenanfang
befindliches
Wort „Text"

Um komplette Wörter und nicht nur Zeichenketten identifizieren zu können, sind Wortanfang und -ende mit `\<` beziehungsweise `\>` zu kodieren. Der Ausdruck `'\<ein\>'` etwa sucht nach
ein, erkennt aber **eine**, **kein** und **keine** nicht.

7.10.4 Wiederholungen

*Wiederholungs-
anweisungen
wirken auf das
vorangehende
Muster*

Das maskierte Fragezeichen `\?` bewirkt, daß ein vorangehendes Zeichen oder Muster keinmal oder höchstens einmal auftreten darf. Mit ´`\<k\?eine\?\>`´ etwa lassen sich alle Wörter **ein**, **kein**, **eine** und **keine** finden. Soll ein vorangehendes Zeichen mindestens einmal oder öfter vorhanden sein, dann ist das maskierte Pluszeichen `\+` zu verwenden.

Das Stern-Zeichen `*` schließlich wird dann eingesetzt, wenn ein Zeichen oder Muster keinmal oder mehrfach vorhanden sein darf. Beispielsweise sucht ´`\<[Kk][[:alpha:]]*e\>`´ alle Wörter, die mit kleinem oder großem **K** beginnen und mit kleinem **e** enden (**keine**, **komplette**, **Klasse** et cetera).

Eine Mindest- und/oder Höchstzahl wiederholter Zeichen beziehungsweise Muster kann man wie folgt festlegen:

grep	`\{n\}`	genau **n**-mal,
verarbeitet	`\{n,\}`	mindestens **n**-mal,
diese Syntax,	`\{,m\}`	höchstens **m**-mal,
egrep nicht	`\{n,m\}`	mindestens **n**-, höchstens **m**-mal.

Von runden Klammern umgebene Zeichenketten bilden eine Gruppe. Unmittelbar folgende Wiederholungsanweisungen `\?`, `\+` und `*` wirken auf die komplette Zeichenkette. Beispielsweise beschreibt `(ab)\+` die Zeichenketten **ab**, **abab**, **ababab** und so fort.

7.10.5 Verkettung von regulären Ausdrücken

*Sicherer
Umgang
mit regulären
Ausdrücken
erfordert viel
Übung...*

Durch Hintereinanderschreiben von elementaren regulären Ausdrücken und Bereichsangaben sowie Multiplikatoren entstehen verkettete reguläre Ausdrücke. Beispielsweise paßt der reguläre Ausdruck ´`\<F[A-Za-z]\{3\}\>`´ auf alle Wörter mit genau 4 Buchstaben, die mit **F** anfangen.

Soll ein regulärer Ausdruck auf mehrere Alternativen passen, dann sind einzelne „Zweige" anzugeben und diese voneinander mit einem maskierten Pipe-Zeichen `\|` zu trennen. Ein regulärer Ausdruck, der auf alle LaTeX-Kommandos `\begin` und `\end` paßt, lautet etwa ´`\\begin\|\\end`´.

Editoren

Editoren sind zweifellos ein notwendiger Bestandteil jedes Betriebssystems, zumal sie den Anwender beim Anlegen und bei der Modifikation von Dateien unterstützen. Beim Umstieg auf ein alternatives Betriebssystem trifft der Anwender häufig auf das Problem, einen neuen Editor vorzufinden, der einen anderen Leistungsumfang bietet als das bereits vertraute Produkt.

Der Editor ist eine Standardanwendung jedes Betriebssystems

Erschwerend kommt hinzu, daß praktisch jeder Editor einen proprietären Befehlssatz verwendet, die Art der Bedienung also nicht einheitlich geregelt ist und die bereits vorhandenen Fertigkeiten nahezu wertlos sind. Enthält ein Betriebssystem mehrere Editoren, muß sich der Anwender außerdem entscheiden, ob er einen oder mehrere erlernen möchte.

Leistungsumfang und Bedienung sind produktspezifisch

In Linux-Distributionen enthaltene Editoren gehören einer von 3 Klassen an:

ed, ex sind Zeileneditoren. **ed** war der 1. Unix-Standardeditor, **ex** bildet eine erweiterte und in Teilen mächtigere Version des **ed**. Die Zeileneditoren **ed** und **ex** kopieren den Inhalt einer Datei in den Arbeitsspeicher und führen dort aufgrund anwenderseitiger Kommandos zeilenweise Änderungen durch. Die Ursprungsdatei wird nicht unmittelbar überschrieben, sondern erst nach einem speziellen Schreibbefehl.

Zeileneditoren zeigen Änderungen am Text nicht unmittelbar an

ed und **ex** enthalten einen umfänglichen Befehlsvorrat. Unter anderem bieten sie Funktionen für komplexe Operationen wie Suchen/Ersetzen sowie Kopieren, Löschen und Verschieben von Bereichen. Umständliche Handhabung insbesondere aufgrund fehlender automatischer Rückmeldung der Arbeitsergebnisse sind wiederum unumgängliche Begleiterscheinungen beim Einsatz der Produkte.

ed und ex enthalten Funktionen zum Suchen/Ersetzen und für Bereichsoperationen

*Der Stream-
Editor sed
arbeitet ohne
Benutzerdialog*

sed (Stream-Editor) bearbeitet eine Textdatei nach Regeln, die der Anwender in der Kommandozeile oder einer Datei notiert (**sed**-Skript) und kopiert das Ergebnis auf die Standardausgabe. Er erlaubt kein interaktives Bearbeiten einer Textdatei, führt also auch keinen Dialog mit dem Anwender. Dennoch hat der **sed** gegenüber allen anderen Unix-Editoren Vorteile: Der **sed** kann beliebig große Dateien bearbeiten. Ferner bietet er die Funktion eines Filters, indem er zu bearbeitende Daten aus der Standardeingabe liest und die modifizierte Version auf die Standardausgabe kopiert. Häufig kommt der **sed** dann zum Einsatz, wenn in einer größeren Anzahl von Dateien identische Modifikationen durchzuführen sind.

*Bildschirm-
editoren
interagieren
mit dem Anwender
in verschiedenen
Betriebsmodi*

vi, elvis, vim, joe und **emacs** sind Bildschirmeditoren. Sie zeigen einen Ausschnitt aus der in Arbeit befindlichen Datei bildschirmfüllend an, erlauben dem Anwender interaktives Positionieren des Cursor innerhalb des Dokuments und reflektieren ausgeführte Änderungen in der Regel sofort. Ihre Arbeitsweise basiert auf der Unterteilung des Benutzerdialogs in 2 oder mehr Betriebsarten: „Schreibmodus" dient elementaren Eingabe- und Löschoperationen, „Kommandomodus" bietet den Zugriff auf höhere Funktionen der Textverarbeitung. Analog **ed** und **ex** modifizieren sie stets eine im Arbeitsspeicher befindliche Kopie des Dokuments. Letzteres aktualisieren sie erst aufgrund eines Schreibbefehls.

*Zeileneditoren
werden heute kaum
noch eingesetzt*

Die Zeileneditoren **ed** und **ex** werden heute allenfalls noch zur Bearbeitung sehr kleiner Dateien eingesetzt. Sie haben aber weiterhin eine gewisse Existenzberechtigung, da sie den Dialog mit dem Anwender auf das notwendigste beschränken und so auch auf solchen Terminals befriedigendes Antwortverhalten liefern, die über vergleichsweise langsame Kommunikationsleitungen mit der Rechenanlage verbunden sind.

*Viele PD-Produkte
benutzen den sed*

Der Stream-Editor **sed** hingegen, seit der AT&T Version 7 offizieller Bestandteil von Unix, hat sich im Laufe der Zeit als unabdingliches Entwicklungswerkzeug bewährt. Viele der GNU Public License unterliegende und auch allgemein als Public Domain deklarierte Anwendungspakete, die als Quelle erhältlich sind, benötigen den **sed** zum Anfertigen lauffähiger Programme.

## Kapitel 8

Von den Linux-Bildschirmeditoren besitzt der Unix-Standard-editor **vi** eine zentrale Bedeutung. Ungerechterweise ist er ausgesprochen unbeliebt, er wurde sogar schon als größter Unix-Fehler bezeichnet. Wer sich in der Unix-Welt einigermaßen sicher bewegen können will, sollte jedoch wenigstens seine Grundfähig-keiten beherrschen, da er garantiert in jeder Unix-Distribution enthalten ist.

elvis ist eine Nachbildung des **vi**, entwickelt von Steve Kirkendall, USA. **vim**, hauptsächlich von Bram Moolenaar aus den Niederlanden programmiert, stellt eine erweiterte **vi**-Varian-te dar. Er ist praktisch der Linux-**vi**; im Linux-Verzeichnisbaum ist **vi** ein Soft-Link auf **vim**.

Der Linux-vi ist ein Soft-Link auf vim

joe von Joseph H. Allen, USA, emuliert diverse Editoren, die außerhalb der Unix-Welt populär wurden. Je nach Aufruf-konvention verhält er sich wie WordStar von Micro-Pro, ähnlich dem von Borlands Turbo-Entwicklungumgebungen her bekann-ten Turbo-Editor, oder wie der GNU-Emacs.

joe emuliert WordStar und Borlands Turbo-Editor

Der GNU-Emacs schließlich wurde seit 1985 von Richard Stallman entwickelt, dem Gründer der Free Software Foundati-on. Er ist zwar kein offizieller Bestandteil von Unix, konnte sich aber speziell in Entwicklerkreisen als das bevorzugt eingesetzte Werkzeug etablieren.

Software-entwickler bevorzugen den emacs

Einige Linux-Distributionen enthalten alle genannten Unix-Editoren, einige verzichten auf den Zeilen-Editor **ed**. **sed**, **vi** und der GNU-Emacs sind praktisch in jeder Linux-Distribution enthalten. Linux-Umsteiger, die mit WordStar oder dem Turbo-Editor vertraut sind, dürften in **joe** den Editor ihrer Wahl finden.

Ziel dieses Abschnitts ist es, das Leistungsspektrum und die Bedienung des Stream-Editors **sed** sowie der „Screen-Editoren" **vi** und **emacs** zu erläutern. Die Ausführungen über **vi** und **emacs** behandeln häufig benötigte, aber nicht alle Befehls-sequenzen.

Für eine komplette Beschreibung aller Fähigkeiten des **vi** sei auf das Dokument **reference.doc** verwiesen, befindlich im Verzeichnis **/usr/doc/vim***. Eine Art Benutzerhandbuch zum **emacs** befindet sich im Verzeichnis **/usr/info**, verteilt auf 26 Dateien mit insgesamt mehr als 27000 Textzeilen. Ferner sei darauf hingewiesen, daß den GNU-Emacs-Programmquellen diverse Handbücher im TEX-Format beigefügt sind, unter ande-rem das etwa 500 Seiten umfassende GNU-Emacs-Manual.

Die emacs-Dokumentation ist auch im HTML-Format erhältlich

8.1 Der Stream-Editor `sed`

Der Stream-Editor **sed** arbeitet nicht interaktiv, führt also keinen Dialog mit dem Anwender. Zu bearbeitende Dateien entnimmt er der Standardeingabe oder er lädt die in der Kommandozeile angegebenen Dateien. Das Ergebnis schreibt der **sed** stets auf die Standardausgabe, Dateien erzeugt er nur bei Verwendung eines Umleitungsoperators.

sed kopiert die Arbeitsergebnisse auf die Standardausgabe

Auszuführende Kommandos liest der **sed** entweder aus der Kommandozeile oder aus einer zusätzlichen Datei. Die allgemeine Aufrufsyntax lautet

```
sed [Option]... Kommando [Datei]...
```

oder

```
sed [Option]... [-e Kommando]... \
    [-f Kommandodatei] [Datei]...
```

Im 1. Fall führt **sed** eine Operation **Kommando** auf eine oder mehrere Dateien aus. Die 2. Syntax erlaubt die Angabe mehrerer **sed**-Kommandos, die jeweils mit der Option **-e** einzuleiten sind. Alternativ oder zusätzlich entnimmt der Stream-Editor die auszuführenden Operationen aus **Kommandodatei**.

sed-Editierkommandos operieren auf einem Pattern-Space

Die Bearbeitung der Eingabedaten führt der **sed** zeilenweise durch. In einem 1. Schritt kopiert er eine oder mehrere Textzeilen in einen internen „Pattern-Space". Anschließend führt das Programm die in der Kommandozeile angegebenen oder die aus einer **sed**-Datei geladenen Editierkommandos auf die im Pattern-Space befindlichen Daten aus. Nach erfolgter Operation wird das Ergebnis (zeilenweise) an die Standardausgabe weitergeleitet.

Allgemein besteht ein **sed**-Kommando aus (optionalen) Adreßbezeichnern, einem Kommandonamen und gegebenenfalls Kommandoargumenten entsprechend dem Muster

3,4d oder s/[.,;:]/!/

```
[Adresse[,Adresse]]Kommando[Argument]
```

Es sei empfohlen, in der Kommandozeile angegebene **sed**-Befehlssequenzen mit einfachen Hochkommata zu klammern, um eine Interpretation etwa enthaltener Sonderzeichen seitens der Shell zu unterbinden.

8.1.1 **sed**-Adressen

Mit der Spezifikation von Adreßbereichen kann der Anwender
den **sed** veranlassen, die angegebenen Kommandos nur auf bestimmte Teile von Dateien anzuwenden. Fehlen vor einem **sed**-
Kommando einleitende Adreßbezeichner, dann berücksichtigt
das Programm alle Zeilen der zu bearbeitenden Dateien. Wurde
nur eine Adresse angegeben, dann interpretiert **sed** den angegebenen Wert als Anfangs- und Endeadresse, führt die gewünsch-
te(n) Operation(en) also nur auf einer Zeile des Dokuments aus.

Enthält der Adreßbereich 2 Werte und die Endeadresse liegt
vor der Startadresse, dann berücksichtigt **sed** nur die durch die
Startadresse spezifizierte Zeile der Datei. Ferner kann der Anwender durch Anhängen eines Ausrufungszeichens **!** erreichen,
daß **sed** die anschließend genannte Operation auf den angegebenen Adreßbereich nicht anwendet.

Adreßbezeichner sind entweder Zeilennummern oder auch sogenannte Kontext-Adressen, aufgebaut gemäß einem regulären
Ausdruck. Eine Ausnahme bildet das Dollarzeichen, das die
letzte Zeile einer Eingabedatei kennzeichnet.

Kontext-Adressen verwenden Begrenzer, die vor und nach
einem regulären Ausdruck einzufügen sind. Allgemein hat eine
Kontext-Adresse das Format

```
\?Ausdruck?
```


beginnend mit dem Escape-Zeichen \ und gefolgt von dem
Begrenzer. Letzterer kann ein beliebiges Zeichen sein, das nicht
Bestandteil des regulären Ausdrucks ist. Das Ende des regulären
Ausdrucks markiert der 1. auftretende Begrenzer.

Soll das Begrenzerzeichen Bestandteil des regulären Ausdrucks sein, dann ist ihm ein Escape-Zeichen voranzustellen.
Beispielsweise wird der **sed** durch die Kontext-Adressen


```
\TPA\THT,\T\TERMT
```

angewiesen, die gewünschten Operationen ab der Zeile auszuführen, die die Zeichenkette **PATH** enthält. Diejenige Zeile, die die
Zeichenkette **TERM** enthält, kennzeichnet das Ende des Adreß-
bereichs.

8.1.2 sed-Kommandos

Die **sed**-Kommandos bestehen aus einem einzelnen Buchstaben, der die auszuführende Funktion kodiert. Letztere operiert auf dem Pattern-Space, also entweder auf einer oder mehreren Eingabezeilen oder einem Teil davon. Beispielsweise entfernt der Aufruf

```
sed '2,3d' test.txt
```

Das 2. Argument an s ist kein regulärer Ausdruck

die 2. und die 3. Zeile der Datei **test.txt**, und

```
sed 's/[a-z]/./g' test.txt
```

ersetzt alle Kleinbuchstaben durch einen einzelnen Punkt. Eine Konvertierung der Großbuchstaben **A-E** in Kleinbuchstaben leistet der Aufruf

```
sed 'y/ABCDE/abcde/' test.txt
```

Der Hold-Pattern-Space ist ein Zwischenspeicher

Zur Unterstützung komplexer Operationen verwaltet der **sed** intern einen „Hold-Pattern-Space", der Teile der Eingabedatei für eine spätere Verwendung aufnehmen kann. Ein-/Ausgabefunktionen, Kommandogruppierung und minimale Flußkontrolle runden das Leistungsspektrum des **sed** ab.

Die folgende strukturierte Aufzählung benennt die einzelnen **sed**-Kommandos und erläutert ihre Wirkungsweise. Vorangestellte, von Klammern umschlossene Ziffern kennzeichnen die maximal erlaubte Anzahl von Adreßbezeichnern.

Zeilen-Kommandos

Zeilenvorschubzeichen innerhalb Text sind mit \ zu maskieren

(1)**a**
Text... fügt hinter der angegebenen oder hinter jeder Eingabezeile eine oder mehrere Zeilen ein. Unmittelbar auf das Kommando **a** muß ein Escape- und ein Zeilenvorschubzeichen folgen. Anschließend angegebene Argumente *Text* können sich über mehrere Zeilen erstrecken,

(2)**c**
Text... ersetzt eine oder mehrere Zeilen durch das Argument *Text*,

(2)**d**   entfernt eine oder mehrere Zeilen. Beispielsweise bewirkt der Aufruf

```
sed '11,$d' test.txt
```

ein Unterdrücken der Ausgabe ab der 11. Zeile, das Ergebnis entspricht dem Aufruf **head test.txt**,

(1)**i**   fügt *Text* vor der angegebenen Eingabezeile ein,
Text...

(2)**n**   kopiert den Inhalt des Pattern-Space auf die Standardausgabe und ersetzt den Pattern-Space durch die nächste Zeile.

Die Bedeutung des Kommandos **n** soll ein Beispiel illustrieren: Ein **sed**-Skript, das jeweils 2 Zeilen einer Datei aufeinanderfolgend ausgibt und anschließend eine Zeile einfügt, die 5 Minuszeichen enthält, lautet

```
n
a\
-----
```

Ohne vorangestellte Adreßbezeichner wird die gesamte Datei entsprechend behandelt

Ersetzen von Zeichenketten

(2)**s/RegExp/String/[Flags]**

ersetzt einen regulären Ausdruck **RegExp** durch die Zeichenkette **String**. Beide Komponenten sind mit Schrägstrich zu trennen. Das (optionale) Argument **Flags** bestimmt die Arbeitsweise des **s**-Kommandos. Es bewirken

g (global) ein Ersetzen jedes erkannten regulären Ausdrucks durch **String**. Ohne den Schalter **g** wird nur das 1. Element im Pattern-Space ersetzt, das auf **RegExp** paßt,

n den Austausch der **n**-ten Zeichenkette im Pattern-Space, die auf **RegExp** paßt,

p eine Ausgabe des Pattern-Space, falls ein Austausch durchgeführt wurde,

Fehlt Flags, dann ersetzt sed nur die 1. Zeichenkette des Pattern-Space, die auf RegExp paßt

w Datei   das Kopieren des Pattern-Space in eine Datei, falls der Inhalt des Pattern-Space modifiziert wurde.

s/[A-Z]/&*/g schreibt vor und hinter jeden Großbuchstaben einen Stern*

Die Zeichenkette **String** wird nicht als Muster aufgefaßt, Sonderzeichen im Sinne eines regulären Ausdrucks werden nicht expandiert. Besondere Bedeutung hat jedoch das **&**-Zeichen: **sed** ersetzt **&** durch die Zeichenkette, aufgrund der ein Austausch durchgeführt wurde,

(2)**y/String1/String2/**

ersetzt alle Zeichen aus **String1** durch ein korrespondierendes Zeichen aus **String2**. Beide Zeichenketten müssen die gleiche Anzahl Zeichen enthalten.

Ein-/Ausgabe

(2)**p**   gibt den angegebenen Adreßbereich auf der Standardausgabe aus,

Auf r und w muß ein Leerzeichen folgen

(2)**w Datei**

schreibt den angegebenen Adreßbereich in eine Datei,

(1)**r Datei**

fügt hinter der angegebenen Adresse den Inhalt einer Datei ein.

Pattern-Space

(2)**N**   erweitert den Inhalt des Pattern-Space um weitere Zeilen der Eingabedatei,

Enthält der Pattern-Space nur 1 Zeile, dann verhält sich D wie d und P wie p

(2)**D**   entfernt die 1. Zeile aus dem Pattern-Space. Enthält letzterer anschließend keine Daten mehr, dann lädt **sed** die nächste Zeile der Eingabedatei,

(2)**P**   kopiert den Inhalt der 1. Zeile des Pattern-Space auf die Standardausgabe.

Hold-Pattern-Space

(2)**h**   kopiert den Inhalt des Pattern-Space in den Hold-
Pattern-Space. Etwa vorhandene Inhalte des Hold-
Pattern-Space werden überschrieben,

(2)**H**   ergänzt den Inhalt des Hold-Pattern-Space um die
Daten des Pattern-Space,

(2)**g**   ist die Umkehrfunktion zu **h**, der Pattern-Space erhält
den Inhalt des Hold-Pattern-Space,

(2)**G**   ist die Umkehrfunktion zu **H**, der Inhalt des Hold-
Pattern-Space wird an das Ende des Pattern-Space
angefügt,

(2)**x**   vertauscht die Inhalte des Pattern-Space und des Hold-
Pattern-Space.

1h
1s/.//*
1x
G
s/\n//
*fügt an das Ende
jeder Zeile das 1.
Wort der 1. Zeile an*

Flußkontrolle

(2)**!**   führt das anschließend genannte Kommando nur auf
die Zeilen aus, die nicht im genannten Adreßbereich
liegen,

(2) **{...}**
gruppiert Kommandos zu einer Kommandosequenz.
Im Pattern-Space befindliche Daten werden vor der
Ausgabe der Reihe nach entsprechend den angegebenen Kommandos modifiziert. Jedes Kommando ist in
eine eigene Zeile zu schreiben,

*Sequenzen
dürfen
Sequenzen
enthalten*

(0)**: Marke**
setzt eine Marke innerhalb einer Kommandosequenz.
Markenbezeichner sind Zeichenketten, bestehend aus
8 oder weniger Zeichen,

(0)**b Marke**
verzweigt zur angegebenen Marke. Anschließend führt
sed die darauf folgenden Kommandos der Kommandosequenz aus,

(0)t Marke

> verzweigt nur dann zur angegebenen Marke, wenn der Pattern-Space modifiziert wurde.

Sonstiges

Auf die Zeilennummer folgt ein Zeilenvorschub

(1)= schreibt die aktuelle Zeilennummer auf die Standardausgabe,

(1)q schreibt den Inhalt des Pattern-Space auf die Standardausgabe und beendet die Bearbeitung.

8.2 Der Bildschirmeditor vi

Jeder Terminaltyp verwendet einen proprietären Befehlssatz

Erste Unix-Systeme bestanden aus einer Zentraleinheit und einer Reihe von ASCII-Terminals. Geprägt durch Herstellerinteressen verwendete jedes Endgerät einen proprietären Befehlssatz für Standardaktionen wie Cursor positionieren, Zeichen einfügen oder überschreiben. Bei der Entwicklung von Bildschirmeditoren für Unix war daher der Aufgabe Rechnung zu tragen, eine breite Palette unterschiedlich leistungsfähiger Dialogstationen unterstützen zu können.

/etc/termcap verbindet Funktionen mit Steuersequenzen

Die Lösung des Problems gelang mit der Definition der „Terminal Capabilities Database". BSD-Unix faßt Beschreibungen einiger 100 Terminaltypen in der (Text-) Datei **/etc/termcap** zusammen und verbindet dort Terminal-Funktionen mit produktspezifischen Steuersequenzen.

System V verwendet binäre Terminfo-Dateien

Der Terminfo-Mechanismus hingegen (System V) verwendet eine binäre Kodierung der Terminaleigenschaften; jeder Terminaltyp wird durch eine Datei **/usr/lib/terminfo/?/*** beschrieben. Zur Wandlung in ein lesbares Format dient das Programm **infocmp** (Termcap- und Terminfo-Format). **tic** konvertiert Terminfo-Quellcode nach binär, und **captoinfo** übersetzt Termcap-Dateien in äquivalenten Terminfo-Quellcode.

vi leitet den Typ des Terminals aus TERM ab

Der Editor **vi** leitet den Typ des Terminals, das er bedienen soll, aus der Umgebungsvariablen **TERM** ab und lädt daraufhin einen Eintrag aus **/etc/termcap**, der die Eigenschaften und Fähigkeiten der Dialogstation beschreibt. Diese Informationen sind für den Betrieb aller Unix-Bildschirmeditoren unbedingt erforderlich. Stimmt der Bildschirmaufbau oder das Umsetzen von Tasten nicht, dann liegt das häufig an einem falschen Wert der Umgebungsvariablen **TERM**.

8.2.1 Starten und Beenden von **vi**

Die allgemeine Aufrufsyntax des **vi** lautet

    vi [Option]... [Datei]...

Die Wirkungsweise einiger häufig benutzter Kommandozeilenoptionen ist wie folgt:

+ **+[Num]** positioniert den Cursor an den Anfang der Zeile **Num** beziehungsweise an den Anfang der letzten Zeile, falls kein Wert für **Num** angegeben wurde,

  Das v-Kommando von more ruft vi +num auf

+ **+/String** setzt den Cursor an den Anfang der 1. Zeile des Dokuments, die die Zeichenkette **String** enthält,

+ **-b** setzt einige Optionen, die die Bearbeitung binärer Dateien ermöglichen,

+ **-o[Num]** unterteilt den Bildschirm in **Num** Fenster. Fehlt das Argument **Num**, dann öffnet **vi** für jede angegebene Datei ein eigenes Fenster,

  C-W j und C-W k wechseln zwischen Fenstern

+ **-s Skript** lädt die Datei **Skript**. Dort befindliche Zeichenfolgen führt **vi** aus, indem er sie als Tastaturkommandos auffaßt,

+ **-t Tag** sucht in einer sogenannten Tag-Datei **tags** nach dem Eintrag **Tag**, lädt die dahinter genannte Datei und führt eine abschließend stehende Operation aus. Zum Anlegen von Tag-Dateien dient das Programm **ctags**,

  ctags erzeugt Tag-Dateien im vi-Format

+ **-v** öffnet ein Dokument im View-Modus. Der Anwender kann die Datei einsehen, aber nicht ändern.

Abbildung 8.1 zeigt als Beispiel den Bildschirmaufbau des **vi** nach Aufruf von **vi -o ~/.bashrc ~/.bash_profile**. Im oberen Bereich zeigt **vi** einen Ausschnitt aus der 1. Datei, nach unten durch eine Statuszeile begrenzt, und darunter einen Ausschnitt aus der 2. Datei. Ohne Option **-o** aufgerufen zeigt **vi** nur die zuerst genannte Datei an, und zwar bildschirmfüllend und ohne Statuszeile.

Abb. 8.1
Der Bildschirm-
editor vi

```
xterm
# .bashrc

# User specific aliases and functions

# Source global definitions
if [ -f /etc/bashrc ]; then
        . /etc/bashrc
fi
alias ls="ls -FC"
alias ll="ls -l"
alias m=more
~/.bashrc
# .bash_profile

# Get the aliases and functions
if [ -f "/.bashrc ]; then
        . "/.bashrc
fi

# User specific environment and startup programs

PATH=/usr/TeX/bin:$PATH:$HOME/bin
~/.bash_profile
"~/.bash_profile" 17 lines, 267 characters
```

Im Multi-Window-
Modus beendet
:qall! Return den vi
ohne zu speichern

Zum Beenden des Programms führt die Eingabe von **ZZ** (Speichern und Verlassen) sowie die mit Return abzuschließenden Kommandosequenzen **:x**, **:q** (Beenden nach Sicherung) und **:q!** (Beenden ohne Sicherung).

Mit **:q** läßt sich der **vi** nur dann beenden, wenn entweder die Datei nicht modifiziert wurde oder der Anwender ausgeführte Änderungen zuvor mit **:w** gespeichert hat. Die Eingabe von **C-Z** schließlich unterbricht das Programm. Mit **fg** kann der Anwender den Betrieb zu einem späteren Zeitpunkt wieder aufnehmen.

8.2.2 **vi**-Betriebsmodi

Die Interpretation tastaturseitiger Eingaben hängt vom jeweiligen Betriebsmodus ab, in dem sich der **vi** befindet. Zu unterscheiden ist zwischen

Kommandomodus,
Eingabe- oder Ersetzungsmodus und
ex-Modus.

Unmittelbar nach dem Programmstart befindet sich der **vi** im Kommandomodus. Dort erwartet er 1buchstabige Befehle, die den Cursor im Dokument bewegen, nach Zeichenketten suchen, Textteile löschen, ersetzen oder kopieren oder den **vi** in eine andere Betriebsart überführen.

Die Texteingabe erfolgt normalerweise im Eingabe- oder Ersetzungsmodus. In diesem Betriebsmodus fügt der **vi** jedes Zeichen unmittelbar in das Dokument ein beziehungsweise er überschreibt bereits vorhandene Zeichen. Nach Eingabe von Escape schaltet der **vi** in den Kommandomodus zurück.

Die Texteingabe erfolgt im Eingabe- oder Ersetzungsmodus

Eine 3. Betriebsart ist der sogenannte **ex**-Modus; der Cursor befindet sich in der Statuszeile hinter einem Doppelpunkt (dem **ex**-Prompt), und **vi** erwartet 1zeilige, **ex**-ähnliche Kommandos. Im **ex**-Modus bietet der **vi** den Zugriff auf einige höhere Kommandos, die zusätzliche Parameter benötigen.

ex-Kommandos verarbeiten Kommando-parameter

8.2.3 Eingabe- und Ersetzungsmodus

In den Eingabe- oder Ersetzungsmodus wechselt **vi** nach dem Betätigen von

i	Einfügen vor dem Cursor,
I	Einfügen am Anfang der Zeile,
a	Einfügen hinter dem Cursor,
A	Einfügen am Ende der Zeile,
o	Einfügen hinter der aktuellen Zeile,
O	Einfügen vor der aktuellen Zeile,
r	Überschreiben eines einzelnen Zeichens,
R	Überschreiben von Text,
C	Löschen bis zum Zeilenende, dann einfügen,
S	Löschen einer Zeile, dann einfügen.

Die Escape-Taste beendet den Eingabe- oder Ersetzungsmodus

Das Kommando **r** ersetzt genau 1 Zeichen und führt nicht zu einem Wechsel in den Eingabe- oder Ersetzungsmodus. In den anderen Fällen ist das Betätigen von Escape erforderlich, um in den Kommandomodus zurückzuschalten.

Drückt der Anwender in diesem Stadium eine der Tasten **u** oder **U**, dann stellt **vi** den Zustand vor der letzten Änderung wieder her (**u** letzte Änderung, **U** aktuelle Zeile).

U und u stellen den Zustand vor der letzten Änderung wieder her

Cursor-Bewegungen sind im Eingabe- oder Ersetzungsmodus nur über die Pfeiltasten möglich, und zwar zeichen- oder zeilenweise. Im Kommandomodus bietet der **vi** komfortables „Springen" innerhalb des Dokuments.

8.2.4 Cursor bewegen

Im Kommandomodus kann der Anwender den Cursor auf der Basis von Bildschirmeinheiten (Zeichen, Zeile, Seite), Objekten (Wort, Satz, Absatz, Abschnitt) oder durch Suchen nach einem Textmuster bewegen:

Cursor-Bewegungen basieren auf Bildschirmeinheiten (Zeichen, Zeile, Seite), Objekten (Wort, Satz, Absatz, Abschnitt) oder Textmustern

zeichenweise

→, **1**, **BLANK**
> ein Zeichen nach rechts,

←, **h**, **DEL**
> ein Zeichen nach links.

wortweise

w	nach rechts zum nächsten Sonderzeichen oder Wortanfang,
W	nach rechts zum nächsten Wortanfang,
e	nach rechts zum nächsten Sonderzeichen oder Wortende,
E	nach rechts zum nächsten Wortende,
b	nach rechts zum vorhergehenden Sonderzeichen oder Wortanfang,
B	nach rechts zum vorhergehenden Wortanfang.

zeilenweise

BLANK und TAB sind nichtsichtbare Zeichen

↓, **j**	eine Zeile nach unten,
↑, **k**	eine Zeile nach oben,
^	zum 1. sichtbaren Zeichen der Zeile,
+	eine Zeile nach unten zum 1. sichtbaren Zeichen,
–	eine Zeile nach oben zum 1. sichtbaren Zeichen,

$	zum Zeilenende,
0	zum Zeilenanfang,
C-Y	Bildschirm eine Zeile nach unten scrollen,
C-E	Bildschirm eine Zeile nach oben scrollen,
G	zum Ende des Dokuments,
nG	zur **n**-ten Zeile.

seitenweise

H	zum Bildschirmanfang,
M	zur Bildschirmmitte,
L	zum Bildschirmende,
C-D	eine halbe Seite nach unten,
C-U	eine halbe Seite nach oben,
C-F	eine ganze Seite nach unten,
C-B	eine ganze Seite nach oben.

Bei C-D und C-U bleibt der Cursor in derselben Bildschirmzeile

objektweise

)	nächster Satz,
(	vorhergehender Satz,
}	nächster Absatz,
{	vorhergehender Absatz,
[[	nächster Abschnitt,
]]	vorhergehender Abschnitt.

kontextweise

/Muster vorwärts zum nächsten **Muster**,
?Muster rückwärts zum vorhergehenden **Muster**,
n	wiederholt die letzte Kontextsuche vorwärts,
N	wiederholt die letzte Kontextsuche rückwärts.

Muster sind reguläre Ausdrücke

Mit Ausnahme von **0**, **M** und **^** führt **vi** die Befehle zum Bewegen des Cursors mehrfach aus, wenn der Anwender vor dem eigentlichen Kommando eine Zahl eingibt. Beispielsweise bewegt die Tastenfolge **12j** den Cursor um 12 Zeilen nach unten, **3C-U** blättert 3 Seiten weiter und so fort.

Wörter im Sinne des **vi** sind zusammenhängende Zeichenketten, Wortbegrenzer sind Leerzeichen oder Sonderzeichen (**. , ! *** und andere). Ein Satz ist eine Folge von Wörtern, begrenzt durch Punkt, Frage- oder Ausrufungszeichen.

Ein neuer Absatz beginnt nach einer Leerzeile oder nach einem **nroff**-Makro; das ist eine am Zeilenanfang stehende Sequenz, bestehend aus einem Punkt und maximal 2 folgenden Buchstaben (die **vi**-interne Variable **paragraphs** enthält eine Liste von **nroff**-Absatzbegrenzern). Den Anfang eines neuen Abschnitts erkennt **vi** aufgrund eines Seitenvorschubzeichens oder eines **nroff**-Makros (muß in der **vi**-internen Variablen **sections** enthalten sein).

nroff-Makros bestehen aus einem Punkt, gefolgt von maximal 2 Buchstaben

8.2.5   Löschen, Ersetzen und Kopieren

Die **vi**-Kommandos zum Löschen, Ersetzen und Kopieren von Teilen eines Dokuments bestehen aus einem Buchstaben, der die Funktion kennzeichnet und einem beziehungsweise 2 weiteren Buchstaben, die die Reichweite des Befehls bestimmen. Es leistet

c	das Ersetzen eines Objekts,
d	das Entfernen eines Objekts und
y	das Kopieren eines Objekts in einen temporären Puffer.

dd löscht eine Zeile

Zweifach gedrückt wirkt das jeweilige Kommando auf die gesamte Zeile. Andere Objektbezeichner stehen für

BLANK	folgendes Zeichen,
w	bis zum nächsten Wortende, begrenzt durch **BLANK** oder ein Sonderzeichen,
W	bis zum nächsten Wortende, begrenzt durch **BLANK**,
b	bis zum vorhergehenden Wortende, begrenzt durch **BLANK** oder ein Sonderzeichen,
B	bis zum vorhergehenden Wortende, begrenzt durch **BLANK**,
0	bis zum Zeilenanfang,

Objekte sind Zeichen, Wörter, Zeilen, Sätze, Absätze oder Abschnitte

^	bis zum 1. sichtbaren Zeichen am Zeilenanfang,
$	bis zum Zeilenende,
(	bis zum Satzanfang,
)	bis zum Satzende,
{	bis zum Absatzanfang,
}	bis zum Absatzende,
[[	bis zum Anfang des Abschnitts,
]]	bis zum Ende des Abschnitts.

Vorangestellte oder auf das Kommando folgende Zahlen führen zur wiederholten Ausführung der Operation. Beispielsweise entfernen **6dw** und **d6w** die folgenden 6 Wörter.

Das Ersetzungkommando **c** löscht die angegebenen Objekte; der **vi** schaltet anschließend in den Eingabemodus. Das Ersetzen der Objekte gilt als abgeschlossen, wenn der Anwender mit Escape in den Kommandomodus zurückschaltet.

Kopiervorgänge sind 2stufig auszuführen: In einem 1. Schritt ist der gewünschte Bereich in den temporären Puffer des **vi** zu kopieren. Anschließend ist der Cursor an die Zielposition zu bewegen und der Inhalt des temporären Puffers mit **P** vor oder mit **p** hinter der Cursor-Position einzufügen.

Für Kopiervorgänge bietet der **vi** einen unbenannten und weitere benannte Puffer beziehungsweise Register mit den Namen **a** bis **z**. Letztere adressiert doppeltes Hochkomma. Beispielsweise lautet ein **vi**-Kommando, das die auf die aktuelle Cursor-Position folgenden 8 Zeilen in das Register **w** kopiert

Befindet sich der Cursor mitten in einem Wort, dann löscht dw ab der Cursor-Position bis zum Wortende

P fügt vor, p hinter dem Cursor ein

Der vi bietet ein unbenanntes und 26 benannte Register a-z

```
"w8yy
```

8.2.6 Marken, Tastatursequenzen, Abkürzungen

Das Marken-Konzept des **vi** ermöglicht komfortables Springen im Dokument. Das Kommando **m**, gefolgt von einem Buchstaben **a** bis **z**, speichert die aktuelle Position des Cursors in einem Marken-Register. Zu einem späteren Zeitpunkt kann der Anwender eine gesicherte Position adressieren mit

`` `x ``	Sprung zur Marke **x**,
`` `` ``	Rückkehr zur letzten Sprungadresse,
`` `[ ``	Sprung zum Anfang der Zeile, die **x** enthält,
`` `] ``	Sprung zum Ende der Zeile, die **x** enthält,
`'x`	Sprung zum 1. sichtbaren Zeichen der Zeile, die **x** enthält.

Gesetzte Marken zeigt der **vim** nach Eingabe des **ex**-Kommandos **:marks** (der führende Doppelpunkt dient dem Wechsel vom Kommando- in den **ex**-Modus). Analog liefert das **ex**-Kommando **:jumps** eine Liste der zuletzt ausgeführten Sprünge.

Nach Eingabe von y'a springt der Cursor an die Marke a

Marken lassen sich auch als Referenzpositionen verwenden. Beispielsweise bewirkt die Eingabe von **y'a** das Kopieren des Inhalts zwischen der Marke **a** und der aktuellen Cursor-Position in den temporären Puffer.

Ein weiteres Merkmal des **vi** besteht in der Fähigkeit, auch Kommandosequenzen in Registern verwalten zu können. **vim**

vim bietet eine Record-Funktion zum Speichern von Tastatursequenzen

unterstützt den Anwender dabei mit dem „Record"-Kommando **qx**, wobei **x** für einen Registernamen **a** bis **z** steht. Daraufhin eingegebene Tastatursequenzen bis zum nächsten **q** (im Kommandomodus) kopiert **vim** in das Register **x**. Die im Register **x** gespeicherte Tastatursequenz kann der Anwender mit **@x** an beliebiger Stelle wiederholen.

Abschließend sei noch auf das automatische Ersetzen von Textteilen hingewiesen. Durch das **ex**-Kommando

```
:ab Kurzname Text
```

wird eine Abkürzung **Kurzname** eingeführt. Nach Eingabe von **Kurzname** im Eingabe- oder Ersetzungsmodus als Wort ersetzt der **vi** die Abkürzung durch **Text**. Eine Liste der definierten Abkürzungen erzeugt das Kommando **:ab**.

Die vi-Startup-Datei heißt $HOME/.exrc

Häufig benötigte Abkürzungen kann der Anwender in der Startup-Datei **$HOME/.exrc** zusammenfassen (ohne führenden Doppelpunkt); sie stehen dann unmittelbar nach Aufruf des **vi** zur Verfügung.

8.2.7 ex-Kommandos

Nach Eingabe eines Doppelpunkts **:** wechselt der **vi** aus dem
Kommando- in den **ex**-Modus und erwartet die Eingabe einer
Kommandozeile. Der Cursor springt auf die letzte Zeile des
Terminals und nimmt dort hinter einem Doppelpunkt (dem **ex**-
Prompt) ein **ex**-Kommando entgegen. Die wichtigsten Befehle
sind

help   Anzeige einer Befehlsliste (nur **vim**),

w [Datei]

Abspeichern des Dokuments in **Datei**,

a,ew Datei

Abspeichern der Zeilen **a** bis **e** in **Datei**,

wq   Abspeichern und Programm beenden,

x   Abspeichern, falls das Dokument geändert wurde, und Programm beenden,

q!   Programm beenden ohne Abspeichern,

q   Programm beenden,

e Datei Laden einer neuen Datei,

e!   Verwerfen der Änderungen, erneutes Laden der
in Arbeit befindlichen Datei,

n   Bearbeiten der nächsten Datei,

N   Bearbeiten der vorhergehenden Datei,

r Datei Einfügen des Inhalts von **Datei**,

!Kommando

Ausführen von **Kommando** in einer Sub-Shell,

r!Kommando

Ausführen von **Kommando** in einer Sub-Shell,
das Ergebnis wird in das Dokument eingefügt,

sh   Öffnen einer Sub-Shell als aktiven Kindprozeß.
Nach Beenden der Shell kann der Anwender die
Arbeit mit **vi** fortsetzen.

*Die help-Funktion
des vim zeigt eine
Befehlsübersicht*

*3,5!Kommando
sendet die Zeilen
3-5 an Kommando,
der Bereich wird
durch das Ergebnis
von Kommando
ersetzt*

8.2.8 Suchen und Ersetzen

Zum Austauschen von Textteilen eines Dokuments bietet der **vi** im **ex**-Modus ein komfortables Ersetzungskommando. Seine allgemeine Syntax lautet

```
[Adresse[,Adresse]]s/RegExp/String/[Flags]...
```

Adressen sind Zeilennummern oder Kontext- adressen (/Text/)

Ohne Angabe von Adreßbereichen sucht das **s**-Kommando von der aktuellen Cursor-Position aus vorwärts nach einem Muster **RegExp** und ersetzt das 1. gefundene Muster durch die Zeichen- kette **String**. Wurde ein Adreßbereich angegeben, dann ersetzt **vi** in jeder Zeile des Bereichs das 1. gefundene Muster.

Mit **Flags** kann der Anwender die Arbeitsweise des Erset- zungskommandos modifizieren: **Flags=g** (global) weist **vi** an, alle auftretenden Muster ab der aktuellen Cursor-Position bis zum Dateiende oder im angegebenen Adreßbereich auszutauschen. Wurde **Flags=c** gesetzt, dann bittet **vi** vor dem Ersetzen um Bestätigung.

8.2.9 **vi**-Optionen

Die Arbeitsweise und das Erscheinungsbild des **vi** steuern spezi- elle Optionen. Sie sind dem Anwender über **vi**-interne Variablen zugänglich. Der **vim** verfügt über etwa 100 interne Variablen, die logische oder numerische Werte oder auch Zeichenketten enthal- ten. Die folgende Liste zeigt einige Variablennamen, gegebenen- falls ihren Kurznamen, in Klammern den Variablentyp (l logisch, n numerisch, z Zeichenkette) und ihre Bedeutung. Bei logischen Variablen beschreibt die Erklärung das Verhalten des **vi**, falls der Variablenwert „wahr" ist.

Etwa 100 Variablen steuern die Arbeitsweise des vim

> **autoindent ai** (l) Bei der Öffnung einer neuen Zeile wird automatisch um das Maß der vorhergehenden Zeile eingerückt,
>
> **backup bk** (l) Anlegen einer Sicherungskopie des Ori- ginals (mit Endung **.bak**) vor dem Abspeichern der Datei,
>
> **ignorecase ic** (l) bei Suchoperationen wird nicht zwischen Groß- und Kleinschreibung unterschieden,

magic (l) Suchmuster werden wie reguläre Ausdrücke behandelt,

number nu (l) linksseitig werden Zeilennummern aufgetragen,

paragraphs pa (z) enthält eine Liste mit **nroff**-Begrenzern für Absätze,

sections sect (z) enthält eine Liste mit **nroff**-Begrenzern für Abschnitte,

tabstop ts (n) Anzahl der Leerzeichen zwischen Tabulatorpositionen,

wrapscan ws (l) wird beim Suchen das Dateiende erreicht, dann wird anschließend die Suche ab dem Dateianfang fortgesetzt und umgekehrt.

Tabulator-positionen haben feste Abstände

Der Variablenbereich des **vi** ist über das **ex**-Kommando **set** erreichbar. Seine Aufrufkonvention lautet (der einleitende Doppelpunkt wechselt aus dem Kommando- in den **ex**-Modus)

```
:set [Option[=Wert]]...
```

Ohne Argument aufgerufen, liefert **set** Namen und Werte der Variablen, die von der Voreinstellung abweichende Werte enthalten. **set all** zeigt eine Gesamtübersicht und **set Option?** den Wert einer speziellen Variablen **Option**.

set all gibt die Gesamtübersicht seitenweise aus

Wertzuweisungen an numerische und Zeichenkettenvariablen erfolgen gemäß **set Option=Wert**. Den Status einer logischen Variablen kann der Anwender auf 3 Arten setzen:

```
set Option     setzt Option auf „wahr",
set noOption   setzt Option auf „falsch" und
set invOption  invertiert den Wert von Option.
```

Das **set**-Kommando erlaubt es auch, mit einem Aufruf mehrere Optionen zu setzen: **set ai bk nu** setzt die Werte der Variablen **autoindent**, **backup** und **number** auf „wahr".

set nu erzeugt Zeilennummern

Von der Voreinstellung abweichende Optionen setzt **vi** beim Programmstart, indem er zunächst den Inhalt der Umgebungsvariablen **EXINIT** interpretiert und anschließend in der anwenderspezifischen Startup-Datei **$HOME/.exrc** befindliche **ex**-Kommandos umsetzt.

8.3 GNU-Emacs

Der GNU-Emacs ist ein universelles Werkzeug zur Erfassung und Manipulation von Textdateien. Außerdem erlaubt er die Bearbeitung binärer Dateien. Er ist kein Programm zur Dokumentenverarbeitung im Sinne des Desktop-Publishing.

Der GNU-Emacs enthält eine On-line-Dokumentation

Speziell in Entwicklerkreisen erfreut sich der GNU-Emacs hoher Beliebtheit. Das liegt unter anderem an seinem umfangreichen Befehlsvorrat und seiner Flexibilität, die dem Anwender individuelles Konfigurieren aller Bedienungsmerkmale erlaubt. Integrierte On-line-Dokumentation und Erweiterbarkeit seines Funktionsvorrats zählen zu den herausragenden Merkmalen des Produkts. Einsteigern steht ein On-line-Tutorial im Zugriff.

Anders als der **vi** kennt der GNU-Emacs nur einen Eingabe- und einen Ersetzungsmodus. Zur Bearbeitung geladene Dateien verwahrt er in internen Puffern. Der Bildschirm, genaugenommen ein Fensterbereich, ist einem Puffer zugeordnet und zeigt einen Ausschnitt daraus. Einzelne Fenster können sowohl verschiedene Ausschnitte einer Datei als auch Ausschnitte verschiedener Dateien anzeigen. Jedem Fenster ist eine eigene Cursor-Position zugeordnet. Tastaturseitige Eingaben, sofern es keine Steuerzeichen sind, werden unmittelbar vor der aktuellen Cursor-Position eingefügt. Editierkommandos erkennt der GNU-Emacs aufgrund von Steuerzeichen oder -sequenzen.

Verschiedene Textfenster zeigen den Inhalt einer oder mehrerer Dateien an

Ein weiterer Unterschied gegenüber dem **vi** (und den meisten anderen Editoren) besteht in der Architektur des GNU-Emacs. Das komplett in C geschriebene Programm realisiert einen internen Emacs-Lisp-Interpreter (ELisp). Sämtliche Editierfunktionen sind in ELisp geschrieben. Der vorhandene Befehlsvorrat ist anwenderseitig durch Programmierung zusätzlicher ELisp-Funktionen erweiterbar.

Die Editierfunktionen des GNU-Emacs sind in ELisp geschrieben

Zum System gehören standardmäßig etwa 300 Dateien mit ELisp-Kode. Letztere ermöglichen neben den eigentlichen Editierfunktionen auch den Zugriff auf Dienste des Betriebssystems. Beispielsweise kann der Anwender in einem eigenen Fenster einen Kommandointerpreter starten (ohne den Editor zu verlassen), Electronic-Mail lesen und versenden oder mit entfernten Systemen Dateien austauschen. Er kann auch unmittelbar einen Compiler anstoßen, auf Tastendruck auf fehlerhafte Programmzeilen springen und sogar ausführbare Programme testen.

ELisp-Programme ermöglichen die Integration von Systemkommandos

8.3.1 GNU-Emacs starten und beenden

Auf der Konsole aufgerufen, füllt der GNU-Emacs den kompletten Bildschirm. Aus einer **xterm**-Anwendung des X-Window-Systems (siehe Kapitel 12) heraus gestartet, öffnet der Editor ein X-Fenster. In diesem Fall bildet der X-Server die Schnittstelle zwischen dem Editor und dem Anwender. Die allgemeine Aufrufsyntax lautet

```
emacs [Option]... [Datei]...
```

Anwendern des X-Window-Systems sei empfohlen, den GNU-Emacs als Hintergrundprozeß zu starten (Kommandozeile mit **&** abschließen). Auf der Konsole (oder auf einem ASCII-Terminal) muß das Programm im Vordergrund laufen. In beiden Fällen folgt der Bildschirminhalt (Fensterinhalt) dem in Abbildung 8.2 dargestellten Aufbau.

Der GNU-Emacs enthält eine X11-Anbindung

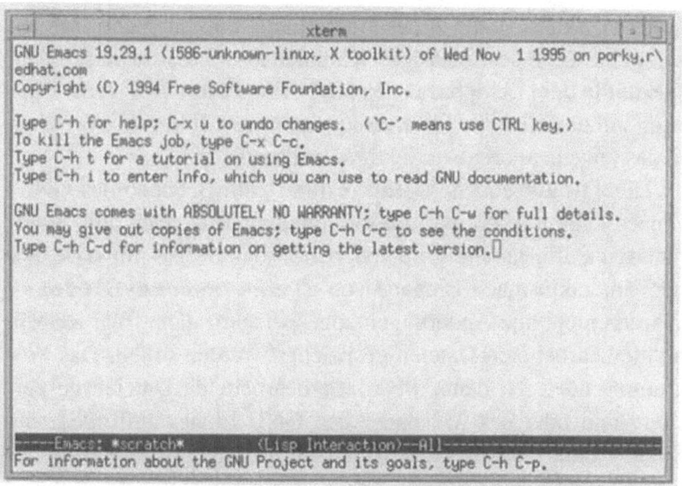

Abb. 8.2
Der Bildschirminhalt nach Aufruf von emacs

Das Textfenster ist durch eine invers angezeigte Statuszeile begrenzt. Dort gibt der GNU-Emacs unter anderem Auskunft über den Namen der Datei, die das Textfenster auszugsweise enthält.

Die letzte Zeile des Bildschirms (Fensters) hat 2 Aufgaben: Zum einen nutzt der GNU-Emacs diese Zeile als „Echo-Bereich", um dem Anwender programminterne Informationen zu übermitteln. Andererseits dient dieser Bereich als „Minipuffer" zur

Textfenster werden durch eine Statuszeile begrenzt

Aufnahme anwenderseitiger Kommandos und Kommandoargumente.

Ohne Dateinamen aufgerufen, entspricht der initiale „Frame" Abbildung 8.2. Das Textfenster reflektiert die Versionsnummer des Programms und zeigt einige der verfügbaren Hilfefunktionen einschließlich der dafür einzugebenden Tastatursequenzen an.

Der Anwender kann emacs mit mehreren Dateinamen aufrufen

Wurde dem Programm ein Dateiname als Argument mitgeliefert, lädt der GNU-Emacs die Datei und positioniert den Cursor an den Dateianfang. Falls das Programm mit 2 Dateinamen aufgerufen wurde, unterteilt der GNU-Emacs den Frame in 2 Textfenster und zeigt oben die 1., unten die 2. Datei an.

Beim Aufruf mit mehr als 2 Dateinamen wird das Textfenster ebenfalls unterteilt, wobei im oberen Bereich die zuletzt genannte Datei angezeigt wird. Im unteren Bereich präsentiert der GNU-Emacs bei dieser Aufrufart eine „Puffer-Liste", die zeilenweise zu jeder Datei den Puffer-Namen, Dateigröße, den zugehörigen „Mode" und den vollständigen Dateinamen reflektiert. Ferner befindet sich der Cursor in der Puffer-Liste, und der Echo-Bereich zeigt eine Liste der zulässigen Kommandos an. Es sei empfohlen, speziell in der „Lernphase" den GNU-Emacs mit höchstens 2 Dateien aufzurufen (die Tastatursequenz **C-x o** führt ein Wechseln in das jeweils alternative Textfenster durch).

Beim Aufruf mit mehr als 2 Dateien legt emacs eine Puffer-Liste an

Die Tastatursequenz **C-x C-c** führt zum Beenden des GNU-Emacs. Vorab prüft der Editor, ob der Anwender alle modifizierten Pufferinhalte gespeichert hat (dateiweise mit **C-x C-s** oder interaktiv nach Eingabe von **M-x save-some-buffers**). Wurden nicht alle Änderungen abgespeichert, dann fragt **emacs**, ob die bearbeiteten Dateien gespeichert werden sollen. Das Programm endet erst dann, wenn alle bearbeiteten Dateien gespeichert sind oder der Anwender den GNU-Emacs auffordert, die Sitzung ohne Sicherung zu terminieren (durch Beantworten der Frage „**exit anyway**" mit **yes**).

C-x C-s sichert eine Datei, C-x C-c beendet das Programm

Nicht gesicherte Änderungen an **Datei** speichert **emacs** unter dem Namen **#Datei#**. Soll der GNU-Emacs in einer späteren Sitzung **Datei** bearbeiten und findet einen Verzeichniseintrag **#Datei#** mit einem neueren Zeitstempel als **Datei**, wird der Anwender entsprechend darauf hingewiesen. Nach Eingabe von **M-x recover-file** ersetzt das Programm den Pufferinhalt **Datei** durch die Sicherungskopie. Letztere entfernt der Editor nach dem Speichern von **Datei** mit **C-x C-s**.

emacs erzeugt in zyklischen Abständen Sicherungskopien

Ferner führt die Sequenz **C-z** zum temporären Beenden des Programms; der Anwender interagiert daraufhin mit der Shell. Nach Eingabe des Shell-internen Kommandos **fg** ist der Editor wieder aktiv. Zu beachten ist, daß ein erneuter Aufruf von **emacs** in diesem Stadium einen 2. GNU-Emacs startet, der zusätzliche Systemressourcen benutzt.

8.3.2 Basiskommandos

Analog dem **vi** bietet der GNU-Emacs Funktionen zum Bewegen des Cursors sowie zum Löschen, Ersetzen und Kopieren von Textbereichen. Die meisten Funktionen stehen unmittelbar über Kontrollsequenzen im Zugriff, von denen die wichtigsten normalerweise an Funktionstasten der Tastatur gebunden sind. Darüber hinaus kann der Anwender alle vorhandenen Funktionen durch Eingabe ihres Funktionsnamens aktivieren, indem er mit **M-x** in den Minipuffer wechselt und dort den Funktionsnamen eingibt. Eingaben in den Minipuffer und laufende Operationen beendet der GNU-Emacs nach Empfang von **C-g** (**keyboard-quit**).

Editierkommandos führt emacs aufgrund einer Steuersequenz oder eines Funktionsnamens aus

8.3.3 Cursor bewegen

Sequenz	Name	Funktion
C-f	forward-char	Zeichen nach rechts
C-b	backward-char	Zeichen nach links
M-f	forward-word	Wort nach rechts
M-b	backward-word	Wort nach links
C-a	beginning-of-line	zum Zeilenanfang
C-e	end-of-line	zum Zeilenende
C-n	next-line	Zeile nach unten
C-p	previous-line	Zeile nach oben
C-x]	forward-page	Seite vorwärts
C-x [	backward-page	Seite rückwärts
M-<	beginning-of-buffer	zur 1. Zeile
M->	end-of-buffer	zur letzten Zeile
C-v	scroll-up	Textfenster nach unten
M-v	scroll-down	Textfenster nach oben
C-x <	scroll-left	Textfenster nach links
C-x >	scroll-right	Textfenster nach rechts
C-1	recenter	aktuelle Zeile zentrieren

Eine Wortgrenze ist in der Syntax des GNU-Emacs ein Trennzeichen (Leer-, Tabulator-, Minuszeichen, Punkt et cetera). Eine Seitengrenze kennzeichnet das Form-Feed-Zeichen ^L.

Die „vertikalen" Scroll-Funktionen verschieben den Cursor um eine Anzahl Zeilen nach unten (**C-v**) oder nach oben (**M-v**). Die Zeilenzahl errechnet sich aus der Höhe des Textfensters abzüglich des Werts der Variablen **scroll-next-context-lines** (Standardwert ist 2).

Horizontales Scrollen verschiebt das Textfenster nach links oder rechts

Die Funktionen **scroll-left** (**C-x <**) und **scroll-right** (**C-x >**) verschieben das Textfenster nach links oder rechts. Ohne eine vorangestellte Zahl, einzugeben nach Betätigen der Escape-Taste, verschiebt **emacs** das Textfenster um die angezeigte Spaltenzahl, anderenfalls um die als führendes Argument angegebene Anzahl Spalten.

M-x goto-line springt im Text zu einer beliebigen Zeile

Neben den genannten zeichen-, wort-, zeilen- und seitenorientierten Operationen bietet der **emacs** auch einige satz- und paragraphorientierte Funktionen wie **backward-sentence** oder **forward-paragraph**. Einen Sprung zu einer bestimmten Zeile führt **emacs** nach Eingabe von **M-x goto-line** aus.

Das Satzende kennzeichnen 2 auf . ? oder ! folgende Leerzeichen

Das Satzende erkennt der GNU-Emacs an 2 Leerzeichen, die auf einen Punkt, ein Frage- oder ein Ausrufungszeichen folgen. Paragraphbegrenzer verwaltet das Programm in den internen Variablen **paragraph-start** und **paragraph-separate**. Die Variablenwerte sind reguläre Ausdrücke (**"^[\t\n\f]"** und **"^[\t\f]*$"**, siehe Kapitel 7.10).

8.3.4 Löschen

Sequenz	Name	Funktion
C-d	**delete-char**	Zeichen löschen rechts
Del	**backward-delete-char**	Zeichen löschen links
M-d	**kill-word**	Wort löschen rechts
M-Del	**backward-kill-word**	Wort löschen links
C-k	**kill-line**	löschen bis Zeilenende

Von den aufgezählten Löschoperationen enthalten einige die Zeichenkette „**delete**", andere „**kill**". Die unterschiedliche Namensgebung drückt die Arbeitsweise der Kommandos aus: Erstere entfernen einen einzelnen Buchstaben, letztere entfernen einen Bereich aus dem Puffer und kopieren die Daten in den

„Kill-Ring". Auf dort befindliche Daten greift **emacs** aufgrund anwenderseitiger „**yank**-Kommandos" zurück (**C-y**, **yank** und **M-y**, **yank-pop**). **C-y** kopiert den letzten Eintrag aus dem Kill-Ring vor die aktuelle Cursor-Position, **M-y** (unmittelbar nach **C-y** auszuführen) ersetzt das zuletzt eingefügte Textsegment durch das „darüber liegende" Element des Kill-Rings.

Jede **kill**-Operation erweitert den Kill-Ring um einen Eintrag; die maximale Anzahl der Einträge im Kill-Ring steuert die Variable **kill-ring-max** (Standardwert ist 30). Führt der Anwender unmittelbar hintereinander mehrere **kill**-Funktionen aus, ergänzt **emacs** den letzten Eintrag des Kill-Rings um das jeweilige Objekt. Wurden zwischen zwei **kill**-Operationen andere Kommandos ausgeführt, etwa der Cursor bewegt, kann der Anwender mittels **M-C-w** (**append-next-kill**) erreichen, daß ein folgendes **kill**-Kommando den letzten Eintrag des Kill-Rings erweitert.

Der Kill-Ring speichert gelöschte Wörter, Zeilen und allgemeine Bereiche

8.3.5 Markieren

Sequenz	Name	Funktion
C-BLANK	**set-mark-command**	Marke setzen
C-x C-x	**exchange-point-and-mark**	Cursor an die letzte Marke bewegen

Der GNU-Emacs ordnet jedem Puffer die 2 Positionen „Mark" und „Point" zu. Mark setzt der Anwender innerhalb des Puffers durch Eingabe von **C-BLANK** oder **C-@** (**set-mark-command**), und Point ist die aktuelle Cursor-Position. Auskunft über die aktuelle Position von Mark liefert die Tastatursequenz **C-x C-x** (Vertauschen von Point und Mark).

C-@ setzt eine Marke, C-x C-x springt zu der Marke

Hauptsächlich setzt der Anwender Marken, um Bereiche zu definieren, die anschließend kopiert oder gelöscht werden sollen. Die Funktion **kill-region** (**C-w**) löscht den Bereich zwischen Mark und Point aus dem Puffer. **kill-ring-save** (**M-w**) wiederum kopiert den Bereich zwischen Mark und Point in den Kill-Ring; der Puffer wird dabei nicht manipuliert.

C-w löscht den Bereich zwischen Mark und Point, M-w kopiert den Bereich in den Kill-Ring

Zu jeder in der Bearbeitung befindlichen Datei (genaugenommen jedem Puffer) verwaltet der GNU-Emacs einen Mark-Ring, der 16 Positionen speichern kann. Mit jedem Setzen von Mark wird der Mark-Ring erweitert. Den Zugriff auf alte Positionen erhält der Anwender durch zyklische Eingabe von **C-u C-BLANK** oder **C-u C-@**. Außerdem speichert der **emacs** die jeweils letzte Position vor einem Wechsel in einen anderen Puffer in einem „Global-Mark-Ring". An dort gespeicherte Adressen springt der Cursor nach Eingabe von **C-x C-BLANK**.

8.3.6 Suchen

Sequenz	Name	Funktion
C-s	**isearch-forward**	vorwärts suchen
C-r	**isearch-backward**	rückwärts suchen
M-C-s	**isearch-forward-regexp**	vorwärts suchen
M-C-r	**isearch-backward-regexp**	rückwärts suchen

M-C-s und M-C-r suchen nach regulären Ausdrücken

Der GNU-Emacs sucht wahlweise nach Zeichenketten (**C-s** und **C-r**) oder nach regulären Ausdrücken (**M-C-s** und **M-C-r**). Wiederholtes Ausführen des betreffenden Kommandos sucht das nächste Auftreten des zuletzt eingegebenen Suchstrings. Wird beim Suchen das Dateiende oder der Dateianfang erreicht, dann wird anschließend die Suche ab dem Dateianfang fortgesetzt und umgekehrt.

Groß- und Kleinschreibung sind beim Suchen gleichberechtigt

Standardmäßig wird bei den zeichenkettenorientierten Suchoperationen nur dann zwischen Groß- und Kleinschreibung unterschieden, wenn die zu suchende Zeichenkette Versalien enthält. Ist der Wert der **emacs**-internen Variablen **case-fold-search nil**, dann sucht der GNU-Emacs nur nach Zeichenketten, die exakt auf den angegebenen Suchstring passen.

8.3.7 Ersetzen

Sequenz	Name	Funktion
M-%	**query-replace**	ersetze Zeichenketten

M-% fragt den Anwender vor einem Austausch

Der GNU-Emacs bietet vielzählige Kommandos zum Ersetzen von Zeichenketten, von denen die angegebene Funktion **M-%** die am häufigsten benutzte ist. Nach Eingabe der genannten Tastatursequenz oder des Funktionsnamens bittet das Programm den Anwender um die Eingabe von 2 Zeichenketten im Minipuffer, die jeweils mit **Return** abzuschließen sind. Anschließend springt der Cursor an die nächste Stelle im Puffer, an der die zuerst eingegebene Zeichenkette (der Suchstring) steht, und bittet den Anwender um Eingabe eines Tastaturkodes. Es bewirken

BLANK	ein Ersetzen und Sprung zur nächsten Position, an der der Suchstring steht,
Del	den Sprung zur nächsten Position des Suchstrings ohne Ersetzen,
Return	das Beenden der Funktion,
,	ein Ersetzen mit Anzeige des Ergebnisses (der Minipuffer fordert daraufhin ein weiteres Kommando an),
^	den Rücksprung zur letzten Position des Suchstrings,
!	ein Ersetzen aller folgenden Suchstrings ohne Abfrage.

C-g beendet die Funktion ebenfalls

Globales Ersetzen leistet die Funktion **replace-string**, die ohne Abfrage alle Suchstrings ab der Position Point bis zum Dateiende ersetzt. Weitere Ersetzungskommandos erlauben die Eingabe eines regulären Ausdrucks als Suchstring und führen das Ersetzen mit oder ohne Bestätigung aus (**query-replace-regexp**, **replace-regexp**). Diese Kommandos sind normalerweise nicht an Tastatursequenzen gebunden.

replace-string und replace-regexp ersetzen ohne Abfrage

Hat die Variable **case-replace** einen von **nil** verschiedenen Wert, bleibt die Groß- und Kleinschreibung beim Tausch erhalten:

query-replace-string arbeitet analog

> **M-x replace-string Return x Return y Return**

ersetzt **x** durch **y** und **X** durch **Y**. Ferner beeinflußt die Variable **case-fold-search** die Ersetzungskommandos. Ist ihr Wert **nil**, ersetzt **emacs** nur Zeichenketten, die exakt auf den Suchstring passen.

8.3.8 Wiederherstellen

Sequenz	Name	Funktion
C-_	**undo**	Rücknahme der letzten Änderung

Der GNU-Emacs speichert alle ausgeführten Operationen in pufferspezifischen Befehlslisten (ihre „Länge" bestimmt die Variable **undo-limit**, Standardwert ist 20 000). Wiederholtes Betätigen von **C-_** nimmt der Reihe nach die letzten Änderungen zurück.

8.3.9 Dateien laden und sichern

Sequenz	Name	Funktion
`C-x C-f`	`find-file`	Datei laden
`C-x i`	`insert-file`	Datei einfügen
`C-x C-s`	`save-buffers`	Puffer sichern
`C-x s`	`save-some-buffer`	mehrere Puffer sichern
`C-x C-w`	`write-file`	Datei sichern

Der GNU-Emacs kann auch Dateien bearbeiten, die auf entfernten Systemen liegen

Mit Ausnahme von **save-buffer** fordern die genannten Kommandos den Anwender auf, im Minipuffer einen Dateinamen einzugeben, der eine zu ladende beziehungsweise zu erzeugende Datei spezifiziert. Hat der Dateiname das Format **/Host:Datei** oder **/User@Host:Datei**, dann versucht **emacs** mittels **ftp** eine Verbindung zu einem entfernten System herzustellen; zur Validierung des Zugriffsrechts wird in diesem Fall die Eingabe eines Paßworts angefordert.

Im Minipuffer einzugebende Datei- und Funktionsnamen ergänzt emacs nach Eingabe von BLANK oder Tab

Während der Eingabe eines Dateinamens führt **emacs** eine automatische Ergänzung des Dateinamens aus, wenn der Anwender die Leer- oder Tabulatortaste betätigt. Das gelingt natürlich nur, wenn die gewünschte Datei bereits existiert. Befinden sich im anvisierten Verzeichnis mehrere Dateien, die auf das bereits eingegebene Muster passen, dann zeigt **emacs** eine Liste der in Frage kommenden Dateien an.

Mit C-x C-r geladene Dateien sind nicht modifizierbar

Dateien, für die der Anwender das Schreibrecht hat, lädt der GNU-Emacs im Schreibmodus als Kopie in einen Puffer. Der Anwender kann den Puffer anschließend nach Belieben modifizieren. Besteht für den Anwender nur das Recht zum Lesen, dann ist ein Ändern des Pufferinhalts nicht möglich. Ferner lädt die Funktion **find-file-read-only** (**C-x C-r**) eine Datei im Nur-Lese-Modus.

emacs erzeugt numerierte Backup-Dateien, wenn die Variable version-control den Wert t hat

Beim Speichern einer Datei erzeugt **emacs** eine Sicherungskopie, wenn der Wert der Variablen **make-backup-files** nicht **nil** ist (Standardwert ist **t**). Sicherungskopien erkennt der Anwender normalerweise an einem an den Dateinamen angehängten Tilde-Zeichen ~. Multiple (numerierte) Sicherungen legt der GNU-Emacs an, wenn der Wert der Variablen **version-control** „t" ist oder das Programm in seinem Kontext die Umgebungsvariable **VERSION_CONTROL** mit dem Wert **t** findet.

8.3.10 Puffer wechseln

Sequenz	Name	Funktion
C-x b	switch-to-buffer	Puffer wechseln
C-x C-b	list-buffers	Pufferliste anzeigen
C-x k	kill-buffer	Puffer entfernen

Wie bereits eingangs erwähnt, kopiert der GNU-Emacs jede zu bearbeitende Datei in einen Puffer, und der Anwender modifiziert die im Puffer befindliche Kopie einer Datei. Zu jeder Zeit ist immer nur ein Puffer aktiv, angezeigt durch den im zugehörigen Textfenster befindlichen Cursor.

Nach Eingabe von **C-x b** aktiviert **emacs** einen anderen Puffer, **C-x C-b** zeigt eine Liste aller aktuell im Speicher befindlichen Puffer, und **C-x k** entfernt einen Puffer. Ferner schaltet die Funktion **vc-toggle-read-only** (**C-x C-q**) einen Puffer in den Nur-Lese-Modus und zurück.

C-x b fordert einen Puffer-Namen an, C-x C-b zeigt eine Puffer-Liste

8.3.11 Window-Kommandos

Sequenz	Name	Funktion
C-x 0	delete-window	Fenster entfernen
C-x 1	delete other-window	Fenster entfernen
C-x 2	split-window-vertically	Fenster teilen
C-x 3	split-window-horizontally	Fenster teilen
C-x o	other-window	Fenster wechseln

Die Arbeit mit multiplen Fenstern ermöglicht dem Anwender unter anderem, unterschiedliche Ausschnitte einer Datei oder auch Ausschnitte aus verschiedenen Dateien zu betrachten beziehungsweise mit **C-x o** von einem Textfenster in ein anderes zu wechseln. Beispielsweise kann man in einem Textfenster mit **C-x w** einen Textausschnitt in den Kill-Ring kopieren und den „ausgeschnittenen" Text in einem anderen Textfenster mit **C-y** einfügen.

C-x o aktiviert das nächste Textfenster der Fenster-hierarchie

Der GNU-Emacs erlaubt horizontales (**C-x 2**) und vertikales (**C-x 3**) Teilen von Textfenstern in 2 gleich große Fenster (falls das Textfenster eine gerade Zeilen- beziehungsweise Spaltenzahl enthält). Nach Eingabe von **C-x 0** entfernt **emacs** das Fenster, in dem sich der Cursor befindet, und **C-x 1** entfernt alle anderen Fenster (der aktive Puffer wird bildschirmfüllend angezeigt).

Textfenster sind horizontal und vertikal teilbar

Außerdem ist ein Vergrößern beziehungsweise Verkleinern eines Fensters möglich, und zwar vertikal mit **M-x enlarge-window** und **M-x shrink-window** (Verändern der Zeilenzahl) sowie horizontal mit **M-x enlarge-window-horizontally** und **M-x shrink-window-horizontally**.

8.3.12 Kommandosequenzen

Sequenz	Name	Funktion
C-x (	**start-kbd-macro**	beginne Aufzeichnung
C-x)	**end-kbd-macro**	beende Aufzeichnung
C-x e	**call-last-kbd-macro**	führe die zuletzt aufgezeichnete Sequenz aus

C-u C-x (erlaubt das Erweitern der zuletzt gespeicherten Tastatursequenz

Nach Eingabe der Tastatursequenz **C-x (** führt der GNU-Emacs alle folgenden Kommandos aus und speichert diese parallel in einem Kommando-Puffer, bis der Anwender **C-x)** eingibt; **C-x e** wiederholt die zuletzt gespeicherte Kommandosequenz. Ferner erlaubt die Tastatursequenz **C-u C-x (** ein Erweitern der zuletzt gespeicherten Kommandosequenz (**C-x)** beendet die Aufzeichnung).

Einer einmal aufgezeichneten Kommandosequenz kann der Anwender einen Funktionsnamen zuordnen (**M-x name-last-kbd-macro**). Ein späterer Aufruf des Funktionsnamens führt die gespeicherte Sequenz aus.

Benannte Tastatursequenzen kann emacs als ELisp-Kode in eine Datei kopieren

Außerdem ist ein Abspeichern benannter Kommandosequenzen in einer Datei möglich. Dazu wird normalerweise die **emacs**-Startup-Datei **$HOME/.emacs** geladen und das Kommando **M-x insert-kbd-macro** ausgeführt. Nach Angabe des erteilten Funktionsnamens kopiert der GNU-Emacs eine ELisp-Funktion in die Datei, und nach anschließender Sicherung der geänderten Datei **$HOME/.emacs** steht die benannte Kommandosequenz bei einer späteren Sitzung unter dem erteilten Funktionsnamen wieder zur Verfügung.

8.3.13 Wiederholungen

Stellt der Anwender einem **emacs**-Kommando ein numerisches Argument voran, dann wird das betreffende Kommando wiederholt ausgeführt. Beispielsweise bewegt die Sequenz **M-5 C-n** den Cursor um 5 Zeilen nach unten, **M-64 a** fügt vor der aktuellen Cursor-Position 64mal das Zeichen **a** ein, **M-20 C-x e** führt die zuletzt definierte Kommandosequenz 20mal aus und so fort.

Negative numerische Argumente bewirken in vielen Fällen wiederholtes Ausführen der anschließend gewählten Operation in die „Gegenrichtung".

Neben der Sequenz **M-num**, die einen Multiplikator **num** für das nachfolgend eingegebene Kommando definiert, bietet **emacs** die Funktion **universal-argument** (**C-u**). Folgt auf **C-u** kein numerisches Argument, dann wird das anschließend gewählte Kommando 4fach ausgeführt, wiederholte Angabe von **C-u** vervierfacht den bereits definierten Multiplikator. Beispielsweise löscht **C-u C-u C-d** die nächsten 16 Zeichen. Ein Mischen von **M-num** beziehungsweise **C-u num** mit **C-u** führt nicht zur Definition eines Multiplikators.

Ein mit M-num oder C-u num erzeugter Multiplikator führt zur wiederholten Ausführung des nachfolgenden Kommandos

8.3.14 Abkürzungen

Sequenz	Name	Funktion
C-x a g	**add-global-abbrev**	definiere Abkürzung
C-x a e	**expand-abbrev**	expandiere Abkürzung

Abkürzungen verarbeitet der GNU-Emacs nur in einer speziellen Betriebsart, dem **abbrev**-Modus. Der Anwender kann den **abbrev**-Modus durch Eingabe von **M-x abbrev-mode** ein- oder ausschalten. Die einem Puffer zugehörige Statuszeile zeigt durch die Zeichenkette **Abbrev** an, ob der **abbrev**-Modus für den jeweiligen Puffer aktiviert ist.

Abkürzungen expandiert der GNU-Emacs nur im Abbrev-Mode

Die Definition von Abkürzungen erfolgt in 2 Schritten: Zunächst ist der Text im Puffer einzugeben, für den eine Abkürzung eingerichtet werden soll. Nach anschließender Eingabe der Tastatursequenz **C-x a g** fordert **emacs** den Anwender auf, eine Kurzform für den vor dem Cursor stehenden Text zu spezifizieren.

Normalerweise kopiert **emacs** ein einzelnes, unmittelbar vor dem Cursor stehendes Wort in den **abbrev**-Puffer. Er kopiert mehrere Wörter dort hin, wenn der Anwender vor Eingabe von **C-x a g** mit **C-u num** festlegt, wieviele der vor dem Cursor stehenden Wörter Bestandteil der zu definierenden Abkürzung sein sollen.

Neben global gültigen unterstützt der GNU-Emacs Mode-spezifische Abkürzungen; sie werden nur in einem bestimmten **emacs**-Mode (siehe Kapitel 8.3.16) expandiert. Die Definition „lokaler" Abkürzungen erfolgt nach demselben Schema wie die Definition globaler Abkürzungen, statt **C-x a g** ist die Sequenz **C-x a l** zu verwenden.

Eine als Wort eingegebene Abkürzung expandiert emacs automatisch

Das Expandieren von Abkürzungen führt der GNU-Emacs automatisch aus, wenn der Anwender im Puffer eine Abkürzung als Wort eingibt, abgeschlossen mit einem Leerzeichen. Die Sequenz **C-x a e** expandiert eine unmittelbar vor dem Cursor stehende Abkürzung, und **M-x expand-region-abbrevs** expandiert alle zwischen Mark und Point stehenden Abkürzungen.

Das Kommando **M-x list-abbrevs** zeigt eine Liste der definierten Abkürzungen, **M-x edit-abbrevs** erlaubt eine interaktive Modifikation der definierten Abkürzungen, und **M-x kill-all-abbrevs** löscht alle (sowohl globale als auch alle lokalen) Abkürzungen.

Ferner kann der Anwender mit **M-x write-abbrev-file** die aktuell definierten Abkürzungen in eine Datei speichern. In einer späteren Sitzung stehen die gesicherten Abkürzungen nach Aufruf von **M-x read-abbrev-file** wieder zur Verfügung.

8.3.15 On-line-Hilfe

Das On-line-Tutorial aktiviert die Sequenz C-h t

Konzeptionell als selbsterklärender Texteditor entwickelt, bietet der GNU-Emacs eine breite Palette von Funktionen, die dem Anwender den Zugriff auf die integrierte On-line-Hilfe gestatten. Dazu zählt auch das bereits erwähnte On-line-Tutorial, das genaugenommen eine Textdatei anzeigt, die dem Anwender schrittweise den Umgang mit den Basiskommandos erläutert.

Die apropos-Funktion zeigt eine Liste aller Kommandos, die eine bestimmte Zeichenkette enthalten

Die eigentliche On-Line-Hilfe besteht aus diversen Funktionen, die dem Anwender beispielsweise eine Kurzbeschreibung einer einzelnen Editierfunktion, einer **emacs**-Variablen oder das an eine Steuersequenz gebundene Kommando anzeigen. Zusätzlich enthält **emacs** eine **apropos**-Funktion, die eine Liste aller Kommandonamen nebst Kurzbeschreibung erzeugt, in denen eine bestimmte Zeichenkette (ein regulärer Ausdruck) enthalten ist. Die wichtigsten Hilfefunktionen sind

Sequenz	Name	Funktion
`C-h a`	**apropos**	zeigt Kommandonamen, die eine Zeichenkette enthalten
`C-h b`	**describe bindings**	gibt eine Liste der Tastaturbindungen aus
`C-h f`	**describe-function**	beschreibt ein Kommando
`C-h C-h`	**help-for-help**	erzeugt eine Liste der Hilfekommandos
`C-h k`	**describe-key**	Kurzinformation zu einer Tastatursequenz
`C-h v`	**describe-variable**	erläutert die Bedeutung einer **emacs**-Variablen
`C-h w`	**where-is**	zeigt die Tastatursequenz zu einem Kommando

8.3.16 Modes

Die Modes des GNU-Emacs ermöglichen es, das Verhalten des Editors auf die Bearbeitung bestimmter Dateitypen abzustimmen. Beispielsweise benötigen C-, C++- und Pascal-Programmierer ein automatisches Einrücken innerhalb einer Blockstruktur, bei der Entwicklung von Lisp-Programmquellen und TeX-Dokumenten ist es wünschenswert, beim Schließen einer Klammer die zugehörige öffnende Klammer anzuzeigen und so fort. *emacs-Modes stimmen das Verhalten des Editors auf die Bearbeitung spezieller Dateitypen ab*

Wird der Editor ohne Dateinamen geladen, befindet er sich im unspezifizierten „Fundamental-Mode". Lädt der Anwender eine Datei, erkennt **emacs** normalerweise an der Dateikennung oder an der 1. Zeile der Datei, ob und um welche Programmiersprache es sich handelt oder ob die Datei ein Dokumentformat enthält, und ordnet dem Puffer einen angepaßten „Major-Mode" zu. Ferner ergänzt jeder Major-Mode den **emacs**-Funktionsvorrat um einige zusätzliche Kommandos.

In einigen Fällen erhalten außerdem einige Funktionstasten eine neue Bedeutung. Beispielsweise fügt die Tabulatortaste im C-Mode kein Tabulatorzeichen ein, sondern sie rückt die aktuelle Zeile kontextspezifisch ein. Abbildung 8.3 zeigt eine unkommentierte Liste der Major-Modes des GNU-Emacs. *Einige Modes modifizieren die Wirkung von Funktionstasten*

Einen Major-Mode kann der Anwender einem Puffer durch Angabe des Mode-Namens im Minipuffer zuordnen. Die Major-Modes sind exklusiv, ein Puffer kann stets nur mit einem Major-

*M-x describe-mode
erläutert den
eingestellten
Major-Mode*

Mode verbunden sein. In Ergänzung kann der Anwender diverse „Minor-Modes" zuschalten, beispielsweise den bereits in Kapitel 8.3.14 erläuterten **abbrev**-Mode, den **auto-fill**-Mode (automatischer Zeilenumbruch) oder den **line-number**-Mode (zeigt die aktuelle Zeilennummer in der Statuszeile an). Abbildung 8.4 faßt die Minor-Modes des GNU-Emacs zusammen. Die Funktion **M-x describe-mode** zeigt die Eigenschaften des aktuell gültigen Major-Modes an.

*Abb. 8.3
GNU-Emacs-
Major-Modes*

Buffer-menu-mode	emacs-lisp-mode	pascal-mode
LaTeX-mode	f90-mode	perl-mode
TeX-mode	fortran-mode	plain-TeX-mode
ada-mode	fundamental-mode	prolog-mode
asm-mode	help-mode	scheme-mode
awk-mode	icon-mode	scribe-mode
bibtex-mode	indented-text-mode	sgml-mode
c++-mode	lisp-mode	slitex-mode
c-mode	mail-mode	tar-mode
command-history-mode	nroff-mode	text-mode
completion-list-mode	objc-mode	vi-mode
edit-abbrevs-mode	occur-mode	wordstar-mode

*Abb. 8.4
GNU-Emacs-
Minor-Modes*

abbrev-mode	font-lock-mode
auto-fill-mode	iso-accents-mode
auto-lower-mode	ispell-minor-mode
auto-raise-mode	line-number-mode
auto-save-mode	menu-bar-mode
auto-show-mode	outline-minor-mode
binary-overwrite-mode	overwrite-mode
compilation-minor-mode	pending-delete-mode
delete-selection-mode	scroll-bar-mode
double-mode	toggle-rot13-mode
enriched-mode	transient-mark-mode
fast-lock-mode	

8.3.17 Anwendungspakete

Standardmäßig sind den GNU-Emacs-Distributionen einige Lisp-Programme beigefügt, die komplette Anwendungspakete realisieren. Dazu zählen unter anderem der Directory-Editor **dired**, das **rmail**-Paket zum Ansehen eingegangener Electronic-Mail,

das **mail**-Subsystem zum Erstellen von elektronischen Mitteilungen, ein Terminkalender **calendar**, das **gnus**-System, das
den Zugriff auf News-Gruppen des weltweit gepflegten Usenet
steuert, und das **info**-System, das ein spezielles Dokumentformat anzeigt und auch Querverweise verfolgen kann. Zugriff auf
Dienste des Betriebssystems, etwa Vergleichen von Pufferinhal-
ten mit **diff**, Rechtschreibprüfung mit **ispell**, Druckausgabe
mit **lpr** oder Emulation eines Terminals (**shell**) runden die
Palette der Anwendungspakete des GNU-Emacs ab.

Einige Anwendungspakete, nämlich **dired**, **info**, **mail** und
shell, sind mit einem Major-Mode verbunden. Sie sind nicht für
die Bearbeitung von Anwenderdateien ausgelegt. Aufgabe dieser speziellen **emacs**-Modes ist es, mit den jeweils unterhaltenen Puffern anwendungsorientierte Funktionen zu verbinden. Auf
eine Beschreibung der Pakete **rmail**, **news** und **calendar** wird
im Rahmen dieser Arbeit verzichtet.

Dired

Der **dired** dient dem Bearbeiten von Verzeichnissen. Nach
Eingabe von **C-x d** oder **M-x dired** zeigt der GNU-Emacs in
einem **dired**-Puffer den Inhalt eines Verzeichnisses oder eine
Liste von Dateien eines Verzeichnisses an, die auf eine vorgegebene Maske passen. Innerhalb eines **dired**-Puffers kann der
Anwender eine Datei in einen normalen Textpuffer laden (**f**),
löschen (Markieren mit **d**, Löschen markierter Dateien mit **x**), an
den Druckerspooler **lpr** senden (**P**) oder auch die Zugriffsrechte
ändern (**M Modus**). Wird das Kommando **f** auf einen Verzeichnisnamen angewandt, dann wechselt **dired** in das entsprechende Unterverzeichnis. **dired** wird automatisch geladen, wenn der
Anwender dem Kommando **C-x C-f** einen Verzeichnisnamen als
Argument mitteilt.

Info

Das **info**-System zählt genaugenommen zur Gruppe der Hilfe-
Kommandos. Die Sequenz **C-h i** lädt den **info**-Mode und zeigt
initial die Wurzel der **info**-Hierarchie an (den Inhalt der Datei

*Zu den
Anwendungs-
paketen zählen
auch die Spiele
dunnet und gomoku*

*dired, info,
mail und shell
realisieren
spezielle Modes*

*Der Verzeichnis-
editor dired
ermöglicht das
Löschen, Kopieren
und Drucken von
Dateien sowie das
Ändern der
Zugriffsrechte*

dir aus dem Verzeichnis **/usr/info**). Querverweise einer **info**-Datei sind durch einen am Zeilenanfang befindlichen Stern gekennzeichnet. Nach Eingabe von **m** oder **Return** folgt das **info**-System dem unter dem Cursor befindlichen Querverweis, **n** springt zur nächsten und **p** zur vorhergehenden Seite, **u** wechselt in die Seite, die in der Hierarchie unmittelbar oberhalb der aktuellen Seite steht, und **d** zeigt das Inhaltsverzeichnis an (die Wurzel). Linux-Distributionen sind normalerweise diverse **info**-Dateien beigefügt, die beispielsweise Erläuterungen zum **tar**-Kommando oder zur **bash** enthalten.

info-Dateien enthalten eine Hypertextstruktur

Mail

Nach Eingabe von **C-x m** oder **M-x mail** erzeugt **emacs** einen Mail-Mode-Puffer. Im wesentlichen arbeitet der Mail-Mode wie ein gewöhnlicher Text-Mode mit dem Zusatz, daß das System 1. dem Anwender 2 Felder anzeigt, in denen der Mail-Empfänger und ein Titel der Nachricht einzugeben sind, und 2. eine Reihe von speziellen Mail-Kommandos installiert. Die eigentliche Nachricht ist hinter einer Trennzeile einzutragen. Abschließende Eingabe von **C-c C-s** oder **C-c C-c** leitet die Nachricht an den Adressaten weiter. Während der Texteingabe stehen die üblichen Editierkommandos des GNU-Emacs zur Verfügung, insbesondere ist ein Einfügen von Textteilen eines anderen Puffers oder einer Datei möglich. Ferner führt das Kommando **M-x ispell-message** eine Rechtschreibprüfung der eingegebenen Nachricht durch.

Das mail-Paket unterstützt den Anwender beim Erstellen einer E-Mail Nachricht, rmail dient der Bearbeitung eingetroffener E-Mail

Shell

Analog dem **vi** kann der GNU-Emacs ein Programm des Betriebssystems aufrufen (**M-! Kommando**) oder auch den Bereich zwischen Mark und Point an ein Programm weiterleiten (**M-| Kommando**). In beiden Fällen fügt **emacs** das Ergebnis des Programmaufrufs nur dann in den aktuellen Puffer ein, wenn der Anwender dem Aufruf ein numerisches Argument voranstellt (etwa mit **M-1**); anderenfalls kopiert der Editor das Ergebnis in einen „Output-Puffer". Textbereiche, die an das aufgerufene Programm

M-| übermittelt einen Textbereich an ein Filterprogramm

zum „Filtern" weitergereicht wurden, ersetzt **emacs** durch das entsprechende Ergebnis des Programmaufrufs, wenn ein numerisches Argument vorangestellt wurde.

Darüber hinaus kann der GNU-Emacs in einem eigenen Puffer eine interaktive Shell unterhalten (**M-x shell**). Ein 2. Kommandointerpreter steht in einem eigenständigen Puffer zur Verfügung, wenn der Anwender den Namen des 1. Shell-Puffers ***shell*** mit **M-x rename-uniquely** umbenennt, so daß der Editor erneut einen Puffer ***shell*** anlegen kann. Der Typ des Kommandointerpreters, den die Shell lädt, wird in der Variablen **shell-file-name** verwahrt. Die Kommandos **M-p** und **M-n** erlauben im Shell-Mode das Blättern in der Kommando-History.

Paßwörter zeigt emacs nicht an, wenn der Anwender die betreffende Zeichenkette nach Aufruf von M-x send-invisible eingibt

8.3.18 Sonstiges

Ziel dieses Abschnitts ist es, einige weitere **emacs**-Funktionen aufzuzählen, die teils für die tägliche Arbeit mit dem Editor nützlich sind, teils eher der Anpassung des Systems an individuelle Bedürfnisse dienen.

Multiple Leerzeichen entfernt die Sequenz **M-**, und **M-BLANK** faßt multiple Leerzeichen zu einem einzelnen zusammen. Analog reduziert die Tastatursequenz **C-x C-o** mehrere Leerzeilen auf eine einzelne Leerzeile.

Tabulatoren zählen ebenfalls als Leerzeichen

Wortweises Konvertieren von Groß- in Kleinbuchstaben und umgekehrt (**case-fold**) leisten die Tastatursequenzen **M-u** (Großbuchstaben), **M-l** (Kleinbuchstaben) und **M-c** (großer Anfangsbuchstabe).

Spezielle **tag**-Funktionen operieren auf Dateigruppen; der Aufruf des Systemkommandos **etags Datei...** erzeugt eine dafür benötigte Tag-Datei. Anschließend kann der Anwender beispielsweise mit **M-x tags-search** die gesamte Dateigruppe nach einer Zeichenkette oder einem regulären Ausdruck durchsuchen. Ferner erlaubt die Funktion **M-x tags-query-replace** interaktives Ersetzen eines Suchstrings durch eine Zeichenkette, wobei **emacs** der Reihe nach alle Dateien der Dateigruppe durchläuft.

M-, setzt die Suche nach dem zuletzt eingegebenen Suchstring fort

Ist der Minor-Mode **auto-fill** aktiviert, dann führt der GNU-Emacs bei der Eingabe von Fließtext einen automatischen Zeilenumbruch durch. Die Zeilenlänge bestimmt die Variable

233

`fill-column`, Standardwert ist 70. `emacs` erlaubt das Ändern dieses Variablenwerts durch Zuweisung eines numerischen Werts (`M-x set-variable`) oder durch Positionieren des Cursors auf die gewünschte Spalte und Eingabe von `C-u C-x f`. Eine Anpassung eines Bereichs auf die eingestellte Zeilenlänge leistet die Funktion `M-x fill-region`.

Im Hexl-Mode entspricht der Aufbau der linken und mittleren Spalte dem Ergebnis des Kommandos od -x

Für die Bearbeitung binärer Dateien stellt das Programm den Hexl-Mode bereit. Mit `M-x hexl-find-file` geladene Dateien erscheinen im Puffer als hexadezimale Zahlen, links ergänzt um eine Offset-Spalte. Jede Zeile repräsentiert 16 Bytes der Datei. Eine rechts angebrachte Spalte zeigt zusätzlich die enthaltenen ASCII-Zeichen an. Die Funktion `C-q` erlaubt die Eingabe beliebiger Byte-Kodes, wahlweise als Steuerzeichen oder als Oktalwert. Letzteres ist auch in gewöhnlichen Textpuffern möglich.

Tastaturbindungen setzen die Kommandos `M-x global-set-key` und `M-x local-set-key`. Normalerweise stellt der Anwender seine persönlichen Tastaturbindungen in der `emacs`-Startup-Datei `$HOME/.emacs` ein, indem er dort Lisp-Kommandos der Gestalt

Kontroll- und Metazeichen sind als \C und \M einzugeben

```
(global-set-key [f1] 'call-last-kbd-macro)
```

einträgt (Binden der angegebenen Funktion an die Funktionstaste `F1`).

Soll ein Major-Mode standardmäßig mit einem oder mehreren Minor-Modes verbunden werden, dann ist in der Startup-Datei ein sogenannter Hook einzutragen. Beispielsweise bewirkt die Zeile

```
(add-hook 'tex-mode-hook' turn-on-auto-fill)
```

ein automatisches Zuschalten des `auto-fill`-Modes, wenn der Anwender ein TₑX-Dokument lädt.

8.3.19 Der GNU-Emacs als X-Anwendung

Als X-Anwendung integriert der GNU-Emacs gegenüber der ASCII-Version zusätzliche Maus-Unterstützung. Seit der Version 19 enthält der Gnu-Emacs außerdem eine Menüleiste und er unterstützt multiple „Frames" (mehrere eigenständige X-Fenster), multiple Schriftarten und eine farbige Darstellung von Textsegmenten.

Die Maus-Unterstützung schließt freies Positionieren des Cursors ein (durch Bewegen des Mauszeigers an die gewünschte Zielposition und Betätigen von Maus-Links). Ein rechts angebrachter Scrollbar erlaubt das Vor- und Rückwärtsblättern im Dokument (Maus-Links, Maus-Rechts) sowie schnelles Scrollen (Maus-Mitte). Eine oben angebrachte Menü-Leiste bietet den mausgestützten Zugriff auf einige Basiskommandos des Editors.

Farben und Schriftarten verwaltet der GNU-Emacs in „Faces", die er mit einem Puffer verbindet. Einige Major-Modes definieren Faces, um beispielsweise in einem Programmtext die in der jeweiligen Programmiersprache reservierten Wörter hervorzuheben. Abbildung 8.5 zeigt einen **emacs**-Frame, der im oberen Bereich eine Übersicht über die verfügbaren Font-Faces und unten links eine Farbtabelle anzeigt. Unten rechts ist ein Pascal-Programm dargestellt, das reservierte Wörter durch Farbgebung hervorhebt.

Die Font-Liste erzeugt **M-x list-faces-display**, die Liste der Farbwerte zeigt **M-x list-colors-display** an. Die Funktion **M-x set-face-font** ordnet einem Puffer einen Font zu, **M-x set-face-foreground** und **M-x set-face-background** setzen Farbwerte. Für die Färbung der reservierten Wörter des Pascal-Programms ist das Lisp-Programm **hilit19.el** verantwortlich, das zuvor mit **M-x load-library** geladen wurde.

Maus-Mitte im Puffer führt das yank-Kommando an der Position des Mauszeigers aus

Face-Fonts müssen die gleiche Höhe wie der Default-Font besitzen

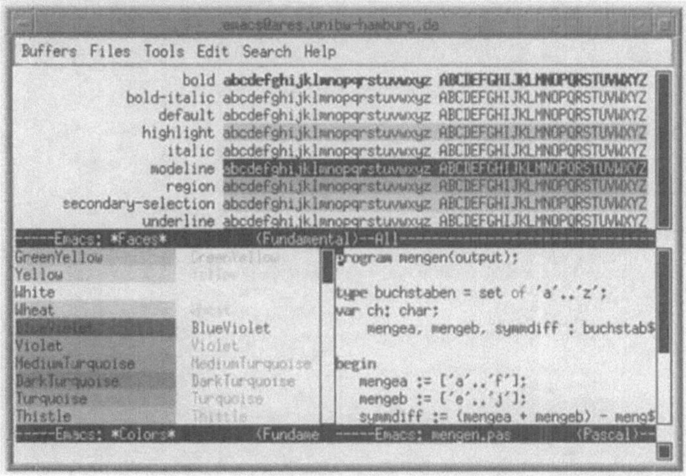

Abb. 8.5 Faces im GNU-Emacs

set-face-font fragt nach einem Face-Bezeichner und einem Fontnamen

Einige, aber nicht alle Linux-Distributionen enthalten alternativ oder zusätzlich das Produkt **xemacs**. Dabei handelt es sich um eine Variante des GNU-Emacs, die ursprünglich von Jamie Zawinski und Richard Mlynarik als „Lucid Emacs" erstellt wurde, basierend auf einer frühen Alpha-Version des GNU-Emacs Version 19.

xemacs ist in seiner Bedienung weitgehend mit dem GNU-Emacs identisch. Darüber hinaus integriert **xemacs** unter anderem vertikale Scrollbars und einen konfigurierbaren Tool-Bar, der Funktionstasten als grafische Sinnbilder anzeigt. Außerdem enthält der **xemacs** einen HTML-Browser, der auch Grafiken anzeigen kann. Ein ansprechend gestaltetes Werkzeug zur Bearbeitung von Electronic-Mail rundet das Leistungsspektrum des Produkts ab. Abbildung 8.6 zeigt als Beispiel das Erscheinungsbild des **xemacs**.

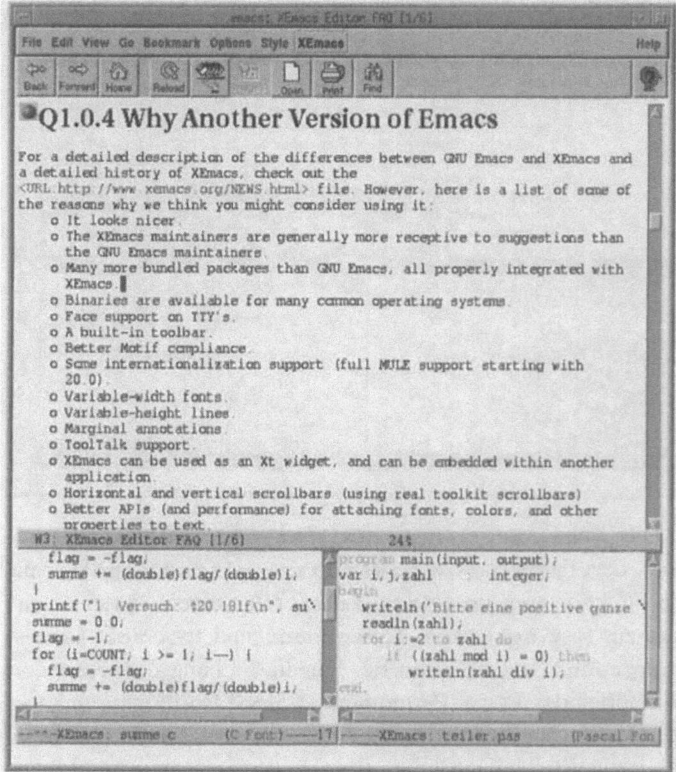

*Abb. 8.6
xemacs als
Editor und
HTML-Browser*

## Kapitel 9

Shell-Programme

Der Kommandointerpreter (Shell) bildet die direkte Schnittstelle zwischen dem Anwender und dem Betriebssystem. Seine Aufgabe ist es, Kommandozeilen zu analysieren, gegebenenfalls einige „Werte" der Kommandozeile zu expandieren oder zu ersetzen und anschließend entweder eine Aktion auszuführen oder ein Programm zu starten. Einzelne Kommandozeilen liest die Shell wahlweise von einem Terminal oder aus einer Datei.

Außerdem stellt die Shell eine Kommandosprache bereit, die es dem Anwender ermöglicht, unter Verwendung bereits vorhandener Dienstprogramme anwendungsorientierte Kommandos zu definieren. Analog zu traditionellen Hochsprachen enthalten die Shell-Programmiersprachen die Grundkonzepte „Variablen" und „Ablaufstrukturen".

Shell-Programme benutzen Variablen und Ablaufstrukturen

Ziel dieses Abschnitts ist es, in Ergänzung zu Kapitel 3.3 den Sprachvorrat und die Bedienung der Shell-internen Programmiersprachen im Detail zu erklären. Auf eine vergleichende Diskussion der Linux-Kommandointerpreter **bash**, **ksh** und **tcsh** folgen Kapitel, die die Elemente der Shell-Programmiersprachen, und zwar Shell-Variablen, Ein-/Ausgabe, Verzweigungen, Schleifen, Funktionen und Kommentare erläutern.

Im Vordergrund steht dabei zunächst die **bash**, die die Administrationswerkzeuge heutiger Linux-Distributionen beim Einrichten neuer Benutzer als Standard-Shell vorschlagen. Da die Mehrzahl der aufgeführten **bash**-Sprachmittel auch in der **ksh** zur Verfügung stehen, sind diese Abschnitte auch für Anwender der **ksh** gültig. Etwaige Unterschiede zwischen **bash** und **ksh** sind im Text entsprechend herausgearbeitet.

Die Linux-Standard-Shell ist die bash

Darauf folgend werden die Sprachmittel der **tcsh** erklärt, die sich teils erheblich von den **bash**- und **ksh**-Sprachmitteln unterscheiden. Die Ausführungen sind dabei auf zusätzliche Fähigkeiten der **tcsh** und Erläuterungen der Sprachmittel beschränkt, die von den zuvor erklärten Shells abweichen.

9.1 Linux-Shells

Zum Lieferumfang von Linux-Distributionen gehören standardmäßig die Bourne Again Shell **bash**, die TENEX-Style C-Shell **tcsh** und die Public Domain Korn Shell **ksh**:

Die bash integriert Merkmale von csh und ksh

bash ist ein AT&T-**sh**-kompatibler und in vielen Bereichen erweiterter Kommandointerpreter. Er wurde von der Free Software Foundation entwickelt, und zwar hauptsächlich von Brian Fox. Ziel des Projekts war es, die Richtlinien der IEEE POSIX Shell and Tool Specification 1003.2 umzusetzen und dabei auch einige nützliche Fähigkeiten von sowohl **csh** als auch **ksh** zu integrieren. Die Programmiersprache der **bash** ist weitgehend **sh**-kompatibel.

Die Syntax der tcsh-Sprache basiert auf der Programmiersprache C

tcsh ist eine erweiterte Version der von William Joy im Rahmen von Berkeley Unix entwickelten C-Shell. Letztere fand insbesondere im wissenschaftlichen Bereich weite Verbreitung, da sie gegenüber der damaligen Bourne-Shell **sh** bereits einen Kommandozeilenspeicher, Alias-Namen, Ergänzung von Dateinamen und Funktionen zur Job-Kontrolle integrierte. Zu den Erweiterungen der **tcsh** zählen unter anderem Ergänzung von Kommandonamen und ein Kommandozeileneditor. Ihre Shell-interne Programmiersprache basiert auf den Sprachmitteln der C-Shell, die eine große Ähnlichkeit zur Programmiersprache C aufweist.

Die Korn-Shell ist der Standardkommandointerpreter von SVR4

ksh bietet als Public Domain Version eine nahezu komplette Implementierung der AT&T Korn-Shell, benannt nach ihrem Autor David Korn. Als konzeptioneller Bestandteil von System V Release 4 ist die **ksh** in allen SVR4-Betriebssystemen zu finden und bildet dort häufig die Standardshell. Sie enthält im wesentlichen die Merkmale von **bash** und **tcsh**. Ihre Programmiersprache folgt der **sh**-Syntax.

Alle 3 Shell-Typen bearbeiten Kommandos, die sie von der Kommandozeile oder aus Dateien (Shell-Skripts) entnehmen. Sie verfügen über eine Anzahl Shell-interner Kommandos, beispielsweise **cd**, **echo**, **kill**, **set**, **test**, und diverse Werkzeuge zur Steuerung von Hintergrundprozessen (Job-Kontrolle, **jobs**, **bg**, **fg**). Die Alias-Substitution ermöglicht es, Kommandos oder Kommandosequenzen mit abkürzenden Namen aufzurufen. Weitere Fähigkeiten schließen einen Kommandozeilenspeicher (History), Ergänzen von Kommando- und Dateinamen (Completion) und die Möglichkeit zum Editieren der Kommandozeile ein.

Alias-Definitionen führen Kurznamen für komplexe Befehle ein

Obwohl im Laufe der Zeit viele Unix-Anwender die C-Shell als Kommandointerpreter bevorzugten, wurden Shell-Programme überwiegend in der Syntax der **sh** verfaßt. Daher wird auch heute noch die Mehrzahl der Unix-Betriebssysteme mit beiden Shell-Varianten ausgeliefert. Ihre Nachfolger **bash** und **tcsh** integrieren auf der Ebene des interaktiven Kommandointerpreters weitgehend übereinstimmende Konzepte. Dennoch ist die **bash** speziell unter Linux-Anwendern die bevorzugt eingesetzte Variante. Die **ksh** schließlich unterscheidet sich im Gegensatz zur **tcsh** nur geringfügig von der **bash**.

Vorhandene Shell-Programme sind überwiegend in der sh-Syntax verfaßt

9.2 **bash** und **ksh**

Shell-Programme beziehungsweise Shell-Skripts sind im wesentlichen Kommandofolgen, zusammengefaßt in einer Datei. Ihre zentrale Bedeutung für Unix kommt unter anderem dadurch zum Ausdruck, daß ein großer Teil der Systeminitialisierung durch Abarbeiten der Shell-Skripts erreicht wird, die unterhalb des Verzeichnisses **/etc/rc.d** liegen.

Das Betriebssystem führt während der Initialisierung die in /etc/rc.d befindlichen Shell-Skripte aus

Die Shell-Programmiersprachen verwenden 2 Arten von Variablen: vordefinierte und anwendungsdefinierte. Die Shell-internen Sprachmittel zur Ablaufsteuerung erlauben es, Kommandofolgen innerhalb eines Shell-Programms zu strukturieren. Dazu bieten **bash** und **ksh** folgende Möglichkeiten:

#

>   leitet Kommentare ein. Die Shell ignoriert alle folgenden Zeichen bis zum Zeilenende,

Kommentare erläutern den Programmtext

{ *Kommandofolge* **}**
>   entspricht einem **begin...end**-Block, die Liste der Kommandos wird der Reihe nach ausgeführt,

(*Kommandofolge*)
veranlaßt die Shell, eine Kommandosequenz in einer Sub-Shell zu bearbeiten,

if *Kommandofolge1* **then** *Kommandofolge2* **fi**
führt *Kommandofolge2* nur dann aus, wenn *Kommandofolge1* mit Status **0** terminiert hat,

for *Variable* **do** *Kommandoliste* **done**
führt die angegebene Kommandoliste wiederholt aus,

while *Kommandoliste1* **do** *Kommandoliste2* **done**
führt abwechselnd *Kommandoliste1* und *Kommandoliste2* aus, bis erstere mit einem von **0** verschiedenen Status terminiert,

until *Kommandoliste1* **do** *Kommandoliste2* **done**
führt abwechselnd *Kommandoliste1* und *Kommandoliste2* aus, solange erstere mit einem von **0** verschiedenen Status terminiert,

case *Variable* **in** *Muster*) *Kommandoliste* **;; esac**
bietet eine Art Mehrfachverzweigung.

bash und ksh bieten 3 Schleifen: for, until und while

Kommandofolgen dürfen einzelne Kommandos oder Befehlssequenzen sein (siehe Kapitel 3.3.6). Insbesondere sind auch Hintergrundprozesse zugelassen, und es ist erlaubt, Umleitungsoperatoren zu verwenden.

Befehlssequenzen sind mit ; oder && oder || verbunden

Kommandolisten sind Folgen von Kommandos, die sich über mehrere Zeilen erstrecken dürfen. Im Gegensatz zu Kommandofolgen ist es dabei auch erlaubt, einzelne Kommandos mit einem Zeilenvorschubzeichen zu trennen.

Von runden Klammern umgebene Kommandofolgen werden in einer Sub-Shell ausgeführt. Beispielsweise ändert

()-geklammerte Kommandofolgen werden in einer Sub-Shell ausgeführt

```
( cd /tmp; rm core )
```

das aktuelle Arbeitsverzeichnis der Sub-Shell und löscht dort die Datei **core**. Das Arbeitsverzeichnis der aufrufenden Shell bleibt hingegen unverändert. Letzteres ist nicht der Fall, wenn die Kommandofolge in geschweifte Klammern eingebettet wird.

Die **if**-Verzweigung läßt auch **if...else...fi**- (2seitige Alternative) sowie **if...elif...else...fi**-Konstrukte zu (Mehrfachverzweigung).

Mehrfachverzweigungen entstehen bei **case** durch Wiederholung der zwischen **in** und **esac** stehenden Konstrukte.

9.2.1 Variablen

Sowohl **bash** als auch **ksh** stellen einen Satz interner (vordefinierter) Shell-Variablen bereit. Zusätzlich kann der Anwender den Vorrat von Shell-Variablen erweitern. Zu unterscheiden ist dabei zwischen lokalen und globalen Shell-Variablen, wobei die Shell letztere an den Prozeßkontext von Kindprozessen vererbt. Bezeichner von Shell-Variablen bestehen aus einem Buchstaben, gefolgt von Buchstaben, Ziffern oder dem Unterstrich.

Globale Variablen vererbt die Shell an Programme

Der Wert von **bash**- oder **ksh**-Variablen ist stets vom Typ Zeichenkette. Einige Kommandos, beispielsweise **expr**, ermöglichen ihre Behandlung als numerischer oder logischer Wert. Enthalten beispielsweise 2 Variablen **a** und **b** Ziffern, gegebenenfalls mit führendem Vorzeichen, dann leistet der Aufruf

Werte von bash- und ksh-Variablen sind vom Typ Zeichenkette

```
c=`expr $a + $b`
```

die Definition einer neuen Variablen **c**, die als Wert das Ergebnis der Addition von **a** und **b** erhält.

Anwenderdefinierte Variablen

Neue Shell-Variablen erzeugt der (**bash**- oder **ksh**-) Anwender durch Wertzuweisung gemäß der Syntax

```
Variable=Wert
```

Vor und nach dem Gleichheitszeichen darf kein Leerzeichen stehen

Dabei faßt die Shell **Wert** als Zeichenkette auf. Letztere ist mit Apostrophzeichen zu klammern, falls sie ein Trennzeichen (Leer- oder Tabulatorzeichen) enthalten soll. Ein Entfernen von Shell-Variablen leistet der Aufruf

```
unset Variable
```

Zugriff auf den Wert einer Shell-Variablen erhält man durch Voranstellen des Dollar-Zeichens. Beispielsweise zeigt

```
echo $Variable
```

*Geklammerte
Variablen-
bezeichner sind
als Parameter
verwendbar*

den Wert von **Variable** an, und zwar als Zeichenkette. Soll der Wert einer Shell-Variablen als Parameter dienen, ihm aber unmittelbar weitere Buchstaben oder Ziffern folgen, dann ist der Variablenname mit geschweiften Klammern zu umschließen:

```
${Variable}a
```

erzeugt den Wert von **Variable** mit direkt angehängtem Buchstaben **a**.

Der Wert einer definierten Variablen ist durch erneute Zuweisung modifizierbar. Eine Ausnahme bilden geschützte Variablen, beispielsweise die vordefinierten Variablen **EUID**, **PPID** und **UID**. Mit

*Readonly-
Variablen
sind nicht
modifizierbar*

```
readonly [-f] [Name...]
```

wird die Shell angewiesen, keine Änderungen der Variablen **Name** zu erlauben. Geschützte Shell-Variablen können nicht gelöscht werden und lassen sich auch nicht in gewöhnliche Shell-Variablen überführen.

Vordefinierte Variablen

*Kommandoweit
gültige Variablen
enthalten die
Komponenten der
Kommandozeile*

Der Kommandointerpreter verwendet einige vordefinierte Variablen mit fester Bedeutung, die er teilweise selbständig setzt. Zu unterscheiden ist zwischen kommando- und sitzungsweit gültigen Shell-Variablen, wobei erstere nur während einer Kommandoausführung gültig sind und im wesentlichen Zugriff auf den Inhalt der Kommandozeile bieten. Im einzelnen liefert

$0	den Namen des aktiven Programms oder Shell-Skripts,
$#	die Anzahl der Programmparameter,
$n	den Wert vom **n**-ten Programmparameter (**n=0...9**),
$*	alle Programmparameter als Zeichenkette,
$@	alle Programmparameter als Liste von Zeichenketten,
$?	den Endestatus des zuletzt ausgeführten Kommandos,
$!	die PID des zuletzt gestarteten Hintergrundprozesses.

Zu beachten ist, daß die kommandoweit gültigen Variablen **$n** nur die ersten 9 Parameter einzeln enthalten. Durch Aufruf des Shell-internen Kommandos **shift n** wird erreicht, daß daraufhin **$1** den Wert von **$n** liefert, **$2** den von **$n+1** und so fort.

Einige sitzungsweit gültige Shell-Variablen lädt der Kommandointerpreter bei seiner Initialisierung zum einen aus der Systemdatei **/etc/profile**, zum anderen aus den anwenderspezifischen Dateien **\$HOME/.bash_profile** (**bash** Login) und **\$HOME/.bashrc** respektive aus **\$HOME/.profile** (**ksh**). Ferner setzt der Kommandointerpreter eine Vielzahl von Variablen automatisch.

Die wichtigsten vordefinierten Shell-Variablen haben folgende Bedeutung:

CDPATH	Suchpfade für das **cd**-Kommando,
EUID	effektive Benutzerkennung,
HOME	Standardverzeichnis für **cd**,
IFS	Trennzeichen für Elemente der Kommandozeile,
PATH	Suchpfade für Kommandos,
PPID	PID des Elternprozesses der Shell,
PS1	1. Promptzeichen der Shell,
PS2	Promptzeichen für Folgezeilen,
PWD	aktuelles Arbeitsverzeichnis,
UID	Benutzerkennung.

*Ohne Argument
aufgerufen,
wechselt cd
nach \$HOME*

CDPATH und PATH

Die Variablen **CDPATH** und **PATH** enthalten normalerweise Verzeichnislisten, in der einzelne Einträge voneinander durch Doppelpunkt getrennt sind. Vor einem Programmaufruf werden der Reihe nach die Verzeichnisse von **\$PATH** durchsucht, bis das entsprechende Programm lokalisiert ist. Analog durchsucht **cd** bei einem Verzeichniswechsel die Pfade von **\$CDPATH**, falls der angegebene Zielpfad nicht direkt erreichbar ist.

*CDPATH und
PATH enthalten
eine Liste von
Verzeichnisnamen*

Verweigert der Kommandointerpreter den Aufruf eines Programms, dann liegt das in der Regel daran, daß die Variable **PATH** das Verzeichnis nicht enthält, in dem das gewünschte Kommando abgelegt ist. Abhilfe schafft eine Erweiterung der Liste von **\$PATH** mittels

*Bei erneutem
Setzen einer
Variablen ist der
„alte" Wert
verwendbar*

```
export PATH=Neuer_Pfad:$PATH
```

oder

```
export PATH=$PATH:Neuer_Pfad
```

Dabei ersetzt der zuerst genannte Aufruf den Inhalt der Umgebungsvariablen **PATH** durch den alten Wert mit vorangestelltem zusätzlichen Pfad. Im 2. Fall wird der neue Pfad an das Ende der Liste angefügt. Die Reihenfolge der Suchpfade ist insofern wichtig als die Shell stets das Kommando aufruft, das sie als erstes findet.

Prompt-Variablen

Die ksh unterstützt keine Prompt-Formatierungs-sequenzen

Die **bash** enthält einige Formatierungssequenzen zur komfortablen Gestaltung ihrer Prompts. Das Erscheinungsbild des **ksh**-Prompts ist hingegen im wesentlichen mittels Shell-Variablen und Kommandosequenzen zu konfigurieren. Einziges „Meta-Kommando", das die **ksh** anbietet, ist das Ausrufungszeichen. Letzteres erzeugt eine fortlaufende Kommandozeilennummer.

Formatierungssequenzen der **bash** sind mit einem Escape-Zeichen \ einzuleiten. Aufgrund eines darauf folgenden Zeichens erzeugt die Shell als Bestandteil ihres Prompt-Zeichens das aktuelle Datum, Arbeitsverzeichnis, Benutzername, Hostname et cetera. Abbildung 9.1 faßt die wichtigsten Formatierungssequenzen zusammen.

Abb. 9.1 Sequenzen zur Prompt-Formatierung

Sequenz	Ergebnis
\u	Login-Name
\h	Hostname
\t	aktuelle Uhrzeit (HH:MM:SS)
\d	aktuelles Datum (Tag Monat Jahr)
\w	Arbeitsverzeichnis
\n	Zeilenvorschub

Zur Konfiguration des **bash**-Prompts ist einfach der Variablen **PS1** eine Zeichenkette zuzuweisen, bestehend aus Buchstaben, Variablen und Formatierungssequenzen. Beispielsweise lautet die Definition eines **bash**-Prompts, das in einer Zeile den Login-Namen, gefolgt von **@**, Hostnamen, Leerzeichen und die aktuelle Uhrzeit sowie in einer 2. Zeile das Arbeitsverzeichnis und eine spitze Klammer enthält,

```
export PS1="\u@\h \t\n\w>"
```

Ein ähnliches Erscheinungsbild des **ksh**-Prompts erzeugt die Zuweisung


```
export PS1='${USER}@`/bin/hostname` \
    `date "+%T"`${IFS}${PWD}>'
```

Die Sequenz zur Gestaltung des **ksh**-Prompts enthält 2 Kommandoaufrufe und verwendet 3 Shell-Variablen. Ferner ist zu beachten, daß in der Zuweisung 3 verschiedene Hochkammata zur Anwendung kommen.

ksh-Prompts enthalten häufig Programmaufrufe

Klammern mit Hochkommata

Gelegentlich ist es erforderlich, Variablen zu formulieren, die Zeichenketten sowie Leerzeichen enthalten, und auch Variablen, auf die sie implizit zugreifen. Dabei beeinflußt die Wahl der Klammerung die Art und Weise der Behandlung von Variablenbezeichnern durch die Shell.

Von doppelten Hochkommata **"** umschlossene Variablen werden expandiert, also durch ihren Wert ersetzt. Das ist nicht der Fall, wenn der Anwender einfache Hochkommata **'** verwendet. Benutzer der **ksh** können etwa mit

"${PWD}" liefert das aktuelle Arbeitsverzeichnis, '${PWD}' liefert die Zeichenkette ${PWD}

```
PS1='${PWD} >'
```

erreichen, daß der Shell-Prompt die Zeichenkette **'${PWD} >'** enthält und letztere während der Anzeige des Shell-Prompts stets den aktuellen Wert der Variablen **PWD** liefert (das aktuelle Arbeitsverzeichnis). Wechselt der Anwender das Arbeitsverzeichnis, ändert sich der Wert von **PWD**. Der Shell-Prompt ändert sich ebenfalls und spiegelt das aktuelle Arbeitsverzeichnis wider. Wurde der Ausdruck in doppelten Hochkommata geklammert, dann expandiert die Shell **${PWD}**, und die Variable **PS1** enthält fortan die Zeichenkette, die **PWD** zum Zeitpunkt der Zuweisung an **PS1** enthielt.

Von **`** umschlossene Werte werden ausgeführt, und die Shell ersetzt den geklammerten Ausdruck durch das Ergebnis, das der Programmaufruf liefert. Beispielsweise setzt die Kommandozeile

```
HOSTNAME=`/bin/hostname`
```

den Wert der Variablen **HOSTNAME** auf das Ergebnis des Kommandos **/bin/hostname**. An dieser Stelle sei darauf hingewiesen, daß die Shell derart geklammerte Ausdrücke stets durch das Ergebnis des darin befindlichen Kommandoaufrufs ersetzt. Beispielsweise veranlaßt

```
ls -l `which bash`
```

die Shell, zuerst **which bash** auszuführen, und ruft daraufhin **ls** auf, zusammen mit der Option **-l** und **/bin/bash** als Argument (dem Ergebnis des geklammerten Ausdrucks). Abbildung 9.2 gibt eine Übersicht über den Maskierungsmechanismus der Shell.

Abb. 9.2
Interpretation
geklammerter
Metazeichen

Metazeichen						Schlüssel
	'	"	`	\	$	*	
'	T	N	N	N	N	N	T: Terminator
"	N	T	J	J	J	N	J: Interpretation
`	N	N	T	J	N	N	N: keine Interpretation

Globale Variablen

Globale Variablen
reicht die Shell
an aufgerufene
Programme weiter

Selbst definierte Shell-Variablen sind zunächst stets lokale Variablen in der Weise, daß die Shell sie nicht an Programme weiterreicht. Im Unterschied dazu sind Umgebungsvariablen global; diese exportiert die Shell an alle von ihr gestarteten Programme. Nach Aufruf von

```
export Variable
```

ist **Variable** global; die Shell exportiert die Variable an nachfolgend gestartete Programme. Wurde **Variable** zuvor noch kein Wert zugewiesen, dann exportiert die Shell eine Variable ohne Wert. Zur Vereinfachung erlaubt es die Shell-Syntax, mit

```
export Variable=Wert
```

in einem Aufruf globale, wertbehaftete Variablen anzulegen.

Nach Aufruf von
set -a erzeugte
Variablen sind
automatisch global

Neu angelegte Shell-Variablen sind automatisch global, wenn zuvor das Shell-interne Kommando **set** mit Option **-a** aufgerufen wurde. Ohne zusätzliches Argument aufgerufen, zeigt **set** die Liste der lokalen und globalen Variablen an. **printenv** reduziert die Ausgabe auf globale Variablen. **unset Variable** löscht Shell-Variablen, und zwar sowohl lokale als auch globale.

9.2.2 Ein- und Ausgabe

Komplexe Shell-Skripts erfordern häufig den Dialog mit dem Anwender, um einerseits zusätzlich benötigte Parameter anfordern und andererseits dem Anwender beispielsweise Zwischen- und Endergebnisse mitteilen zu können. Zu diesem Zweck enthält der Kommandointerpreter spezielle Ein-/Ausgabe-Funktionen, die unter anderem den Aufbau von Abfragemenüs ermöglichen.

Voreingestellte Ein- und Ausgabekanäle sind die Standardein- und -ausgabe. Bei Verwendung von Umleitungsoperatoren operieren die nachstehend genannten Funktionen auf Dateikanälen.

bash- und ksh-Eingabe

Die Shell-interne Funktion **read** erwartet eine Eingabezeile von der Tastatur beziehungsweise liest eine Zeile von der Standardeingabe. Ihre allgemeine Syntax lautet

```
read [-r] [Variable...]
```

und führt zum Lesen einer einzelnen Zeile von der Standardeingabe. Ein unmittelbar angehängter Umleitungsoperator erlaubt das Lesen einer Zeile aus einer Datei:

```
read [-r] [Variable...] < Datei
```

Fehlt die Angabe „Variable", dann kopiert die Shell das Ergebnis von read in die Variable REPLY

Zu beachten ist, daß diese Methode stets nur die 1. Zeile von **Datei** berücksichtigt. Um zu erreichen, daß aufeinanderfolgende **read**-Funktionen eine Eingabedatei zeilenweise auslesen, ist der Eingabekanal der bearbeitenden Shell umzuleiten.

Soll **read** in einem Aufruf mehreren Variablen Werte zuweisen, dann ordnet die Funktion alle Zeichen bis zum 1. Trennzeichen (ein Zeichen der Variablen **IFS**) der 1. Variablen, folgende Tastaturcodes bis zum 2. Trennzeichen der 2. Variablen zu und so fort. Aufeinanderfolgende Trennzeichen behandelt **read** wie ein einzelnes Trennzeichen.

IFS enthält standardmäßig Leer-, Tabulator- und Zeilenvorschubzeichen

Enthält eine Eingabezeile mehr Trennzeichen als **read** Variablen belegen soll, dann erhält die zuletzt genannte Variable zusätzlich alle verbleibenden Zeichen der Zeile. Umgekehrt weist **read** weiter hinten stehenden Variablen die leere Zeichenkette zu, falls die Eingabezeile weniger Trennzeichen enthält als Variablen zu besetzen sind.

Die Option **-r** veranlaßt **read**, das Escape-Zeichen \ als Bestandteil der Eingabe zu betrachten. Anderenfalls entfernt die **read**-Funktion das Escape-Zeichen \:

```
read a
x\ny
```

besetzt die Variable **a** mit **xny** und

```
read -r a
x\ny
```

mit **x\ny**.

Ohne die Option -r aufgerufen, entfernt read alle Escape-Zeichen \ aus der Eingabezeile

bash- und ksh-Ausgabe

Für die Datenausgabe verfügen die **bash** und die **ksh** über das Shell-interne Kommando **echo**. Zusätzlich enthält die **ksh** eine interne Funktion **print**, die standardmäßig eine Interpretation von Steuerzeichen durchführt (\n erzeugt Zeilenvorschub, \t ein Tabulatorzeichen und so fort). Letzteres leistet das **echo**-Kommando von **bash** und **ksh** nur dann, wenn es zusammen mit der Option **-e** aufgerufen wird.

echo -e interpretiert die Steuersequenzen \a, \b, \c, \f, \n, \r, \t und \v

Eine Ausgabe auf Dateien führen **echo** und **print** bei Verwendung von Umleitungsoperatoren durch. Mit Verweis auf Kapitel 3.3.5 sei an dieser Stelle kurz erwähnt, daß der Operator > eine neue Ausgabedatei anlegt und >> eine nicht vorhandene Ausgabedatei anlegt beziehungsweise eine bereits existierende Ausgabedatei erweitert.

9.2.3 Verzweigungen

Für Kommandos oder Befehlssequenzen, die nur unter bestimmten Voraussetzungen ausgeführt werden sollen, bietet die Shell-Programmiersprache **if...then...fi**- und **case...esac**-Verzweigungen. Erstere verzweigen aufgrund von logischen Werten (**0** oder nicht **0**) und haben ihren Einsatz normalerweise nur bei 1seitigen oder 2seitigen Alternativen. Durch Verschachtelung läßt sich eine höhere Anzahl von Alternativen erreichen. `case...esac`-Konstrukte hingegen werten Ausdrücke aus und leisten eine Mehrfachverzweigung auf Basis der Zeichenkettenstruktur von Shell-Variablen.

`if...then...fi`

Die allgemeine bedingte Verzweigung

```
if  Kommandofolge1
    then  Kommandoliste1
[elif  Kommandofolge2
    then  Kommandoliste2]...
[else  Kommandoliste3]
fi
```

if-Konstruktionen verzweigen aufgrund logischer Werte, 0 ist „wahr"

führt *Kommandofolge1* aus. Ist der Exit-Status des letzten Kommandos von *Kommandofolge1* `0`, dann wird der **then**-Teil ausgeführt. Anderenfalls wertet die Shell die folgende (optionale), mit **elif** eingeleitete *Kommandofolge2* aus. Der zugehörige **then**-Teil wird ebenfalls nur dann bearbeitet, falls *Kommandofolge2* den Exit-Status `0` liefert. Steht am Ende der Sequenz (vor **fi**) eine **else**-Anweisung, dann wird *Kommandoliste3* ausgeführt, falls keine der zuvor durchgeführten Abfragen zutrifft.

Der else-Teil wird ausgeführt, wenn keine der vorhergehenden Bedingungen zutrifft

Das folgende Beispiel prüft, ob die Datei `/etc/passwd` vorhanden ist (sollte stets „wahr" sein), und zählt die Anzahl der Zeichen von `/etc/passwd`, falls die Abfrage zutrifft:

```
if ls /etc/passwd
   then wc /etc/passwd
fi
```

Für die Auswertung logischer Ausdrücke enthält die Shell ein internes Kommando **test**, das auf **Ausdruck** anzuwenden ist und das Ergebnis `0` liefert, falls **Ausdruck** zutrifft, anderenfalls `1`. Ferner erlaubt die Shell, für **test Ausdruck** abkürzend die Syntax `[ Ausdruck ]` zu verwenden. Abbildung 9.3 zeigt einige häufig benutzte einstellige und Abbildung 9.4 einige häufig benutzte 2stellige **test**-Ausdrücke.

Die Shell-interne test-Funktion erzeugt die Werte 0 (wahr) und 1 (falsch)

Ausdruck	wahr wenn...
`-b Datei`	`Datei` existiert als Block-Gerätedatei
`-c Datei`	`Datei` existiert als Zeichen-Gerätedatei
`-d Datei`	`Datei` existiert als Verzeichnisdatei
`-e Datei`	`Datei` existiert
`-f Datei`	`Datei` existiert als normale Datei
`-L Datei`	`Datei` existiert als Soft-Link
`-n String`	die Länge von `String` ist größer als `0`
`-r Datei`	`Datei` existiert und ist lesbar
`-w Datei`	`Datei` existiert und ist schreibbar
`-x Datei`	`Datei` existiert und ist ausführbar
`-z String`	`String` hat die Länge `0`
`String`	die Länge von `String` ist größer als `0`
`!Ausdruck`	`Ausdruck` ist nicht wahr

Ausdruck	wahr wenn...
`Datei1 -nt Datei2`	`Datei1` ist jünger als `Datei2`
`Datei1 -ot Datei2`	`Datei1` ist älter als `Datei2`
`String1 = String2`	Die Zeichenketten sind identisch
`String1 != String2`	Die Zeichenketten sind verschieden

Als Beispiel prüft die folgende **if**-Konstruktion, ob die
Datei **/usr/X11R6/lib/X11/XF86Config** eine reguläre Datei ist. Trifft dies nicht zu, wird **/etc/XF86Config** untersucht.
Die Datei, bei der die Bedingung erfüllt ist, wird anschließend
zusammen mit ihrem Inode ausgegeben. Es ist zu beachten, daß
unmittelbar nach der öffnenden und vor der schließenden eckigen
Klammer ein Leerzeichen stehen muß.


```
if [ -f /usr/X11R6/lib/X11/XF86Config ]
    then ls -i /usr/X11R6/lib/X11/XF86Config
elif [ -f /etc/XF86Config ]
    then ls -i /etc/XF86Config
fi
```

Alternativ zur Verwendung von **elif** erlaubt die Shell, bedingte Verzweigungen mittels einer weiteren **if...then...fi**-
Konstruktion zu schachteln, die unmittelbar nach **else** einzufügen ist. In der Praxis ist es hingegen üblich, statt dessen **elif** zu
verwenden.

case...esac

Die Mehrfachverzweigung

```
case Variable in
    Muster1)  Kommandoliste1;;
    [Muster2)  Kommandoliste2;;]...
esac
```

case verzweigt
aufgrund von
Mustern

führt die 1. Kommandoliste aus, deren *Muster* zu der Zeichenkette *Variable* paßt. Die unmittelbar vor **esac** stehenden **;;** sind
optional, können also auch entfallen.

Die angegebenen Muster dürfen auch die von der Shell ver-
standenen Jokerzeichen enthalten, insbesondere **?**, ***** und **[...]**
für Bereichsangaben. Dabei ist zu beachten, daß ein einzelner *****
auf jede Variable paßt.

Ferner dürfen vor der Klammer mehrere durch **|** getrennte
Muster stehen. Die Shell interpretiert die so entstehende Liste als
Oder-verknüpftes Muster und führt die zugehörige Kommando-
liste aus, wenn *Variable* auf eines der Muster paßt.

Mit dem
Pipe-Zeichen
verbundene Muster
interpretiert
die Shell als
Oder-Verknüpfung

case...esac-Konstruktionen eignen sich insbesondere zur
Auswertung von Programmparametern. Enthält beispielsweise
ein Shell-Skript **dir** die Sequenz

```
case $1 in
    /[Ww]) ls -C $2 ;;
    /[Pp]) ls -l $2 | more ;;
    *) ls -l $1
esac
```

dann entspricht seine Arbeitsweise im Ansatz dem DOS-Kom-
mando **dir** mit einem zugelassenen Parameter und dem Zielpfad als (optionales) Argument. Ohne Optionen aufgerufen, zeigt
dir den Inhalt des aktuellen oder eines angegebenen Arbeitsverzeichnisses nebst Dateitypen, Zugriffsrechten et cetera. Die
Option **/P** (**/p**) führt zur seitenweisen Ausgabe der Information,
und **/W** (**/w**) zeigt die Dateinamen spaltenweise an. Das Shell-
Skript **dir** ist unmittelbar ausführbar, wenn das Ausführungsrecht gesetzt ist und das Programm in einem Verzeichnis liegt,
das im Suchpfad **PATH** enthalten ist.

9.2.4 Schleifen

Die Bourne-Again-Shell **bash** und die Korn-Shell **ksh** bieten 3 verschiedene Schleifen:

Die Abbruch-
bedingung
steht stets am
Schleifenanfang

for-Schleifen entnehmen die Anzahl auszuführender Schleifendurchläufe einer am Anfang stehenden Wortliste,

while-Schleifen werden wiederholt, bis eine anfangs stehende Bedingung verletzt ist,

until-Schleifen bilden das Gegenstück zu **while**-Schleifen; sie werden wiederholt, bis eine anfangs stehende Bedingung erfüllt ist.

for-Schleifen

Die Konstruktion

Die Anzahl der
Wiederholungen
entspricht der
„Länge" der Liste

```
for Variable [in Liste]
    do Kommandoliste
done
```

ordnet der Reihe nach *Variable* die Elemente von *Liste* zu und führt daraufhin *Kommandoliste* mit *Variable* als Schleifenparameter aus. Die Anzahl der Schleifendurchläufe entspricht der Anzahl der Elemente von *Liste*.

Innerhalb der
Schleife ist der
Reihe nach jedes
Element der Liste
als Variable
zugänglich

Fehlt in der Konstruktion der Teil **in** *Liste*, dann ersetzt der Kommandointerpreter *Variable* durch die Argumente, mit denen das Shell-Skript aufgerufen wurde, also **$1** bis **$n**. In diesem Fall beträgt die Zahl der Schleifendurchläufe **$#**.

Das folgende als Beispiel angegebene Shell-Skript setzt voraus, daß eine Datei **$HOME/phones** existiert, die zeilenweise Namen und Telefonnummern von Mitgliedern eines Vereins enthält. Mit einer Namensliste aufgerufen, liefert die Sequenz zugehörige Personendaten:

```
for i
    do grep $i $HOME/phones
done
```

Enthält **Liste** Jokerzeichen, dann erzeugt die Shell zunächst eine neue Liste mit allen Dateien aus dem aktuellen Arbeitsverzeichnis, die auf das vorgegebene Muster passen. Auf Seite 27 wurde bereits ein Beispiel einer **for**-Schleife gezeigt, das diese Technik benutzt (Umbenennen einer Liste von Dateien).

`while`- und `until`-Schleifen

Während bei der **for**-Schleife die Anzahl der Schleifendurchläufe von der Länge einer Parameterliste abhängt, wird die Abwicklung von **while**- und **until**-Schleifen vom Exit-Status eines Kommandos gesteuert. Die allgemeine Syntax der **while**-Schleife lautet

> **while** *Kommandoliste1*
>> **do** *Kommandoliste2*
>
> **done**

Bei dieser Konstruktion führt die Shell *Kommandoliste2* nur dann aus, wenn das letzte Kommando von *Kommandoliste1* den Exit-Status **0** geliefert hat. Nach jedem Schleifendurchlauf führt die Shell *Kommandoliste1* erneut aus.

Die Bearbeitung einer **until**-Schleife verläuft nach dem gleichen Prinzip mit dem Unterschied, daß die Schleife immer dann wiederholt wird, wenn das letzte Kommando der anfangs stehenden Kommandoliste einen von **0** verschiedenen Exit-Status liefert. Ihre Syntax lautet

> **until** *Kommandoliste1*
>> **do** *Kommandoliste2*
>
> **done**

while- und **until**-Konstruktionen erlauben auch den Aufbau von Endlosschleifen. Das Betriebssystem unterstützt diese Arbeitsweise mit den Kommandos **true** und **false**, von denen das 1. stets den Exit-Status **0**, das 2. **1** liefert. Zusätzlich enthalten **bash** und **ksh** ein internes Kommando **:**, das stets den Exit-Status **0** liefert. Unter Verwendung dieser Kommandos lassen sich unter anderem einfache intervallgesteuerte Dämonen erzeugen.

Bei while- und until-Schleifen steuert das Ergebnis eines Kommandos die Wiederholung

/bin/true und : liefern den Exit-Status 0. /bin/false erzeugt den Exit-Status 1

9.2.5 Funktionen

*Shell-Funktionen
unterstützen den
Aufbau modular
strukturierter
Shell-Skripts*

Umfangreiche Shell-Programme werden leicht unübersichtlich. Außerdem enthalten sie gelegentlich an unterschiedlichen Stellen identische Programmfragmente. Selbstdefinierte Shell-Funktionen ermöglichen eine Wiederverwendung von Programmfragmenten und erlauben den Aufbau modular strukturierter Shell-Skripts.

Eine Shell-Funktion besteht aus einem Funktionsnamen und einer Kommandoliste gemäß der Syntax

```
Name ()
{
      Kommandoliste
}
```

Bei Verwendung von **Name** im weiteren Verlauf des Shell-Skripts führt der Kommandointerpreter die Kommandoliste der Funktion **Name** aus.

Shell-Funktionen können ebenso wie Shell-Skripts auch Parameter verarbeiten. Innerhalb der Funktion kann mit **$1**, **$2** und so fort auf die Parameter zugegriffen werden, die Anzahl der Parameter ist **$#**. Die Variable **$0** enthält jedoch nicht den Namen der Funktion, sondern den Namen des Shell-Skripts.

*Der Exit-Status
einer Funktion ist
der Exit-Status des
letzten aus der
Funktion heraus
aufgerufenen
Kommandos*

Im Gegensatz zu Shell-Variablen sind Shell-Funktionen stets lokal, werden also nicht exportiert, und sind daher in einer Sub-Shell nicht bekannt. In einer interaktiven Shell entspricht die Wirkungsweise von Shell-Funktionen dem Alias-Mechanismus.

9.2.6 Starten von Shell-Programmen

*Shell-Skripts
werden von einer
Sub-Shell
ausgeführt*

Enthält eine Datei Kommandosequenzen, gegebenenfalls strukturiert mittels Sprachmitteln der Shell-Programmiersprache, und ist diese Datei im Dateisystem als ausführbar gekennzeichnet, dann kann der Anwender ihre Bearbeitung unmittelbar durch Eingabe des Dateinamens nebst gewünschter Programmparameter einleiten. Daraufhin startet der Kommandointerpreter eine Sub-Shell, und letztere interpretiert die Datei zeilenweise.

Ergänzend läßt sich mit einem Meta-Kommentar bestimmen, welcher Kommandointerpreter das Shell-Skript bearbeiten soll.

Dieser Meta-Kommentar muß in der 1. Zeile des Shell-Programms stehen. Beispielsweise stellt der Eintrag

```
#!/bin/ksh
```

sicher, daß das Shell-Skript von einer Korn-Shell bearbeitet wird.

In jedem Fall kann der Anwender ein Shell-Skript durch Eingabe der Kommandozeile

```
sh [Option] Skript [Parameter...]
```

starten, wobei **Skript** auch den Status einer gewöhnlichen (lesbaren) Datei haben darf. Etwa enthaltene Meta-Kommentare werden bei dieser Aufrufkonvention ignoriert. Anstelle von **sh** darf natürlich auch **ksh** stehen.

Endet ein Kommando innerhalb eines Shell-Skripts abnormal, dann gibt die bearbeitende Shell eine Fehlermeldung aus und setzt die Bearbeitung mit dem nächsten Kommando fort. Erkennt der Kommandointerpreter syntaktische Fehler, dann terminiert das Shell-Skript unmittelbar.

9.2.7 Signale

Aktive Shell-Programme reagieren auch auf Signale. Beispielsweise kann der Anwender ein im Vordergrund laufendes Shell-Skript durch Eingabe von **C-C** (**SIGINT**) beenden und mit **C-Z** (**SIGTSTP**) anhalten. Shell-Skripts verhalten sich also in diesem Zusammenhang ähnlich wie gewöhnliche Programme.

In einigen Fällen ist es wünschenswert, Shell-Programme vor außerplanmäßiger Terminierung zu schützen oder vor einem signalgesteuertem Abbruch noch gewisse Aufräumarbeiten auszuführen, etwa temporäre Dateien zu löschen et cetera. Dazu enthält die Shell das interne Kommando **trap**, das die Verbindung von Signalen mit Aktionen erlaubt. Seine Syntax lautet

```
trap 'Kommandofolge' Signal...
```

Soll ein im Vordergrund laufendes Shell-Skript etwa vor einem durch anwenderseitige Eingabe von **C-C** gewünschten Abbruch noch alle Dateien **/tmp/vsx*** entfernen, dann leistet

```
trap 'rm /tmp/vsx*; exit 1' 2
```


Ein anfangs stehendes Meta-Kommando bestimmt, welche Shell das Shell-Skript ausführen soll

C-C erzeugt SIGINT, C-Z erzeugt SIGTSTP

trap erlaubt das Abfangen von Ausnahmesituationen

das Gewünschte. Das Shell-interne Kommando **exit** ist dabei erforderlich, da die Shell anderenfalls die Bearbeitung des Programms fortsetzt. Außerdem erhält die übergeordnete Shell den **exit**-Parameter **1** als Exit-Status.

Eine andere Anwendung von **trap** ermöglicht das Sperren von Signalen:

```
trap '' 1 2 3 15
```

Nach Aufruf von trap 1 2 3 15 reagiert die Shell wieder auf die vorher gesperrten Signale

innerhalb eines im Hintergrund laufenden Shell-Skripts überführt die bearbeitende Sub-Shell in einen selbständigen Prozeß (vergleiche Kapitel 5.3).

9.2.8 Shell-interne Funktionen

Die **bash** enthält nahezu 50 und die **ksh** etwa 40 interne Kommandos. Für eine vollständige Erklärung aller internen Kommandos sei auf die jeweilige Handbuchseite verwiesen. Eine folgende Aufzählung erläutert einige häufig benötigte Shell-interne Kommandos, die außerdem reservierte Wörter der Shell-Programmiersprache bilden.

. Skript führt das Shell-Skript **Skript** aus und wird etwa zum Laden von Variablen und Funktionen genutzt,

: liefert den Exit-Status **0**,

Alias-Definitionen sind normalerweise in ~/.bashrc oder ~/.profile zusammengefaßt

alias [Name[=Wert]...] definiert Kurzformen für Kommandosequenzen oder zeigt die Liste der Alias-Definitionen,

bg [Job] überführt ein mit **C-Z** angehaltenes Programm in einen Hintergrundprozeß,

break n beendet die umgebende **for**- oder **while**-Schleife. Falls **n** angegeben wurde, beendet **break n** Ebenen,

cd [Verzeichnis] wechselt das aktuelle Arbeitsverzeichnis,

continue [n] springt zum Anfang der umgebenden **for**- beziehungsweise **while**-Schleife und setzt die Bearbeitung mit dem nächsten Variablenwert fort (**for**) beziehungsweise prüft die Abbruchbedingung (**while**). Falls **n** angegeben wurde, wird die **n**-te höhere Schleife fortgesetzt,

echo [Option] [Variable...] gibt Zeichenketten und/oder Variablenwerte aus,

enable [Option] [Kommando...] schaltet die Verwendung interner Kommandos ein oder aus,

eval [Arg...] verbindet die Parameter **Arg** zu einem Kommandoaufruf und führt diesen aus,

exec [Kommando [Parameter]] führt **Kommando** aus, ohne einen Kindprozeß zu starten (der Prozeß der Shell wird ersetzt),

Wird exec in einer Login-Shell verwendet, führt ein Beenden des gestarteten Programms zum Logout

exit [n] terminiert die Shell mit Exit-Status **n**,

export [Variable[=Wert]]... zeigt eine Liste exportierter Variablen, überführt Shell-Variablen in Umgebungsvariablen oder definiert Umgebungsvariablen,

fg [Job] setzt einen angehaltenen oder Hintergrundprozeß als Vordergrundprozeß fort,

history [Option] [Datei] zeigt den Inhalt der Kommando-History, speichert die Liste in einer Datei oder liest eine History aus einer Datei,

Standardmäßig verwendet history die Datei, auf die die Variable HISTFILE zeigt

jobs [Option] [Job...] liefert Informationen zu allen oder bestimmten angehaltenen Prozessen oder Hintergrundprozessen,

kill [Signal] [PID]... sendet ein Signal an den Prozeß mit der Nummer **PID**,

logout beendet eine Login-Shell,

pwd gibt das aktuelle Arbeitsverzeichnis aus,

read [-r] [Variable...] liest eine Zeile von der Standardeingabe und kopiert einzelne Wörter nach **Variable**. Fehlt die Angabe **Variable**, dann kopiert **read** die Zeile in eine interne Variable **REPLY**,

return [n]   beendet eine Shell-Funktion mit Exit-Status **n**. Wurde **n** nicht angegeben, dann liefert **return** den Exit-Status des zuletzt ausgeführten Kommandos zurück,

set -o vi schaltet den Kommando-zeileneditor in den vi-Modus

set [Option] [Argument...]   setzt Shell-Optionen oder zeigt eine Liste der definierten Shell-Variablen,

shift [n]   reorganisiert die kommandoweit geltenden Shell-Variablen. Anschließend liefert **$1** den Inhalt vom **n**-ten Kommandozeilenparameter, **$2** liefert den Wert von **$n+1** und so fort,

test Ausdruck   bewertet bedingte Ausdrücke,

times   gibt die bisher verbrauchte Benutzer- und Systemzeit der Shell und aller Prozesse aus, die die Shell gestartet hat,

trap ['Kommando'] [Signal]   installiert die Ausnahmebe-handlung **Kommando**, die anschließend bei Auftreten eines Signals **n** ausgeführt wird,

type [Kommando...]   zeigt zu jedem im Suchpfad befindli-chen Kommando seine Position im Verzeichnisbaum an. Außerdem zeigt **type** an, ob **Kommando** in der Alias-Liste befindlich ist oder ob es sich dabei um ein Shell-internes Programm beziehungsweise eine Shell-Funktion handelt,

Nach Aufruf von ulimit -c 0 werden keine core-Dateien mehr erzeugt

ulimit [Option [Wert]]   zeigt (Option **-a**) oder setzt Ober-grenzen für maximal zulässige Dateigröße, Anzahl der Benutzerprozesse et cetera,

umask [-S] [Modus]   zeigt oder setzt die Maske für Zugriffs-rechte, die beim Anlegen von Dateien erteilt werden,

unalias [-a] [Name...]   entfernt Einträge aus der Alias-Liste oder löscht ihren Inhalt (Option **-a**),

unset [Name...]   entfernt alle Shell-Variablen oder Shell-Funktionen **Name**. Das Entfernen von **PATH**, **IFS**, **PPID**, **PS1**, **PS2**, **UID** und **EUID** unterbindet die Shell,

wait [n]   wartet auf das Beenden von Prozeß oder Job **n**. Fehlt die Angabe **n**, dann wartet die Shell, bis alle Kindprozesse terminiert haben.

9.2.9 Externe Hilfsprogramme

In Ergänzung zu den Shell-internen Kommandos sind im Lieferumfang von Linux-Distributionen einige weitere Kommandos enthalten, die bevorzugt bei der Shell-Programmierung Verwendung finden. Im einzelnen zählen dazu:

basename Name [Endung]

löscht in der Zeichenkette **Name** alle Teile, die mit **/** enden, reduziert also Pfadnamen auf Datei- oder Verzeichnisnamen durch Entfernen führender Verzeichnisnamen. Wurde außerdem ein 2. Parameter **Endung** angegeben, dann entfernt **basename**, falls vorhanden, die angegebene Endung. Das Programm

```
for i in *.c
    do mv `basename $i .c`\
        `basename $i .c`-alt.c
done
```

basename entfernt aus einem Pfadnamen führende Verzeichnisnamen

führt beispielsweise ein Umbenennen aller im aktuellen Arbeitsverzeichnis befindlichen Dateien ***.c** in ***-alt.c** durch,

dirname Name

bewirkt gewissermaßen das Gegenteil von **basename**, entfernt also den auf letzter Ebene stehenden Datei- oder Verzeichnisnamen,

expr Ausdruck...

bewertet oder berechnet **Ausdruck** und kopiert das Ergebnis auf die Standardausgabe. **Ausdruck** setzt sich aus Termen zusammen (Zahlen, Zeichenketten und Operatoren), getrennt durch Leerzeichen. Sonderzeichen der Shell (**|**, **&**, **>**, **<**, *****) müssen maskiert werden. Folgende Operatoren sind erlaubt:

Shell-Variablen innerhalb von Ausdruck werden nicht expandiert, wenn Ausdruck mit einfachen Hochkommata geklammert wurde

Ausdruck1 | Ausdruck2

liefert **Ausdruck1**, falls sein Wert nicht **0** ist, anderenfalls **Ausdruck2**,

Ausdruck1 & Ausdruck2

liefert **0**, falls einer der beiden Ausdrücke leer oder **0** ist, anderenfalls **Ausdruck1**,

Ausdruck1 { < <= = != >= > } Ausdruck2

gibt das Ergebnis eines Vergleichs aus. Sind die Operanden Zahlen, dann führt **expr** einen numerischen Vergleich aus, anderenfalls einen lexikografischen Vergleich,

Ausdruck1 { + - * / % } Ausdruck2

Der %-Operator arbeitet gemäß der Modulo-Funktion

liefert das Ergebnis einer arithmetischen Verknüpfung. Ist **Ausdruck1** oder **Ausdruck2** eine Zeichenkette, dann erzeugt **expr** eine Fehlermeldung,

Ausdruck1 : Ausdruck2

vergleicht die Zeichenkette **Ausdruck1** mit einem regulären Ausdruck **Ausdruck2**. Das Ergebnis ist **0**, falls **Ausdruck2** nicht paßt, anderenfalls gibt **expr** die Länge der passenden Zeichenkette zurück,

(Ausdruck...)

klammert Ausdrücke zu Gruppen,

false

liefert den Exit-Status **1**,

getopt Optionen String

expandiert Optionen aus der Zeichenkette **String**. Das Argument **Optionen** ist eine zusammenhängende Kette von 1stelligen Optionszeichen (ohne Leerzeichen). Folgt dort auf ein Optionszeichen ein Doppelpunkt, dann wird **getopt** angewiesen, die darauf in **String** folgende Zeichenkette als Optionswert zu interpretieren. Als Ergebnis liefert **getopt** eine neu aufbereitete Parameterliste zurück, in der die Zeichen — das Ende der Optionen markieren:

getopt kann auch -l 66 -n „zerlegen"

getopt nl: -n166 Datei

analysiert die Liste der an **pr** gelieferten Parameter (Zeilennummern erzeugen, 66 Zeilen pro Seite ausgeben) und liefert als Ergebnis

-n -1 66 -- Datei

Das Kommando **getopt** kann nur solche Optionenlisten bearbeiten, die mit einem Minuszeichen anfangen,

```
printf Format [Argument...]
```

erzeugt eine Ausgabe der Argumente entsprechend einer Formatbeschreibung. Letztere ist aus Direktiven zusammenzusetzen, die aus dem Prozentzeichen **%** und folgenden Formatangaben in der Syntax der C-Funktion **printf** bestehen. Mit dem Escape-Zeichen **** eingeleitete Steuerkommandos werden ebenfalls interpretiert (**\n**, **\t** und so fort). In den meisten Fällen ist es erforderlich, die Formatbeschreibung mit Hochkommata zu klammern,

printf formatiert Zahlen und Zeichenketten entsprechend eines C-Formatstrings

```
sleep Zeit [smhd] ...
```

erzeugt eine Warteschleife. Das folgende Kommando wird nach **Zeit** Sekunden (**s**, Standard), Minuten (**m**), Stunden (**h**) und/oder Tagen (**d**) ausgeführt.

9.3 tcsh-Programme

Shell-Programme in der **tcsh**-Syntax verwenden Sprachmittel, die denen der Programmiersprache C recht ähnlich sind. Bedingungen, die Verzweigungen oder Schleifen auswerten, sind von runden Klammern umschlossen. Blöcke innerhalb einer Ablaufstruktur erfordern kein einleitendes **do**, lediglich das Blockende wird durch **end, endif** oder **endsw** markiert.

Die Syntax der tcsh-Programme entspricht in etwa der Programmiersprache C

Eine Art **read**-Funktion existiert bei der **tcsh** nicht; Eingabeanforderungen realisiert sie durch Zuweisung der vordefinierten Variablen **$<** an eine anwenderdefinierte Variable. Auf **#** folgende Zeichen einer Zeile interpretiert die **tcsh** als Kommentar. Shell-Funktionen lassen sich nur über den Alias-Mechanismus vereinbaren.

Die tcsh enthält keine read-Funktion

Vergleichsweise mächtig wiederum ist das Variablenkonzept der **tcsh**. Zusätzlich zu gewöhnlichen Zeichenkettenvariablen kann der Anwender auch numerische und Feldvariablen definieren. Bei der Wertzuweisung an eine Variable ist außerdem die Angabe eines Ausdrucks zulässig, der ähnlich dem Argument an das **expr**-Kommando aus Operanden und Operatoren besteht.

tcsh-Variablen kann der Anwender mit Ausdrücken initialisieren

Der Vorrat an **tcsh**-internen Kommandos ist in weiten Bereichen mit den **bash**- und **ksh**-internen Funktionen identisch. Für eine auszugsweise Übersicht sei daher auf Kapitel 9.2.8 verwiesen.

9.3.1 `tcsh`-Variablen

Im Unterschied zu **bash** und **ksh** erzeugt der **tcsh**-Anwender lokale Variablen durch Eingabe von

set Variable = Wert oder **@ Variable = Wert**

und globale (Zeichenketten-) Variablen mit

setenv Variable Wert

Mit @ deklarierte Variablen enthalten numerische Werte

Mit **@** (gefolgt von einem Leerzeichen) deklarierte Variablen dürfen nur numerische Werte enthalten. Umgekehrt liefert der Zugriff auf derartige Variablen einen numerischen Wert; eine Konvertierung mit **expr** ist also nicht erforderlich. Eine Zuweisung der Summe aus **a** und **b** an **c** ermöglicht der Aufruf

@ c = ($a + $b)

Vor und nach dem Gleichheitszeichen darf ein Leerzeichen stehen

In dieser Definition wird der (numerischen) Variablen **c** nicht ein einzelner Wert, sondern ein Ausdruck zugewiesen. Zulässig sind Ausdrücke mit numerischen, logischen und Bit-Operationen (analog denen der Programmiersprache C).

Array-Variablen

Die **tcsh** erlaubt auch die Deklaration von Feldern (eindimensionale Arrays), und zwar mit

set Feld = (a_1 a_2 ... a_n)

$#Feld liefert die Anzahl der Elemente einer Array-Variablen

oder mit **setenv** anstelle von **set**. Der Ausdruck **$Feld** liefert alle Elemente der Variablen, **$#Feld** die Anzahl der Feldelemente, **$Feld[n]** das **n**-te Feldelement, **$Feld[n-k]** die Werte der Elemente **n**, **n+1**, **...** **k**, **$Feld[-k]** die ersten **k** Elemente und **$Feld[k-]** alle Elemente ab dem **k**-ten Index.

Felder, die numerische Werte enthalten sollen, müssen zuvor mit **set** oder **setenv** deklariert werden, und zwar in der gewünschten Feldgröße. Ein Erweitern der Feldgröße kann zu einem späteren Zeitpunkt mittels

set Feld = ($Feld a_n+1 ... a_n+k)

erfolgen, wobei die neu hinzuzufügenden Felder auch am Anfang oder in der Mitte eingetragen werden können:

```
set Feld = ( a_0 $Feld[-3] a_4 $Feld[4-] )
```

Anschließend kann der Anwender den Elementen der Feldvariablen numerische Werte zuweisen gemäß

```
@ Feld[2] = 4711
```

Numerische Arrays sind als normale Feldvariable zu definieren und dann komponentenweise mit Zahlen zu besetzen

Alternativ zur expliziten Wertzuweisung sind auch die Operatoren **+=, -= *=, /=** und **%=** erlaubt, die eine Modifikation des vorhandenen Variablenwerts bewirken.

Ferner erlaubt es die **tcsh**, lokale Variablen zu schützen (**set -r**). Anschließend ist eine Neudefinition oder ein Löschen (**unset**) nicht mehr möglich.

Vordefinierte Variablen

Im Gegensatz zur **bash** (und **ksh**) werden die vordefinierten **tcsh**-Variablen klein geschrieben. An die Stelle der **bash**-Variablen **PWD** tritt bei der **tcsh** die Variable **cwd** (current working directory), und die Prompt-Variable **PS1** heißt bei der **tcsh** **prompt**. Weitere Unterschiede zu den **bash**- und **ksh**-Variablen betreffen die kommandoweit gültigen Variablen. Im einzelnen liefert

$argv	die komplette Kommandozeile,
$#argv	die Anzahl der Programmparameter,
$argv[0]	den Namen des gestarteten Programms,
$argv[n]	den Wert des **n**-ten Programmparameters,
$argv[*]	alle Programmparameter,
$$	die PID der laufenden Shell.

Kommandozeilenargumente kopiert die tcsh in die Array-Variable argv

Beim Zugriff auf das **n**-te Kommandozeilenargument darf **n** eine beliebige Zahl im Bereich **0** bis **$#argv** sein. Im Prinzip ist die bei **bash**- und **ksh**-Programmen benötigte Funktion **shift** also nicht erforderlich, um programmintern den Wert des 10. und folgender Argumente nutzen zu können. Dennoch enthält die **tcsh** eine interne Funktion

```
shift [Variable]
```

Ohne Argument aufgerufen, entfernt die **shift**-Funktion das Element **argv[1]** und „verschiebt" alle folgenden Feldelemente um eine Position nach links. Anderenfalls wendet **shift** diese Behandlung auf die angegebene Feldvariable an.

Zu den vordefinierten sitzungsweit gültigen Shell-Variablen zählen unter anderem

cdpath	Suchpfade für das **cd**-Kommando,
cwd	aktuelles Arbeitsverzeichnis,
gid	Gruppenkennung des Benutzers,
home	Standardverzeichnis für **cd**,
owd	letztes Arbeitsverzeichnis,
path	Suchpfade für Kommandos,
prompt	1. Promptzeichen der Shell,
prompt2	Promptzeichen für Folgezeilen,
status	Exit-Status des letzten Kommandos,
uid	Benutzerkennung,
user	Login-Name des Anwenders.

owd der tcsh entspricht OLDPWD der bash

cdpath und path

Die Variablen **cdpath** und **path** der **tcsh** sind Feldvariablen, enthalten also eine Liste von Pfadnamen. Den Inhalt von **path** koppelt die Shell an eine gewöhnliche Umgebungsvariable **PATH**; die Inhalte beider Variablen gleicht die Shell automatisch ab. Im Zugriff auf **path** ist es möglich, einen neuen Pfad an einer bestimmten Position einzutragen:

Die tcsh koppelt die Array-Variable path an eine gewöhnliche Variable PATH

```
set path = ( $path[-3] . $path[4-] )
```

fügt das aktuelle Arbeitsverzeichnis **.** nach dem 3. Suchpfad ein.

Prompt-Variablen

Analog zur **bash** bietet die **tcsh** eine Reihe von Formatierungssequenzen zur Definition variabler Prompts. Das Fluchtsymbol bildet hier das Prozentzeichen **%**. Die Abbildung 9.5 faßt die wichtigsten **tcsh**-Promptformatsequenzen zusammen.

Sequenz	Ergebnis
`%n`	Login-Name
`%!`	fortlaufende Kommandonummer
`%M`	vollständiger Hostname
`%m`	Hostname ohne Domainnamen
`%P`	aktuelle Uhrzeit (HH:MM:SS)
`%T`	aktuelle Uhrzeit (HH:MM)
`%D`	aktueller Tag (dd)
`%W`	aktueller Monat (mm)
`%y`	aktuelles Jahr (yy)
`%Y`	aktuelles Jahr (yyyy)
`%/`	aktuelles Arbeitsverzeichnis
`\n`	Zeilenvorschub
`%?`	Exit-Status des letzten Kommandos

Abb. 9.5:
Sequenzen zur
tcsh-Prompt-
Formatierung

9.3.2 Ein- und Ausgabe

Das **tcsh**-Kommando zum Einlesen einer Textzeile der Standardeingabe lautet **$<** und wird normalerweise unmittelbar mit einer Variableninitialisierung gemäß

```
set Variable = $<
```

eingesetzt. Bei dieser Aufrufkonvention erhält **Variable** alle Zeichen bis zum 1. Trenner. Besteht eine Eingabezeile aus mehreren „Wörtern", kann der Anwender mit

```
set Variable = ( $< )
```

alle Wörter der Zeile einer Feldvariablen zuweisen.

Für die Ausgabe dient analog **bash** und **ksh** das Shell-interne Kommando **echo**, das normalerweise auf die Standardausgabe kopiert. Eine Ausgabe auf Dateien läßt sich unter Verwendung von Umleitungsoperatoren erreichen.

Die Interpretation von Steuerzeichen innerhalb einer **echo**-Parameterliste steuert die Variable **echo_style**. Ist ihr Wert **sysv** oder **both**, dann wandelt das **tcsh-echo** die Zeichenkette **\t** in ein Tabulatorzeichen, erzeugt aufgrund von **\n** einen Zeilenvorschub und so fort.

Die tcsh-Variable
echo_style bestimmt
die Behandlung
von Steuerzeichen
durch tcsh-echo

9.3.3 Verzweigungen

Die **tcsh** enthält Sprachmittel für 1seitige, 2seitige und Mehrfachverzweigungen.

```
if ( Ausdruck ) Kommandofolge
```

führt eine 1zeilige Befehlssequenz aus, falls **Ausdruck** das Ergebnis **0** liefert.

tcsh-if-Konstrukte verzweigen aufgrund des logischen Werts eines Ausdrucks

```
if ( Ausdruck )
    then
            Kommandoliste
    endif
```

stellt eine Erweiterung der 1zeiligen bedingten Anweisung dar. Zwischen **then** und **endif** stehende Kommandos dürfen durch Zeilenvorschub getrennt erscheinen.

```
if ( Ausdruck )
    then
            Kommandoliste1
    else
            Kommandoliste2
    endif
```

Ein Analogon zum bash-elif enthält die tcsh nicht

ist die 2seitige Alternative. Liefert **Ausdruck** das Ergebnis **0**, dann bearbeitet die **tcsh** *Kommandoliste1*, anderenfalls *Kommandoliste2*. Geschachtelte **if**-Verzweigungen erfordern zusätzliche **if...endif**-Konstruktionen als Bestandteil einer Kommandoliste.

Mehrfachverzweigungen innerhalb eines **tcsh**-Programms ermöglicht eine **switch**-Konstruktion gemäß

breaksw innerhalb eines case-Zweigs beendet die switch-Konstruktion

```
switch ( Text )
    case Muster1: Kommandoliste1 [; breaksw]
    [case Muster2: Kommandoliste2 [; breaksw]]...
    [default: Kommandoliste]
endsw
```

Die Shell untersucht der Reihe nach jedes Muster und führt die zugehörige Kommandoliste aus, falls **Text** auf das Muster paßt. Im Gegensatz zur **case**-Anweisung von **bash** und **ksh** wird der

Vergleich mit jedem angegebenen Muster durchgeführt. Soll die Shell nach Ausführen einer Kommandoliste keine weiteren Muster untersuchen, dann ist als letztes Kommando eines **case**-Blocks eine **breaksw**-Anweisung einzutragen. Letztere beendet die **case**-Verzweigung; die Shell führt anschließend das hinter **endsw** stehende Kommando aus.

9.3.4 Schleifen

Ebenso wie **bash** und **ksh** stellt die **tcsh** 3 verschiedene Arten von Kommandoschleifen bereit.

```
foreach Index ( Liste )
     Kommandoliste
end
```

Die Komponente (Liste) einer foreach-Schleife ist unbedingt erforderlich

wiederholt *Kommandoliste* entsprechend der Anzahl der Elemente von **Liste**. Innerhalb der Schleife repräsentiert **Index** (als lokale Variable) nacheinander die Elemente von **Liste**.

```
while ( Ausdruck )
     Kommandoliste
end
```

wertet vor jedem Schleifendurchlauf **Ausdruck** aus (ähnlich dem **expr**-Kommando) und wiederholt *Kommandoliste*, bis **Ausdruck** einen von **0** verschiedenen Wert liefert. Ein Einsatzbereich der **while**-Schleife besteht in der Vorgabe einer festen Anzahl von Schleifendurchläufen:

Die Anzahl der Durchläufe einer while-Schleife kann der Anwender über numerische Variablen steuern

```
@ a = 5
while ( $a > 0 )
     echo $a; @ a -= 1
end
```

führt 5 Wiederholungen der Schleife aus; der für die Abbruchbedingung benutzte Parameter wird innerhalb der Schleife modifiziert.

```
repeat n Kommando
```

führt ein einzelnes Kommando genau **n**-mal aus. Der Parameter **n** kann dabei eine positive ganze Zahl, der Wert einer numerischen oder einer Zeichenkettenvariablen sein. Folgt auf die Anweisung **repeat n** eine Kommandofolge, dann wird nur das 1. Kommando der Folge wiederholt ausgeführt. Steht dort eine geklammerte Kommandofolge, dann erzeugt **repeat** eine Fehlermeldung.

repeat wiederholt nur einzelne Kommandos

9.3.5 Sprunganweisung

Die Sprunganweisung ermöglicht das Fortsetzen eines **tcsh**-Programms an einer durch eine Marke gekennzeichneten Stelle. Die Anweisung

```
goto Marke
```

veranlaßt die Shell, eine Programmzeile zu suchen, in der der Ausdruck

```
Marke:
```

steht. Die Bearbeitung des Programms wird mit der darauf folgenden Anweisung fortgesetzt.

goto-Sprünge führt die tcsh vorwärts und rückwärts aus

9.3.6 Signale

Ebenso wie die **bash** und die **ksh** enthält auch die **tcsh** einen Mechanismus, der aufgrund eingehender Signale eine Sonderbehandlung erlaubt. Mit

```
onintr Marke
```

wird die Shell angewiesen, bei Auftreten eines **SIGINT**-Signals zu einer Marke zu springen und die Bearbeitung des Programms dort fortzusetzen. Ist das Argument an **onintr** das Minuszeichen **-**, dann ignoriert die Shell das **SIGINT**-Signal. Steht **onintr** alleine, dann führt die **tcsh** anschließend keine Sonderbehandlung aufgrund empfangener **SIGINT**-Signale durch.

Bei Empfang eines SIGINT-Signals führt die tcsh anschließend einen Sprung zu einer „goto-Marke" aus

Vernetzte Systeme

Unix wurde unter anderem mit dem Ziel entwickelt, die Zusammenarbeit mehrerer Programmierer im Team und im Dialog zu unterstützen. Darüber hinaus leistet das Betriebssystem in seiner heutigen Form die Integration entfernter Systeme auf der Basis von Dienstleistungen. Während Terminalservice, Dateiservice und Elektronische Post (E-Mail) zu den populären Dienstleistungen mittlerweile fast aller Betriebssysteme zählen, hebt sich Unix durch die Fähigkeit, an fremde Systeme auch Rechenleistung exportieren zu können, von den meisten Mitbewerbern ab.

Vernetzte Unix-Systeme können Nachrichten und Dienstleistungen austauschen

Linux integriert nahezu alle von anderen (Unix-) Systemen her bekannten Mechanismen zur Kommunikation mit entfernten Rechenanlagen. Der vergleichsweise junge Betriebssystemkern konnte praktisch von Anfang an den neuesten Stand der Entwicklungen integrieren.

Linux integriert nahezu alle heute bekannten Netz-Dienste

Die hardwareseitige Voraussetzung für eine Kommunikation zwischen Systemen besteht im wesentlichen in der Rechnerkopplung, also der Verbindung von 2 oder mehr Rechenanlagen über ein Transportmedium. Letzteres ist normalerweise entweder ein gewöhnliches Kabel, ein Lichtwellenleiter oder auch eine Funkverbindung. Jedes Endgerät innerhalb eines Rechnerverbunds bildet einen Knoten. Der physikalische und logische Aufbau eines Rechnernetzes, die Netzarchitektur, folgt einer topologischen Struktur (Netzwerktopologie).

In einem Rechnernetz bildet jedes Endgerät einen „Knoten"

Den eigentlichen Informationsaustausch zwischen vernetzten Systemen steuern Softwarekomponenten. Aufgabe des Betriebssystemkerns besteht dabei darin, anwendungsseitige Versandaufträge in ein Protokoll einzubetten und an die physikalische Transportschnittstelle zu übermitteln beziehungsweise eingehende Nachrichten an eine Applikation weiterzuleiten.

Der Kernel vermittelt zwischen der Netzwerk-Hardware und den -Anwendungen

*Unix-Systeme
kommunizieren
über TCP/IP-
Protokolle*

*Die Identifikation
der Knoten erfolgt
über logische und
physikalische
Adressen*

Dazu wurden im Laufe der Zeit diverse Protokollfamilien spezifiziert. Losgelöst von herstellergeprägten Industriestandards entwickelte die Internationale Standardisierungs-Organisation ISO das Open Systems Interconnect Reference Model OSI mit dem Ziel, eine Grundlage für eine einheitliche Kommunikation in heterogenen Systemen zu schaffen. Die praktische Kommunikation, insbesondere zwischen Unix-Systemen, basiert hingegen auf dem „DoD-Standard" TCP/IP.

Eine weitere Voraussetzung für die Datenübermittlung in einem Rechnernetz bildet das Adressierungsschema, das eine eindeutige Identifikation der untereinander verbundenen Datenstationen sicherstellen muß. Zu unterscheiden ist dabei zwischen logischer und physikalischer Adressierung. Während das Transportmedium nicht änderbare Hardware-Adressen verwendet (Ethernet-Adresse, Telefonnummer), operieren die Systeme untereinander auf der Basis konfigurierbarer logischer Adressen.

10.1 Netzwerktopologien

*In der Grundaus-
stattung ist ein PC
nur eingeschränkt
netzwerktauglich*

Rechnernetze entstehen im wesentlichen durch die Verbindung von 2 oder mehr Computern über elektrische beziehungsweise Lichtwellenleitungen oder auch Funkverbindungen. Zur Aufnahme solcher Verbindungen enthalten PCs in ihrer Grundausstattung serielle und parallele Schnittstellen. In Ergänzung sind Steckkarten erhältlich, die eine Rechnerkopplung via Ethernet, FDDI (Fiber Distributed Data Interface), Modem (Modulator/ Demodulator) oder ISDN (Integrated Services Digital Network) unterstützen.

*Lokale Netze
sind häufig in
einheitlicher
Technologie
aufgebaut*

Mit diesen Komponenten ausgestattet, lassen sich mehrere Systeme zu einem lokalen Netzwerk (Local Area Network LAN) zusammenschließen, und es ist eine Verbindung mit einem Weitbereichsnetzwerk möglich (Wide Area Network WAN). Zur Terminologie: Ein LAN zeichnet sich durch geringe räumliche Ausdehnung, einheitliche Technologie, hohe Datentransferrate und einen begrenzten Benutzerkreis aus. WANs hingegen entstehen durch Zusammenschluß unterschiedlicher Netzwerktechnologien und unterliegen keinen räumlichen Beschränkungen; die Anzahl ihrer Benutzer ist im Prinzip unbegrenzt. Zwischen Systemen in einem WAN ist die Übertragungsgeschwindigkeit eher niedrig.

Jedes Rechnernetz folgt in seinem Aufbau einer sogenannten Netzwerktopologie. Hauptsächlich im Einsatz befindliche Formen sind heute Bus-, Stern-, Ring- und Baumnetze.

Bei der Bustopologie kommunizieren die Systeme über ein gemeinsames Kabel. In einer Sterntopologie liegt eine Punkt-zu-Punkt-Verbindung von einem zentralen Punkt (Konzentrator) zu den einzelnen Netzwerkknoten vor. Bei einer Ringtopologie ist die Verkabelung der Systeme als geschlossener Ring ausgelegt. Eine Baumtopologie erhält man durch Kaskadieren mehrerer Konzentratoren. Abbildung 10.1 illustriert diese Topologien.

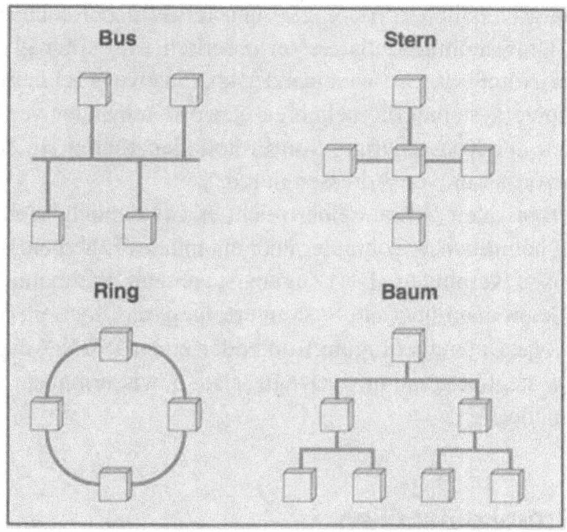

Abb. 10.1
Bus-, Stern-,
Ring- und Baum-
topologien

Größere Netze entstehen häufig durch hierarchischen Zusammenschluß einzelner Subnetze, die ihrerseits unterschiedliche Topologien repräsentieren (hybride Netztopologie). Beispielsweise sind in einem größeren Unternehmen, bestehend aus mehreren Gebäuden, die Systeme einer Abteilung untereinander über ein Busnetz verbunden, im Gebäude fließen die Subnetze der Abteilungen sternförmig zusammen, und die Gebäude selbst verbindet ein Ringnetz.

Größere Netze
entstehen durch
Zusammenschluß
mehrerer Subnetze

In mittleren und größeren Netzwerken werden außerdem normalerweise einige zusätzliche Hardwarekomponenten eingesetzt. Ein Transceiver, häufig in Ethernet-basierten Netzen zu finden, paßt das Ethernet-Signal für einen speziellen Kabeltyp an (Thin-

Wire 10Base2, ThickWire 10Base5, Twisted Pair 10BaseT).
Repeater arbeiten gewissermaßen als Verstärker und kommen
immer dann zum Einsatz, wenn zur Verbindung zweier oder mehrerer Systeme vergleichsweise lange Kabel erforderlich sind.

Ein Konzentrator, auch als Hub bezeichnet, bildet den Verbin-
dungspunkt in einem Sternnetz; in ihm laufen mehrere „Strahlen"
zusammen. Bridges verbinden 2 gleichartige Netze in der Weise,
daß lokaler Datentransfer innerhalb eines Segment das 2. Segment nicht belastet (es werden nur solche Daten transportiert, die
an Systeme außerhalb des lokalen Segments adressiert sind).

Bridges verbinden gleichartige Subnetze

Ein Router hingegen verbindet 2 gleiche oder verschiedene
Netze (unterschiedlicher Topologie) und leistet dabei auch eine
Protokoll-Umwandlung, falls dies erforderlich ist. Ferner grenzt
der Router Adreßbereiche voneinander ab. Gateways schließlich
sind Computersysteme, die beliebige Netze miteinander verbinden. Neben der Konvertierung von Protokollen führen sie auch
eine Transformation von Adressen durch.

Ein Gateway verbindet beliebige Subnetze

Für den privaten Netzbetreiber reicht es gewöhnlich, die ihm
im Zugriff befindlichen Computer über ein lokales Ethernet (Bustopologie) zu verbinden. Der Zugang zu einem Weitbereichsnetzwerk kann dann über ein System erfolgen, das über ein Modem (analoge Datenübertragung) und/oder einen ISDN-Adapter
(digitale Datenübertragung) verfügt, also gewissermaßen den
Gateway bildet.

Modem und ISDN-Adapter ermöglichen den WAN-Zugang

10.2 Protokollfamilien

Aus der Sicht des Anwenders ist der erfolgreiche Informationsaustausch zwischen 2 (Unix-) Rechnern auf physikalischer Ebene allein durch eine Verbindungsleitung bedingt (Kupferkabel,
Lichtwellenleiter oder eine Funkverbindung), und die logische
Komponente der Kommunikation realisiert ein Programm, das
die gewünschte Dienstleistung umsetzt.

Möglicherweise wurden die ersten Rechnernetze mit diesem
theoretischen Hintergrund betrieben. In der Frühphase der Rechnernetze hat nämlich jeder Hersteller seine eigenen Vorstellungen
umgesetzt, und die Kommunikation von Systemen unterschiedlicher Rechnerwelten war meist nur mit zusätzlichem technischen
Aufwand möglich.

Proprietäre Netzanwendungen verwenden nicht-standardisierte Protokolle

Geprägt durch universitäre und kommerzielle Entwicklungen entstanden im Laufe der Zeit vielzählige Netzwerkprotokolle, die unter anderem die Struktur einer elektronischen Nachricht festlegen. Viele dieser auch heute noch im Einsatz befindlichen Protokolle sind jeweils auf eine bestimmte Netzarchitektur und die dort verfügbaren Dienste abgestimmt.

Erste Schritte auf dem Weg zur Vereinheitlichung der rechnergestützten Nachrichtenübermittlung unternahm die Internationale Standardisierungs-Organisation ISO bereits 1977. Unter dem Arbeitstitel „Open Systems Interconnect Reference Model" entwarf die ISO das 7-Schichten-Modell OSI (ISO 7498), das den fehlerfreien Informationsaustausch zwischen beliebigen Netzanwendungen sicherstellen sollte. Eine erste Dokumentation der Arbeiten wurde 1982 veröffentlicht.

Das OSI-Modell ist international standardisiert

Bisweilen dient der OSI-Standard jedoch eher als theoretisches Modell. Zwar sind heute einige Produkte am Markt, die OSI nebst aller dort definierten Protokolle und Anwendungen enthalten, jedoch konnte sich OSI entgegen früheren Annahmen bisher am Markt nicht durchsetzen. Statt dessen entstanden in der Folgezeit weitere Protokolle und Schnittstellendefinitionen.

Nur wenige Hersteller haben die Richtlinien von OSI umgesetzt

Beispielsweise regelt AppleTalk die Kommunikation zwischen MacIntosh-Rechnern und den dort angeschlossenen Peripheriegeräten, NetBIOS als integraler Bestandteil von IBMs Betriebssystem OS/2 verbindet PCs. Für Windows NT und Windows for Workgroups erklärte Microsoft das Produkt NetBEUI als Standardprotokoll. Novell schließlich entwickelte IPX, das die Kommunikation innerhalb NetWare-basierter Netze regelt.

In der PC-Welt sind AppleTalk, NetBIOS, NetBEUI und IPX verbreitet

Überwiegend außerhalb der PC-Welt zu findende und weit verbreitete Netzwerkprotokolle sind SNA, DECnet, X.25, UUCP und TCP/IP. Ihre Entwicklungsgeschichte liegt vor der Zeit der Verfügbarkeit von Personal Computern.

SNA (Systems Network Architecture) wurde seit 1974 als hierarchisch orientiertes Netz zur Steuerung von Terminals entwickelt, abgestimmt auf die Anforderungen von IBM-Mainframesystemen. Bis heute wurde SNA ständig erweitert. Mit der Einführung von Personal-Computern als mögliche Endgeräte wurde SNA um das APPC-Konzept (Advanced Program to Program Communication) erweitert. Letzteres stellt eine komfortable Schnittstelle für die Kommunikation von Transaktionsprogrammen zur Verfügung.

SNA dient der Verbindung von Terminals mit einem IBM-Mainframe

DECnet ist eine Familie von Hard- und Softwareprodukten zur Steuerung der Kommunikation zwischen Systemen des Herstellers Digital Equipment. Die Entwicklung begann 1975 und umfaßt bisher 5 Phasen. Jede Phase ist dabei zu seinem Vorgänger kompatibel. In der Phase III sind X.25 und erweiterte Routing-Mechanismen hinzugekommen. Seit Phase IV integriert das Produkt Ethernet. Neben der Kopplung von DEC-Systemen ist auch die Anbindung von PCs sowie die Adressierung von öffentlichen Netzwerken möglich. Phase V des Produkts realisiert die Vorschriften von ISO/OSI (DECnet/OSI, 1994).

Seit 1977 wurde unter Aufsicht der französischen Commité Consultativ International Télégraphique et Téléphonique CCITT das Protokoll X.25 entwickelt. Darin ist eine Schnittstelle definiert, die den Zugang zu öffentlichen Netzwerken (Public Data Network PDN) regelt. Ein Beispiel für ein X.25-Netz bildet das deutsche DATEX-P (Datex Packet Switching Network) der DBP-Telekom. X.25 beschreibt den paketbasierten Datenaustausch zwischen Geräten, die am PDN angeschlossen sind. Jedes Datenpaket besteht aus einem Adreß- und einem Datenteil, kodiert auf 128 Byte.

Ferner bildete X.25 die Entwicklungsbasis für das Amateur Packet-Radio Link-Layer Protocol AX.25. Als Kommunikationsmedium dient hier eine Funkverbindung. Die Datenübermittlung erfolgt paketweise in Form von analog modulierten UHF/VHF-Signalen.

UUCP (Unix-to-Unix-Copy) entstand etwa 1977 in den Bell-Laboratorien. Ziel der Entwicklung war es, eine Kommunikation zwischen den dort vorhandenen Unix-Systemen zu ermöglichen.

UUCP vereint eine Sammlung von Programmen, die über eine serielle Verbindung den Datenaustausch, aber auch das Starten entfernter Anwendungen ermöglichen. Abgesehen davon, daß UUCP-basierte Netze heute kaum noch unterhalten werden, bildete dieses Protokoll seinerzeit einen Meilenstein auf dem Weg zu globalen Netzen. Beispielsweise wurde das 1. Netnews-System, gewissermaßen der Vorgänger des heutigen Usenet, unter Verwendung von UUCP-Werkzeugen realisiert.

Als Standardprotokoll für Unix-Betriebssysteme wurde das Transmission Control Protocol/Internet Protocol TCP/IP populär. Seit 1983 ist TCP/IP offizieller Bestandteil von Unix. TCP/IP faßt unter anderem mehrere Anwendungsprotokolle zusammen, die im Rahmen des 1. paketvermittelnden ARPANET entwickelt wurden (ARPANET wurde 1969 unter der Federführung des amerikanischen Verteidigungsministeriums DoD errichtet). Zu den Mitgliedern der TCP/IP-Protokollfamilie zählt beispielsweise das bereits 1971 vorgeschlagene Telnet-Protokoll. In LAN-Netzen kommunizieren TCP/IP-Verbindungen in der Regel über Ethernet.

TCP/IP faßt mehrere Protokolle zu einer Familie zusammen

Heute ist TCP/IP nicht nur für Unix-Betriebssysteme, sondern für praktisch alle wichtigen Rechnerplattformen verfügbar. Darüber hinaus bildet TCP/IP heute die Basis für den Nachrichtenaustausch im Internet. Weitere Details zu TCP/IP enthält Kapitel 10.4.

Auf der Basis von TCP/IP entstand das Serial Line Internet Protocol SLIP, abgestimmt auf die Anforderungen für eine Kommunikation über serielle Leitungen. Erste Implementierungen wurden 1984 für 4.2 BSD und SunOS realisiert. Spätestens seit der Aufnahme in 4.3 BSD gilt SLIP als De-facto-Standard. In Ergänzung leistet Compressed SLIP (CSLIP) die Handhabung komprimierter Daten. Parallel Lines IP (PLIP) wiederum regelt die Kommunikation zwischen 2 Systemen, die über eine parallele Schnittstelle (Druckerport) verbunden sind.

SLIP und CSLIP regeln den Austausch von IP-Paketen über serielle Leitungen

SLIP und seine Varianten benötigen eine direkte Verbindung zweier Systeme und setzen voraus, daß die beteiligten Rechner für Routing-Zwecke gegenseitig die Netzwerk-Adressen (IP-Adressen) kennen. Außerdem leistet SLIP keine Fehlererkennung und erlaubt nur den Versand von IP-Datagrammen.

Gewissermaßen als Nachfolger von SLIP wurde 1988 das Point-to-Point Protocol PPP definiert. PPP integriert eine Fehlerkontrolle, unterstützt den Aufbau von Verbindungen auch über Wählleitungen und kann mehrere Protokolle kodieren (IP, IPX, DECnet, AppleTalk).

PPP bildet ein universelles und sicheres Protokoll für serielle Verbindungen

Von den genannten Netzwerk-Protokollen unterstützt Linux UUCP, TCP/IP, SLIP, CSLIP, PLIP, PPP, AppleTalk, IPX und AX.25. NetBIOS steht über das Produkt Samba im Zugriff. Kompatibilität mit DECnet ist zukünftig zu erwarten, Treiber für den Einsatz von Linux als DECnet End-Node sind bereits verfügbar.

Die Bedienung der genannten Protokolle unter Linux setzt die Integration entsprechender Module in den Betriebssystemkern und das Vorhandensein von Gerätetreibern für die jeweilige Schnittstellenhardware voraus.

10.3 OSI

Das ISO/OSI-Modell bildet praktisch die einzige international genormte Richtlinie zur Verbindung offener Kommunikations-Systeme. Obwohl es aufgrund der starken Anlehnung an die traditionelle Telefontechnik starker Kritik unterliegt, beansprucht OSI, als herstellerneutrales Modell die Grundlage für zukünftige Entwicklungen der gesamten Datenkommunikation zu bilden.

OSI ist ein herstellerneutrales Modell

OSI definiert in einem 7-Schichten-Modell Protokolle und Anwendungen eines LAN. Jede Ebene kommuniziert dabei mit der direkt angrenzenden Schicht. Die ersten 4 „transportorientierten" Schichten definieren den Datentransport. Von oben nach unten regeln sie Aufbau und Unterhaltung einer Verbindung, Kopplung der Transportnetze, Segmentierung von Datenpaketen und die Übertragung von Bit-Sequenzen über ein beliebiges Medium. Die Komponenten der 3 verbleibenden „anwendungsorientierten" Schichten sind die Kommunikationssteuerung, Vereinheitlichung der Datendarstellung und die Anwendungen, die der Benutzer bedient. Abbildung 10.2 stellt die Ebenen des OSI-Modells dar.

OSI besteht aus 4 transport- und 3 anwendungsorientierten Schichten

*Abb. 10.2
Die 7 Schichten
des OSI-Modells*

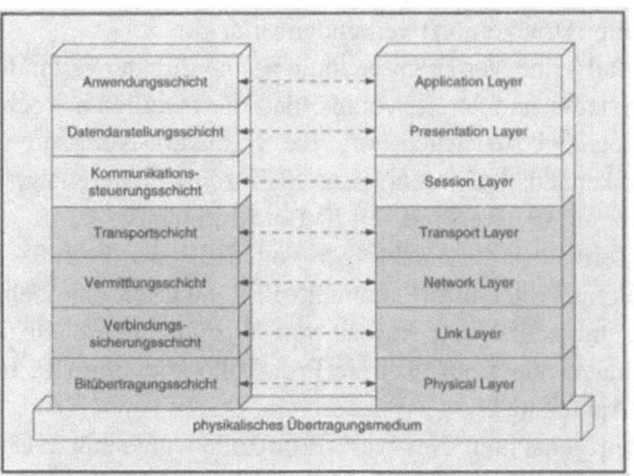

Die Ebene 1 definiert Hardwareparameter

Auf unterster Ebene definiert die Übertragungsschicht (Physical Layer) mechanische und elektrische Spezifikationen von Schnittstellenkarten und Verbindungsleitungen.

Die darüber liegende Sicherungsschicht (Data Link Layer) baut die Verbindung zwischen Endsystemen auf und steuert die Datenübertragung. Datenpakete werden hier in Blöcken (Chunks) kodiert, die neben den eigentlichen Daten auch Kontrollinformationen (Adressen von Sender und Empfänger, Paketlänge) und das in einer höheren Schicht verwendete Protokoll enthalten. Eine weitere Aufgabe der Sicherungsschicht besteht in der Behandlung von Übertragungsfehlern, die in der physikalischen Schicht auftraten.

Die Vermittlungsschicht (Network Layer) bestimmt den Datenpfad im Netz (Routing) und wählt das adressierte Transportnetz an, beispielsweise mit Internet Protocol IP. In dieser Ebene findet außerdem eine Zerlegung der zu übermittelnden Information in Datagramme statt.

In der letzten Ebene der transportorientierten Schichten ist die Transportschicht (Transport Layer) für die Datenintegrität verantwortlich. Außerdem kontrolliert sie die Datenübermittlung.

Auf unterster anwendungsorientierter Ebene befindet sich die Kommunikations-Steuerungsschicht (Session Layer). Ihre Aufgabe besteht im Auf-und Abbau sowie der Steuerung von Sitzungen und der Synchronisation von Dialog-Einheiten.

Die darüber liegende Darstellungsschicht (Presentation Layer) konvertiert empfangene Daten in eine für die Anwendungen verständliche Form beziehungsweise transformiert anwendungsseitige Daten in ein einheitliches Format.

Die abschließende Anwendungsschicht (Application Layer) definiert die spezifischen Anwendungen, die die darunter liegenden Ebenen benutzen können. Dazu zählen etwa Mail- oder Dateitransfer-Programme.

10.4 TCP/IP

Das Transmission Control Protocol/Internet Protocol TCP/IP entstand aus der Notwendigkeit, sicheren Datenaustausch zwischen den Systemen zu gewährleisten, die innerhalb des 1969 vom US-Verteidigungsministerium DoD gegründeten experimentellen ARPANET (Advanced Research Projects Agency Network) untereinander verbunden waren. Letzteres sollte zunächst die im militärischen Bereich eingesetzten Computer untereinander verbinden. An dem Projekt wurden auch industrielle und universitäre Forschungseinrichtungen beteiligt, unter anderem das Massachusetts Institute of Technology MIT.

TCP/IP, 1974 von Vinton G. Cerf und Robert E. Kahn (MIT) vorgeschlagen und seit 1983 offizieller Bestandteil von Unix, vereint eine Sammlung mehrerer sich ergänzender Protokolle. Es wurde für den Einsatz auf unterschiedlichen Medien und Rechnern konzipiert und kann unabhängig von der Rechnerhardware, dem darauf befindlichen Betriebssystem und der Netzwerkarchitektur zwischen beliebigen Subnetzen vermitteln. Die Abbildung 10.3 zeigt eine schematische Darstellung einiger Komponenten von TCP/IP.

TCP-IP ist offizieller Bestandteil von Unix

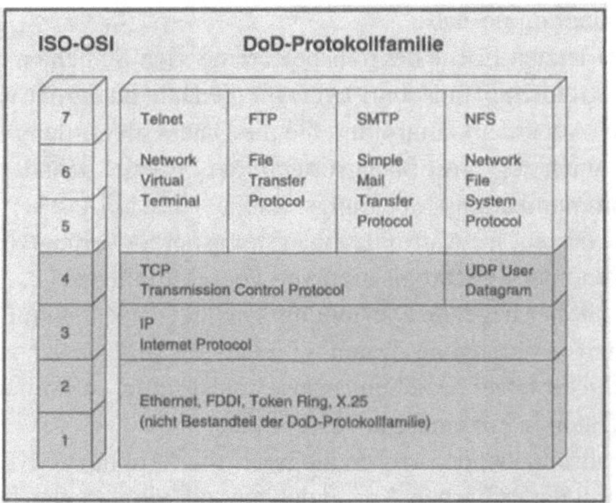

Abb. 10.3 Komponenten der DoD-Protokoll- familie

IP bildet ein sogenanntes verbindungsloses Protokoll, das die Verpackung von Daten in Pakete (Datagramme) durchführt, den Empfänger adressiert (durch Transformation einer logischen Internet-Adresse in eine physikalische Netzwerk-Adresse) und für die Übertragung der Daten sorgt.

IP definiert einen paketorientierten Datentransport

Ein Datagramm besteht aus einem Adreß- und einem Datenteil. Die Paketlänge muß mindestens 576, maximal darf sie 65535 Bytes betragen. Bezogen auf das OSI-Modell realisiert IP die Netzwerkschicht. Eine Reihe von Schnittstellenbeschreibungen regelt die Verträglichkeit von IP mit vielzähligen Übertragungsmedien wie Ethernet, FDDI, X.25 und seriellen Verbindungen.

Ein Datagramm besteht aus einem Adreß- und einem Datenteil

TCP hingegen ist ein verbindungsorientiertes Protokoll, das auf IP aufsetzt. TCP stellt sicher, daß die IP-Datagramme beim Empfänger in der richtigen Reihenfolge eintreffen. Letzteres ist immer dann erforderlich, wenn der Versand der IP-Diagramme über mehrere Medien parallel erfolgt und einzelne Pakete in einer anderen Reihenfolge beim Empfänger eintreffen, als sie versendet wurden. Außerdem sieht TCP vor, den Absender zu benachrichtigen, ob die Übertragung erfolgreich war. Bei Übertragungsfehlern fordert TCP die Wiederholung der Sendung an. TCP entspricht der 4. Schicht des OSI-Modells (Transportschicht).

TCP kontrolliert den Datentransport

Bestandteil von TCP/IP sind außerdem diverse Anwendungsprotokolle. Sie ermöglichen Basisdienste wie Remote Login (geregelt durch Telnet oder Rlogin), Dateitransfer (File Transfer Protocol FTP) und die Übermittlung elektronischer Post (Simple Mail Transfer Protocol SMTP).

Auf TCP setzen heute weitere Protokolle auf, beispielsweise das Network News Transfer Protocol NNTP (regelt den Zugang zum Usenet) oder das External Data Representation Protocol XDR, das Sun Microsystems entwickelte. XDR, seit 1985 frei zugänglich, definiert ein hardwareunabhängiges Datenformat, realisiert also die Anforderungen der Darstellungsschicht des OSI-Referenzmodells (OSI Level 6). Protokolle, die XDR verwenden, sind beispielsweise Remote Procedure Call RPC und Network File System NFS.

XDR definiert ein architekturunabhängiges Datenformat

Zu den verbindungslosen Protokollen von TCP/IP zählen heute zusätzlich das Address Resolution Protocol ARP (Auffinden physikalischer Adressen) und das Internet Control Messages Protocol ICMP. Als verbindungsorientiertes Protokoll wurde das User Datagram Protocol UDP in die Sammlung mit aufgenommen. Letzteres bildet praktisch das „prüfungsfreie" Analogon zu TCP. Im Sinne des OSI-Modells liegt das UDP parallel zu TCP.

ARP wandelt Internet- in Ethernet-Adressen

In lokalen Netzwerken entspricht die Reihenfolge des Eintreffens von IP-Datagrammen in der Regel der Reihenfolge des Versands. In Verbindung mit Ethernet als Übertragungsmedium ist daher eine hohe Verläßlichkeit der Kommunikation sichergestellt und dabei nur minimale Protokollbehandlung erforderlich, im wesentlichen also ein zuverlässiger Betrieb von Anwendungen möglich, die UDP verwenden. Oberhalb von UDP definierte Protokolle sind beispielsweise das Trivial File Transfer Protocol TFTP und das Bootstrap Protocol BOOTP.

X-Terminals und Diskless-Clients nutzen entweder BOOTP oder TFTP

Eine Vielzahl von Dokumentationen zu Protokollen, die der TCP/IP-Familie angehören, und Themen, die in irgendeinem Zusammenhang mit Rechnernetzen und insbesondere dem Internet stehen, faßt die seit 1969 in unregelmäßigen Abständen erscheinende Schriftenreihe „Request For Comments" RFC zusammen. Sie sind auf vielen FTP-Servern zu finden. Außerdem sind die Protokolle der „DoD-Protokollfamilie" als Military-Standards MIL-STD definiert. Abbildung 10.4 zeigt die RFC- und MIL-STD-Nummern, unter denen die hier genannten Netzwerkprotokolle dokumentiert sind.

Abb. 10.4
TCP/IP-RFC-
Dokumente

Protokoll	RFC	MIL-STD
ARP Address Resolution Protocol	826	
BOOTP Bootstrap Protocol	951	
FTP File Transfer Protocol	765	1780
ICMP Internet Control Message Protocol	792	
IP Internet Protocol	791	1777
NNTP Network News Transfer Protocol	977	
PPP Point-to-Point Protocol	1661	
SMTP Simple Mail Transfer Protocol	821	1781
SUN-NFS Network File System Protocol	1094	
SUN-RPC Remote Procedure Call Protocol	1057	
TCP Transmission Control Protocol	793	1778
TELNET Telnet Protocol and Options	854	1782
TFTP Trivial File Transfer Protocol	783	
UDP User Datagram Protocol	768	
XDR External Data Representation	1014	

10.5 System-Adressen

Stehen mehrere Rechner im Verbund, dann setzt erfolgreiches Adressieren eines bestimmten Systems eine eindeutige Kennung jedes Systems voraus. Ethernet kodiert jedes Paket mit den Kennungen des Senders und des Empfängers.

Ethernet-Adressen bestehen aus 6 2stelligen Hexadezimalzahlen. Innerhalb von Unix ist es üblich, Ethernet-Adressen entsprechend dem Format

Ethernet-Adressen
sind nicht änder-
bare physikalische
Adressen

```
aa:bb:cc:dd:ee:ff
```

zu schreiben.

Im Internet ist die Identifikation eines Systems durch 4 2stellige Hexadezimalzahlen definiert, geschrieben als 4 jeweils durch einen Punkt getrennte Dezimalzahlen gemäß


```
aa.bb.cc.dd
```

(Dotted Quad Notation). Die eindeutige Vergabe von Internet-
adressen steuert ein zentrales Gremium, das Network Information
Center NIC.

Zur Vereinfachung der Adressierung spezieller Systeme ist
es üblich, einen Host durch Angabe seines Hostnamens, gegebenenfalls ergänzt um den Namen des Netzwerks (Domainname)
anzusprechen:

`ftp.informatik.uni-erlangen.de`

Auch Systeme außerhalb des LAN lassen sich derart adressieren.

Voraussetzung für jede Art der Adressierung ist die Konfiguration der vorhandenen Hardwarekomponenten und einer darüber
liegenden logischen Struktur. Letztere bestimmt für den lokalen
Betriebssystemkern, welchen Teilnehmer im Netz die von ihm
betreute Hardware bildet und wie er andere Systeme erreicht.

10.5.1 Internet-Adressen

Eine Internet-Adresse kodiert in den führenden Ziffern eine Netzwerk-Adresse und im verbleibenden Bereich eine Host-Adresse.
Die Ziffernzahl (genauer: Anzahl Bits) der Host-Adresse hängt
von der Größe des LAN ab. Drei Klassen lokaler Netze sind vordefiniert:

Große Netze (Class A) kodieren die Netzwerk-Adresse in den
ersten 8 Bit und reservieren 24 Bit für die Host-Adresse.
Adressen großer Netze liegen im Bereich **`1.0.0.0`** bis
`127.0.0.0`, jedes Netz kann (in Subnetzen) maximal
1,6 Millionen Hosts adressieren,

mittlere Netze (Class B) verwenden je 16 Bit für Netzwerk- und
Host-Adresse. Im Bereich **`128.0.0.0`** bis **`191.255.0.0`**
ist Platz für insgesamt 16320 Netze, die jeweils bis zu
65024 Hosts enthalten können,

kleine Netze (Class C) benutzen 8 Bit für die Host-Adresse (254
Hosts) und kodieren Netzwerk-Adressen auf 24 Bit. Letztere liegen dort im Bereich **`192.0.0.0`** bis **`223.255.255.0`**
(etwa 2 Millionen Netzwerkadressen).

Der verbleibende Bereich **224.0.0.0** bis **254.0.0.0** ist für experimentelle und zukünftige Netzwerke reserviert.

Eine Sonderrolle spielt die Netzwerkadresse **127.0.0.0**; sie wird für hostlokale IP-Kommunikation genutzt. Die Host-Adresse **127.0.0.1** wird normalerweise mit der sogenannten Loopback-Schnittstelle verbunden. Dadurch ist die Nutzung und das Testen von Netzwerksoftware ohne konkrete Verbindung mit anderen Systemen möglich. Beispielsweise kann der Anwender mit

Das Loopback-Device ist eine Software-Schnittstelle

```
telnet 127.0.0.1
```

eine Telnet-Sitzung mit dem lokalen Host initialisieren.

In jedem Subnetz sind außerdem diejenigen Host-Adressen reserviert, die in jeder Spalte die Werte **0** oder **255** tragen. Adressen, bei denen die Host-Bits alle auf **0** gesetzt sind, repräsentieren das jeweilige Subnetz selbst. Diejenige Adresse, deren Host-Bits alle **1** sind, bildet die sogenannte Broadcast-Adresse.

An die Broadcast-Adresse gerichtete Nachrichten emp-fangen alle Hosts eines Subnetzes

Eine Nachricht, die an die Broadcast-Adresse eines Sub-netzes gerichtet ist, erreicht dort alle Hosts. Möchte man bei-spielsweise eine Anfrage an alle im Netzwerk **192.47.11.0** befindlichen Hosts richten, ist das entsprechende Datagramm an die Broadcast-Adresse **192.47.11.255** zu richten.

Eine spezielle Datenstation ist in einem Ethernet-basierten Netz nur über ihre Ethernet-Adresse ansprechbar. Gemäß den Adresskonventionen des Ethernet-Protokolls muß die IP-Kom-ponente des Betriebssystems daher die Internet-Adresse des Ziel-systems durch seine Ethernet-Adresse ersetzen.

Den Schlüssel zum Auffinden der (physikalischen) Ethernet-Adresse des Zielsystems liefert das Address Resolution Protocol ARP. Letzteres leitet ein Datagramm an die Broadcast-Adresse des Subnetzes, das das gesuchte Rechnersystem enthält. Dort vergleicht daraufhin jeder Host die empfangene IP-Adresse mit seiner eigenen, und das System, bei dem die IP-Adresse „paßt", liefert seine Ethernet-Adresse zurück. Anschließend speichert der „Broadcast-Host" die entfernte Ethernet-Adresse in seinem ARP-Cache, verwirft sie aber nach einiger Zeit wieder.

ARP sendet ein Datagramm an die Broadcast-Adresse

Umgekehrt ermöglicht das Reverse Address Resolution Pro-tocol RARP, IP- aus Ethernet-Adressen zu gewinnen. RARP ist beispielsweise erforderlich, wenn ein Diskless-Client (ein System ohne lokale Festplatte) zur Systeminitialisierung einen entfernten Host konsultiert.

10.5.2 Domain-Adressen

Zweifellos ist es mühsam und außerdem nicht zeitgemäß, ein
Rechnersystem über eine Zahlenfolge zu identifizieren. Die Alternative besteht im Ansprechen einzelner Systeme mit ihrem
Hostnamen, gegebenfalls ergänzt durch den Domainnamen. Dabei besteht der Domainname normalerweise aus mehreren, mit
einem Punkt abgetrennten Buchstabenkombinationen. Letztere
repräsentieren stufenweise Orts- und Organisationsnamen. Beispielsweise kennzeichnet

*Eine Domain-
Adresse enthält den
Hostnamen sowie
Organisations- und
Ortskennung*

```
ftp.informatik.uni-erlangen.de
```

den FTP-Server des Fachbereichs Informatik der Universität
Erlangen, Deutschland. Das Kürzel **de** (Top-Level-Domain) ist
dabei die Länderkennung.

Alle außerhalb der USA befindlichen Länder tragen als Top-
Level-Domain einen 2buchstabigen Kode gemäß ISO 3166. In
den USA befindliche Top-Level-Domains verwenden die Kennungen **edu** (Universitäten und Ausbildungseinrichtungen), **com**
(kommerzielle Unternehmen), **org** (nichtkommerzielle Organi-
sationen), **gov** (behördliche Verwaltung) oder **mil** (Militär).

*Länderkennungen
folgen dem Stan-
dard ISO 3166*

Da nun aber die Adressierung in TCP/IP-Netzen 32 Bit breite
Internet-Adressen erwartet, ist für die Domain-Adressierung eine
Art Übersetzer erforderlich, der Domain-Adressen in IP-Num-
mern konvertiert. Betriebssystemseitig ist dafür der „Resolver"
zuständig, bestehend aus einer Handvoll Bibliotheksfunktionen.
Im einfachsten Fall erzeugt der Resolver aus einem Hostnamen
oder einer Host-Adresse eine Struktur, die beides enthält. Dazu
ist lediglich das Auswerten der in **/etc/hosts** befindlichen
Hostnamen-Datenbank erforderlich.

*Der Resolver
übersetzt Domain-
in IP-Adressen*

Ist das gesuchte System in der lokalen Hosttabelle nicht enthalten, dann bittet der Resolver den Name-Dämon des Name-
Servers um Auflösung der Domain-Adresse.

In kleinen LANs ist es üblich, auf jedem System eine identische Hosttabelle einzurichten. Gelegentlich wird dort auch ein
System als Name-Server konfiguriert. In Netzwerken mittlerer
Größe kommt hingegen häufig das von Sun Microsystems entwickelte Network Information System NIS zum Einsatz. Dabei
hält ein zentraler Master-Host die Hosttabelle vor und liefert
einem NIS-Client auf Anfrage die benötigten Daten.

*Der Name-Server
wird nur dann
konsultiert, wenn
/etc/nsswitch.conf
im Feld hosts den
Eintrag dns enthält*

283

10.6 Netzwerkdienste

In Kapitel 5.5 wurden einige Dämonen genannt, die bestimmte Dienstleistungen netzwerkweit unterstützen. Im einzelnen werten sie eingehende (IP-)Datagramme aus und liefern lokal erzeugte Informationen an den Sender zurück. In diesem Zusammenhang ist die Verwendung der Begriffe „Server" und „Client" üblich:

Der Client nutzt die Dienste des Servers

Der Client ist das System oder Programm, das eine Aktion initiiert, um eine Dienstleistung in Anspruch zu nehmen.

Der Server ist das System oder Programm, das eingehende Dienstleistungsgesuche entgegennimmt und entsprechend bearbeitet.

Unix-Dämonen beantworten die Dienstgesuche eines Clients

Einige Server-Programme müssen auf dem Zielsystem stets aktiv sein (als Dämon, gestartet aus **/etc/rc.d/rc*.d/*** heraus), andere aktiviert der Internet-Superserver **inetd** bei Bedarf. Letzterer bildet die Schlüsselfigur für häufig benutzte Basisdienste, da er eingehende Anfragen aus dem Netz entgegennimmt und aufgrund eines dort enthaltenen Servicecodes einen Unterdämon aufruft.

Die Mehrzahl der Netzdienste steht somit nur auf Anfrage zur Verfügung. Umgekehrt reduziert diese Technik den Bedarf an Systemspeicher, da stets nur diejenigen Unterdämonen aktiv sind, die eine Verbindung unterhalten.

Clients beziehungsweise Netzanwendungen hingegen fordern beim Server eine Dienstleistung an. Die dialogorientierten Netzwerkanwendungen einer Linux-Distribution unterstützen

Einige Werkzeuge enthalten eine komfortable grafische Bedienoberfläche

Terminal-Emulationen,

Dateitransfer,

Electronic Mail (E-Mail),

Dialog mit anderen Anwendern und

Zugang zu Informationssystemen.

Außerdem zählen einige „Batch-Dienste" zum Leistungsumfang von Linux-Distributionen. Dazu gehören beispielsweise Remote Printing, Remote Execution, Name-Service, Netzwerk-Analyse und Netzwerk-Dateisystem. Die batch- und dialogorientierten Linux-Netzwerkanwendungen sind Gegenstand von Kapitel 11.

10.7 Netzwerk-Konfiguration

Die Konfiguration der Ethernet-Schnittstelle übernimmt in der
Regel das Installations-Skript. Eine Ethernet-basierte TCP/IP-
Kommunikation mit anderen im LAN befindlichen Systemen sollte daher praktisch auf Anhieb gelingen. Eventuell erforderliche
Schritte für eine Neu- oder Umkonfiguration faßt Kapitel 6.6.9
zusammen. Ist eine serielle Verbindung mit entfernten Systemen
geplant, dann hängt der erforderliche Konfigurationsaufwand von
der beabsichtigten Verbindungsart ab.

Zum Einsatz des lokalen Systems als Terminal für einen entfernten Rechner ist in der Praxis lediglich das Anwählen des Zielsystems erforderlich. Selbstverständlich kann der Systemverwalter auch entfernten Systemen serielles Login zum lokalen System
ermöglichen. Mit Einschränkungen sind in diesen Betriebsarten
auch Kopiervorgänge möglich, etwa unter Verwendung der Kommandos **sz** (Send ZMODEM) und **rz** (Receive ZMODEM).

sz und rz
ermöglichen den
Dateitransfer
während einer
Login-Verbindung

Eine komfortablere Verbindung mit einem entfernten System
über serielle Leitungen bieten SLIP- und PPP-Verbindungen.
In diesen Betriebsarten können mehrere lokale Anwendungen
quasi parallel auf allgemeine TCP/IP-Dienste eines entfernten
Systems zugreifen und umgekehrt. Nach erfolgtem Verbindungsaufbau unterhält der Betriebssystemkern dazu eine Anzahl von
SLIP- oder PPP-Gerätetreibern (**sl0**, **sl1**, ..., **ppp0**, **ppp1**, ...).
PPP kann TCP/IP-, IPX- oder AppleTalk-Verbindungen unterhal-
ten, SLIP ist auf die TCP/IP-Kommunikation beschränkt.

SLIP und PPP
konfigurieren
eine serielle
Leitung für
allgemeine
Netzdienste

10.7.1 Serielles Login

Der Aufbau einer gewöhnlichen Terminalverbindung über eine
Modem-Leitung ist vergleichsweise einfach. In der Praxis ist dazu lediglich ein Programm aufzurufen, das eine Modem-Leitung
bedient (etwa **kermit** oder **seyon**). Die Verbindung wird nach
Eingabe eines Wählkommandos hergestellt, wobei **ATDPNummer**
eine Impulswahl und **ATDTNummer** eine Tonwahl der Telefonnummer **Nummer** durchführt. Ist das Modem an einer Nebenstel-
lenanlage angeschlossen, die standardmäßig keinen Wählton
erzeugt, dann muß der Anwender das Modem vorab mit **ATX3**
auffordern, den Wählton zu ignorieren.

Einige
Nebenstellen-
anlagen erlauben
nur das Impuls-
wahlverfahren

285

Nach erfolgreichem Verbindungsaufbau fordert das entfernte System die Eingabe einer Zugangsberechtigung an, angezeigt durch einen Login-Prompt. Gibt der Anwender daraufhin eine gültige Benutzerkennung nebst Paßwort ein, dann lädt das entfernte System einen Kommandointerpreter. In dieser Betriebsart operiert das lokale System als ASCII-Terminal.

Die Konfiguration des lokalen Systems als Login-Server ist ebenfalls relativ unkompliziert. Unter Verweis auf Kapitel 6.6.7 sei an dieser Stelle kurz erwähnt, daß lediglich ein gewöhnlicher **getty**-Prozeß in **/etc/inittab** einzutragen ist, der auf einer seriellen Leitung operiert. Wer zusätzlich Fax-Nachrichten empfangen möchte, sollte das Produkt **mgetty+sendfax** von Gert Döring einsetzen.

Lokale Terminals sind über ein Nullmodem-Kabel anzuschließen

10.7.2 SLIP-Verbindungen

Zur Konfiguration einer SLIP-Verbindung wird normalerweise das Programm **dip** (Dialup IP) eingesetzt, das mit den Rechten des Superusers arbeiten muß. **dip** enthält einen Interpreter, der eine Script-ähnliche Sprache auswertet. In der Regel fertigt der Anwender eine Datei **script.dip** an, die die benötigten Anweisungen zusammenfaßt, und ruft daraufhin **dip script.dip** auf, um eine SLIP-Verbindung zu einem entfernten System via Modem aufzubauen (ein Beispiel für ein **dip**-Skript ist Bestandteil der On-line-Dokumentation zum Kommando **dip**).

Eine bestehende Verbindung kann das Programm slattach in den SLIP-Modus überführen

Umgekehrt kann der Systemverwalter das lokale System als SLIP-Server konfigurieren. Dazu sind in **/etc/diphosts** der Reihe nach für jeden zugelassenen Anwender der Benutzername, ein Paßwort, die Hostnamen oder IP-Adressen des entfernten und des lokalen Systems, Netzmaske, ein (optionaler) Kommentar und das zu verwendende Protokoll einzutragen, jeweils voneinander durch Doppelpunkt getrennt.

Das Protokollfeld muß 2 durch Komma getrennte Komponenten enthalten, und zwar den Protokollnamen (SLIP, CSLIP oder PPP) und die maximal zugelassene Paketgröße MTU. Beispielsweise erlaubt folgender Eintrag dem Benutzer **mf** des Systems **jeannie** den SLIP-Zugang auf den lokalen Rechner **ares**:

Neue Versionen von dip können auch PPP-Verbindungen aufbauen

```
mf:dip-pwd:jeannie:ares:255.255.0.0::SLIP,296
```

In einem 2. Schritt sind die in **/etc/diphosts** zugelassenen Benutzer in die Paßwort-Datei **/etc/passwd** aufzunehmen. Als Login-Shell ist **/usr/sbin/diplogin** einzutragen, also etwa

```
mf:*:501:100:SLIP:/home/mf:/usr/sbin/diplogin
```

Falls nun der Benutzer **mf** von **jeannie** aus über eine serielle Leitung den Zugang zu **ares** sucht, wertet die Login-Shell **/usr/sbin/diplogin** die Datei **/etc/diphosts** aus, fragt nach dem nichtverschlüsselten **diphost**-Paßwort und konfiguriert bei erfolgreicher Validierung die serielle Leitung als SLIP-Verbindung.

diplogin ist ein Soft-Link auf dip

10.7.3 PPP-Verbindungen

PPP ist ein standardisiertes Protokoll, das heute von der Mehrzahl der Internet-Provider und auch von universitären Rechenzentren als Einwahlmöglichkeit angeboten wird. Im Gegensatz zu SLIP erlaubt PPP einen Informationsaustausch der beteiligten Systeme während des Aufbaus einer Verbindung. Dadurch ist unter anderem eine dynamische Vergabe von IP-Adressen möglich. Im einzelnen kann der PPP-Server dem PPP-Client (dem verbindungsaufnehmenden System) eine IP-Adresse zuordnen. PPP-integrierte Authentifizierungsmechanismen dienen dem Schutz vor unberechtigtem Aufbau einer PPP-Verbindung.

Viele Provider und Rechenzentren unterstützen PPP

Vor dem Aufbau einer PPP-Verbindung ist es nützlich, in der Resolver-Datei **/etc/resolv.conf** diejenigen Kennungen für Domainnamen und Name-Server einzutragen, die das entfernte System verwendet. Außerdem sei empfohlen, die lokale Hosttabelle um häufig benutzte Adressen zu ergänzen, um den Bedarf an Anfragen an den Name-Server zu beschränken. Verfügt das lokale System über keine Ethernet-Schnittstelle, sollte man noch sicherstellen, daß die Loopback-Schnittstelle konfiguriert ist.

Häufig benutzte Adressen sind in die lokale Hosttabelle einzutragen

Der eigentliche Verbindungsaufbau verwendet 2 Programme, und zwar den Dämon **pppd** und das Dialup-Programm **chat**. Zum Abbau einer existierenden PPP-Verbindung ist einfach der Dämon-Prozeß mit **kill** zu entfernen.

Der Verbindungsaufbau erfolgt mit pppd und chat

chat wertet normalerweise ein **chat-Skript** aus, kann aber auch die für den Verbindungsaufbau benötigten Parameter aus der Kommandozeile entnehmen.

Beispiel:

```
chat -v ATZ OK ATDT4711 CONNECT \
     ogin: mf word: ppp
```

setzt das Modem zurück (**ATZ**), wartet auf die Antwort **OK**, und wählt daraufhin im Tonwahlverfahren die Nummer **4711**. Nach Empfang der Zeichenkette **CONNECT** wartet **chat** auf den String **ogin:**, antwortet darauf mit der Benutzerkennnug **mf** und sendet abschließend (nach Empfang von **word:**) das Paßwort. Zu beachten ist, daß in der Kommandozeile auf das Wort **CONNECT** 2 Leerzeichen folgen müssen. Die Option **-v** schließlich bewirkt, daß **chat** seine Aktivitäten dem Syslog-Dämon meldet und letzterer diese entsprechend protokolliert. Im übrigen sei davon abgeraten, die Optionen an **chat** in der Kommandozeile einzugeben, da jeder Benutzer nach Aufruf von **ps** die Kommandozeilenparameter einsehen kann und dadurch unter anderem die verwendete Benutzerkennung und das Paßwort sieht.

chat wählt das Zielsystem an und führt das Login durch

Eine zusätzliche Fähigkeit von **chat** besteht darin, daß das Programm die Verbindung abbrechen kann, falls die Leitung besetzt ist oder ein Fehler auftritt. Erzeugt das Modem eine Zeichenkette, die der Anwender **chat** auf das Schlüsselwort **ABORT** folgend genannt hat, dann terminiert **chat**. Mehrere Abbruchbedingungen erfordern mehrere **ABORT**-Anweisungen. Abbildung 10.5 zeigt ein **chat**-Skript, das die Verbindung bei Empfang eines der 4 dort genannten Zeichenketten abbricht.

ABORT-Sequenzen definieren Abbruchbedingungen

```
ABORT "NO CARRIER"
ABORT BUSY
ABORT "NO DIALTONE"
ABORT ERROR
"" +++ATZ
OK ATDT4711
CONNECT ""
ogin:--ogin: \qmf
word: \qppp
```

*Abb. 10.5
Ein chat-Skript
als Beispiel*

Die Angabe **ogin:--ogin:** ist ein sogenannter Subexpect-Subsend-String: Empfängt das Modem die Zeichenkette **ogin:** nicht, dann sendet **chat** ein Return-Zeichen und wartet erneut auf **ogin:**.

Die Escape-Sequenz **\q** vor der Benutzerkennung und dem Paßwort bewirkt, daß **chat** die darauf folgenden Zeichenketten nicht an den Syslog-Dämon weiterreicht, entsprechende Daten also nicht in der Datei `/var/log/messages` erscheinen.

Nachdem **chat** die Verbindung zu einem entfernten System hergestellt hat, kann der PPP-Dämon **pppd** die serielle Leitung mit dem PPP-Kerneltreiber verbinden. **pppd** muß mit den Rechten des Superusers arbeiten, also sowohl **root** gehören als auch das Set-User-ID-Bit in seiner Attributliste tragen.

pppd verbindet die serielle Leitung mit dem PPP-Treiber des Kernels

Beispielsweise konvertiert der Aufruf

```
pppd /dev/cua1 38400 crtscts modem defaultroute
```

den Gerätetreiber `/dev/cua1` in den PPP-Modus und stellt eine IP-Verbindung zum zuvor angewählten System her. Die Kommunikationsleitung arbeitet mit einer Übertragungsrate von 38400 Baud und verwendet Hardware-Handshake (RTS/CTS). Zusätzlich wird der **pppd** aufgefordert, das Zielsystem als Standard-Route in die Routing-Tabelle einzutragen. Die IP-Adresse des Zielsystems entnimmt **pppd** bei diesem Aufruf aus der lokalen Hosttabelle.

Bei Übertragungsraten oberhalb von 9600 Baud ist Hardware-Handshake erforderlich

pppd kann auch implizit **chat** aufrufen. Dazu ist in der Kommandozeile einfach die Option **connect** einzutragen und dieser ein geeigneter **chat**-Aufruf anzufügen.

Ferner kann **pppd** die beteiligten Rechner veranlassen, spezielle IP-Adressen zu verwenden. Enthält der Kommandoaufruf die Option **local_addr:remote_addr**, dann operiert die PPP-Verbindung des lokalen Systems auf der Adresse **local_addr**, und der entfernte Rechner läßt sich mit **remote_addr** ansprechen. Setzt der Anwender nur den Wert für **local_addr**, dann fordert **pppd** den Wert für **remote_addr** beim Zielsystem an. Wird **local_addr** auf **0.0.0.0** gesetzt, dann ordnet das Zielsystem dem lokalen Rechner eine „dynamische" IP-Adresse zu.

Zu verwendende IP-Adressen kann pppd setzen oder anfordern

Abbildung 10.6 faßt die benötigten Schritte zum Aufbau einer PPP-Verbindung mit dynamischer Adreßvergabe in einem Shell-Skript zusammen. Die dort verwendete Datei `/etc/ppp/ppp.chat` enthält ein **chat**-Skript, beispielsweise gemäß Abbildung 10.5.

Von **pppd** zu verwendende Optionen kann der Superuser auch in der Datei `/etc/ppp/options` zusammenfassen; der PPP-Dämon lädt diese Datei vor dem Auswerten der Kommandozeilenoptionen. Letztere muß in jedem Fall existieren, darf aber auch leer sein.

/etc/ppp/options ist unbedingt erforderlich

```
#!/bin/sh
LOCALIP=0.0.0.0
REMOTEIP=
DEVICE=cua1
PPPFLAGS="9600 modem debug defaultroute"
chown root /dev/$DEVICE
chmod 666 /dev/$DEVICE
exec /usr/sbin/pppd lock connect \
        ´/usr/sbin/chat -v -f /etc/ppp/ppp.chat´ \
        /dev/$DEVICE $PPPFLAGS $LOCALIP:$REMOTEIP
```

Ist eine zusätzliche Authentifizierung gewünscht, dann muß die PPP-Optionsdatei das Schlüsselwort **auth** enthalten. PPP unterstützt 2 Verfahren, und zwar das Password Authentication Protocol PAP (arbeitet ähnlich dem Login-Mechanismus) und das Challenge Handshake Authentication Protocol CHAP. Im Gegensatz zu PAP führt CHAP auch bei einer bereits aktiven PPP-Verbindung in regelmäßigen Abständen Sicherheitsabfragen durch. Ist die Option **auth** gesetzt, dann versucht PPP zuerst eine CHAP-, dann eine PAP-Authentifizierung durchzuführen. Verläuft keines der beiden Verfahren erfolgreich, bricht PPP die Verbindung ab.

Die für die Authentifizierung verantwortlichen Dateien heißen **pap-secrets** und **chap-secrets**; sie sind im Verzeichnis **/etc/ppp** abzulegen. Der Aufbau der 2 Dateien ist identisch. Jede Zeile enthält den Namen des Zielsystems, eines Servers (der die Authentifizierung durchführt), einen Sicherheitsschlüssel als Zeichenkette und optional den Namen des Systems, zu dem PPP die Verbindung herstellen soll.

Abschließend seien noch kurz die Schritte zum Aufbau eines PPP-Servers genannt. Dazu trägt der Superuser einfach einen PPP-Benutzer in **/etc/passwd** ein und ordnet ihm das Shell-Skript **/etc/ppp/ppplogin** als Login-Shell zu. Ein Beispiel für **ppplogin** enthält Abbildung 10.7


```
#!/bin/sh
mesg n
stty -echo
exec /usr/sbin/pppd -detach silent modem crtscts
```

TCP/IP-Anwendungen

Ziel dieses Abschnitts ist es, einen Einblick in die Vielfalt der Anwendungsprogramme zu liefern, die unter Linux den Zugriff auf Netzdienste ermöglichen. Für einen Überblick über die von Linux unterstützen Netzdienste sei auf das Kapitel 5.5.2 verwiesen, das unter anderem eine Aufzählung der Netzwerk-Dämonen enthält.

Ein einleitendes Kapitel erläutert einige Werkzeuge, die im weitesten Sinne dem Testen der Netzwerkschnittstelle dienen. Anschließend wird der Umgang mit **telnet** und den „Berkeley-**r**-Utilities" erklärt. Letztere wurden ursprünglich für den TCP/IP-basierten Zugang zu BSD-Unix-Systemen entwickelt.

Die Berkeley-r-Utilities wurden für das BSD-Unix entwickelt

Darauf folgend sind einige dialogorientierte Anwendungen diskutiert, die das TCP/IP-Protokoll verwenden. Jeweils eigene Abschnitte erläutern die Kategorien Terminal-Emulatoren, Dateitransfer, E-Mail, News und Anwendungen, die die Kommunikation mit anderen Benutzern im LAN oder Internet in Echtzeit ermöglichen. Einige Applikationen dieser Bereiche enthalten ansprechend gestaltete grafische Bedienoberflächen; ihr Einsatz ist nur oberhalb des X-Window-Systems möglich (siehe Kapitel 12).

Einige dialog-orientierte TCP/IP-Anwendungen enthalten grafische Bedienoberflächen

Ein abschließender Abschnitt diskutiert den Zugang zu Informationssystemen. Im einzelnen werden Anwendungen vorgestellt, die innerhalb des Internet nach Programmen, Dateien, oder speziellen Dokumenten suchen.

Das World-Wide Web ist ein globales Informationssystem

11.1 Netzwerkanalyse

Die für die Konfiguration einer TCP/IP-Verbindung verantwortlichen Kommandos wurden bereits in den Kapiteln 6.6.9 (Ethernet-

Konfiguration, **ifconfig**, **route**) und 10.7 erläutert (SLIP- und PPP-Konfiguration, **dip**, **pppd**, **chat**). Dort wurde auch auf die Bedeutung der lokalen Host-Tabelle **/etc/hosts** hingewiesen, und es wurde die Aufgabe der Resolver-Bibliothek herausgearbeitet, die die Abbildung von Domain-Adressen in IP-Adressen durchführt. An dieser Stelle sei daran erinnert, daß die Konfigurationsdateien **/etc/host.conf**, **/etc/nsswitch.conf** und **/etc/resolv.conf** die Arbeitsweise des Resolvers steuern. Im folgenden sind einige Werkzeuge zusammengestellt, die das Testen der Konfiguration ermöglichen.

Das Kommando **hostname** gibt den Hostnamen des lokalen Systems aus. In Ergänzung liefert der Aufruf **hostname -d** den Namen der Domain, der das lokale System angehört. Diese Information liefert auch **dnsdomainname**, letzteres ist normalerweise ein Hard-Link auf **/bin/hostname**. Der Hostname wird während der Boot-Phase gesetzt; der Superuser kann ihn im laufenden Betrieb ändern. Standardmäßig wird der Hostname des lokalen Systems in der Datei **/etc/HOSTNAME** verwahrt.

route und **netstat -r** zeigen die im Kernel eingetragene Routing-Tabelle an. Der Superuser kann die Routing-Tabelle mit dem **route**-Kommando modifizieren. Er kann neue Einträge hinzufügen oder vorhandene Einträge entfernen. **route add** erzeugt entweder eine Route zu einem Host oder zu einem Netzwerk. Die Datei **/etc/networks** verbindet Netzwerk-Namen mit Netzwerk-Adressen, sie bildet gewissermaßen das Netzwerk-Analogon zu **/etc/hosts**.

Mit **ping Host** kann der Anwender prüfen, ob eine Verbindung zum System **Host** möglich ist. Insbesondere zeigt der Aufruf **ping localhost**, ob die Loopback-Schnittstelle des lokalen Systems ansprechbar ist, und **ping `hostname`** prüft die Verbindung zu der IP-Adresse, die in der Datei **/etc/hosts** vor dem Hostnamen des lokalen Systems steht. Eine Liste der lokal konfigurierten IP-Adressen und der damit jeweils verbundenen Netzwerk-Schnittstellen zeigt **ifconfig** an.

Auskunft über die IP-Adresse und den Domainnamen eines entfernten Systems liefern **host** und **nslookup**. Sie benötigen wahlweise eine IP-Adresse oder einen Domainnamen als Argument. Als Ergebnis zeigen **host** und **nslookup** sowohl die IP-Adresse als auch den Domainnamen des Zielsystems an. Das Kommando **traceroute** verarbeitet ebenfalls eine IP-Adresse oder einen Domainnamen. **traceroute** zeigt zusätzlich eine Liste aller Gateways an, die ein Protokoll-Paket auf dem Weg zum Ziel passiert. Jeder Eintrag dieser Liste enthält den Domainnamen und die IP-Adresse jedes passierten Knotens sowie die Zeit (in Millisekunden), die ein Datagramm von einem Knoten zum nächsten benötigt.

Schließlich sei noch auf das Programm **tcpdump** hingewiesen, das alle ein- und ausgehenden Datagramme einer TCP/IP-Schnittstelle anzeigen kann. Letzteres wird häufig zur Diagnose eines lokalen Netzwerks eingesetzt.

traceroute zeigt alle Gateways, die ein Datagramm auf dem Weg zu einem Zielknoten passiert

11.2 **telnet**

Das Programm **telnet** ist ein Netzwerk-Client, der eine Benutzerschnittstelle für den Zugriff auf das Telnet-Protokoll enthält. Die Aufrufsyntax lautet

```
telnet [Option]... [[-l User] Host [Port]]
```

telnet

telnet dient im wesentlichen dem Aufbau einer Login-Verbindung zu einem entfernten System, und zwar unter Verwendung des TCP/IP-Protokolls. Die Werte der Umgebungsvariablen **TERM** und **DISPLAY** reicht **telnet** an die Shell des Zielsystems weiter.

Wird **telnet** ohne eine Hostkennung aufgerufen, dann schaltet es in den Kommandomodus und fordert den Anwender zur Eingabe eines **telnet**-Kommandos auf. In dieser Betriebsart verfügbare Kommandos zeigt **telnet** nach Eingabe eines Fragezeichens **?** an. Während einer bestehenden Verbindung kann der Anwender mit **^]** in den Kommandomodus zurückschalten.

Wurde in der Kommandozeile eine Hostkennung angegeben (in Form eines Hostnamens oder einer IP-Adresse), dann versucht **telnet**, eine Verbindung zu der angegebenen Adresse aufzubauen, führt also automatisch das **telnet**-Kommando **open Host** aus. Anschließend bittet das Zielsystem den Anwender um die Eingabe einer Benutzerkennung und des zugehörigen Paßworts.

Die Benutzerkennung wird nicht abgefragt, wenn **telnet** zusammen mit der Option **-a** (automatic login) oder **-l User** aufgerufen wurde. In diesen Fällen teilt **telnet** dem Zielsystem die eigene (Option **-a**) oder eine spezielle Benutzerkennung während des Verbindungsaufbaus mit.

DISPLAY und TERM der entfernten Shell erhalten die lokal eingestellten Werte

Vor der Authentifizierung kopiert der entfernte Telnet-Dämon /etc/issue.net auf die lokale Standardausgabe

*root-login per
telnet gelingt nur
dann, wenn
/etc/securetty
nicht existiert*

*Einige Server
bieten Spiele,
Sportnachrichten,
Wetterberichte
et cetera*

*rlogin, rsh und rcp
sind heute in jeder
Unix-Version
enthalten*

*$HOME/.rhosts
enthält eine Liste
der „Trusted-User"*

*Root-User erhalten
freien Zugang,
wenn ~/.rhosts
existiert und der
zuständige Dämon
mit Option -h
gestartet wird*

Standardmäßig adressiert **telnet** den Kanal 23 des Zielsystems und fordert den Telnet-Dienst des angesprochenen Hosts an. Durch Angabe einer Portnummer **Port** kann der Anwender den Kontakt zu einem alternativen Dienst herstellen. Beispielsweise liefert **telnet Host 13** das aktuelle Datum des Systems **Host** und erzeugt dadurch ein ähnliches Ergebnis wie das Kommando **rdate Host** (siehe Kapitel 11.3).

Auf einigen im Internet zugänglichen Servern wurden spezielle Dienste eingerichtet, die über nichtreservierte Port-Nummern zugänglich sind. Eine Übersicht über derartige Dienste enthält beispielsweise die Internet-Services-Liste, zu finden auf dem Server **rtfm.mit.edu** unter **/pub/usenet/news.answers/ internet-services/list**.

11.3 Berkeley-r-Utilities

Die Berkeley-**r**-Utilities ermöglichen einen transparenten Zugriff auf entfernte Systeme, auf denen der Benutzer eine Zugangsberechtigung hat. Im wesentlichen unterstützen sie den Aufbau einer TCP/IP-basierten Login-Verbindung (**rlogin**), erlauben das Ausführen entfernter Dienstprogramme (**rsh**) und bieten den Zugriff auf entfernte Dateien (**rcp**). Heute zählen **rlogin**, **rsh** und **rcp** zum Lieferumfang sowohl von BSD- als auch von AT&T-Unix-Derivaten.

Ein besonderes Merkmal dieser 3 Kommandos besteht darin, daß der Anwender den Zugang zu einem entfernten System auch ohne Angabe seines Paßworts erhalten kann. Dazu ist auf dem Zielsystem lediglich eine Datei **$HOME/.rhosts** anzulegen, die zeilenweise Host- und Benutzernamen sogenannter Trusted-User enthält. Die Angabe eines Benutzernamens kann auch entfallen. In diesem Fall erhält derjenige Benutzer freien Zugang, der auf dem angegebenen Trusted-Host und dem Zielsystem identische Benutzerkennungen hat.

In Ergänzung kann der Superuser eine systemweit gültige Datei **/etc/hosts.equiv** einrichten, die analog eine Liste von Trusted-Hosts enthält, gegebenenfalls kombiniert mit einem Benutzernamen. Zu den Fähigkeiten der **rhosts**-Authentifizierung zählt es ferner, bestimmten Benutzern oder Hosts den freien Zugang zu verwehren. Wird ein Eintrag in **/etc/hosts.equiv** oder **$HOME/.rhosts** mit einem Minuszeichen eingeleitet, dann muß der dadurch spezifizierte Anwender in jedem Fall sein Paßwort eingeben.

Im Laufe der Zeit wurden einige weitere Programme in die Familie der Berkeley-**r**-Kommandos aufgenommen, die spezielle Statusinformationen von einem Zielsystem anfordern (**rdate**, **ruptime**, **rusers**, **rwho**), Mitteilungen an alle im Netz aktiven Benutzer senden (**rwall**) oder auch eine Auskunft über einen oder mehrere Benutzer erzeugen (**finger**). Letzteres ist nützlich, um personelle Informationen über einen bestimmten Benutzer abzufragen:

rusers zeigt eine Liste aller im LAN aktiven Benutzer an

```
finger mf@ares
```

zeigt Auszüge des Paßwort-Eintrags des Benutzers **mf** (Login-Name, Kommentar, Heimatverzeichnis, Login-Shell) und gibt Auskunft, ob der Benutzer **mf** aktuell auf dem System **ares** aktiv ist. Außerdem sucht der Finger-Dämon des Zielsystems im Heimatverzeichnis des Anwenders **mf** nach den Dateien **.plan** und **.projects**. Falls diese Dateien vorhanden sind, kopiert der Finger-Dämon ihren Inhalt auf die Standardausgabe des aufrufenden Systems.

finger @Host erzeugt eine Liste der auf Host aktiven Benutzer

Die Kommandos **rdate**, **ruptime**, **rusers**, **rho**, **rwall** und **finger** benutzen die **rhost**-Authentifizierung nicht. Statt dessen liefern sie eine Anfrage an den **inetd** des Zielsystems, und dieser prüft durch Auswerten der Datei **/etc/inetd.conf**, ob und wie der angeforderte Dienst auszuführen ist. Soll ein System einen oder mehrere Dienste verweigern, dann muß der Superuser den entsprechenden Eintrag aus **/etc/inetd.conf** herauskommentieren.

Nicht gewünschte r-Dienste muß der Superuser aus /etc/inetd.conf entfernen

11.3.1 **rlogin** – Remote Login


```
rlogin [Option]... [-l User] Host
```

stellt eine Login-Verbindung zu einem entfernten System **Host** her. Wurde die Option **-l User** angegeben, dann verwendet **rlogin** den Benutzernamen **User** zum Verbindungsaufbau. In beiden Fällen erhält der Anwender freien Zugang zum entfernten System, wenn er dort als Trusted-User registriert ist.

Das **rlogin**-Kommando reicht die Umgebungsvariable **TERM** an das Zielsystem weiter. Entfernte Anwendungen, die den Termcap- oder Terminfo-Mechanismus nutzen (etwa **vim**), sollten daher auf Anhieb fehlerfrei laufen.

Eine temporär terminierte rlogin-Verbindung ist nach Eingabe von fg wieder aktiv

Ein Auflösen der **rlogin**-Verbindung leisten wahlweise die Kommandos **logout** und **exit**. Ferner kann der Anwender die **rlogin**-Verbindung temporär anhalten. Dazu ist an der Tastatur das **rlogin**-Escape-Zeichen (ASCII-Tilde ~) und anschließend **C-Z** einzugeben. Das zu verwendende **rlogin**-Escape-Zeichen kann der Anwender in der Kommandozeile mittels der Option **-e** einstellen.

11.3.2 **rsh** – Remote Shell

rsh

```
rsh [Option]... [-1 User] Host [Kommando]
```

führt auf dem System **Host** eine Anwendung **Kommando** aus. **rsh** leitet lokale (Tastatur-) Eingaben an das entfernte System weiter und liefert entfernte Ausgaben an die lokale Standardausgabe beziehungsweise den lokalen Standardfehlerkanal zurück. **rsh** setzt voraus, daß der Anwender auf dem Zielsystem als Trusted-User registriert ist.

Kommandosequenzen sind mit Hochkommata zu klammern

Kommando kann wahlweise ein einzelnes Kommando nebst Kommandozeilenparametern oder eine Kommandosequenz sein. Kommandosequenzen sind mit einfachen oder doppelten Hochkommata zu klammern. Dabei ist zu berücksichtigen, daß die lokale Shell doppelt geklammerte Metazeichen interpretiert und einfach geklammerte Metazeichen weiterleitet (siehe Seite 246). **rsh** terminiert, nachdem das entfernte Kommando terminiert hat. Wird **rsh** ohne ein Argument **Kommando** aufgerufen, dann stellt **rsh** eine Login-Verbindung zum System **Host** her.

Beispiele:

rsh jeannie ls -l /tmp zeigt eine ausführliche Liste der im Verzeichnis **/tmp** des Systems **jeannie** befindlichen Dateien an.

rsh ares "cd /home/mf; tar cf - ." | tar xvf - wechselt auf **ares** in das Verzeichnis **/home/mf** und kopiert die dort befindliche Verzeichnishierarchie im **tar**-Format auf die Standardausgabe. Das Ergebnis des **rsh**-Aufrufs extrahiert ein lokal laufendes **tar**-Kommando in das aktuelle Arbeitsverzeichnis.

11.3.3 `rcp` – Remote Copy

```
rcp [Option]... Datei1 Datei2  und
rcp [Option]... [-r] Datei... Verzeichnis
```


kopieren Dateien zwischen 2 Systemen, falls der Anwender auf dem Zielsystem als Trusted-User registriert ist. In jedem Fall kann **rcp** nur dann eine Zieldatei anlegen, wenn der Anwender im adressierten Verzeichnis das Schreibrecht hat. Analog kann **rcp** nur diejenigen Quelldateien kopieren, die der Anwender lesen darf.

rcp setzt voraus, daß der Anwender auf dem Zielsystem als Trusted-User registriert ist

Auf entfernten Systemen befindliche Dateien sind im Format **[User@]Host:Pfad** anzugeben. Fehlt die Angabe **User@**, dann führt **rcp** den Zugriff auf das entfernte System unter der lokalen Kennung des Benutzers durch. Falls **Pfad** nicht mit einem **/** beginnt, dann beschreibt **Pfad** eine Datei, die relativ zum Heimatverzeichnis des Anwenders **User** liegt. Anderenfalls interpretiert **rcp** das Argument **Pfad** als absolute Pfadangabe.

In Verbindung mit der Option **-r** kopiert **rcp** eine Liste von Quelldateien beziehungsweise Verzeichnissen einschließlich der dort vorhandenen Unterverzeichnisse. Das letzte Argument an **rcp** muß dabei ein Verzeichnisname sein.

rcp -r kopiert komplette Verzeichnis-hierarchien

Soll ein Dateiname Jokerzeichen enthalten, dann ist entweder das Jokerzeichen mit einem Backslash \ zu maskieren oder der Dateiname mit Hochkommata zu klammern, um eine Interpretation des Jokerzeichens seitens der lokalen Shell zu unterbinden.

Beispiele:

rcp -r ares:/tmp/a* /tmp kopiert alle Dateien **/tmp/a*** des Hosts **ares** in das Verzeichnis **/tmp** des lokalen Systems.

rcp -r ares:/tmp /tmp kopiert das auf dem Host **ares** befindliche Verzeichnis **/tmp** einschließlich aller dort enthaltenen Dateien und Unterverzeichnisse in das lokale

Verzeichnis `/tmp`. Sämtliche Quelldateien befinden sich anschließend im Verzeichnis `/tmp/tmp`.

`rcp -r "marion@ares:/.[A-z]*"` . kopiert alle Punkt-Dateien des Anwenders **marion** des Hosts **ares** in das lokale Verzeichnis.

11.4 Terminal-Emulatoren

Der Betrieb externer Terminals ist unter Linux problemlos

In Kapitel 8.2 wurde bereits darauf hingewiesen, daß Unix in seiner 1. Version nur über externe Terminals bedient wurde. Dort wurde auch erläutert, daß der Anschluß eines beliebigen Terminals heute praktisch kein Problem darstellt, da der Termcap-beziehungsweise der Terminfo-Mechanismus dafür sorgt, daß ASCII-orientierte Anwendungen auf nahezu jedem ASCII-Terminal problemlos einsetzbar sind.

Ergänzend zu den ASCII-Terminals, die einzig auf die Verarbeitung von Textinformationen abgestimmt sind, wurden später auch grafikfähige Terminals mit Unix-Systemen verbunden. Letztere bildeten bis zur Verfügbarkeit der Workstations die einzige Möglichkeit, grafische Anwendungen unter Unix einzusetzen.

Ein Terminal-Emulator ist eine Software, die das Verhalten eines externen Terminals nachbildet

Terminal-Emulatoren wiederum sind Programme, die auf einer (virtuellen) Konsole oder in einem Fenster eines Window-Systems das Verhalten eines ASCII- oder Grafik-Terminals nachbilden. In Verbindung mit einem zusätzlichen Kommunikationsprogramm erlauben sie den Betrieb einer Login-Verbindung mit einem entfernten System. Beispielsweise ist das UUCP-Programm **cu** (call Unix) auf die Kommunikation über eine serielle Leitung zugeschnittenen, und **telnet** leistet den Aufbau einer Login-Verbindung über eine TCP/IP-Kommunikationsleitung.

xterm emuliert DEC-VT-102- und Tektronix-4014-Terminals

Für den Anwender des Window-Systems X11 bildet **xterm** einen Terminal-Emulator, der wahlweise eine Sitzung mit dem lokalen oder mit einem entfernten System steuert (siehe Kapitel 12.5.2). **xterm** enthält einen DEC-VT-102- und einen Tektronix-4014-Emulator (monochrome Grafik).

Aus einer **xterm**-Anwendung heraus kann der Benutzer mit **cu**, **telnet**, **rlogin** oder **rsh** eine Verbindung zu einem entfernten System aufbauen. Für ASCII-orientierte Anwendungen steht dann die DEC-VT-102-Emulation bereit, und grafische An-

wendungen kann der Tektronix-4014-Emulator steuern. **xterm**
verwahrt sämtliche ASCII-Ausgaben in einem internen Puffer.
Hat der Anwender den Scrollbar aktiviert, dann kann er über den
Scrollbar auf frühere Bildschirminhalte zurückblättern.

Von der Konsole aus kann der Zugang zu einem entfernten
System mittels **cu**, **telnet**, **rlogin** oder **rsh** Probleme berei-
ten. Der Grund dafür liegt darin, daß einige Betriebssysteme
keinen geeigneten Termcap- oder Terminfo-Eintrag für den Terminaltyp **linux** enthalten, und daher screenorientierte Anwendungen, etwa der **vi** oder **emacs**, zunächst nicht einsetzbar sind.
Abhilfe schafft hier das explizite Setzen der Umgebungsvariablen **TERM** auf **vt100**. Der Terminaltyp **linux** ist zwar nicht
vollständig mit **vt100** kompatibel, die wichtigsten Basisfunk-
tionen verwenden aber identische Steuersequenzen. Ein grafik-
fähiger Terminal-Emulator ist für die konsolseitige Verbindung
mit entfernten Systemen noch nicht verfügbar.

Die Linux-Konsole ist in den Grundfunktionen mit dem Terminaltyp DEC-VT-100 kompatibel

Eine Linux-Version des populären Produkts **kermit** ist als
„Zubehör" frei erhältlich. **kermit** bildet ein Kommunikationsprogramm, das im Laufe der Zeit an nahezu jede Rechnerplatt-
form angepaßt wurde. Entfernte Systeme sind sowohl über eine
serielle Leitung als auch über eine TCP/IP-Verbindung ansprechbar. **kermit** emuliert den Terminaltyp DEC-VT-102. Ein Tektro-
nix-4014-Emulator ist in Teilen bereits realisiert, steht aber in
der Linux-Version nicht im Zugriff. **kermit** ist im Standardlieferumfang von Linux-Distributionen nicht enthalten.

kermit emuliert ein DEC-VT-102-Terminal

Das Telekommunikationspaket **seyon** unterstützt ausschließlich den modembasierten Zugang zu entfernten Systemen. Als
Terminal-Emulator dient normalerweise ein **xterm**-Fenster, so
daß **seyon** über eine gewöhnliche Login-Verbindung wahlweise
ein ASCII-Terminal vom Typ DEC-VT-102 oder ein Tektronix-
4014-Grafik-Terminal emulieren kann. Ansprechend gestaltete
Menüs bieten umfangreiche Kontrolle über die zu bedienende serielle Leitung. Ein anwenderspezifisches Telefonbuch erlaubt den
Verbindungsaufbau auf Tastendruck.

seyon ist ein Telekommunikationsprogramm, das ein xterm-Fenster als Terminal-Emulator verwendet

Als Alternative zu **xterm** enthält das XView-Toolkit die Produkte **cmdtool** und **shelltool**, die ebenfalls nur oberhalb des
X-Window-Systems einsetzbar sind. Sie emulieren die Terminaltypen **sun** und **sun-cmd**, und lassen sich beispielsweise in Verbindung mit **cu**, **telnet**, **rlogin**, **rsh**, **kermit** oder **seyon** als
sun- beziehungsweise **sun-cmd**-Emulator einsetzen.

Das XView-Toolkit enthält die Sun-Emulatoren cmdtool und shelltool

Analog **xterm** verfügt **cmdtool** über einen Scrollbar, der dem Anwender den Zugriff auf frühere Bildschirminhalte erlaubt. Außerdem bietet **cmdtool** einige weitere nützliche Operationen, die **xterm** nicht enthält. Dazu zählen menügestütztes Suchen einer Zeichenkette, Abspeichern des Textpuffers in eine Datei und das Aktivieren eines internen Editors. Während des Betriebs kann der Anwender menügestützt den Scrollbar abschalten und dadurch in die Betriebsart **shelltool** wechseln (Im Linux-Verzeichnisbaum ist **shelltool** ein Soft-Link auf **cmdtool**).

Ferner enthält Linux im Rahmen seiner X11-Anwendungen das Programm **x3270**, das eine Telnet-Verbindung zum lokalen oder zu einem entfernten System herstellen kann. Das Produkt ist speziell auf die Kommunikation mit IBM-Großrechnern abgestimmt. **x3270** emuliert verschiedene 3270-Modelle, die 80 oder 132 Spalten in 24, 27, 30, oder 43 Zeilen anzeigen (IBM-3278-4, IBM-3279-4). Ein zuschaltbares „Keypad" bietet den Zugriff auf Funktionstasten. Abbildung 11.1 zeigt den **x3270**-Emulator nebst zugehörigem Keypad.

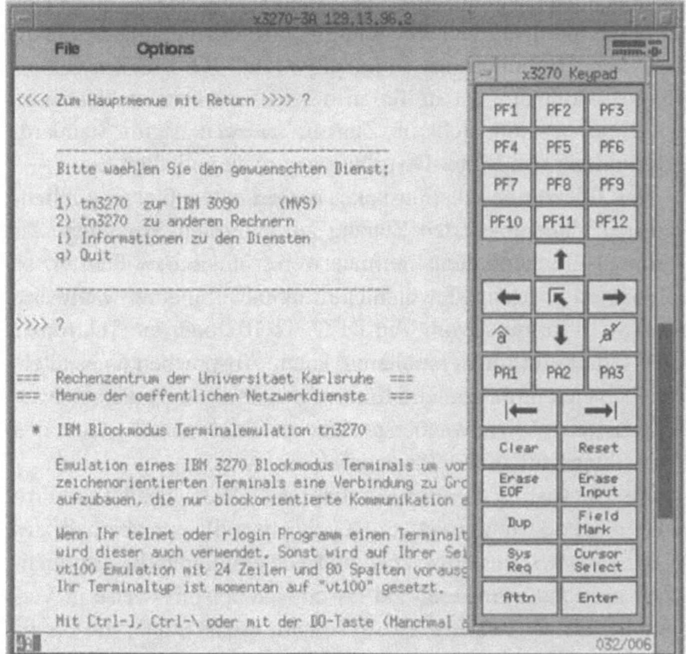

11.5 Dateitransfer

Einige der im vorherigen Kapitel 11.4 genannten Terminal-Emulatoren, nämlich **kermit** und **seyon**, enthalten einen Mechanismus, der den Dateitransfer während einer Login-Verbindung
erlaubt. **kermit** bietet diesen Dienst über die internen Kommandos **get**, **getc**, **send**, **resend** und **transmit**. Das Programm
seyon ermöglicht den Dateitransfer über die Unix-Kommandos
sx, **sb**, **sz** (Send X-, Y-, ZMODEM) sowie **rx**, **rb** und **rz** (Receive X-, Y-, ZMODEM).

kermit und seyon erlauben den Dateitransfer während einer Login-Verbindung

Zum Schutz vor Datenverlusten während der Übertragung
verwenden die genannten Verfahren Protokolle, die das Datenmaterial in einzelne Datenpakete zerlegen, diese mit Prüfsummen versehen und den Empfänger um Bestätigung der ordnungsgemäßen Übertragung bitten. Wurde ein Fehler bemerkt, fordert
der Empfänger das betreffende Paket erneut an.

Prüfsummen schützen vor Datenverlust

TCP/IP-orientierte Dateitransfer-Anwendungen, etwa **rcp**
(siehe Kapitel 11.3.3) oder **ftp** (File Transfer Protocol), benötigen keine programminternen Mechanismen zur Sicherstellung
der Datenintegrität, da letztere bereits das TCP-IP-Protokoll
gewährleistet. In einem lokalen Ethernet-basierten Netzwerk ist
außerdem das UDP-verwendende Trivial File Transfer Protocol
TFTP als sicheres Verfahren einzustufen (siehe Kapitel 10.4).

rcp und ftp benutzen das TCP/IP-Protokoll

Ein weiterer Sicherheitsaspekt bei der Datenübertragung zwischen Unix-Systemen betrifft den Schutz vor unbefugtem Zugriff
auf Dateien. In diesem Zusammenhang leistet Unix durch sein
Zugriffsrechteschema bereits geeignete Vorkehrungen. Prinzipiell kann jeder Anwender nur auf Dateien zugreifen, die für ihn
lesbar sind. Außerdem ist der Zugang zu einem entfernten System in der Regel nur über eine entsprechende Authentifizierung
möglich. Beispielsweise erlaubt **rcp** nur einem Trusted-User den
Zugriff auf ein spezielles System. Lediglich der TFTP-Dienst
gestattet den Zugang ohne Paßwort-Abfrage; er ist daher häufig
in der Datei **/etc/inetd.conf** auskommentiert, so daß er nicht
von außen zugänglich ist.

Die Unix-Login-Prozedur und das Zugriffsrechteschema schützen vor unbefugten Dateizugriff

Für den TCP/IP-basierten Zugriff auf Systeme, in denen
der Benutzer nicht als Trusted-User registriert ist, wird bevorzugt
das Programm **ftp** eingesetzt. **ftp** enthält eine ASCII-orientierte
Benutzerschnittstelle für das File Transfer Protocol (RFC 765); es
ist heute in jeder Unix-Variante standardmäßig enthalten.

Heute sind einige komfortable grafische Benutzeroberflächen
als Quellcode erhältlich, die den Anwender beim Dateitransfer
mit **ftp** unterstützen. Sie sind für den Einsatz oberhalb des
X-Window-Systems bestimmt. Dazu zählen beispielsweise die
OpenLook-konforme Anwendung **ftptool** und das Produkt
moxftp, das wahlweise mit den Widget-Sets Xaw beziehungsweise Xaw3d (**xftp**), XView (**oftp**) oder Motif (**mftp**) erstellt
werden kann. **ftptool** integriert eine Datenbank, in die der
Anwender „Templates" für häufig benutzte Verbindungen eintragen kann. **ftptool** und **moxftp** sind in den Linux-Distributionen standardmäßig nicht enthalten. Sie sind von diversen Archiv-
Servern über Anonymous-**ftp** erhältlich.

*ftptool und moxftp
bieten grafische
Benutzerschnitt-
stellen zu ftp*

11.5.1 **ftp**

ftp

ftp [Option]... [Host]

öffnet eine **ftp**-Verbindung zu einem entfernten System **Host**,
benannt durch einen Host- beziehungsweise Domainnamen oder
eine IP-Adresse. Falls **ftp** ohne das Argument **Host** aufgerufen
wird, zeigt das Programm seinen **ftp**-Prompt an und wartet auf
die anwenderseitige Eingabe von **ftp**-Kommandos. Zum Aufbau
einer **ftp**-Verbindung ist in diesem Fall das Kommando **open
Host** einzugeben.

*Bei geeignet
konfiguriertem
~/.netrc entfällt das
Anmelden beim
Zielsystem*

Nachdem die **ftp**-Verbindung aufgebaut ist, fordert der entfernte **ftp**-Dämon die Eingabe einer Benutzerkennung nebst
Paßwort an. Der Anwender kann diesen Prozeß automatisieren,
indem er in seinem Heimatverzeichnis die Datei **.netrc** anlegt
und dort zeilenweise die **ftp**-Befehle **machine**, **login** und
password einträgt, jeweils gefolgt von den entsprechenden
Login-Parametern. Die Datei **$HOME/.netrc** muß das Zugriffs-
recht **400**, **600** oder **700** tragen.

*cd wechselt das
entfernte, lcd das
lokale Arbeits-
verzeichnis*

Nach erfolgreichem Anmelden kann der Anwender mit **dir**
oder **ls** Verzeichnisinhalte des entfernten Hosts einsehen oder
mit **cd** das (entfernte) Arbeitsverzeichnis wechseln. Das Kommando **lcd** wechselt das lokale Arbeitsverzeichnis. Folgt auf **ls**
oder **dir** ein Verzeichnisname, dann zeigen die Kommandos den
Inhalt des adressierten Pfads an. Ein optionales 2. Argument (ein
Dateiname) ermöglicht das Sichern des Inhaltsverzeichnisses in

eine lokale Datei. Die Kommandos **bye**, **quit** und **C-D** beenden **ftp**. Eine Übersicht über die verfügbaren **ftp**-Kommandos liefert der Befehl **help**.

Für den eigentlichen Dateitransfer bietet **ftp** die Kommandos **put** (Senden) und **get** (Empfangen), die jeweils eine einzelne anzugebende Datei kopieren. Wird **put** oder **get** mit 2 Argumenten aufgerufen, dann erhält die zuerst genannte Datei auf dem Zielsystem einen neuen Namen. Ferner kann das Linux-**ftp** unterbrochene Dateitransfers wiederaufnehmen: **reget** vervollständigt Dateien,

mput und **mget** können mehrere Dateien kopieren. Diesen Kommandos als Argument angegebene Dateinamen dürfen auch Jokerzeichen enthalten. Standardmäßig bittet **ftp** den Anwender der Befehle **mput** und **mget** vor jedem Kopiervorgang um Bestätigung der Operation (interaktiver Transfer). **prompt** schaltet diese Abfrage ein- oder aus.

Kopierte Dateien legt **ftp** stets im aktuellen (lokalen oder entfernten) Arbeitsverzeichnis ab, vorausgesetzt, der Anwender hat auf dem entsprechenden Verzeichnis das Schreibrecht. **mput** * und **mget** * berücksichtigen auch etwa vorhandene Unterverzeichnisse. Zum Anlegen der Dateien benötigte Unterverzeichnisse legen sie jedoch nicht an. Letztere muß der Anwender zuvor auf dem lokalen respektive entfernten System mit dem **ftp**-Kommando **mkdir** erzeugen.

Lokale Unterverzeichnisse sind durch Aufruf des Unix-Kommandos **mkdir** anzulegen. Aus **ftp** heraus kann der Anwender dazu mit dem Ausrufungszeichen **!** eine interaktive Sub-Shell starten. Folgt auf das Ausrufungszeichen ein Kommandoaufruf, terminiert die Sub-Shell unmittelbar nach Beenden des angegebenen Kommandos.

Zu beachten ist noch, daß **ftp** zwischen binärem und ASCII-Modus unterscheidet. Im ASCII-Modus konvertiert der Sender die Daten auf die standardisierte NVT-ASCII-Darstellung (Network Virtual Terminal), und der Empfänger wandelt die Daten in sein internes Format. Beim **ftp**-basierten Dateitransfer zwischen 2 Unix-Systemen entsteht dadurch in der Regel kein Problem. Im Image-Modus werden die Daten ohne jegliche Konvertierung transportiert. Speziell binäre und komprimierte Dateien sollte der **ftp**-Anwender stets im Image-Modus kopieren. In Linux-**ftp** ist der Image-Modus voreingestellt.

*get Datei -
kopiert den Inhalt
von Datei auf die
Standardausgabe*

*prompt schaltet
den interaktiven
Transfer-Modus
ein oder aus*

*mput und mget
kopieren auch
Verzeichnishierar-
chien, legen jedoch
keine Unterver-
zeichnisse an*

*Binäre und
komprimierte
Dateien sind im
Image-Modus
zu kopieren*

11.5.2 Anonymous-`ftp`

*Beim anonymen
ftp-Zugang ist das
Paßwort die eigene
E-Mail-Adresse*

Eine große Anzahl der im Internet zugänglichen Systeme bietet den öffentlichen Zugang zu frei erhältlichen Programmen, Daten, Dokumenten, Publikationen, Bildern et cetera. Jeder Anwender kann auf diese Archiv-Server über Anonymous-`ftp` zugreifen, indem er sich dort via `ftp` als Benutzer **anomymous** oder **ftp** anmeldet und als Paßwort seine E-Mail-Adresse angibt.

*nic.funet.fi war
der 1. Linux-
Archiv-Server*

Anonymous-`ftp` hat wesentlich dazu beigetragen, daß Linux innerhalb kurzer Zeit weltweit eingesetzt werden konnte. Den 1. Linux-Archiv-Server bildete der in Finnland befindliche Knoten **nic.funet.fi**. Kurz danach wurden auf den US-amerikanischen Systemen **tsx-11.mit.edu** und **sunsite.unc.edu** Verzeichnisse eingerichtet, die ausschließlich Linux-spezifische Software und zugehörige Dokumentationen enthalten.

*prep.ai.mit.edu
archiviert die
GNU-Produkte*

Natürlich sind auch die GNU-Produkte frei erhältlich, ohne die keine der heute erhältlichen Linux-Distributionen auskommt. Letztere werden zentral auf **prep.ai.mit.edu** archiviert. Das X-Window-System schließlich wird in seiner jeweils aktuellen Version auf **ftp.x.org** bereitgestellt.

*Mirror-Server
spiegeln das
Software-Angebot
der offiziellen
Archiv-Server*

Aufgrund des hohen Interesses an Anonymous-`ftp` dienen einige Archiv-Server als „Mirror"; sie spiegeln das Software-Angebot der offiziellen Archiv-Server. Beispielsweise wird das Verzeichnis **/pub/OS/Linux** von **nic.funet.fi** in den USA auf **tsx-11.mit.edu** im Verzeichnis **/pub/linux** gespiegelt. Der offizielle deutsche „Linux-Mirror" ist der in Aachen befindliche Knoten **ftp.dfv.rwth-aachen.de** (Rheinisch-Westfälische Technische Hochschule).

*Nahe gelegene
Mirror-Server
bieten oft die
besten Daten-
transferraten*

Gut eingerichtete Archiv-Server enthalten im Hauptverzeichnis jeder Produkthierarchie eine Datei **README**, die unter anderem eine Liste von Mirror-Servern enthält. Es sei stets empfohlen, zunächst diese Datei zu laden (mit **get**) und anschließend denjenigen Mirror-Server zu kontaktieren, der sich in geografisch nächster Nähe befindet. Das nächstgelegene System ist in der Regel über eine minimale Zahl von Gateways zu erreichen und bietet allein daher oft die günstigsten Datentransferraten.

Außerdem enthalten Archiv-Server normalerweise im Hauptverzeichnis und jedem wichtigen Unterverzeichnis eine Datei **INDEX** beziehungsweise eine komprimierte Version **INDEX.Z** oder **INDEX.gz**, die eine Liste aller dort vorhandenen Dateien enthält. Auf manchen Archiv-Servern heißt diese Datei **ls-lR** (Ergebnis des Aufrufs **ls -lR**) oder auch **ls-lRt** (sortiert nach der Modifikationszeit). Falls der Anwender eine bestimmte Komponente sucht, kann diese Datei entsprechende Hilfe leisten. In der Praxis wird dazu jedoch eher das Suchprogramm **archie** eingesetzt.

Möchte der Anwender eigene Entwicklungen öffentlich bereitstellen, sollte er diese auf einen Hauptserver kopieren. Jedes Hauptverzeichnis einer Produkthierarchie enthält normalerweise ein Unterverzeichnis **incoming**, in dem für jeden Benutzer das Schreibrecht gesetzt ist. Es sei empfohlen, zuvor sämtliche Komponenten in einer (komprimierten) **tar**-Datei zusammenzufassen und außerdem zusätzlich eine „LSM-Datei" anzufertigen (Linux Software Map). Mittlerweile sind bereits mehr als 1000 nichtkommerzielle Produkte verfügbar. Eine Liste der zusätzlichen Programmpakete kann der Benutzer mit einem HTML-Browser einsehen (unter **http://www.boutell.com/lsm**).

Im Verzeichnis incoming hat der anonyme Benutzer Schreibrecht

LSM-Dateien erläutern Linux-Produkte

Abschließend sei noch kurz darauf hingewiesen, daß jeder Systemverwalter auch sein lokales System für Anonymous-**ftp** konfigurieren kann. Die Mehrzahl der heute erhältlichen Linux-Distributionen ist bereits entsprechend vorbereitet. Ergänzende Informationen enthält das Dokument **Anon-FTP-Setup**, im Verzeichnis **/usr/doc/HOWTO/mini** befindlich. Sämtliche **ftp**-Kopiervorgänge archiviert der **ftp**-Dämon übrigens in der Datei **/var/log/xferlog**. Es ist daher stets nachvollziehbar, wer wann welche Datei wohin geladen hat.

Der ftp-Dämon trägt jeden Kopiervorgang in /var/log/xferlog ein

11.5.3 Batch-**ftp**

Erfahrungsgemäß liefert der **ftp**-Verkehr unter Nutzung des Internets zu unterschiedlichen Tageszeiten auch unterschiedliche Qualitäten. Entsprechend lassen sich daher auch die Verbindungskosten reduzieren, wenn der **ftp**-Transport zu einer „günstigen" Zeit durchgeführt wird. Außerdem ist es gelegentlich wünschenswert, das **ftp**-Kommando als selbständigen Prozeß zu starten, so daß ein Abmelden vom System nicht automatisch auch zum Abbruch eines noch laufenden **ftp**-Kommandos führt.

Batch-ftp kann die Kosten für das Kopieren von Dateien über Internet reduzieren

Beides gelingt, wenn der Anwender eine Batch-Datei erstellt und diese beispielsweise mit dem **at**-Kommando in eine Warteschlange stellt. Der „Trick" besteht im Anfertigen einer Datei **$HOME/.netrc**, die die von **ftp** auszuführenden Kommandos enthält. Diese Datei kann man mit einem Shell-Skript erstellen, beispielsweise mit Namen **ftp.job**, und letzteres wiederum läßt sich via **at -f ftp.job Zeit** in die **at**-Queue stellen. Nachstehende Abbildung 11.2 zeigt ein Skript, das eine **ftp**-Verbindung zum Server **ftp.informatik.uni-hamburg.de** herstellt und dort aus dem Verzeichnis **/pub/os/linux/sources/system** die Datei **README** lädt.

Abb. 11.2
Ftp-Batch-Skript

```
#!/bin/sh
/bin/rm -f $HOME/.netrc
cat > $HOME/.netrc <<?
machine ftp.informatik.uni-hamburg.de
login anonymous
password myname@myhost.mydomain
macdef init
verbose
binary
prompt
cd /pub/os/linux/sources/system
get README
quit

?
chmod 600 $HOME/.netrc
ftp ftp.informatik.uni-hamburg.de
```

Die Leerzeile zwischen quit und ? terminiert das macdef-Kommando

11.6 Electronic Mail

Der MUA realisiert die Benutzer-schnittstelle, der MTA führt den Versand durch

Electronic Mail (E-Mail) ist ein Dienst, der den Austausch elektronischer Nachrichten innerhalb eines Netzwerks in Form von Briefsendungen ermöglicht. Im wesentlichen bedient dazu der Anwender ein Mail-Programm (Mail User Agent MUA), um eine Nachricht zu erstellen. Der Mail User Agent wird außerdem für das Ansehen beziehungsweise das Bearbeiten eingegangener E-Mail benötigt.

Den Versand der E-Mail führt ein sogenannter Mail Transport Agent MTA durch, indem er ausgehende Nachrichten über eine TCP/IP- oder UUCP-Verbindung an das Zielsystem weiterleitet. Für den erfolgreichen Einsatz von E-Mail unter Linux (und Unix) sind also 2 verschiedene Programme zuständig, die zum einen eine Transport-, zum anderen eine Anwendungsschnittstelle implementieren. Die Kommunikation zwischen den beteiligten Systemen steuern eine Reihe von Mail-Protokollen.

11.6.1 Mail-Protokolle

Das älteste auf den Transport von E-Mail abstimmte Protokoll ist das Simple Mail Transfer Protocol SMTP (RFC 821). SMTP beschreibt die Kodierung von E-Mail-Nachrichten in 2 Teilen. Ein einleitender Kopf (Mail-Header) enthält unter anderem die Kennungen von Sender und Empfänger. Der anschließende Data-Block enthält die eigentliche Nachricht. Von den übermittelten Daten sind stets nur 7 Bit signifikant (das 8. Bit wird auf 0 gesetzt). Der Versand binärer Daten mittels SMTP gelingt nur dann, wenn das betreffende Datenmaterial zuvor mit **uuencode** in ein portables ASCII-Format konvertiert wurde (das Verfahren wandelt 3 8-Bit Zeichen in 4 6-Bit Zeichen). **uudecode** wandelt derart verschlüsselte Daten in ihr ursprüngliches Format zurück.

SMTP definiert die Struktur einer 7-Bit-Nachricht

uuencode kodiert binäre Daten mit 7-Bit-ASCII-Daten

Diese vermeintliche Einschränkung beheben die SMTP Service Extensions ESMTP (RFC 1651). ESMTP ist „8-Bit-clean"; alle Zeichen des Data-Blocks werden ohne Informationsverlust übertragen. Die Mehrzahl der heute eingesetzten Mail Transport Agents kann ESMTP-kodierte E-Mail-Nachrichten handhaben.

ESMTP kann 8-Bit-Nachrichten handhaben

In Ergänzung hat die Network Working Group mit den Multipurpose Internet Mail Extensions MIME (RFC 1521, RFC 1522) einen Rahmen geschaffen, der zusätzliche Strukturen innerhalb des Data-Blocks definiert. Ein MIME-konformer Data-Block kann mehrere unabhängige Teile enthalten, die beispielsweise formatierten Text, Audio- oder Video-Daten repräsentieren. Für eine vollständige Beschreibung der Struktur eines MIME-Data-Blocks sei auf die angegebenen RFC-Dokumente verwiesen.

MIME beschreibt den Aufbau einer Multimedia-E-Mail

Systeme, die nicht ständig im Betrieb sind (etwa private PCs), nutzen häufig SMTP beziehungsweise ESMTP zum Versand von Nachrichten und definieren zusätzlich einen sogenannten Mail-Relay-Host, der eingehende E-Mails zwischenspeichert. Möchte ein Anwender auf eingegangene E-Mail zugreifen, dann muß der Mail User Agent eine Verbindung zum Mail-Relay-Host herstel-

Systeme, die nicht ständig aktiv sind, definieren einen Mail-Relay-Host

len und die dort vorgehaltenen Nachrichten auf das lokale System kopieren.

*POP und IMAP
steuern den Zugriff
auf einen Mail-
Relay-Host*

Für diese Aufgabenstellung wurden 2 weitere Protokolle entwickelt, und zwar das Post Office Protocol POP (RFC 1225) und das Interactive Mail Access Protocol IMAP (RFC 1176). POP erlaubt ausschließlich das Laden von E-Mail-Nachrichten. IMAP bietet darüber hinaus komfortables „Manipulieren" der auf dem Mail-Relay-Host befindlichen Nachrichten. POP und IMAP werden hauptsächlich von MS-DOS-MUAs verwendet.

11.6.2 Linux-MTAs

*sendmail und smail
versenden E-Mail
via TCP/IP oder
UUCP*

Der Linux-Systemverwalter hat die Wahl zwischen 2 verschiedenen Mail Transport Agents. Weit verbreitet ist das Produkt **smail**, das ursprünglich speziell auf den Mail-Transport via UUCP abgestimmt wurde, aber auch einen TCP/IP-orientierten Nachrichtenversand ausführen kann.

Einige neuere Linux-Distributionen setzen bevorzugt das seit 4.2 BSD-Unix populäre **sendmail** als Standard-MTA ein. In seiner heutigen Version 8.x ist das Produkt auch auf den Einsatz mit Linux abgestimmt. **sendmail** kann UUCP- und TCP/IP-Verbindungen bedienen.

*~/.forward
ermöglicht das
Weiterleiten
eingehender
E-Mail*

Eine besondere Fähigkeit der „Mailer-Dämonen" **smail** und **sendmail** besteht darin, eingehende E-Mail an ein anderes System weiterleiten zu können. Dies ist speziell dann nützlich, wenn ein Anwender auf mehreren Systemen die Zugangsberechtigung hat und sicherstellen will, daß sämtliche E-Mail zentral auf einem bestimmten System gesammelt wird. Dazu ist lediglich eine Datei **$HOME/.forward** anzulegen, die eine oder mehrere E-Mail-Adressen enthält. Eingehende E-Mails leitet der MTA daraufhin an die dort angegebenen Benutzer weiter.

*Das Programm
vacation kann
eingehende E-Mail
automatisch
beantworten*

Ferner besteht die Möglichkeit, eingehende E-Mails automatisch zu beantworten. Die Voraussetzungen dazu schafft das Programm **vacation**, das im Heimatverzeichnis des Benutzers eine Datei **.vacation.msg** erzeugt und außerdem eine neue Datei **.forward** anlegt. Das Programm **vacation** beantwortet eingehende E-Mail, indem es den Inhalt von **$HOME/.vacation.msg** an den Absender der eingegangenen E-Mail sendet. **vacation** ist nicht in allen Linux-Distributionen enthalten.

Die jeweils neuesten Versionen von **sendmail** und **smail**
kodieren die zu versendenden Nachrichten wahlweise gemäß
SMTP oder gemäß ESMTP. Die Konfiguration von **smail** und
sendmail ist beispielsweise im Linux Network Administrators
Guide von Olaf Kirch ausführlich beschrieben.

Zusätzlich enthält das Netzwerk-Paket von Linux Dämonen,
die den Einsatz eines Linux-Systems als Mail-Relay-Host erlauben. Das Post Office Protocol implementiert der Dämon **ipopd**,
und **imapd** unterstützt den IMAP-basierten Zugriff auf lokal vor-
gehaltene E-Mail-Nachrichten. Umgekehrt erlaubt das Programm
popclient dem Linux-Anwender den POP-Zugriff auf ein ent-
ferntes System.

*imapd und ipopd
unterstützen den
Einsatz von Linux
als Mail-Relay-
Host*

11.6.3 Linux-MUAs

Linux-Distributionen enthalten standardmäßig den zeilenorientierten Mail User Agent **mail** sowie die bildschirmorientierten
Produkte **elm** und **pine**, die über eine ASCII-orientierte Menü-
Oberfläche zu bedienen sind. Ferner gehört das Programm **mailto** zur Grundausstattung von Linux-Distributionen (simpler Mul-
timedia-Mail-Generator). Alle 4 Programme enthalten eine On-
line-Hilfe. **mail** war erstmals in AT&T-Unix Version 6 verfügbar
uns zählt heute zum Standardlieferumfang jeder Unix-Version.

*elm und pine
enthalten eine
ASCII-Menü-
Oberfläche*

pine unterstützt die Bearbeitung MIME-konformer E-Mail,
mail hingegen nicht. **mailto** ist speziell auf das zeilenorientier-
te Erstellen einer MIME-E-Mail abgestimmt. **elm** kann nur dann
MIME-kodierte Nachrichten auswerten, wenn beim Übersetzen
des Programms eine entsprechende Option gesetzt wurde. Zur
Konvertierung eines MIME-Data-Blocks benötigt **elm** das Programm **metamail**.

*metamail
dekodiert
MIME-Data-
Blöcke*

Weitere Unterschiede zwischen den genannten Programmen
betreffen die Methode des Erstellens eigener Nachrichten. **pine**
benötigt dazu den Editor **pico**, **elm** erlaubt das Verwenden eines
beliebigen Editors. **mail** und **mailto** entnehmen die zu versen-
dende Information der Standardeingabe, können aber über den
Befehl **~!Kommando** einen externen Editor starten. Der Befehl
~r Datei erlaubt das Einfügen einer Datei.

*splitmail zerlegt
eine umfangreiche
Nachricht in
kleinere MIME-
Multipart-Blöcke*

Umfangreiche Nachrichten kann das Programm **splitmail**
in eine MIME-konforme Multipart-E-Mail zerlegen.

mail

mail liest unmittelbar nach dem Programmstart zunächst die systemweit gültige Initialisierungsdatei **/etc/mail.rc** und anschließend die Anwenderdatei **$HOME/.mailrc**. Letztere enthält normalerweise in jeder Zeile ein **mail**-Kommando, das entweder einer **mail**-Variablen einen Wert zuweist oder einen Mail-Alias definiert (einen abkürzenden Namen für eine Mail-Adresse). Verwendet der Anwender einen Mail-Alias als Adresse des Empfängers, dann ersetzt **mail** den Mail-Alias automatisch durch die damit verbundene Adresse.

Möchte der Anwender von den mit **mail** erzeugten Nachrichten eine automatische Sicherungskopie anlegen, dann muß er in **$/HOME/.mailrc** der Variablen **record** den Namen der Datei zuweisen, die ausgehende E-Mail sammeln soll, etwa mit

```
set record=~/outbox
```

Ferner kopiert **mail** eingegangene und gelesene E-Mail automatisch in eine Datei **$HOME/mbox** oder in diejenige Datei, die der Mail-Variablen **MBOX** als Wert zugewiesen wurde.

elm

elm ist ein etwas älterer, aber weit verbreiteter Mail User Agent. Eine auf MIME abgestimmte **elm**-Version benötigt zusätzlich das Programm **metamail**, um eingegangene MIME-konforme E-Mail handhaben zu können. Auf Wunsch kann **elm** auch verschlüsselte Nachrichten versenden.

Seine Konfigurationsdateien entnimmt das Programm aus dem Verzeichnis **$HOME/.elm**. Die Datei **elmrc** faßt die Variablen zusammen, die das Verhalten von **elm** steuern. Einige davon kann der Anwender im Programm interaktiv setzen; die Variable **configoptions** legt die konfigurierbaren Parameter fest. Ein spezieller Menüpunkt speichert die aktuell eingestellten Parameter in **elmrc**.

Hat der Anwender die Variable **signature** gesetzt, dann kopiert **elm** automatisch den Inhalt der darin angegebenen Datei an das Ende einer neu zu erstellenden Nachricht. Üblicherweise erzeugt der Anwender dazu eine Datei **$HOME/.signature**, die seine persönlichen Kennungen enthält (Name, Vorname, Adresse, Telefon, Fax et cetera), und weist **signature** diesen Dateinamen zu.

Ferner verfügt **elm** über einen Alias-Editor, der das Anlegen von Mail-Alias-Einträgen vereinfacht. Der Alias-Editor wird mit dem Kommando **a** geöffnet. In diesem Modus fragt **elm** nach Eingabe von **n** den Alias-Namen, Nachnamen, Vornamen, Kommentar und die komplette E-Mail-Adresse ab, die das Programm bei einer späteren Verwendung des Alias-Namens ersetzen soll. Das Kommando **r** schließlich sichert die eingetragenen Alias-Namen in 4 **aliases**-Dateien.

elm enthält einen internen Alias-Editor

Zum Programm sind umfangreiche Dokumentationen erhältlich, zusammengefaßt zum **elm** Documentation Package. Darin enthalten sind ein Users Guide, Reference Guide, Alias Systems Users Guide, Filter Guide, Forms Mode Guide und Configuration Guide. Eine HTML-Version dieser Dokumente enthält beispielsweise **http://www-rohan.sdsu.edu/elmindex.html**.

Das elm Documentation Package ist auch im TEX-Format verfügbar

pine

pine wurde an der University of Washington entwickelt. Die Basis für das System bildete ursprünglich der Programmcode von **elm**. Im Laufe der Zeit wurde **pine** vollständig überarbeitet, so daß in seiner heutigen Version dort kein **elm**-Code mehr enthalten ist. In seiner Handhabung ist **pine** recht ähnlich zu **elm**. Gegenüber dem „Vorgänger" **elm** integriert **pine** den Zugriff auf entfernte Mailboxen via IMAP.

pine kann auf lokale und auf entfernte Mail-Folder zugreifen

Die Konfigurationsparameter entnimmt **pine** der systemweit gültigen Datei **pine.conf**, die er normalerweise im Verzeichnis **/usr/local/lib** sucht. Außerdem konsultiert **pine** die Datei **$HOME/.pinerc** (enthält anwenderspezifische Parameter). Hat der Anwender die Umgebungsvariablen **PINECONF** oder **PINERC** gesetzt, entnimmt **pine** seine Konfiguration den dort angegebenen Dateien.

Eine wesentliche Ergänzung von **pine** gegenüber **elm** besteht darin, daß **pine** multiple Mail-Folder unterhalten kann, die sich außerdem auch auf entfernten Systemen befinden können. Letztere legt der Anwender im Folder-Menü mit dem Kommando **A** an. Wird ein Folder-Name mit einem von geschweiften Klammern

Den Zugriff auf entfernte Mail-Folder führt pine mittels IMAP aus

umgebenen Hostnamen eingeleitet, dann verbindet **pine** diesen Folder mit einer entfernten Mailbox. Den Zugriff auf dort enthaltene Nachrichten führt **pine** mittels IMAP aus.

Darüber hinaus enthält **pine** einen NNTP-Client, erlaubt also auch den Zugriff auf das Usenet. Eine Voraussetzung dazu ist, daß der Anwender die Zugangsberechtigung zu einem News-Server hat. Außerdem muß der Benutzer eine Liste der News-Gruppen einrichten, die er abonnieren möchte. **pine** erwartet hier, daß der Anwender die Namen der gewünschten News-Gruppen kennt.

pine enthält einen NNTP-Client

Ergänzende Dokumentationen zu **pine**, die die On-line-Hilfe nicht abdeckt, sind beispielsweise mit einem HTML-Browser unter **http://www.cac.washington.edu/pine** zugänglich. Außerdem enthält der Knoten **ftp.cac.washington.edu** im Verzeichnis **/pine** eine komplette Dokumentation zu **pine**. Sie ist über Anonymous-**ftp** erhältlich.

Sämtliche Dokumentationen zu pine sind über Anonymous-ftp erhältlich

11.6.4 Grafische Linux-MUAs

Als Linux-Zubehör sind einige grafisch orientierte Linux-MUAs frei erhältlich, die auf den Einsatz oberhalb des X-Window-Systems abgestimmt sind. Dazu zählen beispielsweise **xmail** und **xmailtool**. Diese Programme bieten im wesentlichen eine Xaw- oder Xaw3d-basierte Bedienoberfläche zum Standard-MUA **mail**.

xmailtool und xmail enthalten ein X11-Frontend zu mail

In Kapitel 8.3.17 wurde bereits auf das **rmail**-Paket hingewiesen, das es erlaubt, den GNU-Emacs als Mail User Agent einzusetzen. Ferner wurde in Kapitel 8.3.19 erwähnt, daß die Emacs-Variante **xemacs** ein ansprechend gestaltetes grafisches Werkzeug für diesen Dienst bereitstellt. Die dem Produkt standardmäßig beigefügte ELisp-Bibliothek **metamail** unterstützt zusätzlich die Bearbeitung von MIME-konformen E-Mail-Nachrichten.

Das Kommando metamail-buffer dekodiert eine MIME-Mail innerhalb emacs

Einen eigenständigen Mail User Agent bildet der X-Client **mumail**, der ebenfalls MIME-konforme E-Mail handhaben kann. Eingegangene MIME-Nachrichten konvertiert **mumail**, indem es die betreffenden Daten an **metamail** weiterleitet. Das Erzeugen eigener MIME-Mails ist vergleichsweise unkomfortabel. **mumail** ist frei erhältlich, aber nicht Public Domain.

mumail verwendet die FWF-Widgets

Hohe Popularität erreichte in jüngerer Zeit der von Gennady Sorokopud unter Verwendung der Xforms-Bibliothek erstellte **xfmail**. Das Produkt unterstützt die Protokolle POP, SMTP sowie IMAP und ist MIME-Kompatibel. Ein- und ausgehende Mail sowie gelöschte Briefe werden jeweils in eigenen Mail-Foldern verwahrt. Außerdem kann der Anwender zusätzliche Mail-Folder einrichten und seine Post dorthin bewegen, beispielsweise gruppiert nach Themen. Abbildung 11.3 zeigt ein Bildschirmfoto von **xfmail** nebst dem Konfigurationsmenü, über das der Anwender allgemeine Parameter des Programms einstellen kann. Äußeres Erscheinungsbild von **xfmail** sowie zu verwendende Zeichensätze und Kommandos, die auf MIME-Datentypen anzuwenden sind, sind in einem weiteren Menü konfigurierbar.

xfmail unterstützt POP, SMTP und IMAP und ist MIME-konform

Abb. 11.3 xfmail unter Linux

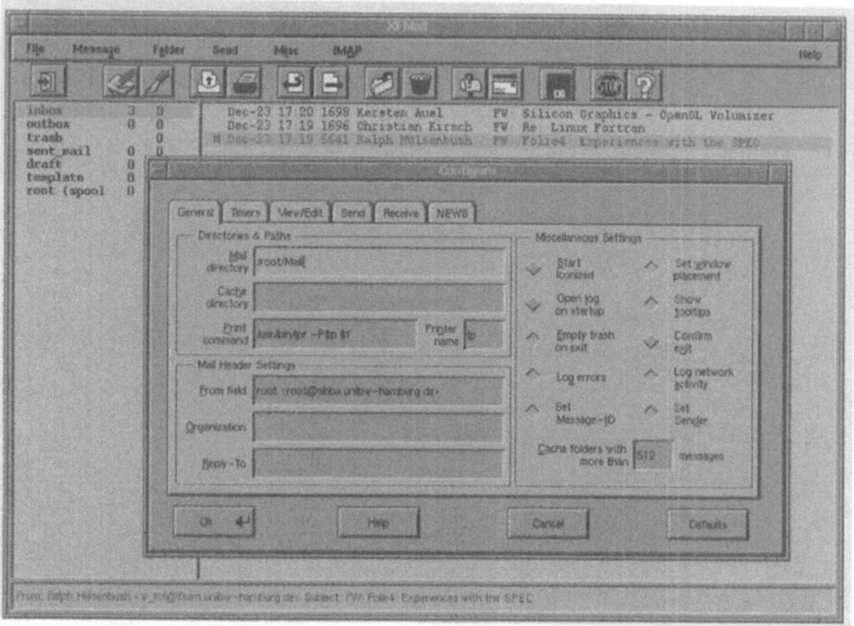

Für das Erstellen eigener E-Mails enthält **xfmail** einen internen Editor. Sollen ASCII- oder binäre Dateien Bestandteil einer Mail werden, lassen sich diese als Attachment spezifizieren. Eine umfangreiche On-line-Dokumentation, aufgebaut im Hypertextstil, erläutert das komplette Leistungsspektrum von **xfmail**, das hier aus Platzgründen nicht weiter diskutiert wird.

xfmail enthält eine Hypertext-On-line-Dokumentation

Eine weitere, vergleichsweise anspruchvolle Lösung eines grafisch orientierten, MIME-fähigen und frei erhältlichen Mail User Agents bildet Netscape Mail. Letzteres ist integraler Bestandteil des HTML-Browsers **netscape**. Abbildung 11.4 zeigt ein Bildschirmfoto von Netscape Mail.

Abb. 11.4
Netscape
Mail

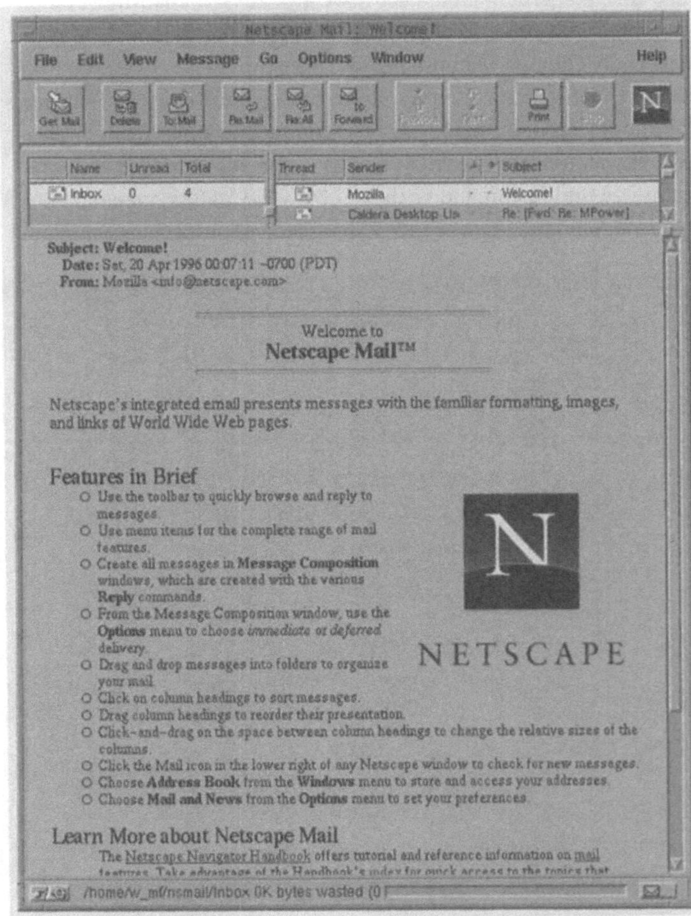

Netscape Mail
kann auch HTML-
Querverweise
verfolgen

In einer MIME-Mail enthaltene Grafiken (MIME-Datentypen **image/jpeg** und **image/gif**) kann Netscape Mail unmittelbar anzeigen. Ferner interpretiert das Produkt HTML-Dokumente.

Der Einsatz von Netscape Mail ist nur auf Systemen sinnvoll, die über mindestens 16 MByte Hauptspeicher verfügen. Das Programm **netscape** benötigt etwa 3,5 MByte Arbeitsspeicher.

11.6.5 Mailbox-Systeme

Ein Mailbox- beziehungsweise ein Bulletin-Board-System (BBS) ist eine Datenbank, die dem Anwender ein Modem-gestütztes Einbringen und Abrufen von Nachrichten erlaubt. Jeder registrierte Benutzer einer Mailbox hat einen eigenen Briefkasten, in dem andere Anwender Nachrichten ablegen können. Umgekehrt kann der Benutzer für andere Anwender des Systems Nachrichten hinterlegen. Nicht registrierten Mailbox-Benutzern steht in der Regel unter der Kennung **gast** der eingeschränkte Zugriff auf ausgewählte Dienste des Systems zur Verfügung. Moderne Mailbox-Systeme unterstützen ferner den bidirektionalen Dateitransfer (Upload/Download), und enthalten eine Komponente, die den Echtzeit-Dialog mit anderen Benutzern des Systems erlaubt.

Eine Mailbox ist eine privat oder gewerblich unterhaltene Informations-Datenbank

Für Linux-Anwender, die über keinen Internet-Zugang verfügen, bietet eine Mailbox häufig die einzige Möglichkeit, den elektronischen Kontakt mit anderen Linux-Anwendern aufzunehmen. Mittlerweile werden weltweit Mailbox-Systeme unterhalten, die auf Linux spezialisiert sind. Eine Übersicht über derartige Systeme einschließlich der Telefonnummern, unter denen sie erreichbar sind, enthält die Datei **bbs.list** im Verzeichnis **/pub/linux/docs** des Archiv-Servers **tsx-11.mit.edu**. Selbstverständlich ist diese Datei auch von einem Mirror-Server erhältlich. Auf CD-ROM-Medien, die einen „**tsx-11**-Mirror" enthalten, sollte diese Datei ebenfalls vorhanden sein.

bbs.list weist eine Liste der auf Linux spezialisierten Mailboxen aus

In jüngerer Zeit wurden diverse Softwarepakete auf Linux portiert, die den Aufbau einer eigenen Mailbox ermöglichen. Namentlich genannt seien an dieser Stelle die Produkte **ebbs**, **doorway**, **drealmbbs** und **rocat**. Diese Mailbox-Systeme bieten dem Anwender eine ASCII-Menü-Oberfläche, sind also weitgehend selbsterklärend.

Diverse Software-pakete ermöglichen den Aufbau einer eigenen Linux-Mailbox

Die Installation eines eigenen BBS ist zwar nicht kompliziert, setzt aber ausführliches Studium der jeweils mitgelieferten Dokumentation voraus. Soll der entfernte Zugang über ein Modem erfolgen, muß der Superuser entsprechend Kapitel 10.7.1 die Datei **/etc/inittab** konfigurieren, damit der Betriebssystemkern eine serielle Login-Verbindung initiieren kann.

11.7 News

News ist ein Netzwerkdienst, der den Zugriff auf das Usenet ermöglicht. Letzteres ist ein weltweites Diskussions-Forum, das in nahezu 18 000 Interessensgruppen (News-Gruppen) gegliedert ist. Jeder Anwender, der auf das Usenet zugreift, kann dort Informationen einsehen, die andere Benutzer hinterlegt haben, oder auch selbst Nachrichten hinterlegen. Usenet ist nicht mit einem Netzwerk gleichzusetzen, es ist vielmehr eine globale Mailbox.

Früher wurde News über UUCP verbreitet, heute ist News ein TCP/IP-Dienst

Den Zugang zum Usenet erhält der Anwender, indem er mit einem speziellen Programm (News-Reader) den NNTP-Dienst eines Systems (News-Servers) anfordert, das News-Gruppen bereitstellt. Die Mehrzahl der weltweit gestreuten News-Server erlauben nur ihren Lizenznehmern den Zugriff.

Nahezu jede Universität unterhält einen News-Server

Die Namen einzelner News-Gruppen bestehen aus einzelnen Teilnamen, die von links nach rechts durch Punkte getrennt die jeweiligen Themenkreise benennen, über die in der betreffenden News-Gruppe diskutiert wird. Beispielsweise sammelt die News-Gruppe `comp.os.linux.apps` Beiträge zu Computerthemen (`comp`), die mit dem Betriebssystem (`os`) Linux (`linux`) in Zusammenhang stehen und schwerpunktmäßig Anwendungsprogramme (`apps`) diskutieren. Zu den häufig anzutreffenden Hauptthemen zählen:

Der Name einer News-Gruppe kennzeichnet den dort diskutierten Themenkreis

alt	alternative Themen,
comp	Computerthemen, Hard- und Software,
de	deutschsprachige Beiträge,
news	Themen, die das Usenet betreffen,
rec	Freizeitgestaltung, Hobbies,
sci	wissenschaftliche Themen,
soc	Religion, Politik, Kultur.

Zu unterscheiden ist zwischen allgemeinen News-Gruppen, in denen jedermann nach Belieben Nachrichten einbringen kann, und sogenannten moderierten News-Gruppen, bei denen ein Moderator entscheidet, ob eine Nachricht in dem betreffenden Forum offengelegt wird oder nicht. Moderierte News-Gruppen bieten den Vorteil, daß die dort enthaltenen Beiträge allenfalls geringe Redundanz aufweisen. Nichtmoderierte News-Gruppen sammeln jede Art von Nachrichten, insbesondere Anfragen und darauf bezugnehmende Antworten.

comp.os.linux. announce ist eine moderierte News-Gruppe

In einigen News-Gruppen erscheint regelmäßig ein Beitrag, der häufig gestellte Fragen nebst zugehörigen Antworten zusammenfaßt. Diese „Frequently Asked Questions" (FAQs) enthalten in der Regel ausführliche Informationen über das Thema, das die betreffende News-Gruppe diskutiert. Dazu zählen beispielsweise allgemeine Hintergrundinformationen, eine Literaturliste, Softwareprodukte zum Thema, Ansprechpartner und so fort. Die jeweils aktuellen Versionen der FAQs liegen auf dem Archiv-Server **rtfm.mit.edu**.

FAQs enthalten Antworten zu häufig gestellten Fragen

Der Informationsfluß im Usenet ist beträchtlich. News-Server löschen daher von Zeit zu Zeit ältere Nachrichten, damit die vorhandene Festplattenkapazität ausreicht, um stets die aktuellen Nachrichten bereitstellen zu können. Je nach Konfiguration des News-Servers beträgt die Verweilzeit einer Nachricht zwischen 1 und 4 Wochen, gelegentlich auch länger.

Täglich erscheinen mehr als 10 MByte neue Nachrichten

11.7.1 Linux-News-Clients

Je nach verwendeter Linux-Distribution enthält das zugehörige Linux-Netzwerk-Paket mindestens einen der ASCII-orientierten News-Clients **rtin**, **slrn** oder **trn**. Falls nicht bereits vorhanden, sind außerdem die X11-News-Reader **xrn** und **xvnews** als Zubehör erhältlich. **xrn** läßt sich mit den Xaw-, Xaw3d- oder den Motif-Widgets erzeugen, **xvnews** benötigt das XView-Toolkit.

netscape und emacs enthalten ebenfalls einen News-Client

Den zu kontaktierenden News-Server entnehmen diese Programme normalerweise der Umgebungsvariablen **NNTPSERVER**. **rtin** benötigt diese Umgebungsvariable nicht, falls die Datei **/etc/nntpserver** den Namen eines News-Servers enthält. Anwender des **slrn** können den zu kontaktierenden News-Server auch in der Kommandozeile spezifizieren (Option **-h**).

Die abonnierten News-Gruppen entnehmen die News-Reader der Datei **$HOME/.newsrc**. Letztere legen die Programme automatisch an, falls der Anwender sie mit der Option **-c** (**rtin**) beziehungsweise **-create** (**slrn**) aufruft. **trn** erzeugt die Datei **$HOME/.newsrc**, falls sie noch nicht existiert.

~/.newsrc speichert die Liste der abonnierten News-Gruppen

Das Anlegen von **$HOME/.newsrc** kann einige Minuten dauern. Für den gelegentlichen oder täglichen Einsatz von News sei empfohlen, nur eine geringe Anzahl von News-Gruppen zu abonnieren. Während einer Sitzung kann der Anwender das

Abonnement einer News-Gruppe „kündigen", indem er den Cursor auf die betreffende News-Gruppe bewegt und das Kommando **u** eingibt (unsubscribe). Alternativ kann man auch die Datei **$HOME/.newsrc** in einen Editor laden und hinter dem Namen jeder News-Gruppe, die nicht abonniert werden soll, ein Ausrufungszeichen setzen.

Nach Anwahl einer Überschrift fordert der News-Reader die Nachricht an

Der Umgang mit einem News-Reader ist relativ einfach. Nach Anwahl einer News-Gruppe (Cursor auf den Gruppennamen bewegen und Return betätigen) zeigt der News-Reader eine Liste der Überschriften zu den Nachrichten an, die der News-Server zum angewählten Thema vorrätig hat. Um den Inhalt einer bestimmten Nachricht lesen zu können, ist lediglich der Cursor auf die betreffende Zeile zu bewegen und Return einzugeben. Anschließend fordert der News-Reader den News-Server auf, den Inhalt der Nachricht zu senden.

News-Reader enthalten Funktionen zum Speichern und Beantworten von Nachrichten

Eine Nachricht kann der Anwender ausdrucken oder auf die Festplatte speichern, er kann sie via E-Mail beantworten, oder er kann eine Stellungnahme dazu in die News-Gruppe einbringen. Ferner ist es möglich, nach Stichworten zu suchen, oder Nachrichten zu „löschen" (in einer späteren Sitzung zeigt der News-Reader sie nicht mehr an). Eine Übersicht über die verfügbaren Kommandos nebst einer Erläuterung ihrer Wirkungsweise steht über die Hilfefunktion des jeweiligen News-Readers im Zugriff.

11.7.2   Off-line-News

Der Zugriff auf News via Modem kann beträchtliche Telefonkosten verursachen

Das Lesen von News ähnelt dem Lesen einer Zeitung. Es ist zeitaufwendig und außerdem speziell bei Verwendung einer Modem-Verbindung mit beträchtlichen Kosten verbunden. In einigen Fällen ist es kostengünstiger, einen News-Reader offline einzusetzen. In diesem Abschnitt wird eine Methode vorgestellt, die Entsprechendes leistet.

Der News-Reader **rtin** bietet einen Batch-Modus, der auf dem eingestellten News-Server befindliche neue Nachrichten automatisch auf die lokale Festplatte kopiert. Beispielsweise lädt der Aufruf

```
rtin -S -c -f ~/.newsrc.load \
     -s /usr/spool/news
```

alle neuen Nachrichten derjenigen News-Gruppen, die der Anwender in `~/.newsrc.load` eingetragen hat, auf die lokale Festplatte in das Verzeichnis `/usr/spool/news`.

In der Datei `~/.newsrc.load` müssen dazu zeilenweise der
Name einer News-Gruppe und eine Liste von Nachrichtennum-
mern stehen, die der Anwender nicht laden möchte:

```
comp.os.linux.announce: 1-5230
comp.os.linux.development.apps: 1-24729
comp.os.linux.development.system: 1-36287
```


*Mehrere Bereiche
oder Nummern sind
durch Kommata
getrennt anzugeben*

Das Verzeichnis `/usr/spool/news` hat normalerweise das
Zugriffsrecht **755**, so daß nur sein Besitzer und der Superuser
das angegebene Kommando erfolgreich ausführen können. Wird
in der Kommandozeile zusätzlich die Option **-v** angegeben, zeigt
rtin außerdem eine Liste der geladenen Nachrichten.

Hat der Superuser auf dem lokalen System den NNTP-Service
aktiviert, dann kann der Anwender anschließend mit dem News-
Reader seiner Wahl auf den lokalen NNTP-Dienst zugreifen
(falls dieser eingerichtet wurde). Alternativ erlaubt das Programm
tin den direkten Zugriff auf die lokalen News.

*Der inetd startet
den NNTP-Dämon
automatisch, falls
der Dienst in
/etc/inetd.conf
aktiviert ist*

tin benötigt eine Datei `/usr/lib/news/active`, die zeilenweise den Namen einer News-Gruppe, Nummer der jüngsten
und ältesten Datei und einen der Buchstaben **m** (moderated), **n**, **j**,
x oder **y** enthält:

```
comp.os.linux.announce 5289 5231 m
comp.os.linux.development.apps 24995 24730 y
comp.os.linux.development.system 36740 36288 y
```

Damit sind alle Voraussetzungen geschaffen, um fortan die lokal
vorhandenen News mit dem Programm **tin** lesen zu können.

11.8 Dialog-Programme

Dialog-Programme bieten dem Anwender die Möglichkeit, einen
Echtzeit-Dialog mit einem oder mehreren anderen im LAN oder
WAN aktiven Benutzern zu führen. Zu unterscheiden ist dabei
zwischen der (Text-) Kommunikation mit speziellen Personen
und der Diskussion mit anderen Teilnehmern in einem öffentlichen Forum.

*Dialog-Programme
ermöglichen einen
Echtzeit-Dialog*

11.8.1 `talk` und `ytalk`

Der Dialog mit speziellen Teilnehmern basiert auf dem Talk-Service, der im Rahmen der TCP/IP-Dienste durch den Dämon `talkd` sowie den Talk-Anwendungen `talk` und `ytalk` implementiert ist. Durch Aufruf von

*Als Argument
benötigt talk die
E-Mail-Adresse
eines Benutzers*

```
talk User@Host
```

adressiert der Benutzer den Talk-Dämon des Systems **Host**. Falls der Benutzer **User** dort aktiv ist, kopiert der Talk-Dämon ihm eine Nachricht auf das Login-Terminal, die die E-Mail-Adresse des „Anrufenden" enthält. Nachdem der Adressat eine Talk-Verbindung zum Anrufenden hergestellt hat, wird das Terminal in der Mitte geteilt. Die jeweils eingegebenen Nachrichten übermittelt `talk` unmittelbar an die Gegenseite.

*ytalk
unterstützt
Konferenz-
schaltungen*

Das Programm **ytalk** arbeitet analog, erlaubt aber die Kontaktaufnahme mit mehreren Benutzern, baut also eine Art Konferenzschaltung auf. Oberhalb des X-Window-Systems aufgerufen, erzeugt **ytalk** für jeden Anwender, der an der Konferenz teilnimmt, ein eigenes Fenster.

Talk-Verbindungen sind leider nicht in jedem Fall möglich, da 2 inkompatible Protokoll-Versionen existieren. Das im Rahmen von 4.2 BSD spezifizierte Talk-Protokoll wurde in 4.3 BSD geändert.

11.8.2 Internet Relay Chat

Das Internet Relay Chat IRC wurde 1988 von Jarkko Oikarinen, Finnland, entwickelt (RFC 1459). In Erweiterung zu dem bis dahin üblichen Talk-Dienst, der gewissermaßen eine Art Echtzeit-E-Mail bietet, bildet IRC ein Multiuser-Kommunikationssystem.

*IRC-Teilnehmer
kommunizieren in
IRC-Kanälen*

Ein IRC-Teilnehmer benutzt einen IRC-Client, um den Kontakt zu einem IRC-Server herzustellen, und meldet sich daraufhin in einem „Kanal" an, um mit anderen Benutzern dieses Kanals in Echtzeit zu kommunizieren. IRC stellt somit eine Dialog-Version des Usenet dar.

Im Gegensatz zum Usenet verwendet IRC keine festgeschriebenen Gruppen. Jeder IRC-Teilnehmer kann einen eigenen Kanal öffnen. Ein Kanal „stirbt", wenn er von keinem mehr benutzt wird. Derjenige, der einen Kanal anlegt, ist automatisch der Operator des Kanals. Er hat die Möglichkeit, andere Teilnehmer des Kanals ohne Vorankündigung abzumelden, kann den Zugang zu diesem Kanal an Bedingungen knüpfen, und er kann den Operator-Status an einen anderen Teilnehmer abgeben.

Linux-Distributionen enthalten standardmäßig den ASCII-orientierten IRC-Client **irc**. Als Zubehör ist die X-Anwendung **zircon** erhältlich, die unter Verwendung des Tcl/tk-Toolkits eine ansprechend gestaltete grafische Bedienoberfläche bereitstellt. Abbildung 11.5 zeigt ein Bildschirmfoto einer Sitzung mit **zircon**, das einen Ausschnitt aus den Diskussionen innerhalb des Kanals **#linux.de** vom 29. Dezember 1998 enthält. Das Thema des Kanals (Topic) war zu diesem Zeitpunkt übrigens eine FTP-Adresse, unter der die 1. Vorversion des Linux-Kernels Version 2.2 erhältlich war.

Die Namen der IRC-Kanäle beginnen mit #

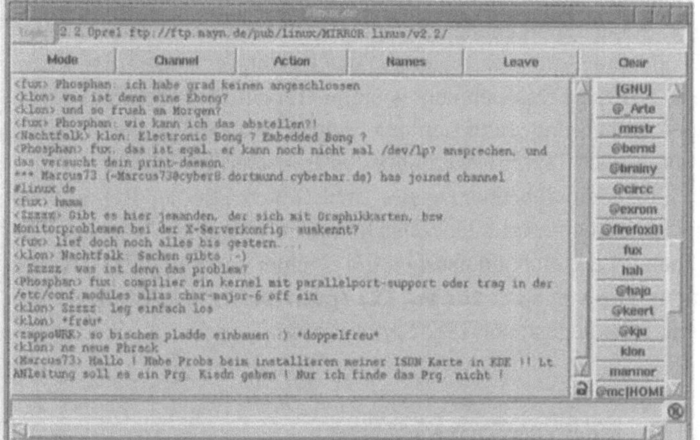

*Abb 11.5
IRC mit Zircon*

irc verfügt über mehr als 100 Kommandos, die alle mit einem Schrägstrich **/** einzuleiten sind. Die interne Hilfefunktion ist beispielsweise mit **/help** zu aktivieren, **/server** stellt die Verbindung zu einem IRC-Server her, **/list** zeigt alle Kanäle an, die auf dem vorher angewählten IRC-Server aktiv sind, **/who** zeigt eine Liste der Teilnehmer, und **/quit** beendet den IRC-Client.

Mit **/join #kanal** stellt der Anwender die Verbindung zu einem Kommunikations-Forum her. Anschließend kann er dort Anfragen einbringen, von anderen Teilnehmern gestellte Fragen

IRC-Kommandos sind mit einem Schägstrich / einzuleiten

beantworten oder weitere IRC-Kommandos eingeben. `/leave #kanal` führt zum Abmelden aus einem Kanal.

`zircon` unterstützt den Benutzer bei diesen Aktionen mit grafischen Bedienelementen. Einige Kommandos stehen auch über Tastatursequenzen im Zugriff. Die direkte Kommunikationen mit einem bestimmten Teilnehmer (DCC-Chat) – andere Teilnehmer des IRC erhalten diese Nachrichten nicht – zeigt `zircon` in einem eigenen Fenster an. Auch der Versand und das Empfangen von Dateien via DCC-Send ist in `zircon` mausgestützt möglich. Eine integriertes grafisches Konfigurationswerkzeug und eine On-line-Hilfe runden das Leistungsspektrum des Produkts ab.

Auch Datei-transfer ist über IRC möglich

Die Kommunikation mit anderen Internet-Nutzern via IRC ist erfahrungsgemäß sehr fruchtbar, wenn man sich in einem Kanal mit einer großen Anzahl von Teilnehmern aufhält. Gestellte Fragen werden dort in der Regel zügig beantwortet und nicht selten läßt sich wichtiges Hintergrundwissen in Erfahrung bringen. Nicht selten entstehen auch Freundschaften zwischen IRC-Teilnehmen, obwohl keiner je das Gesicht des anderen gesehen hat. Mit der Ethik nehmen es einige Teilnehmer allerdings nicht sehr genau; man sollte sich nicht wundern, wenn gelegentlich etwas „rauhe" Textpassagen über den Bildschirm flimmern.

IRC-Anfragen führen oft zu schneller Lösung von Problemen

Für weitergehende Details zum Thema Internet Relay Chat sei unbedingt empfohlen, das Dokument IRCprimer von Nicolas Pioch, Frankreich, einzusehen. Es ist unter anderem über Anonymous-`ftp` von `nic.funet.fi:/pub/unix/irc/docs` erhältlich. Dort liegen auch IRC-Serverlisten.

11.9 Informationssysteme

Das Internet beherbergt eine praktisch unüberschaubare Vielfalt von Daten und Dateien. Neuere Archiv-Server beschränken ihr Informationsangebot nicht allein auf die Bereitstellung von Programmen, auch allgemeine und spezielle Dokumente wie aktuelle Nachrichten aus allen Kulturbereichen, Produktinformationen und technische Spezifikationen stehen dem Anwender innerhalb des Internet im Zugriff. Sogar komplette Fachartikel, Diplomarbeiten und Dissertationen sind vereinzelt offen zugänglich.

Im Internet verbundene Archiv-Server verwahren Programme und Dokumente

Informationssysteme helfen dem Anwender einerseits, gezielt auf eine bestimmte Quelle zuzugreifen. Andererseits sind heute Werkzeuge verfügbar, die im Internet nach Informationen zu einem vorgegebenen Schlüsselwort suchen.

Das Auffinden eines bestimmten Programms oder einer bestimmten Datei leistet **archie**, der einen angewählten Archie-Server bittet, eine Liste von Archiv-Servern zu erzeugen, die das gesuchte Element vorhalten. Der Gopher-Dienst hingegen ist auf den Zugriff auf Textinformationen abgestimmt. Speziell sein Zusatz Veronica stellt einen leistungsfähigen Mechanismus bereit, das gesamte Internet nach Dokumenten zu durchsuchen, die in ihrem Titel ein Schlüsselwort enthalten. Das jüngste und zweifellos mächtigste Informationssystem schließlich ist das World-Wide Web.

11.9.1 FTP-Suchhilfe

In Kapitel 11.5.2 wurden einige Archiv-Server genannt, die komplette Softwarepakete für den öffentlichen Zugriff vorhalten. Dort wurde auch auf die weltweit präsenten Mirror-Server hingewiesen, die den Inhalt eines Archiv-Servers spiegeln, um einerseits die serverseitige Netzlast und andererseits die anwenderseitigen Transportkosten zu reduzieren. Dem Anwender stellt sich nun das Problem, einen in unmittelbarer Nähe befindlichen Archiv- oder Mirror-Server zu finden, der eine bestimmte Software vorrätig hat.

Die Antwort auf dieses Problem liefern das ASCII-orientierte Programm **archie** sowie seine grafische Variante **xarchie**, die mit einem Schlüsselwort auf eine Archie-Datenbank zugreifen. Letztere liefert daraufhin eine Liste von Archiv-Servern und Dateinamen, die das Schlüsselwort enthalten.

Heute sind weltweit mehr als 25 Archie-Server aktiv, die den entsprechenden Dienst anbieten. Im wesentlichen durchsucht der Archie-Server Inhaltsverzeichnisse von anonymen FTP-Servern nach dem angegebenen Schlüsselwort. Je nach eingestelltem Suchkriterium sucht der Archie-Server nach Teilzeichenketten (mit oder ohne Berücksichtigung von Groß- und Kleinschreibung), exakten Wörtern oder auch nach regulären Ausdrücken. Nach einer bestimmten Anzahl von „Treffern" wird die Suche abgebrochen (Voreinstellung ist 99) und das Ergebnis an den Archie-Client übermittelt. Archie-Server verfügen in der Regel

*archie sucht
Programme,
gopher sucht
Dokumente*

*Mirror-Server
entlasten einen
Archiv-Server*

*archie zeigt
Mirror-Server an,
die eine bestimmte
Datei verwahren*

*Das gewählte
Suchkriterium
bestimmt die
Bearbeitungszeit*

über Inhaltsverzeichnisse von 800 oder mehr FTP-Servern, die sie außerdem in regelmäßigen Abständen aktualisieren.

Einige Server bieten den Archie-Dienst via Telnet an

Falls auf dem lokalen System weder das Programm **archie** noch **xarchie** vorhanden ist, kann der Anwender auch eine Telnet-Verbindung zu einem Archie-Server herstellen und sich dort als Benutzer **archie** anmelden. Die Telnet-basierte Suche ist zwar vergleichsweise unkomfortabel, stellt aber auf jeden Fall eine Methode bereit, nach erfolgtem Anmelden mit **find archie** nach einem Archie-Client zu suchen.

Archie-Anfragen sind auch über E-Mail möglich

Ist eine Telnet-Verbindung nicht möglich, da kein direkter Internet-Zugang zur Verfügung steht, besteht noch die Möglichkeit, einen Archie-Server via E-Mail zu befragen. Dazu ist einfach ein Archie-Befehl als einziger Bestandteil einer E-Mail an den Benutzer **archie** eines Archie-Servers zu richten. Eine Bedienungsanleitung erhält man nach Angabe des Befehls **help**. Abbildung 11.6 zeigt eine Liste ausgewählter Archie-Server.

*Abb. 11.6
Ausgewählte
Archie-Server und
ihre Standorte*

Domainname	IP-Adresse	Nation
archie.au	139.130.23.2	Australien
archie.th-darmstadt.de	130.83.22.1	Deutschland
archie.funet.fi	128.214.248.46	Finnland
archie.univ-rennes1.fr	129.20.254.2	Frankreich
archie.doc.ic.ac.uk	193.63.255.1	GB/Irland
archie.unipi.it	131.114.1.3	Italien
archie.wide.ad.jp	133.4.3.6	Japan
archie.uqam.ca	192.77.55.2	Kanada
archie.switch.ch	130.59.1.40	Schweiz
archie.uni-linz.ac.at	192.77.55.2	Österreich
archie.ncu.edu.tw	192.83.166.12	Taiwan
archie.sura.net	192.239.16.130	USA/MD
archie.unl.edu	129.93.1.14	USA/NE
archie.rutgers.edu	128.6.21.13	USA/NJ
archie.ans.net	147.225.1.10	USA/NY

xarchie enthält einen FTP-Client

Neuere Versionen des Programms **xarchie** enthalten einen integrierten FTP-Client. Nach Anwahl eines entsprechenden Menüpunkts stellt **xarchie** eine FTP-Verbindung zum vorher ausgewählten Archiv- oder Mirror-Server her und kopiert die gewünschte Datei auf die lokale Festplatte. Die übrigen Varianten zeigen lediglich eine Liste der Knoten an, auf denen die gesuchte Software zu finden ist. Die Software selbst ist in diesen Fällen gesondert mit **ftp** zu kopieren.

11.9.2 Gopher

Gopher ist ein verteilter Informationsdienst des Internet, der den Anwender bei der Suche nach bestimmten Informationen unterstützt. Anfang 1991 hatten Wissenschaftler der University of Minnesota die Idee, ein verteiltes Informationssystem aufzubauen, um Neuigkeiten, Ankündigungen und andere Informationen in einfacher Textform bereitstellen zu können. Jede Abteilung sollte ihre Daten dezentral verwalten. Im Rechnerverbund sollte die Information überall verfügbar sein. Gopher, eigentlich eine Taschenratte, ist übrigens das Maskottchen des US-amerikanischen Bundesstaats Minnesota.

Gopher beschreibt den Umgang mit einer verteilten Dokumenten-Datenbank

Heute sind weltweit mehr als 400 Gopher-Server präsent, die dem Anwender zentral ein einzelnes Menüsystem bereitstellen. Der Linux-Anwender kann den Kontakt zu einem Gopher-Server wahlweise mit dem ASCII-orientierten Gopher-Client **gopher** oder mit der X-Anwendung **xgopher** herstellen. Abbildung 11.7 zeigt eine Sitzung mit **xgopher**, die den Zugriff auf das Gopher-Angebot der deutschen Universitäten ermöglicht.

Der Zugang zu Gopher ist mit einem Gopher-Client und mit Telnet möglich

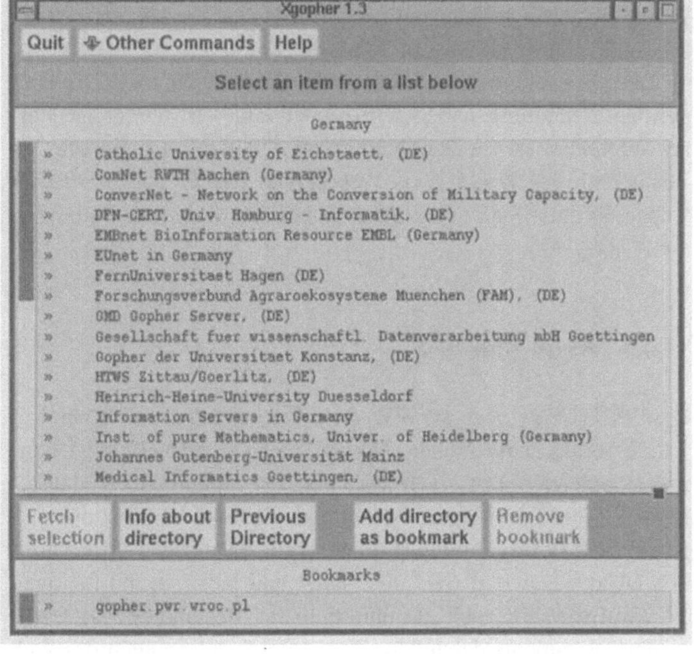

Abb. 11.7 Gopher-Angebot der deutschen Universitäten

*Der Zugriff auf
Gopher-Doku-
mente erfolgt
menügestützt*

*Veornica führt eine
weltweite Suche
nach Titeln aus,
die ein Schlüssel-
wort enthalten*

Analog dem Archie-Dienst ist auch der Gopher-Service über eine Telnet-Verbindung ansprechbar, beispielsweise über den Host **consultant.micro.umn.edu**. Als Benutzerkennung ist dort einfach der Name **gopher** anzugeben.

Nach einem Verbindungsaufbau zeigt der Gopher-Client einfache Menüpunkte an. Die Anwahl eines Menüpunkts führt zum Laden eines Dokuments, das der Gopher-Client daraufhin unmittelbar anzeigt, zum Verzweigen in eine tiefere Menüschicht oder auch zum Aufbau einer Telnet-Verbindung. Gezieltes Suchen ist mit Gopher jedoch nicht ohne weiteres möglich; der Anwender muß normalerweise genau wissen, wo er eine bestimmte Information findet.

Eine wesentliche Verbesserung bietet der Gopher-Zusatz Veronica, der Suchbegriffe auswerten kann. Veronica erfordert keine zusätzliche Software, er wird von einigen Gopher-Servern über einen Menüpunkt angeboten. Nach Eingabe eines Schlüsselworts befragt Veronica andere Gopher-Server und liefert als Ergebnis eine Liste aller Menüpunkte, die das Schlüsselwort enthalten. Der Gopher-Client zeigt diese Liste wie ein gewöhnliches Gopher-Menü an. Nach Anwahl eines bestimmten Menüpunkts lädt er die damit verbundene Datei, verzweigt auf das referenzierte Menü, oder er öffnet eine Telnet-Verbindung.

Dennoch scheint es so, daß der Gopher-Dienst zukünftig eher geringe Bedeutung haben wird, unter anderem durch die starke Anlehnung an die Darstellung von ASCII-Informationen. Als Bestandteil des World-Wide Web konnte sich Gopher immerhin frühzeitig etablieren und wird es voraussichtlich auch in der Zukunft noch sein..

11.9.3 World-Wide Web

*Das World-Wide
Web wurde von Tim
Bernes-Lee initiiert*

Das Word-Wide Web (WWW oder W3) entstand aus einer Initiative heraus, universellen Zugriff auf weltweit verteilte Dokumente jedweder Form zu ermöglichen. Die Dokumente sind dabei nicht auf reine Textdateien beschränkt, auch die Verarbeitung von Stand- und Bewegtbildern (Filme) sowie akustischen Informationen (Audio-Dateien) wird unterstützt und läßt sich mit heutigen WWW-Browsern auch als unmittelbarer Bestandteil eines einzelnen Dokuments darstellen. Erste Implementierungen des Web entstanden am Conseil Européen pour la Recherche Nucléaire CERN, einem mit Hauptsitz in der Schweiz ansässigen physikalischen Forschungszentrum.

Die Netzstruktur des World-Wide Web besteht aus untereinander durch sogenannte Hyperlinks verbundenen Dokumenten. Jedes Dokument kann auf weitere Dokumente verweisen, die lokal oder entfernt verfügbar sind. Die Informationsübermittlung steuert das HyperText Transmission Protocol HTTP, und die Information selbst ist normalerweise gemäß der HyperText Markup Language HTML aufgebaut. Letztere erlaubt die Definition von Textstrukturen (Überschrift, Absatz, Liste, Tabelle), Schriftarten (normal, kursiv, fett), Schriftgrößen, grafischen Elementen und -Dateien (im Gif- oder Jpeg-Format), und kann alle Darstellungsobjekte mit Hyperlinks verknüpfen.

HTTP regelt den Informationstransport, HTML definiert Dokumentstrukturen

Der Anwender findet im World-Wide Web einen Dienst innerhalb des Internet, der von jedem Rechner aus mit einem WWW-Client (Web- oder HTML-Browser) zugänglich ist. Das Web bietet seinerseits den hypertext- beziehungsweise hypermediabasierten Zugriff auf Informationen, die über Anonymous-`ftp`, Archie, Gopher, Veronica oder auch WAIS (Wide-Area Information System) zur Verfügung stehen.

Das Web verbindet den Archie-, Gopher- und FTP-Dienst über Hyperlinks

Aufgabe des WWW-Clients ist es dabei, eine Benutzerschnittstelle bereitzustellen, die dem Anwender den Zugang zum Web ermöglicht, die geladene Information aufbereitet und darstellt, und aufgrund von Benutzeraktionen Hyperlinks verfolgt, also neue oder zusätzliche Informationen lädt.

Das 1. verfügbare Produkt zum Thema wurde am National Center for Supercomputing NCSA erstellt, und zwar unter dem Arbeitstitel „Mosaic". Später entstanden weitere Web-Browser, unter anderem der ASCII-orientierte `lynx` und die grafikfähigen X-Anwendungen `arena`, `chimera`, `jigsaw`, `netscape` und `tkwww`. Zu beachten ist, daß die HTML-Sprache derzeit ständig erweitert wird, aber nicht alle Web-Browser stets die neueste HTML-Spezifikation unterstützen. Abbildung 11.8 zeigt ein Bildschirmfoto des Web-Browsers NCSA-Mosaic.

Der 1. verfügbare WWW-Client war NCSA-Mosaic

Die Hyperlinks der Web-Dokumente sind jeweils durch einen Uniform Resource Locator URL gekennzeichnet, der aus einem Protokollschlüssel, einem Host- und optional einem Dateinamen besteht. Beispielsweise beschreibt der URL

Abb. 11.8
Der Web-Browser
NCSA-Mosaic

Fehlt der Datei-
name, sendet
der adressierte
HTTP-Dämon
seine „Home-Page"

http://www.w3.org/pub/WWW/TheProject.html

das Dokument **TheProject.html**, das auf dem HTTP-Server
www.w3.org im Verzeichnis **/pub/WWW** zu finden ist. Möchte
der Anwender einen anderen Dienst in Anspruch nehmen, dann
ist der URL mit einem für den jeweiligen Dienst vorgesehenen
Protokollschlüssel einzuleiten:

file://localhost/sound.au
    lädt und interpretiert eine Audio-Datei,

file://localhost/picture.gif
    lädt und interpretiert eine Grafik-Datei,

```
file://localhost/verzeichnis/
```
zeigt den Inhalt eines Verzeichnisses an,

```
ftp://localhost/pub/text.ps
```
öffnet eine FTP-Verbindung zum System `localhost` und kopiert die PostScript-Datei `/pub/text.ps` in ein anzugebendes Verzeichnis,

```
http://localhost/text.html
```
stellt eine Verbindung zum HTTP-Dämon des Systems `localhost` her und lädt ein HTML-Dokument,

```
news:comp.os.linux.apps
```
kontaktiert den in der Umgebungsvariablen `NNTPSERVER` spezifizierten NNTP-Server und lädt die dort vorhandenen Überschriften der News-Gruppe `comp.os.linux.apps`,

Netscape enthält einen News-Client

```
telnet://localhost:4711
```
öffnet eine Telnet-Verbindung zum System `localhost` (Kanal `4711`).

Die Mehrzahl der heute am Markt befindlichen Web-Browser erlaubt dem Anwender, einen URL vor oder während des Betriebs des Web-Browsers „von Hand" anzugeben.

Das World-Wide Web hat zweifellos maßgeblich zur Popularität des Internet beigetragen und wird auch fälschlicherweise häufig mit dem Internet gleichgesetzt. Praktisch jede namhafte Organisation, die über einen Internet-Anschluß verfügt, präsentiert heute ihr Unternehmensprofil im World-Wide Web. Die Bandbreite der Informationen ist inzwischen nicht mehr allein auf akademisch oder kulturell geprägte Nachrichten beschränkt. Seit längerem nutzen auch kommerziell orientierte Unternehmen das World-Wide Web, um ihre Produktpalette in Katalogform aufzuzeigen oder auch Stellenangebote zu offerieren.

Nahezu jedes namhafte Unternehmen präsentiert sich heute via WWW

Die Domainnamen der öffentlich zugänglichen WWW-Server folgen häufig einem Standardschema, bestehend aus der einleitenden Zeichenkette **www**, einem anschließenden Organisationsnamen und einem Kürzel, das die geografische Lage des WWW-Servers kennzeichnet. Der Domainname **www.springer.de** etwa ist die Kennung des in Deutschland befindlichen WWW-Servers des Springer-Verlags.

Der Domainname eines Web-Servers beginnt häufig mit „www"

*AltaVista, Lycos
und WebCrawler
durchsuchen URLs
nach Schlagworten*

Einige Einrichtungen haben einen Dienst realisiert, der dem Anwender eine Schlagwortsuche innerhalb des Web bietet. Beispielsweise wurde auf dem System **altavista.digital.com** ein Index angelegt, der 30 Millionen URLs von 275600 Server-Systemen und 4 Millionen Artikel aus 14000 News-Gruppen erfaßt. Eine Schlagwortsuche berücksichtigt nicht nur die Überschriften, sondern auch den Inhalt der Dokumente. Der Betreiber des Systems, der US-amerikanische Hersteller Digital Equipment, registriert heute mehr als 18 Millionen Anfragen an jedem Wochentag. Einen ähnlichen Dienst bieten die WWW-Server **lycos.cs.cmu.edu**, **www.webcrawler.com** und vielzählige weitere an dieser Stelle nicht genannte Knoten an.

*URLs sind oft
nur kurzlebig*

Leider ist die Popularität des WWW allerdings von der unangenehmen Begleiterscheinung beschattet, daß URLs häufig nur eine kurze Lebenszeit haben. So darf man sich nicht wundern, wenn nur 90% oder weniger der, während einer Suchoperation gefundenen „Treffer" auch tatsächlich zu einer aktiven Web-Seite führen. Und es gilt der Slogan „Web-Pages are always under Construction".

Die universelle Struktur des HTML-Formats hat außerdem eine Welle von Konvertierungen bisheriger Dokumente ausgelöst.

*Viele Linux-
Dokumente sind
im HTML-Format
verfügbar*

Ein großer Teil der Dokumentationen zu Linux und zu Produkten, die in einer Linux-Distribution enthalten sind, ist heute bereits im HTML-Format verfügbar. Dazu zählen beispielsweise das Install Guide, Kernel Hackers Guide und das Network Administrators Guide, die allesamt offizieller Bestandteil des Linux Documentation Projects sind.

Selbstverständlich ist es auch möglich und außerdem üblich, ein Linux-System zu einem World-Wide Web Server auszubauen.

*Die HTTP-
Dämonen httpd
und apache
ermöglichen den
Aufbau eines
Linux-Web-Servers*

Praktisch alle aktuellen Linux-Distributionen enthalten heute einen oder mehrere Lösungen zum Thema, etwa den NCSA-HTTP-Dämon **httpd** oder den sich inzwischen hoher Beliebtheit erfreuenden **apache**. Auch die Konfiguration eines HTTP-Dämons wird in der Regel bereits während der Erstinstallation von Linux ausgeführt. Wer darüber hinaus eigene Erweiterungen treffen möchte, sollte die Dokumentation zum Produkt studieren. Falls diese der Linux-Distribution nicht beigefügt ist, läßt sie sich in jedem Fall irgendwo im WWW finden.

X-Window-System

Als ergonomische Alternative zur Bedienung von Linux über eine (virtuelle) Konsole bietet das Window-System X11 den Zugang zum System über eine grafische Arbeitsoberfläche. Anwendungen erscheinen dort in Fenstern, und ihre Bedienung erfolgt (je nach Anwendungstyp) mittels Tastatur- und/oder Mauskommandos.

Die Bedienung von X-Anwendungen erfolgt mit Tastatur und Maus

Die Arbeitsweise von X11 folgt einer sogenannten Client/Server-Architektur in der Weise, daß der X-Server die lokalen Ein-/Ausgabekomponenten steuert und damit für eine oder mehrere X-Anwendungen (X-Clients) eine Ein-/Ausgabeschnittstelle unterhält. Zwischen den beteiligten Komponenten erfolgt der Informationsaustausch über Datenpakete, formatiert gemäß dem X-Protokoll. Als lokales Transportmedium dienen Unix-Sockets, netzwerkweit erfolgt der Datentransfer über TCP/IP.

X-Anwendungen kommunizieren mit dem X-Server über Unix-Sockets oder TCP/IP

12.1 Window-Systeme

Eine 1. nennenswerte Lösung zum Thema präsentierte der US-amerikanische Hersteller Xerox 1970 mit Smalltalk, das als Urvater aller Window-Systeme gilt. Smalltalk war praktisch ein komplettes Betriebssystem mit integriertem Window-System, das aus den 4 funktionellen Schichten Grafik-Bibliothek, Basis-Window-System, Window-Manager und User-Interface-Toolkit bestand.

Smalltalk ist der Urvater aller Window-Systeme entwickelt

Die Palo Alto Research Corporation (PARC) entwickelte etwa 1977 Display-Lisp. Triebfeder war hier, die in den hauseigenen Labors vorhandenen grafikfähigen Altos-8-Bit-Systeme als Grafik-Terminals für eine DEC PDP-10 einzusetzen. Bei Display-Lisp lief der Grafik-Server auf dem zentralen Anwendungssystem und dieser steuerte die Altos-Systeme über eine Ethernet-Leitung.

*Paul Asente
und Brian Reid
programmierten W*

*Der Quellcode
von W bildete
die Basis für X*

*X8 war die
1. farbfähige
Version*

*Seit 1988 heißt
das Produkt
offiziell X11*

*Kommerzielle
Window-Systeme:
MacIntosh, GEM,
MS-Windows
und SunView*

Universitäre Meilensteine bilden das 1981 vom MIT vorgestellte NU, das ein „Überlappen" von Fenstern erlaubte, und das 1982 von Paul Asente und Brian Reid, Stanford University, entwickelte Window-System W zum experimentellen Betriebssystem V. Ein Jahr später publizierten James Gosling und David Rosenthal, Carnegy-Mellon University, das Andrew-System. In Andrew bildete das Window-System einen eigenständigen Prozeß, der unter Unix ohne Änderungen am Betriebssystemkern lauffähig war. Andrew-Anwendungen kommunizieren mit dem Window-Server via Unix-Sockets.

Etwa zu der Zeit entwickelten das MIT und Digital Equipment im Rahmen des Projekts Athena eine 1. Version des Window-Systems X. Als Entwicklungsplattform verwendeten sie eine VAX 11/750 und VAXstations 1 und 2 mit Ultrix als Betriebssystem, an die grafikfähige monochrome Terminals vom Typ DEC VS100 angeschlossen waren.

Die daraufhin entstandenen Versionen 1–6 waren monochrom und nur auf VAX-Systemen verfügbar. Farbige Displays wurden erstmalig in X8 unterstützt und X10 war die 1., auf verschiedenen Betriebssystemen lauffähige Version. Das 1986 freigegebene X10R4 schließlich wurde von vielen Unternehmen und Institutionen als richtungsweisendes Window-System propagiert.

Im Januar 1987 kamen führende Workstation-Hersteller überein, X als Basis für zukünftige Arbeitsoberflächen zu verwenden. Seit der Gründung des X-Consortiums 1988, zu deren Mitgliedern unter anderem Apple, AT&T, DEC, HP und Sun zählen, wird X offiziell unter dem Namen X11 geführt.

Zu der Zeit hatten sich auch schon einige kommerzielle Window-Systeme am Markt etabliert. Anfang 1984 wurden 1. Versionen von Apples MacIntosh, Microsoft Windows und dem Graphical Environment Manager GEM von Digital Research ausgeliefert. Im kommerziellen Unix-Umfeld bildete das für Sun-Plattformen entwickelte Window-System SunView den Vorreiter.

Gemeinsames Merkmal dieser Produkte war und ist, daß sie nur lokale Applikationen unterhalten können. MacIntosh und MS-Windows konnten sich bis heute am Markt behaupten, GEM und SunView hingegen wurden mehr oder minder verdrängt.

Gegenüber seinen kommerziellen Mitbewerbern integrierte X11 zwar von Anfang an mächtigere Konzepte, jedoch war das Erscheinungsbild einzelner Anwendungen eher rudimentär. Zwei

Herstellervereinigungen entwickelten daraufhin Produkte, die die Darstellung von Objekten eines Window-Systems nebst einer zugehörigen Programmierschnittstelle definieren.

In Zusammenarbeit mit AT&T und später auch Xerox wurde 1987 bei Sun die OpenLook-Spezifikation erstellt. Seit 1988 liefert Sun seine Betriebssystemsoftware zusammen mit Open Windows aus; das ist ein Softwarepaket bestehend aus einem X-Server, OpenLook-konformem Window-Manager `olwm`, diversen X-Clients und dem XView-Toolkit als Entwicklungssystem für eigene Anwendungen.

OpenLook ist seit 1988 Bestandteil von SunOS

Ausgehend von den Vorschlägen von Microsoft, HP und DEC beschloß die Open Software Foundation im Jahr 1988, unter dem Arbeitstitel Motif eine grafische Benutzerschnittstelle zu erzeugen und zum Standard zu erklären. Das äußere Erscheinungsbild beliebiger X-Clients prägt der Motif Window-Manager `mwm`, das Aussehen der grafischen Komponenten einer Motif-Anwendung steuert das Motif-Entwicklungssystem.

Motif ist ein kommerzielles Produkt der Open Software Foundation

Das Window-System X11, genauer die Portierung XFree86 für 80x86-Prozessoren, ist standardmäßig in jeder Linux-Distribution enthalten. Oberhalb von X11 kann der Anwender unter anderem das kommerzielle Produkt Smalltalk/X einsetzen. Letzteres liegt als binäre Demoversion beispielsweise auf dem Server `ftp.informatik. uni-stuttgart.de` in `/pub/stx`. Experimentierfreudige können ferner das Window-System MGR von `ftp://sunsite.unc.edu/pub/Linux/apps/MGR` laden und installieren, das einen integrierten Window-Manager verwendet und in etwa mit SunView vergleichbar ist. Seine Leistungsmerkmale liegen zwar weit hinter denen von X11 zurück, MGR ist aber gegenüber X11 deutlich „kompakter".

Linux-Distributionen enthalten XFree86

12.2   Architektur von X11

X11 ist ein netzwerktransparentes bitmaporientiertes Window-System, bestehend aus einem X-Server, X-Anwendungen und dem X-Protokoll. Letzteres bildet die Basis für den (netzwerkweiten) Datenaustausch zwischen X-Server und X-Clients.

Der X-Server besteht softwareseitig aus hardwareabhängigen (device dependant X ddx) und -unabhängigen Modulen (device independant X dix), wobei der hardwareabhängige Teil die lokale

X11 ist netzwerktransparent und bitmaporientiert

Grafikhardware bedient und Eingaben seitens Tastatur und Maus entgegennimmt. Das verbleibende Modul steuert den Zugriff auf Font-Dateien und die Kommunikationsschnittstelle (Sockets, Netzwerk). Außerdem bearbeitet dix eingehende X-Protokolle und versendet X-Protokolle, veranlaßt durch eine Aktion des Benutzers. Abbildung 12.1 zeigt die Komponenten von X-Server und X-Client. Die Pfeile illustrieren das Zusammenwirken von Hard- und Software.

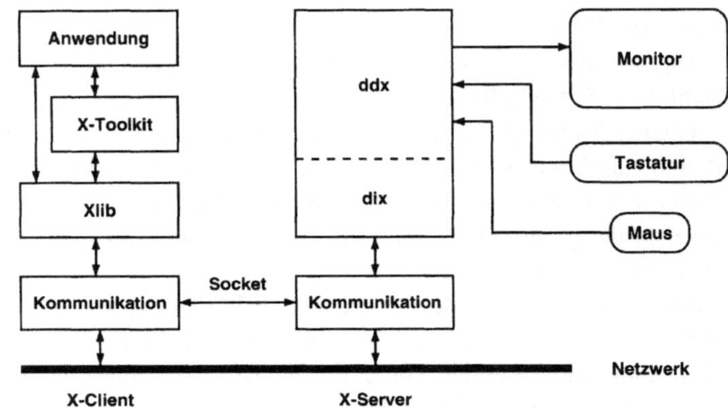

Abb. 12.1
Kommunikation
zwischen
X-Server und
X-Client

Funktionen der
Xlib stellen
die Verbindung
zum X-Server her

X-Clients bestehen aus der eigentlichen Anwendung und einer Reihe von Funktionen, die grafische Objekte der Anwendung festlegen und die Verbindung zum X-Server herstellen. Dafür erforderliche Routinen faßt die Bibliothek Xlib zusammen; sie bildet gewissermaßen den Assembler zum Window-System X11.

Auf die Xlib aufbauende, höhere Funktionen enthält unter anderem die X-Toolkit-Intrinsics-Library libXt, die standardmäßig zum Lieferumfang von X11-Distributionen gehört. Sie stellt häufig benötigte grafische Objekte (Widgets) wie Menüs, Scrollbars, Dialogboxen et cetera und einen (Callback-) Mechanismus für effiziente Eingabeverwaltung bereit. Ferner enthält libXt komplexe Anwendungsroutinen, die den Aufwand zur Entwicklung eigener X-Clients auf ein Minimum beschränken.

X-Toolkits
erleichtern die
Programmierung
von X-Clients

Eine spezielle Rolle unter den X-Anwendungen spielt der X-Window-Manager. Er verfügt über besondere Rechte. Unter anderem steuert der X-Window-Manager Abmessungen und Positionen sowie das äußere Erscheinungsbild aller Hauptfenster.

12.3 Widgets

Widgets sind Abstraktionen von Elementen der Benutzerschnittstelle. Jedes Widget korrespondiert mit einem eigenen X-Fenster, in dem es sich präsentiert. Außerdem sind Widgets an Aktionen gekoppelt, die sie aufgrund benutzerseitiger Eingaben ausführen.

Im Laufe der Zeit entstanden diverse Widget-Bibliotheken mit unterschiedlichem Vorrat an Basiselementen. Gemeinsames Merkmal dieser Widget-Sets ist eine Klassenhierarchie: Jedes Widget repräsentiert ein Objekt, das einer Klasse angehört, alle Widgets stammen von einer gemeinsamen Wurzelklasse ab. X11-Distributionen enthalten standardmäßig die sogenannten X-Athena-Widgets Xaw. Abbildung 12.2 zeigt die Hierarchie der Athena-Widget-Klassen.

Widget-Bibliotheken enthalten Dialogelemente

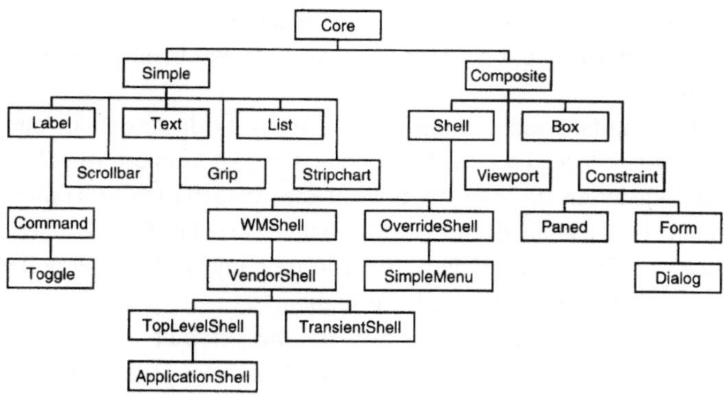

Abb. 12.2 Hierarchie der Athena-Widget-Klassen

An der Spitze der Athena-Widget-Klassenhierarchie steht die Klasse „Core". Sie enthält die allen Widgets gemeinsamen Strukturen Name, Größe, Position, Hintergrund, Ränder und so fort sowie Funktionen, die ihre Behandlung definieren. Die direkte Unterklasse „Composite" bildet die Grundlage für zusammengesetzte Widgets. Sie steuert das Hinzufügen und Entfernen von Sub-Widgets. Ferner verwaltet „Composite" Vereinbarungen über Größe und relative Position zum übergeordneten Widget.

Athena-Widgets vererben ihre Attribute an Sub-Widgets

Die Klasse „Constraint" erlaubt die Kopplung nachfolgender Widgets mit speziellen Anforderungen, beispielsweise minimale und maximale Größe. Parallel dazu liegt „Shell". Diese Klasse kommuniziert mit dem Window-Manager und regelt den Aufbau von Popup-Menüs.

Im Rahmen von X11-Distributionen des X-Consortiums enthaltene X-Anwendungen verwenden die Athena-Widgets. Eine Alternative bilden die Xaw3d-Widgets von Kaleb Keithley, USA, die mit Xaw binärkompatibel sind. Gegenüber Xaw wirkt das Erscheinungsbild der Xaw3d-Widgets 3dimensional, erzeugt durch Schattierungen.

Xaw3d ist kompatibel mit Xaw

Ebenfalls im „3D-Look-and-Feel" ausgelegt sind die Widgets des XView-Toolkits, der Entwicklungsbibliothek für OpenLook-konformes Erscheinungsbild. Obwohl OpenLook zum Bestandteil von System V Release 4 erklärt wurde und außerdem das XView-Toolkit frei verfügbar ist, wurde es in jüngerer Zeit von Motif verdrängt.

Das XView-Toolkit ist frei erhältlich

Motif ist nicht frei verfügbar. Dennoch konnte das Produkt eine höhere Akzeptanz als OpenLook erzielen. Möglicherweise liegt das daran, daß einerseits Motif Ähnlichkeiten zum weit verbreiteten MS-Windows aufweist und andererseits die Mitglieder der OSF das Produkt zu ihren Systemen standardmäßig mit ausliefern.

Motif ist lizenzpflichtig

Eine umfangreiche Sammlung weiterer Widgets enthält das FWF-Toolkit der Free Widget Foundation, koordiniert von Bert Bos (Niederlande). Abgestimmt auf die Ausgabe multimedialer Daten, entwickelte der Finne Markku Savela die Xew-Widgets (Text, Grafik, Audio, Video). Etwa 40 freie und 10 kommerzielle Widget-Sets sind mittlerweile verfügbar.

Das FWF-Toolkit bündelt etwa 40 freie Widgets

Für den X11-Programmierer ist die Vielfalt erhältlicher Widgets einerseits vorteilhaft, da er für nahezu jedes Problem auf bereits vorbereitete Widgets zurückgreifen kann. Andererseits behindert die Vielfalt der Widget-Bibliotheken, die sich außerdem untereinander in Aussehen und Bedienung unterscheiden, das Anfertigen portabler Programmcodes.

Widget-Sets sind äußerlich nicht einheitlich

Linux-Distributionen enthalten standardmäßig die Xaw-Widgets, das XView-Toolkit und die Xaw3d-Widgets. Motif wird als lizenzpflichtiges Produkt von diversen Distributoren angeboten. Das FWF-Toolkit mit etwa 40 Widgets unterschiedlicher Komplexität ist kostenlos über **anonymous ftp** im Quellcode erhältlich. Die jeweils neueste Version liegt auf dem niederländischen FWF-Server **ftp.let.rug.nl** und auf dem deutschen „FWF-Mirror" **ftp.informatik.tu-muenchen.de**, dort im Verzeichnis **/pub/comp/gnu/fwf**.

Linux Distributionen enthalten Xaw, Xaw3d und das xview-Toolkit

12.4 X-Server konfigurieren

Vor dem Einsatz von X11 unter Linux muß der Systemverwalter
einerseits ein Server-Programm installieren, das auf die vorhandene Grafikhardware abgestimmt ist, und andererseits eine Konfigurationsdatei erzeugen, die die gewünschten Tastaturbindungen,
Maustyp und Mausport festlegt und einige Daten zum vorhandenen Monitor aufnimmt. Üblicherweise erfolgt diese Konfiguration im Rahmen der Erstinstallation, unterstützt durch ein ASCII-
oder menüorientiertes Programm, jedoch ist das Ergebnis nicht in
jedem Fall zufriedenstellend.

Zu konfigurieren: Tastatur, Maustyp, Mausport, Grafikkarte, Monitordaten

Die Auswahl des X-Servers ist in der Regel recht einfach.
Falls man die exakte Bezeichnung der Grafikkarte kennt, liefert
beispielsweise die Datei **/usr/X11R6/lib/X11/Cards** Auskunft darüber, welcher Server zu verwenden ist. Ist die vorhandene Karte dort nicht aufgeführt, kann man es mit dem generischen
Server **XF86_SVGA** versuchen oder mit **XF86_VGA16**, wobei allerdings keine optimale Unterstützung der Hardware zu erwarten
ist. In diesem Fall lohnt es sich gegebenenfalls, einen kommerziellen X-Server einzusetzen, etwa Accelerated-X oder Metro-X.
In jedem Fall muß im Verzeichnis **/usr/X11R6/bin** ein symbolischer Link mit Namen **x** existieren, der auf den gewählten
X-Server zeigt.

XF86_SVGA kann fast jede Grafik-karte mit 640x480 Bildpunkten ansteuern

Zur Grundkonfiguration kann man dann entweder das zeilen-
orientierte Programm **xf86config**, das mit ASCII-Menüs arbeitende **Xconfigurator** oder, falls vorhanden, das oberhalb
des Servers **XF86_VGA16** arbeitende grafische Konfigurationspro-
gramm **XF86Setup** starten. Jedes dieser Programme erzeugt abschließend die Datei **XF86Config**.

Xconfigurator, xf86config und XF86Setup erzeugen die Konfi-gurationsdatei XF86Config

xf86config fragt den Anwender der Reihe nach, welcher
Maustyp vorhanden ist, an welchem Port die Maus angeschlossen ist, ob es sich um eine Maus mit 2 oder 3 Tasten handelt,
ob die Tastaturbelegung entsprechend der für die Konsole geltenden Einstellungen übernommen werden soll oder der Anwender
diese per **xmodmap** einstellen will, Typ der Tastatur, horizontale
und vertikale Synchronisationsrate des Monitors, Name der Grafikkarte (über 400 Produkte stehen heute zur Wahl), Größe des
Grafikspeichers, RAMDAC und Clock-Chip der Grafikkarte und
gewünschte Bildschirmauflösungen. Bei **XF86Setup** sind diese
Daten ebenfalls komplett einzugeben. **Xconfigurator** versucht,

Synchronisations-raten stehen im Handbuch zum Monitor

337

die vorhandene Grafikkarte per Autoprobing zu identifizieren und leitet die erforderlichen Synchronisationsraten des Monitors von einem gewählten Monitortyp ab. Tastatur- und Maustyp lassen sich per **Xconfigurator** nicht einstellen, es werden statt dessen die für die Konsole gültigen Parameter übernommen.

Nach Abschluß der Grundkonfiguration sollte man den X-Server mit Aufruf von **X -probeonly** starten und das Ergebnis in eine Datei umleiten. An der Ausgabe läßt sich dann erkennen, ob die Eingabegeräte, die Grafikkarte und der Monitor erkannt wurden und ob in der Konfiguration „Mode-Lines" enthalten sind, mit der die Grafikkarte den Monitor bedienen kann, jeweils gekennzeichnet durch 2 Sterne. Zeigt der Programmaufruf keine Mode-Lines an, dann konnte der X-Server zu den Werten für Clocks, HorizSync und VertRefresh aus **XF86Config** dort keinen ModeLine-Eintrag finden. In diesem heute sehr seltenen Fall muß man die Werte für einen ModeLine-Eintrag berechnen. Entsprechend notwendige Schritte beschreibt das **XFree86-Video-Timings-HOWTO**.

Wenn der X-Server nicht läuft, ist häufig das Fehlen eines geeigneten ModeLine-Eintrags die Ursache

Unterstützt die vorhandene Hardware mehrere Mode-Lines, dann läßt sich der X-Server mit mehreren Auflösungen betreiben, zwischen denen man (etwa nach Aufruf von **X**) mit **C-A-+** (Control, Alt, Plus) und **C-A--** (Control, Alt, Minus) hin und herschalten kann. Ist die Bildschirmdarstellung dabei nicht optimal, weil entweder das Bild zu klein oder nicht zentriert ist, kann man mit **xvidtune** letzte Korrekturen an den ModeLine-Werten vornehmen. Abbildung 12.3 zeigt ein Foto von **xvidtune**.

C-A-Backspace terminiert den X-Server

xvidtune
HDisplay: 1280
HSyncStart: 1312
HSyncEnd: 1456
HTotal: 1712
Left   Right   Wider   Narrower
Flags (hex): 0000
Quit   Apply   Auto   Test   Restore
Fetch   Show   Next   Prev
VDisplay: 1024
VSyncStart: 1027
VSyncEnd: 1030
VTotal: 1064
Up   Down   Shorter   Taller
Pixel Clock (MHz):   135.00
Horizontal Sync (kHz):   78.86
Vertical Sync (Hz):   74.11

Abb. 12.3 Korrektur der ModeLine-Werte mit xvidtune

12.5 Arbeiten mit X11

Der Zugang zum Window-System X11 ist auf 3 Arten möglich,
von denen 2 praktisch sofort gelingen, die 3. eine Vorabkonfigu-
ration erfordert. Während der Anwender bei den ersten 2 Methoden überwiegend lokal laufende Clients unterhält, erlaubt es die
3. Zugangsart, das lokale System als Terminal für einen entfernten Rechner einzusetzen. X11 ermöglicht dies über die Kopplung
von X-Servern mit einer eindeutigen X-Server-Adresse.

X11 unterhält lokale und entfernte Anwendungen

Nach erfolgreichem Laden des X-Servers steht dem Linux-
Anwender eine breite Palette von X-Clients zur Verfügung.
Neben Basis-Applikationen – sie zählen zur Grundausstattung
von X11 – enthalten Linux-Distributionen diverse Anwendungs-
pakete, die auf den Einsatz oberhalb von X11 zugeschnitten sind.
Letztere bleiben in diesem Abschnitt unberücksichtigt.

Die Grund-ausstattung enthält nur die MIT-X-Clients

Ziel dieses Abschnitts ist es, den Zugang zu X11 zu erklären,
Aufbau und Inhalt der X11-Startup-Dateien aufzuzeigen und das
Adressierungsschema von X11 zu erläutern. Eine abschließen-
de kurze Vorstellung ausgewählter MIT-X-Clients beleuchtet das
Anwendungsspektrum der Basis-Applikationen.

12.5.1 X-Server starten und beenden

Der einfachste Zugang zum Window-System X11 besteht im
Aufruf des Initialisierungsprogramms **xinit** von der Konsole
aus. **xinit** wertet daraufhin den Inhalt von **$HOME/.xinitrc**
aus und startet der Reihe nach die dort eingetragenen Kommandos, analog dem Bearbeiten eines Shell-Skripts.

.xinitrc steuert den initialen X11-Desktop

Existiert die Konfigurationsdatei **$HOME/.xinitrc** nicht,
dann öffnet **xinit** einen Kommandointerpreter, gestartet mit

```
xterm -geometry +1+1 -n login -display :0
```

Dabei bewirkt die Option **-geometry +1+1**, daß die obere
linke Ecke des **xterm**-Fensters vom oberen Bildrand je einen
Bildpunkt nach rechts und unten zu positionieren ist, **-n login**
weist dem Fenster den Namen **login** zu und **-display :0**
veranlaßt **xterm**, das Fenster auf dem lokalen X-Server darzu-
stellen.

-display adressiert auch entfernte X-Server

Die allgemeine Syntax zur Spezifikation von Positionen, an denen eine X-Anwendung erscheinen soll, erlaubt zusätzlich die Angabe der Höhe und Weite des Fensters:


```
-geometry WxH+-X+-Y
```

positioniert den X-Client in der Breite **W** und der Höhe **H** an der Stelle (**X,Y**) relativ zum linken (**+**) oder rechten (**–**) beziehungsweise oberen (**+**) oder unteren (**–**) Bildschirmrand. Dabei ist zu beachten, daß textorientierte Anwendungen **W** und **H** als Zeilen- und Spaltenzahl verwenden, grafische Anwendungen hingegen als Bildschirmpunkte interpretieren.

Die Startup-Datei des Anwenders **$HOME/.xinitrc** enthält normalerweise mindestens eine **xterm**-Anwendung und einen X-Window-Manager. Als Beispiel zeigt Abbildung 12.4 ein Mini-**.xinitrc**. Die Einträge starten der Reihe nach eine Uhr **xclock**, den Editor **emacs**, einen „Briefkasten" **xbiff**, einen Kommandointerpreter **xterm** und den „F(?) Virtual" Window-Manager **fvwm**.

*Abb. 12.4
Beispiel einer
.xinitrc-Datei*

```
xclock -geometry 60x60+1076+6 &
emacs &
xterm -geometry 92x58+6+108 &
xbiff -geometry 60x60+1000+6 &
fvwm
```

Die 2. Methode besteht im Aufrufen eines Shell-Skripts **startx** oder **openwin**. **startx** prüft vorab, ob im Heimatverzeichnis des Anwenders eine Datei **.xinitrc** vorhanden ist. Ist dies nicht der Fall, dann fordert **startx** das Programm **xinit** auf, statt dessen die Datei **/usr/X11R6/lib/xinit/xinitrc** zu verwenden, und der Desktop erscheint gemäß den dort befindlichen Eintragungen. **openwin** hingegen gestaltet den Arbeitsplatz entsprechend dem Inhalt von **$HOME/.openwin-init**.

*startx und
openwin sind
Shell-Skripts*

Ursprünglich für die Steuerung von X-Terminals entwickelt und mittlerweile als bevorzugt einzusetzende Methode propagiert, ist der Zugang zu X11 über den X-Display-Manager **xdm**. Voraussetzung dazu ist die Konfiguration der **xdm**-Steuerdateien **Xaccess** und **Xservers** aus **/usr/X11R6/lib/X11/xdm** und das Aktivieren des X-Display-Managers. Letzteres veranlaßt normalerweise eines der in **/etc/rc.d/init.d** befindlichen Shell-Skripte.

*Den xdm
konfigurieren
Xaccess und
Xservers*

Der X-Display-Manager verwaltet mehrere X-Server, kann also neben lokalen auch entfernte X-Server steuern. Läuft der **xdm** lokal und enthält seine Konfigurationsdatei **Xaccess** einen Eintrag, der ihn anweist, das lokale System zu steuern, dann startet **xdm** implizit den lokalen X-Server **/usr/X11R6/bin/X**.

Anderenfalls kann der Anwender das Programm **X** mit einer Option aufrufen, die eine Kontaktaufnahme zu einem entfernten **xdm** durchführt (Basis für den Nachrichtenaustausch zwischen X-Server und dem **xdm** bildet das X Display Manager Control Protocol XDMCP). Folgende Optionen stellen die Verbindung zu einem X-Display-Manager her:

XDMCP regelt die Kommunikation zwischen X und xdm

-broadcast sendet ein **BroadcastQuery**-Protokollpaket an die Broadcast-Adresse des Netzwerks. Der **xdm** desjenigen Hosts, der als erster antwortet, übernimmt die Steuerung des X-Servers,

-indirect Host sendet ein **IndirectQuery**-Paket an **Host**,

-query Host sendet ein **Query**-Paket an **Host**.

Beim **xdm**-gestützten Einsatz von X11 erfolgt das Anmelden beim System über ein **login**-Fenster, in das Benutzerkennung und Paßwort einzugeben sind. Wird der lokale X-Server von mehreren X-Display-Managern gesteuert, dann muß der Anwender vorab aus dem sogenannten **chooser**-Menü auswählen, zu welchem Host er den Zugang wünscht.

Der chooser zeigt eine Liste der xdm-Hosts

Nach Validierung des Zugangscodes wertet **xdm** den Inhalt von **$HOME/.xsession** aus und startet die dort angegebenen Kommandos. Existiert diese Datei nicht, dann aktiviert **xdm** den **twm**-Window-Manager (als Hintergrundprozeß) und ein Terminalprogramm **xterm**, das im Vordergrund läuft.

xdm wertet .xsession aus

Sowohl **$HOME/.xinitrc** als auch **$HOME/.xsession** verwenden **xinit** beziehungsweise **xdm** als Shell-Skript, wobei für die Datei **$HOME/.xsession** das Ausführungsrecht gesetzt sein muß. Wesentlich ist bei beiden Dateien, daß alle Kommandozeilen mit Ausnahme der letzten mit einem **&** abgeschlossen sind, die jeweiligen Programme also als Hintergrundprozeß laufen.

.xsession muß ausführbar sein

Falls der letzte Befehl einen Window-Manager startet, läßt sich die X11-Sitzung mit seiner Terminierung beenden. Generell führt ein Beenden der letzten, aus **.xinitrc** oder **.xsession** heraus gestarteten und im Vordergrund laufenden Anwendung zur Terminierung der Sitzung mit X11. Daher ist es erforderlich, daß mindestens 1 dort gestartetes Programm im Vordergrund läuft, da anderenfalls das Shell-Skript praktisch sofort als abgearbeitet gilt.

12.5.2 X-Server-Adressen und Zugriffsrechte

X-Server-Adressen bestehen aus Hostnamen, Display- und Screennummer

Jeder X-Server trägt einen Namen, der sich aus dem Hostnamen, einer Display- und einer Screennummer zusammensetzt. Der lokale X-Server läßt sich über `:0` oder `:0.0` ansprechen, entfernte Systeme sind mit

```
Host:0  oder  Host:0.0
```

zu adressieren. Dabei ist `Host` wahlweise in IP- oder Domain-Adressierung anzugeben (siehe Kapitel 10.5).

Normalerweise steuert der X-Server genau ein Display, das einen einzigen Screen enthält. Bei Systemen, die mehrere Grafikkarten enthalten oder mit einer Grafikkarte mehrere Monitore adressieren, können für Display und Screen andere Werte als `0` erforderlich sein. X-Anwendungen leiten den zu adressierenden X-Server aus dem Wert der Umgebungsvariablen `DISPLAY` oder aus dem auf die Option `-display` angegebenen Wert ab.

Nur Trusted-Hosts dürfen entfernte X-Server benutzen

Aus Sicherheitsgründen ist der anwendungsseitige Zugriff auf einen bestimmten X-Server stets nur „Trusted-Hosts" erlaubt. X11 steuert das Zugriffsrecht über einen Authentifizierungsmechanismus, der initial nur lokalen X-Clients erlaubt, mit dem lokalen X-Server zu kommunizieren.

Möchte der Anwender auf dem lokalen X-Server einen X-Client darstellen, den ein entfernter Host bearbeitet, dann muß der Anwender dem entfernten System zuvor mit

```
xhost Host
```

das Zugriffsrecht erteilen. Uneingeschränkten Zugriff auf den lokalen X-Server schaltet `xhost +` frei (jeder Host darf auf das lokale Display zugreifen).

Anschließend entfernt gestarteten X-Clients muß der Anwender außerdem mitteilen, daß sie ihre Ein-/Ausgabe auf das lokale Display umleiten sollen. Lautet beispielsweise der Name des lokalen Systems **Jeannie**, der des entfernten **Fawn**, dann startet der Aufruf

```
rsh Fawn xterm -display Jeannie:0.0
```

auf dem System **Fawn** einen Kommandointerpreter **xterm**, der seine Ein-/Ausgabe auf **Jeannie:0.0** umleitet. Erforderliche Voraussetzungen dazu betreffen 1., daß **Fawn** für das Display **Jeannie:0.0** einen Trusted-Host bildet und 2., daß der Anwender auf **Fawn** einen geeigneten **.rhosts**-Eintrag vorgesehen hat, der ihm erlaubt, von **Jeannie** aus dort Anwendungen zu initiieren.

Die Option -display kann entfallen, wenn DISPLAY die Adresse vom Zielsystem enthält

12.5.3 MIT-X-Clients

Zum Lieferumfang von X11-Distributionen zählen eine Vielzahl von System- und Anwendungsprogrammen, die Interaktionen mit dem Betriebssystem und mit dem Window-System ermöglichen. Nachstehend sind die wichtigsten MIT-X-Clients kurz andiskutiert.

Alle MIT-X-Clients verfügen über eine integrierte Kurzhilfe. Wird eine X-Anwendung mit der Option **-help** aufgerufen, dann druckt das entsprechende Programm eine kommentierte Liste der zulässigen Programmparameter aus. Ausführliche Beschreibungen der einzelnen MIT-X-Clients und der jeweils zulässigen Kommandozeilenoptionen enthält das On-line-Manual unterhalb von **/usr/X11R6/man**.

xterm -help liefert eine Beschreibung der xterm-Optionen

Bereits erwähnt wurden das Programm **xterm**, das oberhalb des Window-Systems ein virtuelles Terminal öffnet, **xclock** zum Anzeigen einer fortlaufenden Uhr und **xbiff**, das dem Anwender über neu eingegangene E-Mail informiert. **xclock** und **xbiff** zählen zu den Desktop-Tools von X11. Zu weiteren Vertretern dieser Gruppe zählen die Programme **xcalc**, **xload**, **xedit** und **xman**.

xman bietet ein grafisches On-line-Manual

xcalc bietet eine Art Taschenrechner, der tastatur- und/oder mausgestützt zu bedienen ist. Das Performance-Meter **xload** gibt Auskunft über die aktuelle durchschnittliche Systemlast in Form eines Histogramms. Der Full-Screen-Editor **xedit** ermöglicht elementare Textbearbeitung. **xman** schließlich bietet einen eleganten Zugang zum **man**-Befehl, wobei der Anwender einzelne Seiten aus einem alphabetisch sortierten Inhaltsverzeichnis auswählen kann. Abbildung 12.5 zeigt die Desktop-Tools der MIT-X11-Distribution.

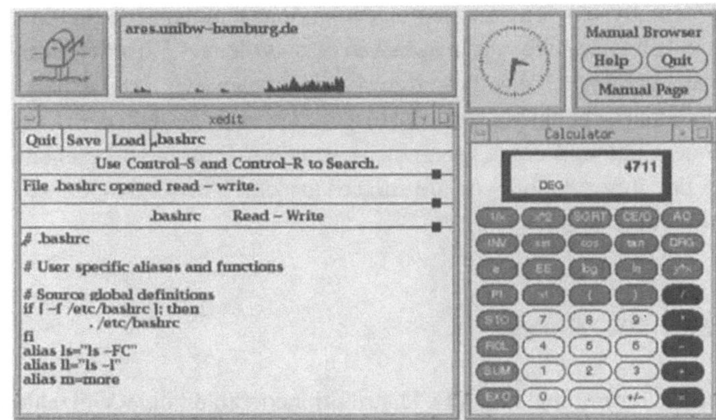

Abb 12.5
Die Desktop-
Tools der
MIT-X11-
Distribution

Die MIT-X-Clients **xhost**, **xlsclients**, **xkill**, **xprop**, **xwininfo**, **xset**, **xmag**, **xrefresh**, **xwd** und **xwud** bilden die Klasse der sitzungsunterstützenden X-Anwendungen. **xhost** wurde bereits in Kapitel 12.5.2 vorgestellt; seine Aufgabe besteht in der Steuerung der Zugriffsrechte auf einen X-Server.

xset ermöglicht das Einstellen serverinterner Parameter, und zwar Suchpfade für Fonts, Mausparameter, Tastatur-Autorepeat und Screen-Saver. Eine Liste der auf einem bestimmten X-Server aktiven X-Anwendungen zeigt das Programm **xlsclients** an. Ausführliche Informationen zu einer bestimmten X-Anwendung liefert **xwininfo**, **xprop** hingegen zeigt spezielle Eigenschaften eines X-Clients. **xkill** schließlich weist den X-Server an, die Verbindung zu einem X-Client aufzulösen.

xset -s 300
aktiviert den
Bildschirmschoner
nach 300 Sekunden

Die übrigen 4 Programme unterstützen den Zugriff auf Bildschirminhalte. **xmag** zeigt einen Bildschirmausschnitt in einem eigenen Fenster vergrößert an, **xrefresh** zeichnet den gesamten Bildschirminhalt neu und **xwd** (X-Window-Dump) kopiert einen Bildschirmbereich in eine Datei. Mit **xwd** gespeicherte Bildschirmausschnitte kann **xwud** anschließend in einem eigenen Fenster anzeigen.

xwd erzeugt
Screendumps

Auskunft über allgemeine Eigenschaften eines X-Servers gibt **xdpyinfo** aus. Dazu zählen unter anderem die Versionsnummer des Servers und installierte Server-Erweiterungen (Extensions). **xrdb** bietet den Zugriff auf die X-Resources-Datenbank. Das Programm **xlsfonts** erzeugt eine Liste der verfügbaren Fonts und **showrgb** zeigt die Farbnamen an, die der Anwender bei der Spezifikation von Farbwerten verwenden kann. Details zu den Themen X-Resources, X-Fonts und X-Farben enthalten die Kapitel 12.6 bis 12.8.

Abschließend sei noch auf den X-Client **twm** hingewiesen. Er ist als Standard-Window-Manager von X11 für das äußere Erscheinungsbild der X-Clients verantwortlich. Ferner erlaubt er dem Anwender interaktives Vergrößern und Verschieben einzelner Fenster und stellt Menüs bereit, die den Zugriff auf elementare Funktionen des Window-Systems öffnen. Näheres zum Thema Window-Manager enthält Kapitel 13. Dort sind auch einige alternative Window-Manager genannt, die gegenüber dem MIT-X-Window-Manager **twm** teilweise wesentliche Erweiterungen bieten.

Der Window-Manager steuert das äußere Erscheinungsbild der X-Clients

12.6 X-Resources

Alle Objekte beziehungsweise grafischen Elemente von X-Anwendungen sind an Attribute gebunden, die Position, Größe, Form, Farbe, zu verwendenden Zeichensatz und anderes festlegen. Das Konzept der X-Resources erlaubt dem Anwender, einzelne oder alle Attribute zu modifizieren, und zwar ohne Änderungen an den Programmquellen vorzunehmen.

Der X-Server unterhält dazu eine interne und dem Benutzer zugängliche Ressourcen-Datenbank. Mit dem X-Client **xrdb** kann der Anwender die dort gespeicherten X-Resources abfragen (Option **-query**), neue Ressourcen hinzufügen (**-merge**), vorhandene ersetzen (**-override**) oder auch den kompletten Datenbestand löschen (**-remove**) beziehungsweise überdefinieren (**-load**).

X-Resources, die eine bestimmte X-Anwendung **Client** verarbeitet, liefert der Aufruf **listres Client**. Mit

    appres Client

läßt sich einsehen, welche X-Resources **Client** „sieht". Ferner ermöglicht das Programm **editres** interaktives Modifizieren

X-Resources steuern Attribute wie Form, Farbe, Zeichensatz und anderes

einzelner Attribute. Leider sind nicht alle X-Anwendungen mit **editres** kompatibel.

Bezeichner für X-Resources sind Zeichenketten, bestehend aus aneinandergefügten Klassennamen, abgeschlossen mit einem Doppelpunkt. Anfangs der Zeichenkette steht die Klasse der Anwendung (normalerweise der Programmname), gefolgt von einem Trennzeichen (Stern oder Punkt). Darauf folgen einzelne Komponenten der Anwendung (Subobjekte) und zuletzt der Name des Attributs. Beispielsweise steuern folgende X-Resources das Aussehen des X-Clients **xterm**:

Bezeichner für X-Resources bestehen aus Klassennamen

```
XTerm*background: navy
XTerm*foreground: yellow
XTerm*cursorColor: yellow
XTerm*pointerColor: red
XTerm*pointerShape: left_ptr
```

setzen Farbwerte für die Attribute **background, foreground, cursorColor** und **pointerColor**. Dabei gehört **background** der Klasse **Background** und die 3 übrigen der Klasse **Foreground** an, zulässige Werte dieser X-Resources sind Farbangaben (siehe Kapitel 12.8).

pointerShape gehört der Klasse **Cursor** an. Als Argument benötigen X-Resources der Klasse **Cursor** Namen von Dateien, befindlich in **/usr/X11R6/include/X11/bitmaps**. Von den dort befindlichen Dateien definieren nur diejenigen einen Cursor, die die Definitionen ***_x_hot** und ***_y_hot** enthalten.

Mauszeiger sind von der Klasse Cursor

Obiges Beispiel zeigt „detaillierte" X-Resources-Spezifikationen in dem Sinne, daß diese 1. nur für den X-Client **xterm** gültig sind und sie 2. nur spezielle Attribute setzen. Mit weniger detaillierten Angaben lassen sich alle Attribute setzen, die einer bestimmten Klasse angehören oder auch das Erscheinungsbild von Attributen für alle Anwendungen festlegen, die bestimmte Ressourcen oder Ressource-Klassen unterstützen. Die Festlegungen

```
*Foreground: yellow
*pointerColor: red
```

bestimmen, daß alle X-Clients, die X-Resources aus der Klasse **Foreground** unterstützen, für alle Elemente dieser Klasse die Vordergrundfarbe „yellow" verwenden sollen. **pointerColor,** ebenfalls der Klasse **Foreground** zugehörig, soll davon abweichend in der Farbe „red" erscheinen.

Üblicherweise faßt der Anwender alle X-Resources, die das allgemeine Erscheinungsbild seines Desktops festlegen, in der Datei **$HOME/.Xdefaults** zusammen und lädt sie mittels

```
xrdb -load $HOME/.Xdefaults
```

aus **$HOME/.xinitrc** beziehungsweise **$HOME/.xsession** heraus. Möchte er anschließend beispielsweise die Hintergrundfarbe für alle späteren **xterm**-Anwendungen auf „green" setzen, kann die Befehlsfolge

```
echo "XTerm*background: green" | xrdb -merge -
```

die Ressource-Datenbank entsprechend modifizieren.

Zusätzlich werten alle X-Clients die Umgebungsvariable **XENVIRONMENT** aus. Diese zeigt auf eine sowohl anwender- als auch hostspezifische Ressourcen enthaltende Datei. Findet ein X-Client diese Variable in seinem Prozeßkontext nicht, dann sucht das Programm nach **$HOME/.Xdefaults-Host** (**Host** ist der Name des Systems, das die Anwendung ausführt).

Standardmäßig verarbeiten X-Clients außerdem die Option **-xrm**, die eine gezielte Vergabe von X-Resources erlaubt. Mehrere X-Resources lassen sich durch Hintereinanderschreiben einzelner **-xrm**-Optionen setzen. Beispielsweise erzeugt

```
xterm -xrm "XTerm*foreground: red"\
      -xrm "XTerm*background: white"
```

eine **xterm**-Anwendung mit roter Schrift auf weißem Hintergrund. Diese Methode ist jedoch wenig komfortabel und begrenzt einsetzbar, da Unix-Kommandozeilen nicht beliebig lang sein dürfen.

Eine generelle Voreinstellung von anwendungsspezifischen X-Resources können X-Clients einer sogenannten Application-Defaults-Datei entnehmen. Standardmäßig suchen X-Anwendungen im Verzeichnis **/usr/lib/X11/app-defaults** nach einer Datei, die den gleichen Namen trägt wie der Klassenname der X-Anwendung. Beispielsweise lädt **xterm** den Inhalt von **XTerm**, **xclock** entnimmt die anwendungsspezifischen Ressourcen aus **XClock** und so fort.

$HOME/.Xdefaults bündelt anwenderdefinierte X-Resources

MIT-X-Clients verarbeiten die Option -xrm

Application-Defaults-Dateien enthalten systemweit gültige X-Resources

Zu beachten ist, daß die in **/usr/lib/X11/app-defaults**
befindlichen Dateien dem Superuser gehören und anwenderseitig
nicht modifizierbar sind. In Ergänzung hat jeder X11-Benutzer
die Freiheit, sich eigene Application-Dafaults-Dateien vorzuhal-
ten, und er kann das System veranlassen, die anwendungsspezifischen Ressource-Dateien alternativen Suchpfaden zu entnehmen.
Verzeichnisse, in denen Xt-basierte X-Clients nach Ressource-
Dateien suchen, steuern folgende Umgebungsvariablen:

XAPPLRESDIR erlaubte bei X11R3 und früheren Versionen
die Spezifikation eines Suchpfads. Seit X11R4 bieten
die Variablen ***SEARCHPATH** erweiterte Möglichkeiten.
XAPPLRESDIR wird aus Gründen der Kompatibilität mit
„alten" X-Clients weiterhin unterstützt,

XFILESEARCHPATH kann eine Liste von Suchpfaden enthalten,
wobei einzelne Einträge mit Doppelpunkt zu trennen sind.
Ferner dürfen in der Liste gewisse Meta-Zeichen auftreten,

XUSERFILESEARCHPATH kann ebenfalls aus einer Liste von
Suchpfaden bestehen und Meta-Zeichen enthalten.

In einem 1. Schritt durchsucht der X-Client der Reihe nach die
Pfade von **XFILESEARCHPATH** bis eine geeignete Application-
Defaults-Datei gefunden wurde. Anschließend durchsucht der
X-Client die Einträge von **XUSERFILESEARCHPATH** und über-
lädt die bereits gesetzten Ressourcen mit dem Inhalt der 1. dort
gefundenen Ressourcen-Datei. Findet der X-Client in seinem
Prozeßkontext **XFILESEARCHPATH** nicht, verwendet er

```
/usr/lib/X11/%L/%T/%N%C:\
/usr/lib/X11/%l/%T/%N%C:\
/usr/lib/X11/%T/%N%C:\
/usr/lib/X11/%L/%T/%N:\
/usr/lib/X11/%l/%T/%N:\
/usr/lib/X11/%T/%N
```

Dabei bedeuten

%L Sprache_Lokalität.Zeichensatz (etwa **GER_DE.8859**)

%l Sprache

%T Wert des Dateityps (hier: **app-defaults**)

%N Programm- oder Klassenname

%C Wert der Ressource ***customization**

Der programminterne Wert von **XUSERFILESEARCHPATH** ist

```
<root>/%L/%N%C:\
<root>/%l/%N%C:\
<root>/%N%C:\
<root>/%L/%N:\
<root>/%l/%N:\
<root>/%N
```

wobei **root** entweder der Wert von **XAPPLRESDIR** oder, falls diese Umgebungsvariable nicht gesetzt ist, das Heimatverzeichnis des Anwenders ist.

12.7 X-Fonts

Textdarstellungen jedweder Art realisieren X-Clients unter Verwendung von X-Fonts. Dabei ist es die Aufgabe des Servers, den X-Anwendungen die benötigten X-Fonts zur Verfügung zu stellen. Im einzelnen sind Fonts also nicht Bestandteil einer X-Anwendung. Letztere ersucht statt dessen den X-Server, zur Darstellung von Textzeichen und Symbolen Font-Ressourcen aufzulösen.

Font-Ressourcen löst der X-Server auf

X-Fonts sind in Dateien zusammengefaßt, die im wesentlichen Pixelinformationen enthalten. Jeder Buchstabe eines Fonts korrespondiert also mit einem Bit-Image, das der X-Server zur Darstellung eines Zeichens in den Bildschirmspeicher kopiert.

Verzeichnisse, in denen der X-Server nach Font-Dateien suchen soll, sind in der Konfigurationsdatei **/etc/XF86Config** der Variablen **FontPath** zuzuweisen. Auskunft über die Liste der Pfade, in denen ein bereits laufender X-Server nach Fontdateien sucht, liefert das Kommando **xset -q**.

FontPath zeigt auf Verzeichnisse, die X-Fonts enthalten

Ferner erlaubt **xset**, den Wert der serverinternen Variablen **FontPath** zu modifizieren. Mit der Option **fp=Path** aufgerufen, erhält der X-Server den Suchpfad **Path**. Andererseits fügt **xset +fp Path[,Path]...** Suchpfade hinzu, und **xset -fp Path[,Path]...** entfernt einen oder mehrere Suchpfade.

Linux-Distributionen beigefügte X-Fonts befinden sich normalerweise unterhalb von `/usr/X11R6/lib/X11/fonts` in den Verzeichnissen **75dpi**, **100dpi**, **Speedo**, **Type1** und **misc**. Dabei enthält **misc** ausschließlich Fonts fester Buchstabenbreite, die übrigen Verzeichnisse zusätzlich auch Proportionalschriften.

fonts.dir verbindet Fontnamen mit Dateinamen

Jedes Verzeichnis muß die Datei **fonts.dir** enthalten, die Fontnamen mit Dateinamen verbindet. Ergänzend befindet sich dort auch eine Datei **fonts.alias**, die den Zugriff auf Fonts über Kurznamen (Font-Alias) ermöglicht. Der X-Server lädt diese Dateien bei jeder Änderung von **FontPath**.

Fügt der Systemverwalter neue Fonts hinzu, dann muß er anschließend mit **mkfontdir** die Dateien **fonts.*** neu erzeugen und gegebenenfalls mit **xset fp rehash** den X-Server anweisen, die aktualisierten Dateien zu laden.

xfd zeigt alle Zeichen eines X-Fonts

Eine Liste der Fontnamen, auf die der X-Server Zugriff hat, liefert das Kommando **xlsfonts**. Der Aufruf **xfd -fn Font** baut ein Fenster mit einer Tabelle der in **Font** enthaltenen Zeichen auf und erlaubt damit dem Anwender, das Erscheinungsbild aller Lettern des Fonts einzusehen. Nach Anwahl eines bestimmten Zeichens zeigt **xfd** seine metrischen Werte an (Index, Weite et cetera). Außerdem bietet **xfontsel** menügestütztes Auswählen eines speziellen Fonts.

Fontnamen bestehen aus 14 „Werten"

Der Name eines X-Fonts entspricht im allgemeinen nicht dem Namen der Fontdatei. Er besteht aus insgesamt 14 „Werten", die unter anderem seine Herkunft (Adobe, Bitstream, DEC, Sony, Sun und andere), Font-Familie (Courier, Helvetica, Times), Schriftstärke (Normal, Fett), Schriftneigung, Schriftgröße und enthaltenen Zeichensatz kodieren.

Ein Nachteil dieser Art der Namensgebung liegt darin, daß der vollständige Fontname häufig mehr als 60 Zeichen lang ist. Abhilfe schafft hier die Auswahl von Fonts über ihren Font-Alias. Außerdem erlaubt das System die Verwendung von Jokerzeichen innerhalb von Font-Ressourcen. Zulässige Jokerzeichen sind das Fragezeichen **?** für genau ein Zeichen und der Stern ***** für beliebig viele Zeichen. Beispielsweise veranlaßt

```
XTerm*font: *courier-bold-r*
```

den X-Server, für **xterm**-Anwendungen einen Font aus der Familie Courier in der Schriftstärke Fett ohne Neigung zu verwenden.

Falls mehrere Fonts zur angegebenen Maske passen, nimmt der
X-Server den 1. aus seiner Liste.

Einige X-Anwendungen verarbeiten die Kommandozeilenoption **-fn Font**, so daß das Setzen der Font-Ressource während
des Programmaufrufs möglich ist. Soll dabei **Font** Jokerzeichen
enthalten, ist dieser Wert vor einer Interpretation durch die Shell
zu schützen:

Einige X-Clients
verarbeiten
die Option -fn

```
xterm -fn "*courier-bold-r*"
```

erzeugt eine **xterm**-Anwendung, die den 1., auf die angegebene
Maske passenden Font verwendet.

12.8 X-Farben

Prinzipielles Merkmal heutiger Grafikkarten ist die Verwaltung
der Bildinformation in einer Bildmatrix, bestehend aus einer oder
mehreren Ebenen (Frames). In einer 1dimensionalen Bildmatrix
läßt sich lediglich kodieren, ob ein Bildpunkt ein- oder ausge-
schaltet sein soll. Stehen mehrere Ebenen zur Verfügung, dann
kann die Bildmatrix zu jedem Bildpunkt Farb- oder Helligkeitswerte verwalten.

Grafikkarten
kodieren
Farbwerte
in Frames

Bei einer Grauwertdarstellung kodieren die Frames einen einzelnen Helligkeitswert. Farbinformationen hingegen erfordern
eine Aufteilung der Frames in 3 getrennte Farbebenen, die ihrerseits Helligkeitswerte für die 3 Grundfarben Rot, Grün und Blau
repräsentieren (RGB-Modell).

Ferner unterstützen Grafikkarten diverse Betriebsarten, die bei
hoher Zahl der Bildpunkte (Auflösung) den Bildschirmspeicher
in wenige Frames aufteilen. Mit Herabsetzen der Auflösung ist es
häufig möglich, die Anzahl der Bildebenen zu erhöhen.

Das Produkt aus
Auflösung und
Anzahl der Frames
ergibt den
Speicherbedarf

Beispielsweise kann eine mit 1 MByte RAM ausgestattete
Grafikkarte bei einer Auflösung von 1024x768 Bildpunkten
gleichzeitig 256 Farben (8 Frames) darstellen. Wird die Auflö-
sung auf 640x480 Bildpunkte reduziert, stehen gegebenenfalls 24
Frames zur Verfügung, und die Anzahl gleichzeitig darstellbarer
Farben erhöht sich auf 16 777 216.

Das Farbmodell von X11 sieht es vor, X-Anwendungen auf
verschiedenen X-Servern darstellen zu können, die jeweils eine
Display-Hardware unterschiedlicher Leistungsklasse bedienen

(monochrom/grauskaliert, geringe und hohe Farbvielfalt). Um weitgehend identisches Aussehen zu erreichen, trägt der X-Server im Bildschirmspeicher Pixelwerte ein, die er anschließend mittels *Pixelwerte* einer Farbtabelle auf Farbwerte abbildet. Auf dem Bildschirm er-*verweisen auf* scheint daher nicht der unmittelbar dem Pixelwert entsprechende *eine Farbtabelle* Helligkeits- (Grauwert) oder Farbwert, sondern diejenige Farbe, die mit dem Index aus der Farbtabelle korrespondiert.

Je nach verwendeter Display-Hardware sind 3 verschiedene Methoden der Indizierung zu unterscheiden: Bei grauskalierten (und monochromen) Systemen enthält die Farbtabelle einen Helligkeitswert. Systeme mit geringer Farbvielfalt leiten aus dem Pixelwert je einen Intensitätswert für Rot, Grün und Blau ab. Systeme mit hoher Farbvielfalt kodieren die Indizes für Rot, Grün und Blau getrennt. Abbildung 12.6 verdeutlicht die Verfahren der Abbildung der Pixelwerte auf Farbwerte.

Abb. 12.6
Abbildung
der Pixelwerte
auf Farbwerte

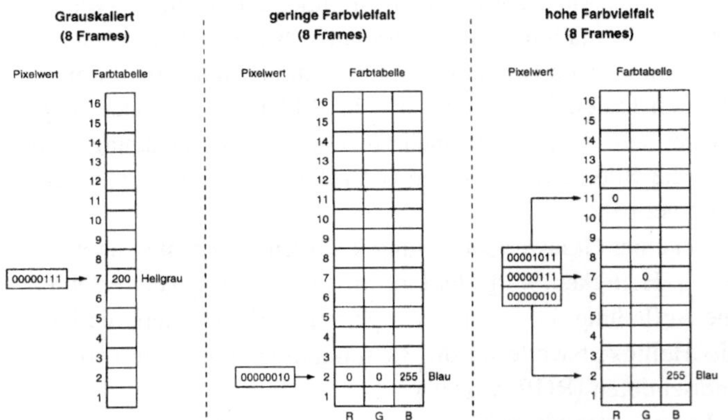

Intern bindet der X-Server die Farbwerte, die einzelne X-*Die Verwendung* Anwendungen nutzen wollen, an ein „Visual"; das ist eine Struk-*der Pixelwerte* tur, die die Verwendung der Pixelwerte regelt. Für jede der 3 *steuert das Visual* Leistungsklassen sind 2 Visuals definiert, von denen die eine *der X-Anwendung* ausschließlich vordefinierte Farbwerte enthält, die andere sowohl vordefinierte als auch definierbare Farbwerte verwaltet. Auskunft über die Visauls, die der lokale X-Server unterstützt, liefert das Programm **xdpyinfo**.

Visuals mit fest vorgeschriebenen Farbtabellen heißen Static-Gray, StaticColor und TrueColor. Sie garantieren, daß das Erscheinungsbild von X-Clients auf allen Systemen, die gleich-namige Visuals verwenden, weitgehend identisch ist.

Die Farbtabellen der Visuals GrayScale, PseudoColor und DirectColor hingegen erlauben der Anwendung, zusätzliche Farbwerte zu nutzen, die in der zugrundeliegenden Farbtabelle nicht enthalten sind. Dadurch ist es im einzelnen möglich, auch auf einem 8-Bit-Display „weiche" Farbübergänge zu erreichen. Anwendungsseitig wird dazu der X-Server aufgefordert, zusätzliche Farbwerte in diejenige Farbtabelle einzutragen, die der X-Client benutzt. Das Visual PseudoColor verwendet 216, DirectColor 262 144 vordefinierte Farbwerte.

Dem Anwender bietet X11 2 Wege, Farbwerte auszuwählen und beispielsweise an X-Resources zu binden. Einerseits verarbeitet der X-Server Farbnamen wie **black**, **white**, **purple** et cetera und leitet daraus RGB-Farbwerte ab. Den Schlüssel für diese Abbildung entnimmt der X-Server seiner lokalen Konfigurationsdatei **/usr/X11R6/lib/X11/rgb.txt**. Je nach verwendeter Plattform kann diese Datei unterschiedliche Werte enthalten, da einige Hersteller einzelne RGB-Werte auf ihre Hardware anpassen.

rgb.txt verbindet Farbnamen mit RGB-Werten

Die 2. Methode besteht in der Spezifikation von RGB-Werten mittels hexadezimaler Zahlentripel. Zulässige Formate sind

#RGB	(je 4 Bit Rot, Grün, Blau)
#RRGGBB	(je 8 Bit Rot, Grün, Blau)
#RRRGGGBBB	(je 12 Bit Rot, Grün, Blau)
#RRRRGGGGBBBB	(je 16 Bit Rot, Grün, Blau)

Seit X11R5 ist zusätzlich die Angabe von Farbwerten unter Bezugnahme auf alternative Farbräume möglich. Der Hardwarehersteller Tektronix entwickelte dazu das X Color Management System Xcms. Letzeres erlaubt die Kodierung von Farbwerten im RGB-, RGBi-,HVC- (Hue, Value, Chroma) und in verschiedenen „CIE-Formaten" (CIE ist die französische Commission Internationale de l'Eclairage, eine internationale Standardisierungskommission).

Linux-X-Server akzeptieren Farbangaben in RGB-, RGBi-, HVC- und verschiedenen CIE-Formaten

Sowohl HVC als auch CIE sind geräteunabhängige Beschreibungen von Farbwerten mit jeweils 3 Komponenten. Im Gegensatz dazu ist das RGB-Format geräteabhängig. HVC erzeugt Farbtöne aus Werten für Grundfarbe (Hue), Intensität (Value) und Farbsättigung (Chroma). Jeder Farbton entspricht einer Position auf oder innerhalb eines Kegels. Das CIE-Modell, konzeptionell bereits 1931 erarbeitet, erzeugt Farbwerte durch Approximation

eines spektralen Energiewerts unter Verwendung von 3 Grundfunktionen.

Farbwerte in Xcms-Notation bestehen aus einem Präfix, der
den Farbraum kennzeichnet, und 3, durch Schrägstrich / getrennte „Koeffizienten", allgemein im Format

```
Präfix:Wert1/Wert2/Wert3
```

Zulässige Werte für **Präfix** sind **TekHVC**, **CIEXYZ**, **CIEuvY**,
CIExyY, **CIELab**, **CIELuv**, **RGB** und **RGBi**. Abbildung 12.7 zeigt
die Werte, die die einzelnen Koeffizienten annehmen dürfen.

Präfix	Wert1		Wert2		Wert3	
TekHVC	0.0	- 360.0	0.0	- 100.0	0.0	- 100.0
CIEXYZ	0.0	- 1.0	0.0	- 1.0	0.0	- 1.0
CIEuvY	0.0	- 0.6	0.0	- 0.6	0.0	- 1.0
CIExyY	0.0	- 0.75	0.0	- 0.85	0.0	- 1.0
CIELab	0.0	- 100.0	0.0	- 100.0	0.0	- 100.0
CIELuv	0.0	- 100.0	0.0	- 100.0	0.0	- 100.0
RGB	0x0	- 0xffff	0x0	- 0xffff	0x0	- 0xffff
RGBi	0.0	- 1.0	0.0	- 1.0	0.0	- 1.0

Eine Farbdatenbasis mit Xcms-Werten befindet sich im Verzeichnis **/usr/X11R6/lib/X11** in der Datei **Xcms.txt**. X-Clients
verarbeiten auch Farbwerte im Xcms-Format:

```
xterm -bg CIEXYZ:0.37/0.20/0.06\
      -fg CIEXYZ:0.07/0.03/0.31\
      -cr CIEXYZ:0.32/0.66/0.16
```

erzeugt eine **xterm**-Anwendung mit blauer Schrift auf rotem
Hintergrund und grünem Cursor. Analog sind Xcms-Farbwerte
für X-Resources zu spezifizieren:

```
XTerm*background: TekHVC:262.2/16.3/32.8
XTerm*foreground: TekHVC:82.2/95.5/74.9
XTerm*cursorColor: CIEXYZ:0.35/0.55/0.45
```


Abschließend sei noch auf die frei erhältlichen X-Clients
xcoloredit und **xtici** hingewiesen, die den Anwender bei der
Erstellung eigener Farbwerte unterstützen. **xcoloredit** erzeugt
Mischfarben auf Basis des RGB- oder des HSV-Farbmodells und
zeigt stets den korrespondierenden RGB-Wert an. **xtici** kann
zusätzlich HVC- und CIEuvY-Zahlentripel erzeugen.

X-Window-Manager

Ein markanter Unterschied zwischen X11 und anderen Window-Systemen besteht darin, daß X11 die Steuerung der X-Clients nicht im X-Server integriert, sondern in einer eigenständigen X-Anwendung konzentriert, dem X-Window-Manager. Analog zu Window-Managern anderer Window-Systeme steuert er die Zuordnung der Eingabegeräte zu einem X-Client und unterstützt den Anwender bei der Modifikation verschiedener Fensterattribute. Dazu zählen das Verändern von Position und Größe, Konvertierung in ein Sinnbild (Icon) und zurück und Positionierung der Lage eines Fensters im Fensterstapel (Vorder-/Hintergrund).

Der X-Window-Manager unterstützt den Anwender bei der Modifikation von Fensterattributen

Der X-Window-Manager ist ein X-Client mit besonderen Rechten und Fähigkeiten; in der Regel kann stets nur ein X-Window-Manager den Arbeitsplatz steuern. Zu seinen besonderen Rechten zählt es unter anderem, auf dem Stammfenster des X-Servers ein benutzerdefiniertes Menü (Root-Menü) einzurichten. Nach Anwahl eines Eintrags aus dem Root-Menü kann er spezielle Aktionen veranlassen oder auch selbst ausführen, beispielsweise neue X-Clients starten oder bereits vorhandene beenden.

Den Arbeitsplatz kann stets nur ein X-Window-Manager steuern

Außerdem steuert der X-Window-Manager das äußere Erscheinungsbild aller Fenster auf dem Desktop. Er definiert die „Fensterdekoration" sowie spezielle Funktionen, die der Anwender über einzelne Komponenten der Dekoration auslösen kann.

Er definiert die Fensterdekoration und die Funktionen der Window-Komponenten

Voraussetzung dazu ist die Fähigkeit, sowohl mit dem X-Server als auch mit X-Anwendungen kommunizieren zu können. Das X-Protokoll ist für diese Aufgabe nur beschränkt einsetzbar, da es nur den Nachrichtenaustausch zwischen X-Server und X-Client definiert. In Ergänzung erarbeitete daher das X-Consortium die Inter-Client Communication Conventions ICCC, die

*Bis heute wurden
etwa 30 Window-
Manager für X11
programmiert*

*Tom LaStrange
entwickelte den
Tab-Window-
Manager twm*

*olwm und
fvwm sind
frei erhältlich,
mwm ist ein
kommerzielles
Produkt*

*Der erweiterbare
Generic-Window-
Manager gwm
enthält einen
Lisp-Interpreter*

*In vielen Linux-
Distributionen
ist der fvwm
voreingestellt*

seit X11R4 die Informationsübermittlung zwischen beliebigen X-Clients regelt.

Innerhalb von X11 ist weder das äußere Erscheinungsbild einzelner X-Clients noch die Art ihrer Bedienung vorgeschrieben. Mehrere Autoren sahen sich daher veranlaßt, eigene Vorstellungen umzusetzen. Dem Anwender stehen dadurch inzwischen fast 30 X-Window-Manager zur Verfügung, die ihm unterschiedliches Erscheinungsbild des Desktops und unterschiedlichen Bedienungskomfort bieten.

Die 1. öffentlich freigegebene Version X10R3 wurde noch mit dem eher rudimentären Universal-Window-Manager **uwm** ausgeliefert. Mit Freigabe von X11R4 wurde der **uwm** durch den Tab-Window-Manager **twm** abgelöst. Letzteren entwickelte ursprünglich Tom LaStrange, Solbourne Computer. Er bildet heute in einer vollständig überarbeiteten Version den einzigen, unter Federführung des X-Consortiums unterhaltenen Window-Manager für X11.

Geprägt durch Herstellerinteressen wurden im Laufe der Zeit neben dem **twm** der OpenLook-Window-Manager **olwm** (Sun) und der Motif-Window-Manager **mwm** (OSF) sowie der seit 1988 von Evans & Sutherland aus dem **twm** abgeleitete **fvwm** populär, der ab 1993 von Robert Nation, USA, wesentlich erweitert wurde.

Ferner realisierte Colas Nahaboo, Frankreich, im Rahmen des Koala-Projekts (Bull) den frei erhältlichen und erweiterbaren Generic-Window-Manager **gwm**. Analog **emacs** enthält der **gwm** einen Lisp-Interpreter, der die Funktionalität des Window-Managers und das Erscheinungsbild des Desktops durch Auswerten spezieller WOOL-Skripts erzeugt (Window Object Oriented Language). Je nach Konfiguration kann der **gwm** wahlweise den **twm** oder den **mwm** emulieren. Dennoch konnte der **gwm** nicht die Akzeptanz erfahren, die sein Autor forderte, nämlich im Bereich der X-Window-Manager eine ähnliche Rolle zu spielen wie der GNU-Emacs als universeller Texteditor.

Praktisch alle Linux-Distributionen enthalten standardmäßig den **twm**, den OpenLook-konformen Window-Manager **olwm** (Sun) und seine „virtuelle" Variante **olvwm** sowie den F(?) Virtual Window-Manager **fvwm**. Ein Motif-Window-Manager **mwm** ist Bestandteil von lizenzpflichtigen Motif-Toolkits. **gwm** und weitere X-Window-Manager liegen unter anderem auf **ftp.x.org**.

13.1 Tab-Window-Manager **twm** und **ctwm**

Analog zu allen anderen MIT-X-Clients nutzt der **twm** die Funktionen der libXt. Seine grafischen Komponenten sind aus den Athena-Widgets konstruiert, sein äußeres Erscheinungsbild ist 2dimensional. Er unterstützt ausschließlich 2farbige Sinnbilder (Bitmap-Icons). Umfangreicher Vorrat an Window-Operationen, leichte Konfigurierbarkeit und die Integration eines „Icon-Managers" setzten seinerzeit neue Maßstäbe. Ferner bildete der **twm** die Entwicklungsbasis für diverse, in der Folgezeit programmierte X-Window-Manager.

Die grafischen Komponenten des twm sind aus dem Athena-Widget-Set konstruiert

Beispielsweise entwickelte der Schweizer Claude Lecommandeur den **ctwm**, der Icons mit Pixmaps verbinden kann (das sind mehrfarbige Sinnbilder). In Anlehnung an den **vuewm** des Hardwareherstellers Hewlett-Packard hat Claude Lecommandeur den **ctwm** außerdem um „Virtuelle Screens" erweitert. Letztere erlauben den Aufbau anwendungsorientierter Desktops, zwischen denen der Anwender menügestützt hin- und herschalten kann.

Der ctwm unterstützt virtuelle Screens und mehrfarbige Pixmap-Icons

13.1.1 **twm**-Dekorationen und -Funktionen

Der Tab-Window-Manager **twm** versieht jedes Fenster auf dem Desktop mit einem Titelbalken. Dieser besteht aus 4 Bereichen, und zwar (von links nach rechts) Iconify-Taste, Anwendungstitel, Focus-Indikator und Resize-Taste. Abbildung 13.1 zeigt das prinzipielle Erscheinungsbild und die Komponenten des **twm**-Titelbalkens.

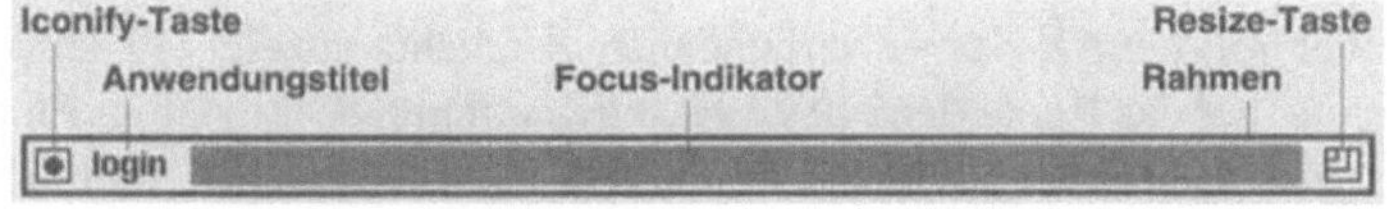

*Abb. 13.1
Der twm-Titelbalken*

Ein aktiviertes Fenster zeigt der Focus-Indikator durch einen Farbwechsel an. Normalerweise ist stets das Fenster aktiv, in dem sich der Mauszeiger befindet.

Nach Anklicken der Iconify-Taste wandelt der **twm** das Fenster in ein Sinnbild. Das Wiederherstellen gelingt durch Positionieren des Mauszeigers auf das Icon und Betätigen der linken oder mittleren Maustaste.

Zum Vergrößern oder Verkleinern des Fensters dient die Resize-Taste. Sie ist dazu mit einer beliebigen Maustaste „festzuhalten". Daraufhin wird das Fenster von einem Rechteck überlagert, das mit Bewegen der Maus (Taste gedrückt halten) die jeweils zu erwartende Größe des Fensters andeutet. Gibt der Anwender die Maustaste wieder frei, dann erscheint der X-Client in der zuvor durch das Rechteck angezeigten Größe.

Mit dem Bereich zwischen der Iconify- und der Resize-Taste sind mehrere Aktionen verknüpft. Zum einen hebt ein Anklicken des Titelbalkens mit Maus-Rechts den X-Client in den Vordergrund. Hält der Anwender dabei die Maustaste gedrückt, kann er außerdem das Fenster verschieben. Letzteres läßt sich auch erreichen, wenn sich die Maus irgendwo im Fenster befindet und die linke oder rechte Maustaste zusammen mit der Meta-Taste der Tastatur gedrückt wird. Betätigen von Maus-Mitte bewegt das Fenster im Fensterstapel entweder nach vorne oder nach hinten.

Nach Anklicken von Maus-Links auf dem Root-Fenster erscheint das Root-Menü, das dem Anwender standardmäßig die Operationen Ikonisieren/Wiederherstellen (Iconify), Größe Verändern (Resize), Verschieben (Move), Hervorheben (Raise), Verdecken (Lower) und Entfernen (Delete, Kill) anbietet. Zusätzlich erlaubt es das Root-Menü, eine bestimmte Anwendung permanent zu aktivieren (Focus). Letzteres ist dann unabhängig von der Maus-Position aktiv, sogar wenn das Fenster komplett verdeckt ist. Die Funktion Unfocus schaltet auf normale Betriebsart zurück. Insgesamt bietet der **twm** mehr als 50 Window-Operationen.

Weiteres Merkmal des **twm** gegenüber seinem Vorgänger **uwm** bildet der Icon-Manager, der in einem eigenen Fenster eine Liste aller mit dem X-Server verbundenen X-Clients anzeigt. Er läßt sich über das Root-Menü des **twm** aktivieren und deaktivieren. Zu seinen Fähigkeiten zählt es, ikonisierte X-Anwendungen zentral zu verwahren.

13.1.2 twm-Konfiguration

Das äußere Erscheinungsbild des Desktops und die Wirkungsweise von Benutzeraktionen steuert die Datei **$HOME/.twmrc** oder, falls diese nicht existiert, die Systemdatei **system.twmrc**,

Beim Vergrößern und Verschieben eines Fensters zeigt ein Rechteck die Zielkoordinaten an

Das twm-Root-Menü bietet standardmäßig den Zugriff auf die twm-Funktionen Resize, Move, Raise, Lower, Delete und Kill

Der Icon-Manager des twm zeigt eine Liste aller aktiven und ikonisierten X-Clients an

befindlich in **/usr/X11R6/lib/X11/twm**. Die Konfigurationsdatei des **twm** besteht aus den 3 Teilen

Variablen-Sektion: definiert unter anderem Fonts und Farben für
Titelbalken, Menüeinträge und Icons,

Bindungs-Sektion: ordnet Maus- und Tastaturereignisse elementaren Window-Funktionen zu,

Menü-Sektion: setzt den Inhalt von Menüs sowie Aktionen, die
einzelne Menüeinträge auslösen.

Die Startup-Datei des Tab-Window-Managers besteht aus 3 Teilen

13.1.3 Variablen-Sektion

Die Variablen-Sektion enthält Wertzuweisungen an **twm**-Vari-
ablen. Mehr als 80 Variablen steuern das globale Verhalten des
twm. Zu unterscheiden ist zwischen logischen (ihre Präsenz
ändert voreingestellte Werte), numerischen und String-Variablen
(etwa Font- und Farbnamen). Einige Variablen, beispielsweise
Color, Cursors und **Icons**, erwarten als Argument eine von
geschweiften Klammern umschlossene Liste mit Einträgen des
jeweils zulässigen Typs. Abbildung 13.2 illustriert den Aufbau
der Variablen-Sektion von **$HOME/.twmrc**.

Das globale Erscheinungsbild des twm-Desktops steuern logische, numerische und String-Variablen

```
DecorateTransients
IconBorderWidth 5
TitleFont  "-adobe*bold*"
Color {
    BorderColor        "slategrey"
    DefaultBackground  "maroon"
    DefaultForeground  "gray85"
    ...
}
```

Abb. 13.2 Ausschnitt aus der Variablen-Sektion von ~/.twmrc

13.1.4 Bindungs-Sektion

In der Bindungs-Sektion stehen zunächst einige benutzerdefi-
nierte Funktionen, die eine Liste von Basisoperationen an einen
neuen Funktionsnamen binden. Darauf folgt die Zuordnung von
Maus- und Tastaturereignissen zu Funktionsnamen. Jede Zeile

besteht dabei aus einem einleitenden Tastennamen, optional einer Abkürzung für einen „Modifier" (Shift, Control, Meta et cetera), dem Kontext (window, title, icon, root, frame, iconmgr, all), und dem Funktionsnamen. Die Felder sind voneinander durch Doppelpunkt getrennt.

Die Funktion f.exec startet Unix-Kommandos

Soll ein Eintrag für mehrere Kontexte gelten, schreibt man die Kontextnamen hintereinander, getrennt durch ein Pipe-Zeichen. Gleiches gilt, wenn mehrere Modifier dieselbe Funktion auslösen sollen. Den Funktionen **f.menu** und **f.function** sind zusätzlich Namen von „Aktionen" mitzuteilen, im Einzelfall der Name eines Menüs oder einer benutzerdefinierten Funktion. Abbildung 13.3 zeigt einen Ausschnitt aus der Bindungs-Sektion.

Abb. 13.3 Ausschnitt aus der Bindungs-Sektion von ~/.twmrc

```
Button1 = : root : f.menu "defops"
Button2 = m : window|icon : f.iconify
Button1 = : title : f.function "move-or-raise"
Button3 = : icon : f.menu "window-ops"
Button1 = : frame : f.resize
Button2 = : frame : f.move
"F1" = window|title|icon : f.iconify
```

13.1.5 Menü-Sektion

Die Menü-Sektion der **twm**-Konfigurationsdatei definiert die Inhalte der **twm**-Menüs. Auf eine einleitende Zeichenkette **menu** folgt der Menüname und anschließend eine Liste von Menüeinträgen, bestehend aus dem Namen des Eintrags und einer Aktion. Letztere können Window-Operationen oder Programmaufrufe repräsentieren, wobei Programmaufrufe mit einem Ausrufungszeichen einzuleiten sind und das Kommando selbst von doppelten Hochkommata zu umschließen ist. Lautet eine Aktion **f.menu**, dann ist in dieser Zeile zusätzlich der Name eines Submenüs anzugeben. Abbildung 13.4 zeigt die Definition eines **twm**-Menüs.

Ein twm-Menü-Eintrag besteht aus einem Menü-Label und einer Aktion

Abb. 13.4 Definition eines twm-Menüs

```
menu "Utilities" {
    "Editor"          !"/usr/X11R6/bin/xedit &"
    "Clock"           !"/usr/X11R6/bin/clock &"
    "Calculator"      !"/usr/X11R6/bin/xcalc &"
    "Preferences..." f.menu "Preferences"
}
```

13.2   OpenLook-Window-Manager `olwm`/`olvwm`

Der `olwm` bildet den Standard-X-Window-Manager von Sun's Open Windows, der Teile der OpenLook-Spezifikation realisiert. Basierend auf dem XView-Toolkit verleiht er dem Desktop ein „3D-Look-and-Feel". Die Window-Operationen sind dem `olwm`-Anwender auch über Funktionstasten zugänglich, im einzelnen ist also ein Betrieb des Window-Systems ohne Maus möglich.

Der olwm basiert auf dem XView-Toolkit

Voraussetzung für den Einsatz von `olwm` ist die Verfügbarkeit der OpenLook Glyph- und Cursor-Fonts. Ein zugehöriges Programm **props** erlaubt interaktives Setzen von `olwm`-Ressourcen. Ferner ermöglicht **xtoolplaces** das Sichern des Desktops in der Startup-Datei `$HOME/.openwin-init`.

Seine virtuelle Variante `olvwm` öffnet auf dem Desktop einen Virtual Desktop Manager VDM, der in einem eigenen Fenster den Inhalt des physikalischen und zusätzlicher virtueller Screens andeutet. Ferner erlaubt der VDM das Hervorheben und das Verschieben von Fenstern über Mausaktionen auf dem VDM-Fenster. Weitere Ergänzungen gegenüber `olwm` betreffen Menüs, die aus mehreren Spalten bestehen, und Menü-Einträge mit 2farbigen Bitmaps oder mehrfarbigen Pixmaps.

Der olvwm unterstützt virtuelle Screens und Menü-Einträge, die Bitmaps oder Pixmaps enthalten können

13.2.1   `olwm`-Dekorationen und -Funktionen

Der OpenLook Window-Manager `olwm` versieht analog dem **twm** jedes Fenster auf dem Desktop mit einem Titelbalken. Dort befindet sich links eine Menü-Taste (Window-Button), die den Zugriff auf elementare Window-Operationen öffnet.

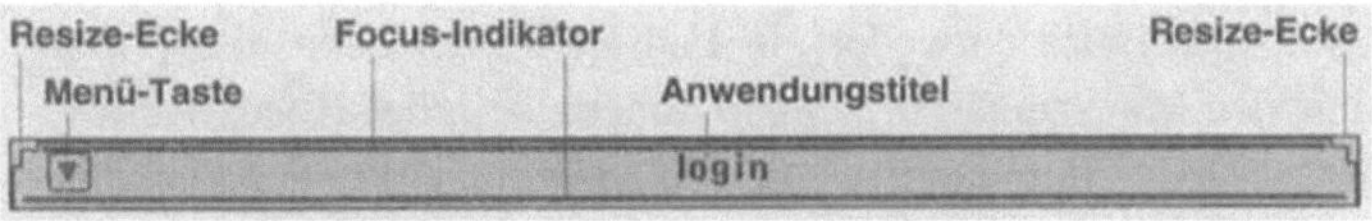

Abb. 13.5 Der olwm-Titelbalken

Im verbleibenden Bereich des Titelbalkens wird der Name der Anwendung zentriert angebracht. Dieser Bereich dient gleichzeitig als Focus-Indikator in der Weise, daß auf einem monochromen Display aktive Fenster einen farblich inversen Titelbalken erhalten. Auf farbigen Displays erhält der Titelbalken des aktiven Fensters oben und unten eine 3D-animierte Linie. Resize-

Operationen stehen dem Anwender des **olwm** über die Ecken des Fensters im Zugriff. Abbildung 13.5 auf Seite 361 zeigt den Aufbau des **olwm**-Titelbalkens.

OpenLook ordnet den Maustasten von links nach rechts die Funktionen „Auswählen" (Select), „Einstellen" (Adjust) und „Menü" (Menu) zu. Stehen nur 2 Maustasten zur Verfügung, emuliert das System die mittlere Maustaste bei gleichzeitigem Betätigen von Maus-Links und Maus-Rechts. Für eine Maus mit nur 1 Taste erwartet OpenLook die Funktion Adjust als Shift-Maus und Menu als Control-Maus.

Nach Betätigen von Maus-Rechts auf der Menü-Taste öffnet der **olwm** ein Menü, das dem Anwender Zugriff auf die Window-Operationen Ikonisieren, maximale Größe (die X-Anwendung erhält die Höhe des Bildschirms), Bewegen, Größe Verändern, Verdecken, Neuzeichnen und Beenden gestattet.

Wird die Menü-Taste mit Maus-Links angeklickt, dann führt **olwm** bei entsprechender Konfiguration die Standardaktion aus (Ikonisieren). Das Menü läßt sich auch durch Betätigen von Maus-Rechts auf dem Titelbalken öffnen. Maus-Links auf dem Titelbalken erlaubt ein Verschieben des Fensters. Doppelklick von Maus-Links auf dem Titelbalken erzeugt maximale beziehungsweise normale Höhe des Fensters.

Mit Select oder Adjust auf dem Root-Fenster lassen sich mehrere Fenster und Icons zu einer Gruppe zusammenfassen. Dazu ist die entsprechende Maustaste gedrückt zu halten und ein Bereich zu markieren, angezeigt durch ein Rechteck. Anschließendes Verschieben eines Fensters der Gruppe führt zum Verschieben aller X-Clients, die dieser Gruppe angehören.

Weiterer Unterschied des **olwm** zum **twm** besteht in der sogenannten „Input-Focus-Policy". Je nach Wert der **olwm**-Variablen **SetInput** wird entweder ein Fenster immer dann aktiv, wenn sich der Mauszeiger in seinem Innern befindet (focus-follows-mouse) oder nur dann, wenn der Anwender das Fenster angeklickt hat (click-to-focus).

Das Root-Menü (Workspace-Menu) erscheint nach Betätigen von Maus-Rechts auf dem Root-Fenster. Ein sogenannter Push-Pin, eine Art Heftnadel, erlaubt es, das Root-Menü oder ein darunter befindliches Submenü auf dem Bildschirm zu arretieren. Dadurch steht dem Anwender permanent ein Menü zur Verfügung, aus dem er dort eingetragene Anwendungen starten kann.

OpenLook verbindet die Maustasten mit den Funktionen Select, Adjust und Menu

Die Menü-Taste des Titelbalkens bietet den Zugriff auf die Funktionen Close, Full Size, Move, Back, Refresh und Quit

olwm kann mehrere X-Anwendungen zu einer Gruppe zusammenfassen

Der Push-Pin arretiert ein Menü auf dem Desktop

Den tastaturgestützten Zugriff auf die Window-Operationen steuert die **olwm**-Ressource **KeyboardCommands**. Ist ihr Wert **Full**, erlaubt **olwm** den Zugriff auf alle Window-Operationen via Tastatursequenzen, anderenfalls nur auf wenige. Abbildung 13.6 zeigt die wichtigsten Tastatursequenzen und die damit verbundenen Window-Operationen.

Alt-n	nächste Anwendung
Alt-Shift-n	vorherige Anwendung
Alt-w	nächstes Fenster
Alt-Shift-w	vorheriges Fenster
Alt-m	Window-Menü
Alt-Shift-w	Root-Menü
Alt-t	Wechsel des Input-Focus

Abb. 13.6
olwm-Tastatur-
sequenzen und
Window-
Operationen

Tastaturgestütztes Verschieben oder Verändern der Größe von Fenstern ist mittels Cursor-Tasten auszuführen. Die Schrittweite beträgt 1 oder, in Verbindung mit der Control-Taste, 10 Bildschirmpunkte.

13.2.2 olwm-Konfiguration

Der **olwm** verwendet keine zentrale Konfigurationsdatei. Das äußere Erscheinungsbild des Desktops konfigurieren Einträge aus der Application-Defaults-Datei **Olwm** und der serverinternen Ressource-Datenbank. Die Menü-Einträge bestimmt eine benutzerspezifische Menü-Konfigurationsdatei, definiert in der Umgebungsvariablen **OLWMMENU**. Falls diese Umgebungsvariable nicht gesetzt wurde, lädt **olwm** die Datei **$HOME/.openwin-menu** oder er lädt die systemweit gültigen Werte aus **openwin-menu**, befindlich in **/usr/openwin/lib**.

olwm konsultiert
mehrere Startup-
Dateien

Während einer Sitzung mit **olwm** erlaubt das Programm **props** interaktives Modifizieren der **olwm**-spezifischen Ressourcen. Über verschiedene Menüs kann der Anwender Farbwerte für Root-Window und Fensterrahmen setzen, die Anordnung der Icons bestimmen (links, rechts, oben, unten) und die Wirkung von Select auf der Menü-Taste einstellen (Standardaktion ausführen oder Menü anzeigen). Weitere Konfigurationsmöglichkeiten betreffen die Position der Scrollbars (links, rechts), nationale Einstellungen (Sprache, Datumsformat), Maus-Eigenschaften

props bietet
dem Anwender
menügestütztes
Modifizieren von
olwm-Ressourcen

(Maus-Geschwindigkeit, Bedeutung der Maustasten et cetera) und die Input-Focus-Policy (click-to-focus oder focus-follows-mouse). Nach Drücken der Taste Apply speichert **props** die eingestellten Werte der **olwm**-Ressourcen in **$HOME/.Xdefaults**.

olwm-Menüs programmiert der Anwender in der olwm-Menüsprache

Ein vergleichbares Werkzeug für die Konfiguration von Menüs existiert nicht. Statt dessen sind Menüs mit einem Editor in der Syntax der **olwm**-Menüsprache zu erstellen. Diese basiert auf einer 3teilung jeder Zeile. Das 1. Feld definiert den Namen des Menüeintrags. Darauf folgendes optionales Schlüsselwort **DEFAULT** kennzeichnet diesen Eintrag als Standardaktion. Den verbleibenden Text der Zeile interpretiert **olwm** als Kommando, das im Normalfall an eine Shell weitergeleitet wird.

Submenüs erzeugt **olwm**, wenn an Stelle eines Kommandos das Schlüsselwort **MENU** steht. Folgt darauf unmittelbar ein Dateiname, dann entnimmt **olwm** die Definition des Submenüs daraus. Anderenfalls interpretiert **olwm** die folgenden Zeilen als Spezifikation des Submenüs; sein Ende kennzeichnet das Schlüsselwort **END**. Soll ein Submenü auf dem Root-Window arretierbar sein, dann ist außerdem das Schlüsselwort **PIN** zu verwenden. Abbildung 13.7 illustriert die Syntax der **olwm**-Menüsprache.

Abb. 13.7 Beispiel einer olwm-Menü-definition

```
Programme MENU
    "Command Tool" DEFAULT cmdtool
    "Text Editor"   emacs
    Andere MENU
        Andere TITLE
        "Shell Tool"       shelltool
        "Bitmap Editor"    iconedit
        "Uhr"              clock
        "On-line-Manual" DEFAULT xman
    Andere END
Programme END PIN
```

13.3 F(?)-Virtual-Window-Manager `fvwm`

Der **fvwm** entstand aus einer frühen Version des **twm**. Das Fragezeichen in seinem Namen rührt daher, daß sein Autor, Robert Nation, sich nach eigenen Angaben nicht mehr daran erinnern kann, welches Wort er ursprünglich mit dem Buchstaben „F" abgekürzt hatte.

Zu den Hauptmerkmalen des **fvwm** zählt ein 3D-animiertes Erscheinungsbild der Fensterdekorationen auf dem Desktop sowie Unterstützung mehrfarbiger Icons (Pixmap-Icons) und virtueller Screens. Außerdem kann der **fvwm** ergänzende Module starten, die mit dem Window-Manager über bidirektionale Pipelines kommunizieren. Zu den **fvwm**-Modulen zählen unter anderem **FvwmAudio** (Ausgabe akustischer Signale), **FvwmBanner** (Darstellung eines Logos), **FvwmIconBox** (ein Icon-Manager), **FvwmPager** (virtueller Desktop-Manager) und **GoodStuff** (eine Art Funktionsmenü).

Basierend auf einer Beta-Version **fvwm2.x** erstellten der Belgier Hector Peraza und der Schweizer David Barth eine Version **fvwm95-2**, die dem Unix-Arbeitsplatz ein Aussehen verleiht, das in etwa dem Erscheinungsbild des mehr oder minder bekannten jüngsten Windows-Produkts des amerikanischen Softwareherstellers Microsoft entspricht.

13.3.1 **fvwm**-Dekorationen und -Funktionen

Der **fvwm** versieht jedes Fenster auf dem Desktop mit einer konfigurierbaren Dekoration, bestehend aus einem Rahmen mit 4 Komponenten, jeweils oben, unten, links und rechts angebracht, Ecken (Handles), und einem Titelbalken. Der Titelbalken dient der Darstellung des Anwendungnamens.

Der fvwm ordnet jeder angezeigten X-Anwendung eine private Dekorationstabelle zu

Außerdem kann der Titelbalken jeweils links und rechts 5 Tasten beherbergen. Nach Betätigen einer Taste des Titelbalkens führt der **fvwm** eine Operation aus, etwa Ikonisieren der Anwendung oder Anzeige eines Menüs. Abbildung 13.8 zeigt die Komponenten der **fvwm**-Dekoration.

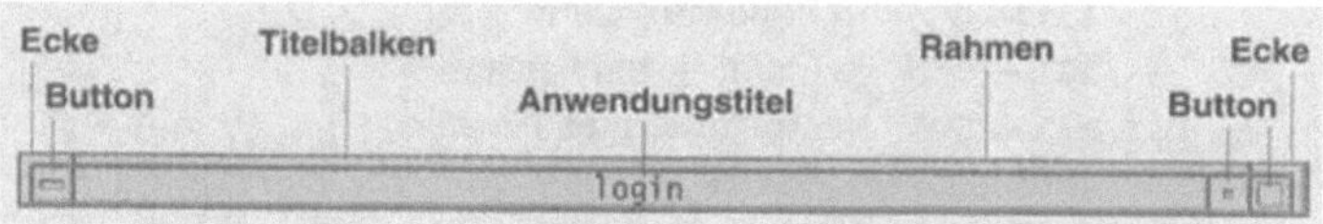

*Abb. 13.8
Komponenten der fvwm-Dekoration*

Ein Verschieben eines Fensters führt der **fvwm** aus, wenn der Anwender mit Maus-Links auf den Titelbalken oder die 4 Rahmenelemente drückt und daraufhin die Maus bewegt (Maustaste gedrückt halten). Maus-Rechts auf den Ecken erlaubt ein Verändern der Größe des Fensters; das Fenster erhält eine neue

Größe, nachdem der Anwender die Maustaste wieder losläßt. Maus-Rechts auf Titelbalken, Rahmen- oder Eckenelementen wiederum führt zum Verschieben des Fensters.

Drückt der Anwender mit Maus-Mitte auf eine dieser Komponenten, dann zeigt der **fvwm** das Menü „Window-Operationen" an. Letzteres zeigt der **fvwm** auch dann an, wenn der Anwender mit einer beliebigen Maustaste auf den links befindlichen Button drückt. Von den beiden rechts angebrachten Buttons dient der eine dem Ikonisieren des Fensters (linker Button). Der verbleibende rechte Button vergrößert das Fenster auf die volle Bildschirmgröße beziehungsweise er stellt die normale Größe wieder her.

Maus-Mitte auf dem Root-Window öffnet ebenfalls das Menü „Window-Operationen"

Zusätzlich hat der Anwender den Zugriff auf Window-Operationen über Cursor- und Funktionstasten. In Verbindung mit der Control- und der Shift-Taste bewegen die Cursor-Tasten den Maus-Zeiger nach oben, unten, rechts oder links, und zwar um jeweils einen Bildpunkt. Schnelles Bewegen des Mauszeigers (10 Bildpunkte pro Tastendruck) führt der **fvwm** aus, wenn eine Cursor-Taste zusammen mit Alt-Shift gedrückt wird. In Verbindung mit der Control-Taste (Alt-Taste) scrollt der Window-Manager den virtuellen Screen in Schritten von 10 (100) Bildpunkten.

Mauszeiger und virtueller Screen lassen sich mittels Cursor-Tasten verschieben

Die Funktionstasten **Alt-F1** bis **Alt-F8** sind standardmäßig ebenfalls an Window-Operationen gebunden. Abbildung 13.9 zeigt die jeweils erreichbaren Window-Operationen.

*Abb. 13.9
Voreingestellte
fvwm-Tastatur-
bindungen*

Taste	Funktion
Alt-F1	Menü „Utilities"
Alt-F2	Menü „Window-Operationen"
Alt-F3	Anzeigen der Window-Liste
Alt-F4	X-Anwendung beenden
Alt-F5	X-Fenster bewegen
Alt-F6	Größe verändern
Alt-F7	zum nächsten Fenster
Alt-F8	zum vorherigen Fenster

Analog dem **olwm** steuert beim **fvwm** die Focus-Policy, ob ein Fenster aktiv wird, wenn der Mauszeiger auf das Fenster beziehungsweise auf die Fensterdekoration zeigt, oder ob das Fenster nur nach anwenderseitigem Mausklick aktiviert wird. Ist die **fvwm**-Variable **ClickToFocus** gesetzt, dann ist die Focus-Policy „click-to-focus", anderenfalls „focus-follows-mouse".

In Ergänzung steuert die Variable **SloppyFocus** die Focus-Policy in der Weise, daß ein Fenster erst dann inaktiv wird, wenn die Maus auf ein anderes Fenster zeigt. Befindet sich der Mauszeiger auf dem Wurzelfenster, dann bleibt das zuletzt bediente Fenster aktiv.

Außerdem kontrolliert die Variable **AutoRaise**, ob ein aktiviertes Fenster komplett hervorgehoben werden soll oder ob es durch ein anderes Fenster teilweise verdeckt werden darf. Ein positiver Wert **delay** von **AutoRaise** führt zum Hervorheben des Fensters nach einer Zeit **delay** (in Millisekunden), falls focus-follows-mouse eingestellt ist. Ist die Focus-Policy auf click-to-focus gesetzt, wird ein aktiviertes Fenster sofort hervorgehoben, es sei denn, der Wert von **AutoRaise** ist negativ (kein Hervorheben).

fvwm hebt ein aktiviertes Fenster automatisch in den Vordergrund, falls die Variable Auto-Raise einen positiven Wert hat

Das Betätigen einer Maustaste auf dem Wurzelfenster öffnet eines von 3 Menüs: Maus-Links öffnet das „Applications-Menü", Maus-Mitte das Menü „Window-Operationen" und Maus-Rechts zeigt eine Liste aller an den X-Server adressierten X-Clients.

In der Version 1.x des **fvwm** sind Menüs stets vom Typ **Popup**; sie werden nur so lange angezeigt, bis der Anwender die Maustaste losläßt. In der Version 2 stehen zusätzlich Menüs vom Typ **Menu** zur Verfügung. Letztere entfernt der **fvwm2** nach dem Drücken einer Maustaste, wahlweise auf dem Menü (Auslösen der Menü-Funktion) oder außerhalb (entfernen des Menüs). Über den Umweg selbstdefinierter Funktionen läßt sich wiederum auch in **fvwm** 1.x erreichen, daß **Popup**-Menüs auf dem Desktop „stehenbleiben".

fvwm2 unterstützt 2 verschiedene Menü-Typen

13.3.2 **fvwm**-Konfiguration

Die Konfiguration des **fvwm** steuert entweder die systemweit gültige Startup-Datei **system.fvwmrc**, befindlich in einem der Verzeichnisse **/usr/X11R6/lib/X11/fvwm** beziehungsweise in **/etc/X11/fvwm**, oder (alternativ) die anwenderspezifische Datei **$HOME/.fvwmrc**. Die Version 2 des **fvwm** sucht nach Dateien ***fvwm2rc**, und **fvwm95-2** entnimmt seine Konfiguration aus ***fvwm2rc95**.

Jede fvwm-Variante benutzt eine eigene Startup-Datei

Jede der genannten **fvwm**-Konfigurationsdateien besteht aus mehreren logischen Blöcken, die insgesamt oft mehr als 1000

Zeilen beanspruchen. Abbildung 13.10 faßt die einzelnen Blöcke einer **fvwm**-Konfigurationsdatei zusammen. Es ist unbedingt darauf zu achten, daß eigene Konfigurationen in der angegebenen Reihenfolge eingetragen werden (bei den Blöcken 5-7 bestimmen die verwendeten Referenzen die Reihenfolge).

*Abb. 13.10
Die Blöcke
der fvwm-
Startup-Datei*

```
1.   Farbangaben
2.   allgemeine Parameter
3.   Pfadnamen
4.   Stil-Optionen
5.   Startup- und Restart-Funktion
6.   Funktionsdefinitionen
7.   Menü-Definitionen
8.   Tastatur- und Maus-Bindungen
9.   Modul-Optionen
```

13.3.3 Farbangaben

*Farbangaben
akzeptiert fvwm
als Farbnamen
oder als RGB-Wert*

Im 1. Block befindliche Farbangaben steuern die Dekoration von aktiven und inaktiven Fenstern, und zwar jeweils die Vorder- grund- und Hintergrundfarbe (**HiForeColor**, **HiBackColor**, **StdForeColor**, **StdBackColor**). Ferner sind in diesem Block die Farbwerte für Menüs und sogenannte Sticky-Windows zu definieren (Sticky-Windows werden auf jedem virtuellen Screen angezeigt). Als Variablenwert ist entweder ein Farbname, ent- sprechend den Einträgen aus **/usr/X11R6/lib/X11/rgb.txt**, oder ein RGB-Wert anzugeben (siehe Kapitel 12.6).

13.3.4 Allgemeine Parameter

*Die Variablen
MWM* verleihen
dem Desktop ein
mwm-ähnliches
Erscheinungsbild*

Zu den im 2. Block einzutragenden allgemeinen Parametern zählen unter anderem Font-Spezifikationen, und zwar **Font** für Menü-Einträge, **WindowFont** für Anwendungstitel, **IconFont** für Icon-Etiketten und optional **PagerFont**, falls der **Fvwm- Pager** die Namen der angedeuteten Anwendungen anzeigen soll. In diesem Bereich ist ferner die zu verwendende Focus-Policy anzugeben und es sind Variablen zu spezifizieren, die Window- und Icon-Positionen, die Größe des virtuellen Desktops und andere Parameter festlegen.

Außerdem kann der Anwender in diesem Block die im Titelbalken anzubringenden Buttons festlegen. Auf das Schlüsselwort **ButtonStyle** folgend, ist zunächst eine Button-Nummer und anschließend die relative Größe des Buttons (bezüglich der vollen Größe des Button-Felds) im Format **WxH** anzugeben. Die links befindlichen Buttons werden von links nach rechts mit 1, 3, 5, 7 und 9 numeriert. Die Numerierung der rechtsseitigen Buttons ist (von rechts nach links) 2, 4, 6, 8, 0.

Darüber hinaus kann der Anwender auch eigene Buttons definieren. Anstelle der relativen Größe sind dazu Koordinatenpunkte zu spezifizieren, eingeleitet durch eine Zahl, die der Anzahl der folgenden Koordinatenpunkte entspricht. Beispielsweise setzt die Sequenz

```
ButtonStyle 2 4 50x25@1 75x75@0 25x75@0 50x25@1
```


den rechts außen anzubringenden Button in Gestalt eines mit der Spitze nach oben gerichteten Dreiecks. An die einzelnen Koordinatenpunkte angehängte „Farbwerte" (**@0** und **@1**) veranlassen den **fvwm**, die Linie zum nächsten Punkt in dunkler oder in erhellter Farbe zu zeichnen.

Seit der Version 2.0.42 enthält der **fvwm** eine neue Button-Schnittstelle, die Buttons auch mit Pixmaps verbinden kann. Anstelle der Feldgröße ist dazu eines der Schlüsselwörter **Pixmap** oder **FullPixmap** einzutragen, gefolgt von einem Namen einer Pixmap-Datei. Folgt darauf ein 2. Dateiname, verwendet **fvwm2** das 1. Pixmap für den normalen Zustand. Nach Betätigen des Buttons maskiert **fvwm2** das Button-Feld mit dem 2. Pixmap.

13.3.5 Pfadnamen

In diesem Abschnitt zu vereinbarende Pfadnamen bestimmen Verzeichnisse, in denen der **fvwm** nach monochromen Bitmap-Icons (**IconPath**), mehrfarbigen Pixmap-Icons (**PixmapPath**) und **fvwm**-Modulen suchen soll (**ModulePath**). Die Pfad-Variablen können auch jeweils eine Liste von Pfadnamen aufnehmen, wobei einzelne Einträge voneinander durch Doppelpunkt abzugrenzen sind.

13.3.6 Stil-Optionen

Die Stil-Optionen ermöglichen eine Zuordnung spezieller Parameter der **fvwm**-Dekoration zu einzelnen Anwendungen. Jeder Eintrag besteht aus einer Zeile, beginnend mit dem Schlüsselwort **Style** und gefolgt von einem Window-Namen sowie einer Optionsliste.

Der Window-Name ist normalerweise entweder der Name der Anwendung oder der Name einer Widget-Klasse, für die die nachfolgenden Optionen gesetzt werden sollen, eingeschlossen in doppelten Hochkommata. Etwa enthaltene Jokerzeichen (**?** und *****) interpretiert der **fvwm** in der Unix-üblichen Weise. Die Reihenfolge der Eintragungen beeinflußt die Interpretation anwendungsspezifischer Optionen. Speziell der Window-Name **"*"** (alle Fenster) sollte unbedingt am Anfang der Liste stehen. Die anschließend spezifizierten Stil-Optionen können einzelne Anwendungen mit „Attributen" versehen, die die einleitend vereinbarten Standardeinstellungen überdefinieren.

*Style "*term*" setzt Attribute für xterm, kterm, und color_xterm*

Die Optionsliste enthält eine oder mehrere **fvwm**-Variablen, getrennt durch Kommata. Logische Variablen setzen oder entfernen Optionen. Auf eine numerische Variable folgend ist eine Zahl anzugeben; beispielsweise setzt die Option **BorderWidth 5** die Breite des Rahmens auf 5 Bildschirmpunkte. Variablen, die Farbwerte setzen, erwarten als Argument entweder einen Farbnamen gemäß einem Eintrag aus **/usr/X11R6/lib/X11/rgb.txt** oder einen RGB-Wert (siehe Kapitel 12.8). Abbildung 13.11 faßt die Schlüsselwörter zusammen, die Bestandteil der Optionenliste sein können.

NoTitle entfernt den Titelbalken, NoHandles zeigt das Fenster mit durchgezogenem Rahmen

Abb. 13.11 Variablen der fvwm-Optionenliste

BackColor	Icon	StartNormal
BorderWidth	IconTitle	StartsAnyWhere
Button	NoButton	StartsOnDesk
CirculateHit	NoHandles	StaysOnTop
CirculateSkip	NoIcon	StaysPut
Color	NoIconTitle	Sticky
ForeColor	NoTitle	Title
HandleWidth	Slippery	WindowListHit
Handles	StartIconic	WindowListSkip

In **fvwm2** wurden weitere Optionen integriert, die grafische Attribute spezieller Anwendungen steuern. Dazu zählt beispielsweise die Option **TitleStyle**, die einerseits die Ausrichtung des Anwendungstitels setzt (**Centered**, **RightJustified**, **LeftJustified**) und andererseits sein Erscheinungsbild kontrolliert (**Raised**, **Sunk**, **Flat**). **fvwm95-2** wertet die Option **TitleIcon** aus, die dem Anwender die Definition einer linksseitig im Titelbalken anzubringenden Pixmap ermöglicht.

13.3.7 Funktionsdefinitionen

In den beiden Funktionsdefinitionsblöcken hat der Anwender die Möglichkeit, zum einen eine **InitFunction** (wird bei der Initialisierung ausgeführt) und eine **RestartFunction** festzulegen; sie haben normalerweise identischen Inhalt. Zum anderen kann der Anwender hier komplexe Funktionen definieren, die **fvwm**-interne Funktionen aufrufen.

InitFunction ist eine anwenderdefinierte Funktion, die fvwm bei seiner Initialisierung ausführt

Funktionsdefinitionen sind mit **Function** einzuleiten, gefolgt von einem in doppelten Hochkommata eingeschlossenen Funktionsnamen. Das Ende einer Funktionsdefinition kennzeichnet das Schlüsselwort **EndFunction**. Dazwischen eingetragene Funktionsaufrufe bestehen aus dem jeweiligen Funktionsnamen, einem Ereignis (**Click**, **Immediate**, **Motion**, **DoubleClick**), aufgrund dessen die Funktion auszuführen ist, und (optionalen) Argumenten an die **fvwm**-Funktion. Abbildung 13.12 zeigt die Definition einer Funktion **window_ops_func**. Letztere öffnet das Menü **Window Ops** und zeigt es auf dem Display an, bis der Anwender eine Auswahl getroffen hat oder das Menü schließt.

```
Function "window_ops_func"
    PopUp    "Click"        Window Ops
    PopUp    "Motion"       Window Ops
    Close    "DoubleClick"
EndFunction
```

Abb. 13.12 Definition einer fvwm-Funktion

Die Schnittstelle zur Funktionsdefinition wurde in **fvwm2** geändert. Einleitend ist dort das Schlüsselwort **AddToFunc** anzugeben, gefolgt von dem Funktionsnamen, einem „Trigger-Indikator" (**I** Immediately, **M** Motion, **C** Click, **D** Double-Click), und einer **fvwm2**-internen Funktion. Folgezeilen sind mit einem Plus-Zeichen zu kennzeichnen. Das Ende der Definition erkennt **fvwm2** an einer Leerzeile.

13.3.8 Menü-Definitionen

Sämtliche Menüs und Submenüs, die der **fvwm** auf dem Desktop
unterhalten soll, sind im 7. Block der Startup-Datei einzutragen.
Dabei ist unbedingt auf die Reihenfolge der Definitionen zu
achten, da **fvwm** keine „Vorwärtsreferenzen" auflöst. Für den
Anwender bedeutet dies, daß zuerst die Submenüs und danach
die Hauptmenüs zu definieren sind, die einzelne Submenüs
öffnen sollen.

*Enthält das
Menü-Label ein
&-Zeichen, dann
installiert fvwm den
darauf folgenden
Buchstaben als
„Hot-Key"*

Die Menü-Einträge sind zeilenweise zwischen **Popup** und
EndPopup zu formulieren. Jeder Eintrag besteht aus einer **fvwm**-
Funktion, dem Namen des Eintrags, und gegebenenfalls einem
Argument an die **fvwm**-Funktion. Enthält der Name des Eintrags
das **&**-Zeichen, dann zeigt **fvwm** den darauf folgenden Buchsta-
ben des Namens unterstrichen an (das **&**-Zeichen wird aus dem
Namen entfernt) und definiert diesen Buchstaben als „Hot-Key".
Bei tastaturseitiger Eingabe des unterstrichenen Buchstabens
führt **fvwm** (bei geöffnetem Menü) die zugehörige Funktion aus.
Abbildung 13.13 zeigt die Definition des Menüs **Window Ops**.

*Abb. 13.13
Das fvwm-Menü
„Window Ops"*

```
Popup "Window Ops"
    Title     "Window Ops"
    Move      "&Move"
    Resize    "&Size"
    Raise     "&Raise"
    Lower     "&Lower"
    Iconify   "(De)&Iconify"
    Nop       ""
    Destroy   "&Destroy"
    Exec      "Hardcopy"        exec xdpr &
EndPopup
```

*Applikationen sind
aus fvwm heraus
mit exec zu starten*

Menü-Einträge, die unmittelbar eine Applikation aktivieren
sollen, verwenden die **fvwm**-interne Funktion **Exec**. Als Argument an diese Funktion wird üblicherweise eine Kommandozeile eingetragen. Dem Kommandoaufruf ist das Unix-Kommando
exec voranzustellen.

Zur Definition eines **fvwm2**-Menüs ist eine anderslautende
Syntax anzuwenden. Dort sind die Menü-Definitionen mit
AddToMenu einzuleiten, gefolgt vom Namen des Menüs. Jeder

Eintrag besteht aus einem Menü-Label und anschließend einer **fvwm2**-internen Funktion. Folgezeilen kennzeichnet das Plus-Zeichen am Zeilenanfang, das Ende der Menü-Definition erkennt **fvwm2** an einer Leerzeile. Das Argument an die **Exec**-Funktion des **fvwm2** benötigt kein einleitendes Unix-**exec** vor dem eigentlichen Programmaufruf.

Wie bereits am Ende des Kapitels 13.3.1 erwähnt, steht in **fvwm2** ein zusätzlicher Menütyp **Menu** zur Verfügung. Der in Abbildung 13.13 gezeigte „Trick" ist dadurch in **fvwm2** nicht mehr erforderlich, um ein „stehendes" Menüs zu erzeugen.

Eine weitere Ergänzung von **fvwm2** gegenüber den Versionen 1.x erlaubt die Integration einer Pixmap in das Menü-Label. Dazu ist einfach der Name einer Pixmap-Datei, links und rechts durch ein Prozent-Zeichen begrenzt, innerhalb des Menü-Labels einzutragen. Abbildung 13.14 zeigt ein entsprechend dekoriertes **fvwm2**-Menu.

fvwm-Menü-Definitionen sind nicht mit fvwm2 kompatibel

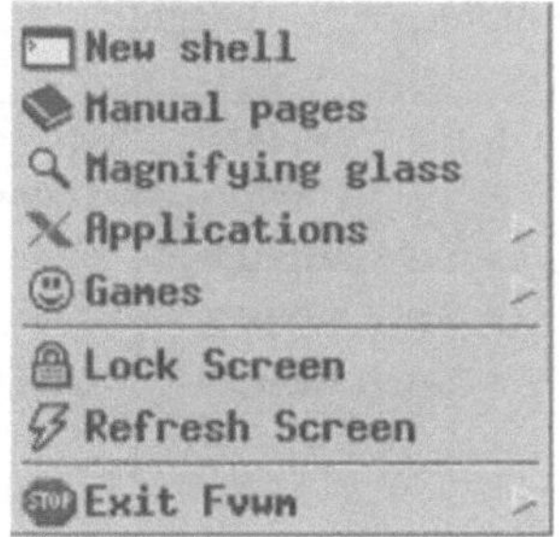

Abb. 13.14 fvwm2-Menu mit Pixmaps

13.3.9 Tastatur- und Maus-Bindungen

Nachdem die gewünschten Funktionen und Menüs definiert wurden, kann der Anwender sie im 8. Block einzelnen Funktions- und Maustasten zuordnen. Jede Zeile definiert dort eine Bindung: Das am Zeilenanfang stehende Schlüsselwort **Mouse** leitet eine Maus-, und **Key** leitet eine Tastaturbindung ein.

Der 2. Eintrag beschreibt bei Mausdefinitionen einfach die Nummer der Maustaste, für die eine Bindung angelegt werden soll. Steht hier die Zahl 0, gilt die Bindung für alle vorhandenen Maustasten. Bei Tastaturdefinitionen ist der Name einer Taste

In der Bindungs-Sektion verknüpft der Anwender fvwm-Funktionen mit Maus- und Funktionstasten

einzutragen; Auskunft über die zulässigen Tastennamen gibt die
Datei `/usr/include/X11/keysymdef.h`.

Darauf folgend sind ein „Kontext" und ein „Modifier" anzugeben, die festlegen, wann die abschließend genannte **fvwm**-
Funktion auszuführen ist. Zulässige Werte für den Kontext sind
die Buchstaben **R** (Root-Window), **W** (X-Anwendung), **F** (Ecken),
S (Rahmen), **T** (Titelbalken) und **I** (Icon). Eine Ziffer 0...9 kennzeichnet einen Button. Unmittelbar hintereinander geschriebene
Buchstaben und/oder Ziffern definieren die Funktion auf mehreren Kontexten.

Im Feld „Modifier" beschreibt **S** die Shift-, **C** die Control- und
M die Meta-Taste. **N** besagt, daß die Funktion allein aufgrund der
anfangs der Zeile angegebenen Taste ausgeführt wird. Auch in
diesem Feld ist eine Kombination mehrerer Modifier zulässig.
Steht hier beispielsweise **CS**, dann wird die Funktion bei gleichzeitigem Drücken von Shift-, Control- und dem einleitend genannten Tastatur- oder Mauscode ausgeführt. Abbildung 13.15
zeigt einige **fvwm**-Bindungen als Beispiel:


```
Mouse 1      R   A   PopUp    "Applications"
Mouse 2      R   A   PopUp    "Window Ops"
Key Left     A   M   Scroll   -10 +0
Key Right    A   M   Scroll   +10 +0
Key F1       A   M   Popup    "Utilities"
```

13.3.10 Modul-Optionen

Im letzten Block der **fvwm**-Startup-Datei einzutragende Optionen konfigurieren die Module, die mit dem **fvwm** über Pipelines kommunizieren. Alle Module, die der **fvwm** aufruft, analysieren die anwenderspezifische oder, falls diese nicht existiert, die
systemweit gültige **fvwm**-Startup-Datei, und entnehmen daraus
die für sie bestimmten Konfigurationsparameter. Für eine eingehende Beschreibung der modulspezifischen Optionen sei an
dieser Stelle auf die jeweiligen Handbuchseiten verwiesen, die
außerdem ausführliche Beispielkonfigurationen ausweisen.

Linux-Desktops

Seit der breiten Verfügbarkeit des X Window Systems stehen dem Unix-Entwickler und -Anwender 2 zentrale Konzepte im Zugriff: Auf dem Arbeitsplatz lassen sich mehrere parallel laufende Applikationen in jeweils eigenen Fenstern darstellen und grafische Bedienelemente können den interaktiven Umgang mit einer konkreten Anwendung erleichtern. Eine rein grafische Benutzeroberfläche bildet X11 jedoch nicht: Elementares Kopieren, Umbenennen oder Löschen von Dateien erfordert die Eingabe eines entsprechenden Unix-Kommandos in einem Xterm-Fenster.

X11 ist ein Window-System, aber kein grafischer Desktop

Diese Lücke sollen Desktops schließen, die unter anderem Dateien des Unix-Verzeichnisbaums in einem Fenster durch grafische Symbole repräsentieren und menügestütztes Anwenden von Basisoperationen auf diese Dateien ermöglichen. Neben diesen Fähigkeiten, die üblicherweise schon zum Leistungsvorrat typischer Dateimanager zählen, können moderne Desktops Dateien einer Applikation zuführen, indem der Anwender einfach das Sinnbild einer Datei mit der Maus auf die gewünschte Applikation „zieht" (Drag-and-Drop). Bei geeigneter Konfiguration ist ferner automatisches Starten einer „passenden" Anwendung zu einer Datei nach einem Doppelklick auf das Sinnbild der Datei möglich. Eine kontextsensitive Hilfefunktion zählt ebenfalls zum Leistungsspektrum moderner Desktops.

Desktops stellen eine grafische Schnittstelle zu elementaren Funktionen des Betriebssystems bereit

Unix-Desktops waren bereits Ende der 80er Jahre verfügbar, einerseits als herstellereigene Erweiterungen für X11 (HP-Vue, Nextstep, SGI-Workspace, Sun-OpenLook, UnixWare-Destiny), teils aber auch als herstellerübergreifende Produkte (Looking Glass, Wish, X.desktop). Herstellereigene Desktops sollten wahrscheinlich Marktanteile sichern, zwangsläufig führten aber diese zahlreichen Bemühungen um Benutzerfreundlichkeit zu äußerlichen Inkompatibilitäten von Unix-Systemen.

Zahlreiche Unix-Hersteller prägten ihre Systeme durch eigene Desktops

Dem sich abzeichnenden Chaos begegneten Vertreter von AT&T, Bell Labs, Digital, HP, IBM, Novell, SCO und Sun im Jahre 1993 mit der Gründung des Common Open Software Environment Consortiums (COSE), das zu den (trotz SVR4) immer noch uneinheitlichen Unix-Derivaten unter anderem eine einheitliche grafische Benutzerschnittstelle definieren sollte (Common Desktop Environment CDE). Letztere existiert mittlerweile und bildet heute unter anderem auf HP- und Sun-Systemen den Standard-Desktop.

Auch Linux blieb bisher von dem vermeintlichen Wildwuchs der mehr oder minder konkurrierenden Desktops nicht verschont. Insgesamt 4 verschiedene Desktops stehen dem Linux-Anwender heute zur Wahl:

Looking Glass, das als Bestandteil früher Caldera OpenLinux Distributionen mit ausgeliefert wurde,

CDE als kommerzieller, Motif-basierter Zusatz zu X11, erhältlich in 2 Varianten (TriTeal-CDE, Xi-Graphics-CDE),

K Desktop Environment (KDE), initiiert von Matthias Ettrich, verfolgt das Ziel, die Vorteile der von CDE, MacOS und Windows 95/NT her bekannten Desktops in einem neuen Produkt für Unix zu integrieren, und

GNOME (GNU Network Object Model Environment), initiiert von Miguel de Icaza, das einen freien Desktop für ein freies Betriebssystem bilden will (frei im Sinne der OpenSource-Definition, siehe `http://www.opensource.org`).

XFCE, entwickelt von Olivier Fourdan, hat zwar äußerlich eine große Ähnlichkeit zu CDE, ist aber genaugenommen kein Linux-Desktop, da er kein Drag-and-Drop integriert.

Looking Glass, ursprünglich von der amerikanischen Firma Visix entwickelt, wurde unter Federführung von Jeff Barr für Caldera auf Linux-i386 portiert und war praktisch der 1. verfügbare Linux-Desktop. Kurz darauf kündigte das Unternehmen Xinside (jetzt Xi-Graphics) eine Portierung von CDE für Linux an, die im deutschsprachigen Raum als Zubehör für DLD-Linux populär wurde. Letzteres setzt den kommerziellen X-Server Accelerated-X voraus, der früher übrigens unmittelbarer Bestandteil von Caldera Network Desktop war. Unabhängig von Accelerated-X ist der Einsatz von TriTeal CDE oberhalb der XFree86-Server möglich, erhältlich unter anderem über RedHat.

KDE und GNOME bilden frei erhältliche Desktops. Sie behandeln Anwendungen als Objekte, die miteinander über einen zentralen Object Request Broker kommunizieren können. KDE ist bereits sehr weit entwickelt und auch schon Bestandteil einiger jüngerer Linux-Distributionen, einschließlich zahlreicher, auf KDE portierter Anwendungen. GNOME war zum Zeitpunkt der Drucklegung dieses Werks als 1.0-Präversion verfügbar. Er realisiert Konzepte, die dem Anwender im Vergleich zu KDE wesentlich mehr Freiheiten bei der Gestaltung des Desktops erlauben.

KDE ist bereits weit entwickelt, GNOME bietet mehr „Freiraum"

14.1 Looking Glass

Looking Glass enthält 2 sichtbare Komponenten: Ein Desktop-Fenster, von dem aus alle innerhalb des Produkts verfügbaren Desktop-Aktionen zugänglich sind, und einen Dateimanager, der Verzeichnisse und darin befindliche Dateien durch ihre Dateinamen und ein grafisches Sinnbild repräsentiert. Abbildung 14.1 zeigt ein Bildschirmfoto einer Beispielsitzung mit Looking Glass.

Abb 14.1 Looking Glass Desktop

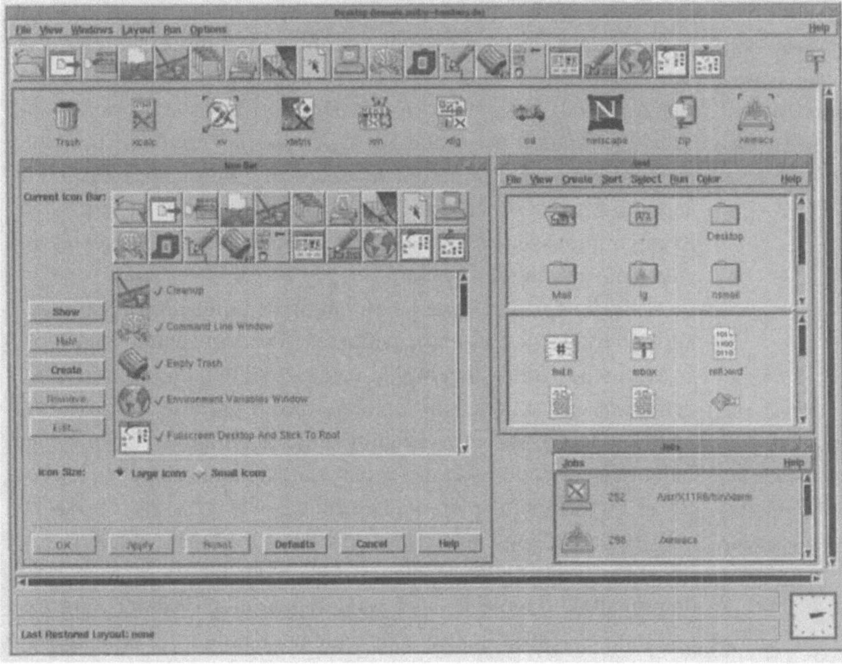

Komponenten von Looking Glass: Desktop-Fenster, Dateimanager, Icon-Editor und Hilfesystem

Ferner gehören zum Produkt eine kontextsensitive Hilfefunktion sowie zahlreiche grafische Werkzeuge, die ein komfortables Anpassen des Desktops an individuelle Bedürfnisse unterstützen. Letztere sind mit Ausnahme des proprietären Icon-Editors unmittelbarer Bestandteil des Programms `lg`. Ein einstellbares Klangschema, das benutzerseitige Aktionen auf dem Desktop und systeminterne Ereignisse mit Audiosignalen kennzeichnet, rundet das Leistungsspektrum von Looking Glass ab.

Sein geringer Bedarf an Rechenkapazität erlaubt den Einsatz auf „kleinen" Systemen

Wesentlicher Vorteil des Motif-basierten Looking Glass ist sein verhältnismäßig geringer Verbrauch an Plattenplatz und Rechenkapazität sowie seine einfache Handhabung. Dennoch hat der Anbieter Caldera jüngst angekündigt, demnächst KDE als Standarddesktop anzubieten. Die zukünftige Verfügbarkeit von Looking Glass für Linux ist daher ungewiß.

14.1.1 Desktop-Fenster

Das Desktop-Fenster besteht aus Menüleiste, Iconleiste, dem eigentlichen (virtuellen) Desktop und einer Statusleiste. Nach Eingabe der Alt-Taste und des unterstrichen angezeigten Buchstabens auf dem Desktop-Fenster erscheint ein Pulldown-Menü, das den Zugriff auf vorkonfigurierte Aktionen erlaubt. Dazu zählen das Anzeigen eines angewähltes Desktop-Icons oder seines Inhalts, das Starten der Standardapplikationen Terminal-Emulator, Icon-Editor, Aufruf einer einzugebenden Kommandozeile in einer Sub-Shell, Öffnen eines der zahlreichen systemspezifischen Konfigurationswerkzeuge, und die Ausgabe eines Hilfetextes zu einem ausgewählten Objekt.

Funktionen des Desktops sind per Maus und über die Tastatur zugänglich

Aufgabe der Iconleiste ist es, häufig benötigte Aktionen in einer Schalterleiste zusammenzufassen. Der Anwender kann dort anzuzeigende Sinnbilder aus 22 voreingestellten und weiteren frei definierbaren Aktionen zusammensetzen. Für diese Aufgabe enthält Looking Glass ein vollständig grafisch orientiertes Werkzeug. Jeder neu erzeugten Aktion ist einfach ein Name zu geben und es ist die auszuführende Kommandozeile sowie 2 Namen für das zu verwendende Icon einzutragen, je einen für großes (40x40 Pixel) und kleines Icon (24x24 Pixel). Außerdem kann der Anwender den Inhalt der Iconleiste als Layout registrieren. Während der Arbeit mit dem Desktop kann man dann per Knopfdruck den Aufbau

Zu häufig benötigten Kommandos kann der Anwender in der Iconleiste Schalter ablegen

der Iconleiste durch Auswahl eines Layouts auf die Bedürfnissen während einer konkreten Aufgabe anpassen.

Elemente des Desktops sind standardmäßig ein Papierkorb und einige Standardanwendungen, dargestellt als Icon. Weitere kann der Anwender nach Belieben dort ablegen, indem er einfach das gewünschte Objekt in einem Dateifenster markiert und mit der Maus auf den Desktop zieht. Zum Entfernen eines Icons vom Desktop muß der Anwender dieses mit der Maus markieren und anschließend den Menüeintrag **File→Take Off Desktop** anwählen (**Alt-F Alt-T**).

Desktop-Icons repräsentieren Dateien, Verzeichnisse oder Anwendungen

Jedes Objekt auf dem Desktop repräsentiert entweder eine gewöhnliche Datei, ein Verzeichnis oder ein ausführbares Kommando. Ein Doppelklick auf ein Verzeichnis öffnet ein Dateifenster und zeigt dort seinen Inhalt an. Entsprechendes auf einen registrierten Dateityp angewendet, führt zum Öffnen der dafür eingetragenen Anwendung, die das Objekt daraufhin bearbeitet.

Registrierte Dateitypen sind an Standardaktionen gekoppelt

Ausführbare Dateien startet Looking Glass, falls der Anwender ein Doppelklick auf das zugehörige Sinnbild tätigt. Ist das Kommando registriert (zu erkennen an schwarzen Ecken am Icon, siehe **xv**, **netscape** und **xemacs** in Abbildung 14.1), dann ist das Icon außerdem als „Drop-Zone" einsetzbar: Zieht der Anwender aus einem Dateifenster oder vom Desktop ein „passendes" Objekt auf dieses Icon, dann öffnet Looking Glass die zugehörige Applikation und diese bearbeitet das ihr zugeführte Objekt. Beispielsweise führt das Ziehen einer Textdatei auf ein **lpr**-Icon zum Drucken dieser Datei. Bereits aktiven Applikationen kann der Anwender mit dieser Technik keine Dateien zufügen.

Registrierte Anwendungen sind als Drop-Fläche einsetzbar

Wird ein Objekt auf den Papierkorb gezogen, dann bewegt Looking Glass den Eintrag per **mv** nach **/tmp/.vTRASH/$USER**. Gelöschte Dateien lassen sich daher auch restaurieren, außer, der Papierkorb wurde geleert. Die Kapazität des Papierkorbs ist erwartungsgemäß beschränkt, und zwar auf den freien Platz, der auf dem Dateisystem zur Verfügung steht, das das **/tmp**-Verzeichnis enthält.

Gelöschte Dateien bewegt der Desktop nach /tmp/.vTrash

Unterhalb des Desktops schließlich dient die (optionale) Statusleiste der Ausgabe von Mitteilungen an den Anwender, die der Looking Glass Desktop **lg** erzeugt. Dort ist auch Platz für eine analoge Systemuhr. Letztere zeigt der Desktop allerdings nur dann an, wenn 1. die Statusleiste und 2. die Systemuhr im **View-**

Menü aktiviert wurden. Aufgrund des hohen Platzbedarfs für die Statusleiste ist diese standardmäßig abgeschaltet.

14.1.2 Dateimanager

Standardmäßig zeigt der Dateimanager Dateien und Verzeichnisse getrennt an

Der Dateimanager von Looking Glass zeigt Verzeichnisinhalte in Abhängigkeit von der Schalterstellung **View→Positionable** entweder in einem einzelnen oder in 2 horizontal unterteilten Bereichen eines Fensters an, wobei letzterer Bildaufbau oben die Unterverzeichnisse und unten die Dateien des betreffenden Verzeichnisses auflistet. Die Größe der Teilbereiche kann der Anwender durch Bewegen des Trennbalkens mit der Maus modifizieren.

Horizontale und vertikale Abstände der Icons sind über Preferences→ Cleanup einstellbar

Sämtliche Einträge erscheinen im Dateimanager in Zeilen und Spalten, jeweils alphabetisch von links nach rechts in auf- oder absteigender Reihenfolge nach Dateinamen oder -kennung sortiert. Alternativ zur voreingestellten Anzeige der Einträge als Icon nebst Dateinamen kann der Dateimanager die Information auch als Namensliste (mit einem linksseitig angebrachten Mini-Icon) oder als „weite" Liste aufbereiten.

Namen für Dateitypen sind Bestandteil der Regeldatenbasis

Eine weite Liste enthält zusätzliche, von dem Kommandoaufruf **ls -ail** her bekannte Informationen bezüglich der Zugriffsrechte, Besitzer- und Gruppen-ID, Inode, Dateigröße, Anzahl der Links auf den Dateieintrag, Modifikationsdatum, und einen Typnamen, ähnlich dem Ergebnis des **file**-Kommandos. Bei dieser Darstellung ist außerdem ein Sortieren der Liste nach Besitzer, Gruppe, Modifikationsdatum oder Dateigröße möglich.

Das Verhalten des Dateimanagers steuern Desktop- Attribute

Nach einem Doppelklick auf ein Verzeichnis-Icon zeigt der Dateimanager die dort enthaltenen Dateien und Verzeichnisse an; diese ersetzen normalerweise den alten Inhalt des Dateimanagers. Shift-Doppelklick hingegen öffnet ein neues Dateifenster und zeigt dort den Inhalt des angewählten Verzeichniseintrags. Die Wirkungsweisen von Doppelklick und Shift-Doppelklick kann der Anwender über das Operations-Menü des Desktop-Fensters vertauschen (Preferences→Operation).

Dateieinträge sind in den meisten Fällen an typspezifische Standardaktionen gebunden. Beispielsweise lädt ein Doppelklick auf eine Textdatei einen Editor mit dieser Datei, ein Doppelklick auf eine **tar**-Datei extrahiert diese Datei und so fort. Genaugenommen ist jeder (registrierte) Dateityp an eine Liste von Aktionen gebunden, die der Dateimanager nach Markieren des Objekts und Betätigen von Maus-Rechts anzeigt. Der Anwender kann daraufhin eine der vordefinierten Aktionen auswählen oder auch neue Aktionen definieren respektive nicht registrierte Dateitypen auf diese Weise registrieren. Auch diese Prozedur unterstützt Looking Glass mit einem grafischen Werkzeug.

Menüs zeigen zulässige Aktionen für registrierte Dateitypen an

Einige der in Kapitel 7 genannten dateiorientierten Unix-Kommandos sind in den Dateimanager integriert und stehen dem Anwender maus- oder menügestützt im Zugriff. Dazu zählen das Erzeugen neuer Einträge (**mkdir**, **touch**, **mknod**, **mkfifo**) beziehungsweise Löschen von Objekten (**rm**, **rmdir**), Bewegen (**mv**) und Kopieren (**cp**) von Dateielementen zwischen Verzeichnissen, das Erstellen symbolischer Links (**ln**) und die Modifikation der Dateiattribute (**chmod**, **chown**, **chgrp**, **touch -t**). Abbildung 14.2 zeigt ein Bildschirmfoto des „Change Properties"-Menüs.

Mausgestützte Funktionen: Erzeugen, Löschen, Kopieren und Verschieben von Dateien, Setzen von Attributen

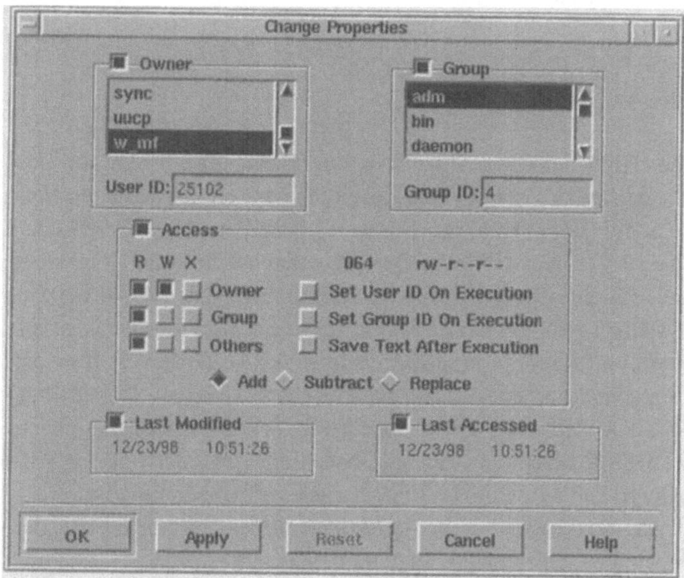

Abb. 14.2 Modifikation der Dateiattribute unter Looking Glass

Ferner kann der Anwender mehrere Dateien im Dateimanager zu Gruppen zusammenfassen. Mausgestützt kann dies durch Umranden mehrerer Dateien mit einem „Gummiband" erfolgen (Maus-Links drücken und ziehen) oder durch iteratives Selek-

Funktionen sind auch auf Gruppen anwendbar

tieren mit Shift-Maus-Links. Zusätzlich erlaubt der Menüpunkt **Select→Select By Pattern...** (**C-S**) das Selektieren von Dateien, die auf eine oder mehrere Suchmuster passen.

Bei Kommandozei-lenaufrufen ersetzt der Desktop #f (#F) durch die Namen der selektierten Dateien

Auf derartige Dateigruppen lassen sich dann entweder vordefinierte Aktionen anwenden oder der Anwender kann per **Run→Command Line...** (**C-R**) eine Kommandozeile eingeben. Wird innerhalb der Kommandozeile das Makro **#f** (**#F**) verwendet, dann ersetzt Looking Glass dieses durch eine Liste mit den Namen (vollständigen Pfadnamen) aller selektierten Dateien.

find sucht Dateien, deren Name zu einem regulären Ausdruck paßt

Erwähnt sei an dieser Stelle noch das **find**-Kommando des Dateimanagers, das menügestütztes Auffinden von Dateien erlaubt, die auf ein anzugebendes Suchmuster passen. Das Ergebnis (die Datei-Liste) bereitet Looking Glass in einem eigenen scrollbaren Fenster auf und zeigt nach Doppelklick auf einen Eintrag in einem neuen Fenster das komplette Verzeichnis an, das das gewählte Objekt enthält. Damit erlaubt der Desktop dem Anwender den Zugriff auf eine Basisfunktion des **find**-Kommandos auf völlig transparente Weise.

14.1.3 Hilfe-Funktionen

Die Hilfe-Funktion von Looking Glass nutzt den HTTP-Dienst

Die Hilfe-Funktion von Looking Glass stützt sich auf das Programm **/usr/bin/browser** (das ist normalerweise ein Verweis auf **/usr/bin/netscape**) und fordert den lokalen oder einen entfernten HTTP-Dienst an, entsprechend dem gewählten Kontext eine spezielle HTML-Seite anzuzeigen. Bei vernetzten Systemen reicht es daher, das Hilfesystem nur einmal zu installieren und allen Systemen den Namen des Hilfe-Servers über die Umgebungsvariable **LG_HELP_SERVER** mitzuteilen. Zu beachten ist aber, daß jede Hilfeanforderung das Starten eines neuen HTML-Browsers bewirkt, gegebenenfalls begleitet mit der Mitteilung, daß auf dem Desktop bereits ein Browser aktiv ist.

Jede Hilfeanfrage startet einen neuen HTML-Browser

Zu jedem Element des Desktops ist kontextsensitive Hilfe abrufbar

Kontextsensitive Hilfe zu Elementen des Desktops erhält der Anwender über den Menüeintrag **Help→Help On...** und anschließendem Mausklick auf ein grafisches Element des Desktops. Looking Glass leitet daraufhin eine entsprechende Anfrage an den HTTP-Dämon des Hilfe-Servers, und der lokale HTML-Browser zeigt eine Erläuterung zum angewählten Objekt an. Querverweise ermöglichen dort den direkten Zugriff auf darin verwendete Fachbegriffe. Außerdem kann der Anwender dort auf das Kapitel des Handbuchs zugreifen, das den angezeigten Ausschnitt enthält, er kann das Inhaltsverzeichnis der kompletten Dokumentation anwählen und er kann sich ein Index anzeigen lassen, das alle dokumentierten Fachbegriffe bündelt.

Auch zu Unix-Kommandos kann der Desktop Hilfeseiten anzeigen. Diese Fähigkeit ist über eine Standardaktion des Dateimanagers implementiert. Selektiert der Anwender dort eine ausführbare Datei und wählt aus dem zugehörigen Aktionenmenü den Eintrag „Look for man system entry on file", dann führt Looking Glass einen simplen **man**-Aufruf mit dem gewählten Dateinamen als Argument aus und zeigt das Ergebnis in einem gewöhnlichen Terminal-Fenster an.

Vorkonfigurierte Aktion für ausführbare Dateien: Anzeigen der Handbuchseite

14.1.4 Konfigurations-Werkzeuge

Dem Anwender von Looking Glass stehen diverse grafische Werkzeuge im Zugriff, mit denen er das Erscheinungsbild des Desktops modifizieren sowie Umgebungseigenschaften festlegen kann, die sich auf alle aktivierten Prozesse auswirken. Das Anfertigen zusätzlicher Icons unterstützt ein Icon-Editor. Für Erweiterungen von Regeln, gemäß derer der Dateimanager Aktionen auslöst, enthält das Produkt eine Programmierschnittstelle. Abbildung 14.3 zeigt einige Konfigurations-Menüs von Looking Glass.

Der Umgebungsmanager unterstützt das Setzen und Ändern von Shell-Variablen

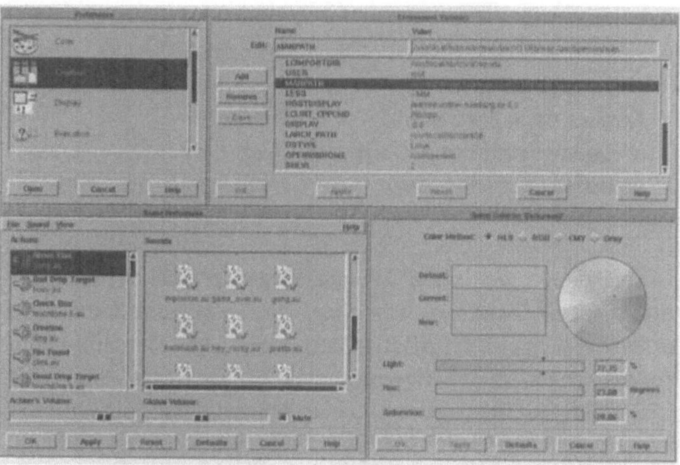

Abb. 14.3 Desktop-Konfiguration unter Looking Glass

Farbwerte kann der Anwender als RGB-, CMY- oder HSV-Tripel setzen

Das Bildschirmfoto enthält links oben das Hauptmenü „Preferences", von dem aus der Anwender weitere grafische Werkzeuge starten kann, die unter anderem die Konfiguration äußerer Merkmale des Desktops wie Farbwerte der Fenster und aktionenspezifische Klänge unterstützen. Im unteren Bereich sind die dafür verfügbaren Menüs abgebildet. Manipulation der Umgebungsvariablen (oben rechts) und Setzen von Masken, die die Zugriffsrechte neu erzeugter Dateien festlegen sind weitere, von jedem Benutzer entsprechend seinen Bedürfnissen einstellbare Kenngrößen, um nur einige zu nennen.

Zum Lieferumfang zählen etwa 800 farbige Icons

Icons verwaltet der Desktop in 4 Galerien: systemweit gültige, lokale, für die Iconleiste bestimmte und benutzerspezifische. Etwa 800 Sinnbilder sind bereits vordefiniert. Weitere kann der Anwender mit dem produktspezifischen Icon-Editor **vice** erzeugen, der sich in seinen Leistungsmerkmalen ohne weiteres mit einem hochwertigen Bitmap-Editor messen kann.

Die Quellen der Regelbasis liegen in /usr/visix/lg/ default/lg_ftc

Um Icons mit Dateitypen in Bezug zu bringen, so daß der Dateimanager diese als Sinnbild für Dateielemente anzeigt, muß allerdings der Systemverwalter die File-Typing-Regeln des Desktops mit einem gewöhnlichen Editor erweitern. Bei der Gelegenheit kann er auch gleich Standardaktionen definieren, die der Dateimanager aufgrund eines Doppelklicks auf diesen Dateityp starten soll. Die dazu vorhandene Programmiersprache ist gut dokumentiert und leicht erlernbar. Abbildung 14.4 zeigt eine Regel, die das Anzeigen von TeX-DVI-Dateien mit **xdvi** festlegt.

Abb. 14.4 File-Typing Regel für Looking Glass

```
DEFINE TYPE                       XDvi
   ICON                           DVI_FILE
   FILE_DESCRIPTION               "TeX DVI file"
   BINARY_DATA AND NAME           "*.dvi"
   COMMAND ATTRIBUTE : NATIVE     "xdvi #f >/dev/null"
   COMMAND_DESCRIPTION            "Show TeX DVI file"
END
```

Gif-Dateien können den Hintergrund gestalten

Auch einige „verdeckte" Möglichkeiten der Desktop-Konfiguration erlaubt Looking-Glass: Liegt im Verzeichnis **$HOME/lg** des Anwenders eine GIF-Datei **.dtimage.gif**, dann nimmt das Produkt diese Datei als Hintergrundbild des Desktops. Analog erscheint der Dateimanager mit einem Hintergrundbild, wenn das anzuzeigende Verzeichnis die Gif-Datei **.bgimage.gif** enthält.

14.2 CDE

CDE (Common Desktop Environment) ist ein real existierender
Unix-Standard-Desktop, der eine einheitliche Benutzeroberfläche
für alle Unix-Derivate bereitstellt und dem Anwender identisches
Verhalten bei allen Interaktionen mit dem Unix-Betriebssystem
und darunter laufenden Anwendungen garantieren soll. Abbildung 14.5 zeigt ein Bildschirmfoto einer Sitzung mit CDE.

Abb. 14.5
CDE-Desktop

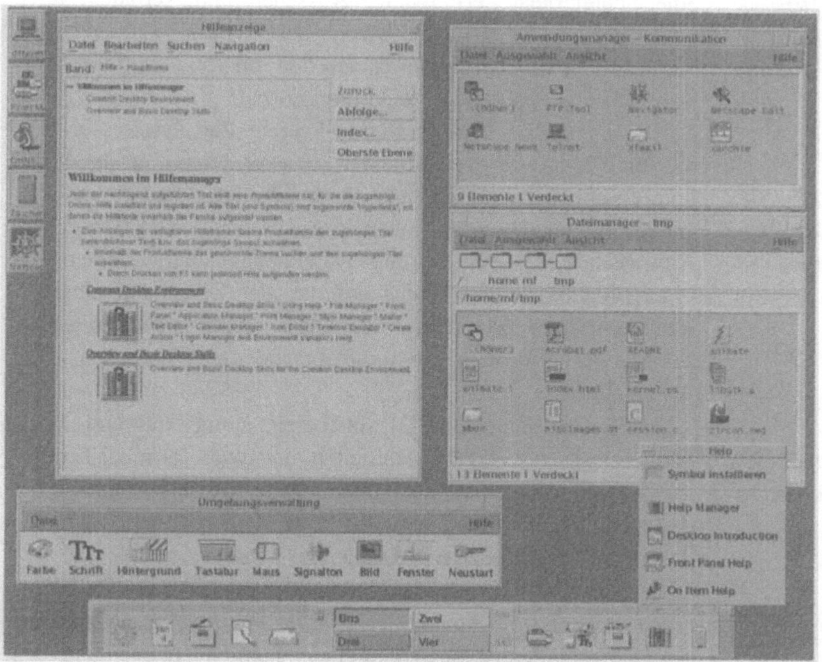

Der Zugang zu CDE entspricht in etwa dem XDM-Login,
wobei das Anmelden an einem bestimmten System über das grafische Login-Programm **dtlogin** erfolgt. Hat der Anwender in
einer vernetzen Umgebung Zugang zu mehreren CDE-Systemen,
dann kann der Superuser auch den grafischen Chooser **dtchoo-
ser** einrichten.

Der Zugang zu
CDE erfolgt
XDM-basiert

Eine herausragende Komponente von CDE ist der Session-
Manager, der das An- und Abmelden des Benutzers steuert. Der
Session-Manager sorgt dafür, daß der Desktop sich dem Anwender nach jedem Anmeldevorgang initial annähernd mit dem Inhalt
präsentiert, den er vor dem letzten Abmelden hatte.

Der Session-
Manager sichert
das Layout des
Desktops

CDEs Window-Manager dtwm unterstützt virtuelle Screens

Äußere Merkmale konfiguriert der Style-Manager

Alle CDE-Applikationen sind Drag-and-Drop-fähig

CDE enthält eigene Deskset-Werkzeuge

Der Desktop ist „mehrsprachig"

CDE für Linux: maXimum cde von Xi Graphics und TriTeal CDE von RedHat

Neue Applikationen kann der Anwender mausgestützt wahlweise über den Datei-, den Anwendungsmanager, oder über Funktionen des Window-Managers starten. CDE enthält einen eigenen Window-Manager **dtwm** (genauer: Workspace-Manager), der die Fensterdekoration entsprechend dem Motif Window-Manager **mwm** gestaltet. **dtwm** integriert virtuelle Screens und ein Frontpanel, das in Ergänzung zum Arbeitsbereichsmenü des Window-Managers den Zugriff auf Standardanwendungen über eine Schalterleiste ermöglicht. Aussehen und Verhalten aller Desktop-Komponenten ist sowohl auf System- als auch auf Anwenderebene über Steuerdateien und teilweise auch über den Style-Manager **dtstyle** frei konfigurierbar.

Die integrierte Drag-and-Drop-Schicht des Systems erlaubt es, durch Markieren von Objekten (Fenster, Icons) mit der Maus und anschließendem Ziehen der markierten Objekte auf ein anderes Objekt Aktionen auszulösen. Beispielsweise kann der Anwender so Dateien aus dem Dateimanager heraus einer Applikation zuführen, die bereits aktiv ist oder die auf dem Desktop durch ein Icon repräsentiert wird. Diese Technik funktioniert bei allen CDE-konformen Programmen, aber nicht bei allen X11-Applikationen.

Im Lieferumfang von CDE sind bereits einige Drag-and-Drop-fähige Deskset-Werkzeuge enthalten, und zwar Terminal-Emulator **dtterm**, Editor **dtpad**, Dateimanager **dtfile**, Icon-Editor **dticon**, Mail-Frontend **dtmail**, Print-Manager **dtprintinfo**, Taschenrechner **dtcalc** und Kalender-Manager **dtcm**.

Eine Schnittstelle für die Internationalisierung von Programmen ist ebenfalls Bestandteil von CDE. Entsprechend dem Wert der Umgebungsvariablen **LANG** erscheinen die Textelemente des CDE-Desktops und auch die integrierte kontextsensitive Hilfefunktion in einer Landessprache.

Ziel der CDE-Entwickler war es unter anderem, die Vorteile der bereits präsenten Desktops in einem neuen Produkt zu vereinen. Basis dafür sollte das lizenzpflichtige Motif-Toolkit bilden, mit der Konsequenz, daß eine freie Verfügbarkeit von CDE nicht möglich ist. Dennoch haben 2 Unternehmen CDE auf Linux-i386 portiert und diese sind auch seit längerem im universitären und kommerziellen Umfeld im Einsatz. Für Privatanwender bildet hingegen der Anschaffungspreis, der das Maß einer kompletten Linux-Distribution übersteigt, eine natürliche Hemmschwelle.

14.2.1 CDE-Ressourcen

Heimatverzeichnisse von CDE und damit auch aller, die Grund-konfiguration des Desktops bestimmender Ressource-Dateien, sind **/usr/dt** und **/etc/dt**, nachstehend mit **$DT** bezeichnet. Im einzelnen konsumieren:

Login-Manager: Xaccess, Xconfig, Xfailsave, Xreset, Xservers und **Xstartup** aus **$DT/config** (XDM-Kon-figuration) sowie **sys.font, sys.resources** und **Xre-sources** aus **$DT/config/$LANG** ($LANG bezeichnet den Wert der gleichnamigen Umgebungsvariablen). Exi-stieren Dateien in **$DT/config/$LANG/Xresources.d** mit geeignetem Inhalt, dann erweitert der Login-Manager sein Session-Menü um dort kodierte Session-Typen,

Mitteilungen erscheinen in der Landessprache

Session-Manager: Dateien aus **$DT/config/Xsession.d**, die Suchpfade festlegen (**0010.dtpaths**), optional einen Input-Method-Server starten (**0020.dtims**), während ei-ner Sitzung erforderliche temporäre Dateien und Verzeich-nisse erzeugen (**0030.dttmpdir**) und die Umgebungs-variable **XMBINDDIR** setzen (**0040.xmbind**),

Workspace-Manager: **$DT/config/$LANG/sys.dtwmrc** (konfiguriert das **dtwm**-Menü), **$DT/app-defaults/ $LANG/Dtwm** (allgemeine Ressourcen für **dtwm**) und, falls dort die Ressource **UseFrontPanel** auf **True** gesetzt wurde, **$DT/appconfig/types/$LANG/dtwm.fp** (be-stimmt Aufbau und Inhalt des Frontpanels),

Window-Manager und Frontpanel sind getrennt zu konfigurieren

Anwendungsmanager, Dateimanager: entnehmen aus den in **$DT/appconfig** befindlichen Unterverzeichnissen die registrierten Dateitypen sowie dafür definierte Aktionen (**types/$LANG**), Sinnbilder (**icons/$LANG**) und Hilfe-Dateien (**help/$LANG**). Die Menüs des Anwendungsma-nagers legen Verzeichnis- und Dateieinträge unterhalb von **$DT/appconfig/appmanager/$LANG** fest.

Farben verwaltet CDE in Paletten mit 2 (B_W, LOW_COLOR), 4 (MEDIUM_COLOR) oder 8 Einträgen (HIGH_COLOR). Et-wa 40 vordefinierte Paletten sind in ***.dp**-Dateien unterhalb von **$DT/palettes** abgelegt. Konzeptioneller Hintergrund dieser Strategie ist, daß die Anzahl alloziierbarer Farbwerte von dem

Farbwerte zur Dekoration gruppiert CDE in Paletten

387

*XPM-Dateien
gestalten das
Root-Fenster*

*Änderungen an
Kopien vornehmen!*

*Unterhalb
$HOME/.dt liegen
keine $LANG-
Verzeichnisse*

*CDE-Systeme
können als
Ressourcen-Server
agieren*

Visual des X-Servers abhängt. Umgekehrt soll diese Technik vor fehlerhafter Farbdarstellung schützen. Außerdem gehören 22 „Backdrops" zum System (**$DT/backdrops**); das sind XPM-Dateien, die CDE zur Gestaltung des Desktop-Hintergrunds nutzen kann.

Von der Voreinstellung abweichende Konfigurationen sind per Bearbeitung der jeweiligen Ressource-Dateien mit einem gewöhnlichen Editor möglich. Damit die vorhandene Grundkonfiguration der Distribution aus **/usr/dt** nicht zerstört wird, sollte der Systemverwalter die zu ändernden Dateien in die lokale Hierarchie unterhalb von **/etc/dt** kopieren und dort editieren. Um beispielsweise ein systemweit gültiges individuelles Frontpanel zu erzeugen, sollte er also **/etc/dt/appconfig/$LANG** erzeugen, **dtwm.fp** dort hin kopieren und diese wie gewünscht modifizieren. Vorteil dieses Vorgehens: Erneutes Einspielen oder Aktualisieren von CDE überschreibt allenfalls die Distribution, nicht aber lokale Modifikationen.

Anwenderspezifische Konfigurationen legen die in **$HOME** einzubringenden Dateien **.dtprofile**, **.Xdefaults** und **.Xresources** sowie weitere Ressource-Dateien unterhalb von **$HOME/.dt** fest. Beispielsweise kann jeder Benutzer individuelle Aktionen für bestimmte Dateitypen in **$HOME/.dt/types** registrieren oder unterhalb von **$HOME/.dt/appmanager** ein persönliches Layout für den Anwendungsmanager definieren.

Initial suchen die CDE-Komponenten ihre Ressourcen in **$HOME/.dt**, dann in **/etc/dt** und abschließend in **/usr/dt**. Falls in den 2 zuletzt genannten Hierarchien keine Unterverzeichnisse **$LANG** existieren, dann werden die benötigten Dateien aus den jeweiligen **C**-Verzeichnissen entnommen. Zusätzliche Hierarchien, in denen Anwendungs- und Dateimanager nach Typ/Aktions-Registraturen, Icons und Hilfedateien suchen sollen, lassen sich über zahlreiche Umgebungsvariablen festlegen; aus Platzgründen sei diesbezüglich auf die Handbuchseite zum Kommando **dtsearchpath** verwiesen.

Abschließend sei noch kurz erwähnt, daß CDE auch einen Ressourcen-Service integriert. In einem Rechnernetz ist es daher ausreichend, die gewünschte Konfiguration nur auf einem System zu erstellen und dieses dann als Ressourcen-Server einzusetzen. Entsprechend erforderliche Schritte sind im „CDE Advanced User's and System Administrator's Guide" ausgewiesen.

14.2.2 Dateitypen und Aktionen

Neben den CDE-Ressourcen, die das äußere Erscheinungsbild
des Desktops festlegen, verwendet das Produkt eine Datenbasis,
die Dateitypen mit Sinnbildern und Aktionen verbindet. Diese
Registratur bildet unter anderem die Basis dafür, daß der CDE-
Benutzer nach Anwahl eines Icons im Dateimanager per Doppelklick eine Standardaktion auslösen kann. Vordefinierte Dateitypen und darauf anwendbare Standardaktionen liegen in `*.fp`-
Dateien unter `$DT/appconfig/types/$LANG` (im Klartext),
persönliche Erweiterungen kann jeder Anwender unter `$HOME/`
`.dt/types` ablegen.

CDEs Registratur ist eine Sammlung von lesbaren Dateien

Typdefinitionen erfolgen 3-stufig: Attribute legen das Erscheinungsbild (den Namen einer Icon-Datei) und die Verwendung
von Dateitypen fest (MIME-Typ, zulässige Aktionen, Hilfetext
et cetera). Kriterien definieren Regeln, nach denen eine Datei einem bestimmten Dateityp zuzuordnen ist (Dateikennung, Dateiinhalt). Zu jedem Dateityp ist die Definition multipler Kriterien
zulässig, Attributnamen müssen eindeutig sein. Auf spezielle Dateitypen anzuwendende Aktionen schließlich benennen ein auszuführendes Programm sowie die Art und Weise, wie CDE das
Programm starten soll (mit oder ohne Terminal). Aktionsnamen
dürfen mehrfach vorhanden sein.

Registereinträge: Attribute, Kriterien und Aktionen

Die Registrierung neuer Dateitypen und Aktionen kann wahlweise über das grafische Werkzeug **dtcreate** oder von Hand mit
einem gewöhnlichen Editor erfolgen. Im laufenden Betrieb übernimmt CDE neu definierte Einträge, wenn der Anwender aus dem
Anwendungsmanager heraus im Menü „Desktop-Werkzeuge"
die Aktion „Anwendungen erneut laden" ausführt (Datenbasis
mit Aktionen und Dateitypen erneut laden). Auskunft über den
Inhalt der Typen- und Aktionsdatenbasis liefert das Kommando
dttypes.

dtcreate unterstützt die Typdefinition

14.2.3 Login-Manager

Der Login-Manager zeigt ein grafisches Login-Fenster an, nimmt
Benutzerkennung und Paßwort entgegen, prüft die Zugangsbe-
rechtigung und aktiviert abschließend den Session-Manager.
CDEs Login-Manager basiert auf dem X Display Manager **xdm**,

kann also bei geeigneter Konfiguration auch ein Chooser-Menü anzeigen und den Anwender an alternative X-Server weiterleiten. Abbildung 14.6 zeigt den prinzipiellen Aufbau des Login-Windows, den das Programm **dtgreet** erzeugt.

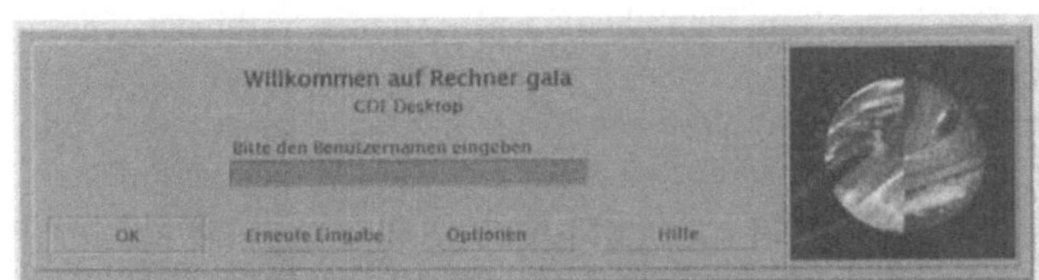

*Abb. 14.6
Aufbau des CDE-
Login-Windows*

*Das Logo erscheint
vertikal zentriert
und horizontal
linksbündig*

Das links angezeigte Bild kann der Superuser durch eine alternative Bitmap- oder Pixmap-Datei ersetzen (Ressource **Dtlogin*logo*bitmapFile**). Randbedingung: Maximale Abmessung ist 237x237 Pixel. Die Willkommens-Meldung läßt sich über die Ressource **Dtlogin*greeting*labelstring** frei gestalten. Sie kann sich auch über mehrere Zeilen erstrecken.

Besondere Bedeutung hat die unten angebrachte Optionen-Taste, über die der Anwender die gewünschte Art der Sitzung auswählen kann. Initial stehen dort Submenüs im Zugriff, die die Auswahl der Sprache und der Sitzungsart ermöglichen. Voreingestellte Sitzungsarten sind der gewöhnliche Desktop und eine „Failsafe"-Sitzung. Letztere dient der Reparatur einer miß-

*Xfailsave lädt nur
mwm und xterm*

konfigurierten gewöhnlichen Sitzung; anstelle von **Xsession** steuert in diesem Fall **Xfailsave** die Sitzung und in dieser wird initial lediglich der Window-Manager **mwm** im Hintergrund und eine **xterm**-Anwendung als Vordergrundprozeß gestartet.

*CDEs Login-
Manager kann
multiple
Sitzungstypen
verwalten*

Weitere Sitzungstypen kann der Systemverwalter definieren, indem er das Verzeichnis **/etc/dt/config/C/Xresources.d** erzeugt und dort zusätzliche **Xresources**-Dateien einbringt. Die eigentliche Initialisierung erfolgt dann über eine alternative **Xsession**-Datei. Beispielsweise definieren folgende Einträge in **/etc/dt/config/C/Xresources.d/Xresources.gnome** das Starten einer GNOME-Sitzung aus dem CDE-Login-Manager heraus:

```
Dtlogin*altDtsIncrement: True
Dtlogin*altDtName:    GNOME Desktop
Dtlogin*altDtLogo:    GNOMElogo
Dtlogin*altDtKey:     /usr/X11R6/bin/fvwm2
Dtlogin*altDtStart:   /etc/dt/config/Xsession.gnome
```

In dieser „Alternate"-Konfiguration wird der im Session-Menü anzuzeigende Name (**altDtName**), das auszugebende Bild (**altDtLogo**), der zu verwendende Window-Manager (**altDtKey**) und das auszuführende Initialisierungsskript eingetragen. Dieses muß 2 Umgebungsvariablen setzen und anschließend das originale **Xsession**-Skript starten:

```
SESSIONTYPE="altDT"
SDT_ALT_SESSION="/etc/dt/config/Xsession.gnome2"
export SESSIONTYPE SDT_ALT_SESSION
/usr/dt/bin/Xsession
```

Variablen müssen exportiert werden

Xsession.gnome2 schließlich setzt Variablen, die auf die zu konsultierenden **Xinitrc**-Dateien verweisen, startet den Window-Manager und öffnet abschließend die GNOME-Session:

```
DEFAULT_XINITRC="/etc/dt/config/Xinitrc.gnome"
HOME_XINITRC="$HOME/.xinitrc.gnome"
fvwm2 &
exec gnome-session
```

GNOME: Window-Manager vor der Session starten

14.2.4 Session-Manager

Hauptaufgabe des Session-Managers ist es, den Zustand des Desktops zu kontrollieren. Beim Beenden einer Sitzung sichert er den Status einschließlich aller verwendeter Ressourcen. Die dabei gesicherten Informationen werden in der folgenden Sitzung zum Neuaufbau des Desktops verwendet. Hat der Anwender das 1. Mal Zugang zum System, dann erscheint der Desktop gemäß der Einträge aus **$DT/config/C/sys.session**.

Die Status-Sicherung funktioniert allerdings nur für Anwendungen, die mit dem Session-Manager gemäß den Inter-Client Communication Conventions ICCC kommunizieren können. Der CDE-Editor **dtpad** beispielsweise und auch Netscape Navigator und (X-) Emacs präsentieren sich nach Ab- und erneutem Anmelden mit dem Inhalt, mit dem sie in der letzten Sitzung gestartet wurden. Informationen über Benutzeraktivitäten (neu geladene Dateien oder URLs et cetera) sichert der Session-Manager nicht. Für nicht ICCC-konforme X-Anwendungen wie **ghost-**

CDEs Session-Manager sichert den Status ICCC-konformer X-Applikationen

view oder **xdvi** erfolgt keine Status-Sicherung; sie sind nach einem Ab- und folgendem Anmeldevorgang nicht mehr präsent. Das Arbeitsverzeichnis zuvor geöffneter Terminal-Emulatoren **dtterm** ist dabei übrigens stets das Verzeichnis, aus dem heraus **dtterm** in der vorhergehenden Sitzung gestartet wurde.

Jeder Anwender kann Pre- und Post-Session-Kommandos definieren

Während einer Sitzung zusätzlich gewünschte Umgebungs-variablen oder vorab auszuführende Kommandos kann jeder Anwender in seinem privaten **.dtprofile** eintragen. Der Session-Manager erzeugt diese Datei beim erstmaligen Anmelden unter CDE als Kopie von **$DT/config/sys.dtprofile**. Zusätzlich verarbeitet der Session-Manager vor dem Öffnen des Desktops das Shell-Skript **$HOME/.dt/sessionetc**, falls es existiert. Sollen beim Herunterfahren ergänzende Kommandos ausgeführt werden, dann sind diese in **$HOME/.dt/sessionexit** einzutragen.

CDE protokolliert Fehlermeldungen

Etwa auftretende Probleme während der Desktop-Initialisierung protokolliert der Session-Manager in **$HOME/.dt/start-log**. **errorlog** im selben Verzeichnis nimmt Fehlermeldungen auf, die die CDE-Anwendungen innerhalb einer Sitzung erzeugen. Den aktuellen Status verwahrt das System dort in **sessions/current**. **sessions/current.old** enthält stets eine Sicherung der vorangehenden Sitzung.

14.2.5 Workspace-Manager

Wie eingangs dieses Kapitels bereits gesagt, enthält CDE einen eigenen Window-Manager **dtwm**. Er wurde aus dem Motif Window-Manager **mwm** abgeleitet und um die Unterstützung virtueller Screens (Workspaces) bereichert. Weiteres Bestandteil des **dtwm** ist das Frontpanel.

Zum Bearbeiten der dtwm-Ressour-cen existiert eine vordefinierte Aktion

Menüinhalte sowie Maus- und Tastenbindungen entnimmt **dtwm** entweder aus **$DT/config/$LANG/sys.dtwmrc** oder, falls vorhanden, aus **$HOME/.dt/dtwmrc**. Änderungen kann der Benutzer mit einem gewöhnlichen Editor vornehmen. Eine entsprechende Aktion, die die **dtwm**-Konfigurationsdatei mit dem CDE-Editor **dtpad** öffnet, steht über den Anwendungsmanager im Zugriff. Die Syntax der Einträge ist in etwa mit der des **twm** vergleichbar; auf eine detaillierte Darstellung wird hier verzichtet.

Das Frontpanel des **dtwm**, zweifellos ein Meilenstein in Punkto Arbeitsplatzergonomie, dient der Anzeige von Statusinformationen und dem Starten von Anwendungen auf Knopfdruck. Das Hauptpanel enthält standardmäßig von links nach rechts Icons für eine Uhr, Kalender, Dateimanager, Editor, Mailtool, Workspace-Menü, Drucker, Style-Manager, Anwendungsmanager, Hilfesystem und Papierkorb. Abbildung 14.7 zeigt das Layout des Frontpanels gemäß Voreinstellung.

Abb. 14.7
CDE-Frontpanel

Die kleinen Icons links und rechts der Workspace-Schalter sperren den Bildschirm (Schloß links), zeigen an, daß über das Frontpanel eine Aktion eingeleitet wurde (Balken rechts oben) oder Beenden die Sitzung (Exit). Kalender und Mailtool sind sowohl Statusindikatoren (aktuelles Datum, neue Mail angekommen) als auch Aktionstasten. Editor, Mailtool, Drucker und Papierkorb bilden zusätzlich eine Drop-Zone: Zieht der Anwender eine Datei aus dem Dateimanager auf das Icon, dann startet die Anwendung mit der ausgewählten Datei als Argument. Der Papierkorb ist genaugenommen eine spezielle Funktion des Dateimanagers; dort abgelegte Dateien und/oder Verzeichnisse werden in das Verzeichnis **$HOME/.dt/Trash** bewegt.

Das Frontpanel enthält Statusindikatoren, Aktionstasten und „Drop-Zonen"

Befindet sich oberhalb eines Icons im Hauptpanel ein kleiner Pfeil, dann ist diesem Eintrag ein Subpanel zugeordnet. Nach betätigen der Pfeiltaste mit Maus-Links öffnet das Frontpanel ein Menü mit weiteren Icons, die ebenfalls als Statusindikator, Drop-Zone oder Aktionstaste dienen. Dort ist übrigens auch das im Hauptfenster angezeigte Sinnbild enthalten; letzteres kann der Anwender bei Bedarf mausgestützt durch ein anderes aus dem zugehörigen Menü ersetzen.

Das Submenü verschwindet nach Anwahl einer Aktion

Jedem Icon des Hauptfensters kann der Benutzer über einen zugehörigen Menüeintrag (Menü mit Maus-Rechts öffnen) ein Subpanel zuordnen beziehungsweise vorhandene Subpanels entfernen. Bestandteil jedes Subpanels ist dabei stets ein Feld „Symbol installieren", in das der Anwender per Drag-and-Drop aus dem Dateimanager heraus zusätzliche Anwendungen ablegen kann. Derartige Layout-Änderungen verwaltet **dtwm** in Dateien unterhalb von **$HOME/.dt/types/fp_dynamic**.

Submenüs kann der Anwender per Drag-and-Drop konfigurieren

Um völlige Freiheit bei der Gestaltung des Frontpanels zu erlangen, ist jedoch ein Bearbeiten der Datei `dtwm.fp` aus dem Verzeichnis `$DT/appconfig/types/$LANG` beziehungsweise der persönlichen Kopie `$HOME/.dt/types/dtwm.fp` erforderlich. Vorab empfiehlt es sich allerdings, Kapitel 13 des dem Produkt zugehörigen „Advanced User's and System Administrator's Guide" zu studieren. Das System-`dtwm.fp` schließlich enthält Beispiele in breiter Vielfalt, die als Basis für eigene Frontpanel-Konfigurationen dienen können.

Feintuning des Frontpanels erfordert Handarbeit

14.2.6 Style-Manager

Der CDE-Style-Manager `dtstyle` ermöglicht es dem Anwender, einige Eigenschaften des Desktops menügestützt zu ändern, so daß das Editieren von Ressource-Dateien nicht in jedem Fall erforderlich ist. Dazu zählen das Festlegen der zu verwendenden Farbpalette, Schriftart, Hintergrundmuster, Verhalten von Tastatur und Maus, Tonhöhe und Lautstärke des Lautsprechers, Eigenschaften des Bildschirmschoners, Fensterfunktionen, und Verhalten des Session-Managers bei An- und Abmeldevorgängen. Zu allen dazu vorhandenen Menüs stehen über die CDE-Hilfefunktion detaillierte Informationen bereit, eine Erläuterung der jeweiligen Menüeinträge scheint daher an dieser Stelle nicht erforderlich.

CDE enthält kein Klangschema

14.2.7 Dateimanager

CDEs Dateimanager besteht aus vier Regionen: 2 Kopfzeilen (optional), die den aktuellen Pfad als Kette von Ordnersymbolen und als kompletten Pfadnamen zeigen, dem Anzeigebereich, und einer (optionalen) Nachrichtenzeile, die die Anzahl der sichtbaren und der verdeckten Objekte des angezeigten Ordners ausgibt.

Ordnerinhalte kann der Dateimanager wahlweise als Dateibaum (nur Unterverzeichnisse, keine Dateien) oder elementweise anzeigen (Dateien und Verzeichniseinträge). Je nach konfigurierter Darstellung enthält der Anzeigebereich in Zeilen und Spalten die Dateinamen, Dateinamen und kleine oder große Symbole, oder zeilenweise Dateinamen mit kleinem Symbol und zusätzlich Erstellungsdatum, Dateigröße, Zugriffsrechte sowie Besitzer- und

Verdeckte Objekte lassen sich über eine Option festlegen

Gruppenkennung. Die Reihenfolge der Einträge ist wählbar zwischen alphabetisch, nach Dateityp, nach Datum und nach Größe, jeweils in auf- oder absteigender Richtung.

Im Dateimanager angezeigte Objekte kann der Anwender einzeln (Leertaste, Maus-Links), als Gruppe (Maus-Links drücken und Maus ziehen) oder iterativ selektieren (CTRL-Maus-Links) und anschließend per Drag-and-Drop in ein anderes Verzeichnis verschieben oder kopieren oder einer CDE-kompatiblen Anwendung zufügen. Weitere Fähigkeiten des Dateimanagers schließen das Umbenennen von Einträgen, Ändern der Zugriffsrechte und das Aktivieren einer auf dem Dateityp definierten Aktion oder einer Hilfefunktion ein.

Menügestützt lassen sich auch symbolische Links erzeugen

Analog dem Dateimanager von Looking Glass (siehe Kapitel 14.1.2) enthält auch CDEs Lösung zum Thema eine integrierte Suchfunktion, die mittels **find** nach Dateien sucht, deren Namen auf eine vorzugebende Maske passen. Ergänzend kann die Suchfunktion des CDE-Dateimanagers auch Dateien lokalisieren, die eine Zeichenkette enthalten. Dazu ruft das System einfach **find** mit Option **-type d -print** auf und leitet das Ergebnis (eine Liste mit Dateinamen) an **grep** weiter.

CDE kann Dateien lokalisieren, die eine bestimmte Zeichenkette enthalten

14.2.8 Anwendungsmanager

Der CDE-Anwendungsmanager ist genaugenommen (wie auch der Papierkorb) eine spezielle Betriebsart des Dateimanagers. Die Wurzel des Dateibaums bildet **/var/dt/appconfig/appmanager/$USER-$HOST-0**, das CDE mit dem Start einer Session erzeugt. Als Basis der Konfiguration dienen die Systemeinträge unterhalb von **$DT/appconfig/appmanager/$LANG** und die persönlichen Definitionen aus **$HOME/.dt/appmanager**.

Icons im Anwendungsmanager sind auch Drop-Flächen

Die Struktur der Konfiguration ist vergleichsweise komplex: Dateien in der **var**-Hierarchie verweisen auf gleichnamige Einträge innerhalb des Verzeichnisbaums. Verzeichnisdateien repräsentieren Anwendungsgruppen. Dort enthaltene Dateien (können auch leer sein) benennen das Label einer Aktion. Die Registratur bindet an diesen Eintrag das Icon, das im Rahmen derjenigen Aktion spezifiziert wurde, dessen Label dem Dateinamen entspricht. Beispielsweise lautet die Definition einer Aktion **Backup**, die im Anwendungsmanager mit Namen **BRU2000** auftauchen soll

Einträge dort sind Aktionsnamen

```
ACTION Backup
{
    LABEL           BRU2000
    TYPE            COMMAND
    WINDOW_TYPE     NO_STDIO
    ICON            Dtbru
    ARG_COUNT       0
    DESCRIPTION     Startet BRU2000.
    EXEC_STRING     /usr/X11R6/bin/xbru
}
```

Häufig benötigte Aktionen kann der Anwender auf das Root-Fenster legen

Der CDE-Benutzer kann dem Anwendungsmanager auch per Drag-and-Drop aus dem Dateimanager heraus neue Einträge hinzufügen. In diesem Fall wird allerdings (erforderliche Lese- und Schreibrechte vorausgesetzt) bei gewöhnlichem Drag-and-Drop das Dateielement in die **var**-Hierarchie bewegt. Alternativ kann man bei gleichzeitigem Betätigen der Control-Taste während des Verschiebens eine Kopie erstellen. Besser ist es aber, einfach eine geeignete Aktion zu definieren und eine persönliche Konfiguration für den Anwendungsmanager zu unterhalten.

14.2.9 Hilfesystem

CDEs Hilfesystem ist eine Hypertext-Anwendung

CDE integriert ein hypertextorientiertes erweiterbares Hilfesystem auf Basis der Standard Generalized Markup Language SGML. Strukturierte Informationen im Handbuchformat stehen zu den einzelnen Komponenten von CDE über das Frontpanel im Zugriff. Intern öffnet der Desktop dazu die Anwendung **dthelpview** mit einer **sdl**-Datei (verfügbare **sdl**-Dateien liegen standardmäßig in **/usr/dt/appconfig/$LANG**).

F1 liefert eine kontextsensitive Hilfe

Erläuterungen zu speziellen CDE-Anwendungen kann der Benutzer über das Hilfe-Menü der jeweiligen CDE-Applikation anfordern. CDE-Dialog-Felder enthalten Hilfe-Tasten, über die eine Erklärung zu den Komponenten des angezeigten Bedienfelds und ihrer Wirkungsweise abrufbar ist. Darüber hinaus erzeugt das Hilfesystem nach Drücken der Funktionstaste **F1** eine kontextsensitive Hilfe zu dem Objekt des Desktops, das unterhalb des Mauszeigers liegt. Abbildung 14.8 zeigt als Beispiel die kontextsensitive Hilfe zum Hintergrund-Menü des Style-Managers.

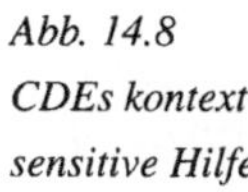

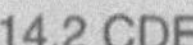

Abb. 14.8
CDEs kontext-
sensitive Hilfe

Die Ausgabe einer Unix-Handbuchseite zu einem ausführbaren Kommandos ist nicht als Standardaktionen vordefiniert. Sie läßt sich implementieren, indem man die Liste für **ACTIONS** des Dateityps **EXECUTABLE** in **dtfile.dt** um die Aktion **Dtmanpageview** ergänzt. Hat man anschließend im Dateimanager eine ausführbare Datei angewählt, dann kann man über das Aktionen-Menü die zugehörige Handbuchseite abrufen. Die Taste **F1** liefert hier lediglich eine Textinformation, die der Aktion als **Description** angeheftet wurde.

Die Ausgabe von Handbuchseiten kann der Super-user als Aktion registrieren

Eigene CDE-Dokumentationen zu erstellen, die der Qualität bereits vorhandener Help-Volumes entsprechen und auch von den zahlreichen Möglichkeiten des Hilfesystems Gebrauch machen, also Grafiken und Hypertextstrukturen enthalten, ist ein kompliziertes und zeitraubendes Unterfangen. Wer diese Aufgabe dennoch angehen möchte, der findet alle dazu benötigten Informationen und auch einige Beispiele im knapp 300 Seiten umfassenden „Help System Author's and Programmer's Guide". Letzteres wird neben dem bereits genannten „Advanced User's and System Administrator's Guide" und weiteren 9 Handbüchern zum Produkt unter **/usr/dt/doc** als **gzip**-komprimierte PostScript-Datei mit installiert.

Dem Produkt sind sämtliche Handbücher als PostScript-Dateien beigefügt

14.2.10 Desktop-Anwendungen

Ähnlich den MIT-X-Clients (siehe Kapitel 12.5.3 enthält auch CDE eine Reihe von Desktop-Anwendungen. Sie basieren auf dem Motif-Toolkit und sind konsequent auf die Fähigkeiten des CDE-Desktops abgestimmt, unterstützen also das ICCC-Protokoll, Drag-and-Drop, und sind auch in das CDE-Hilfesystem eingebunden. Im einzelnen zählen dazu:

Alle CDE Desktop-Anwendungen sind ICCC-konform

dtcalc, eine Art Taschenrechner mit wissenschaftlichen sowie Finanz- und logischen Funktionen. Er enthält 10 Speicherregister, unterstützt 4 numerische (Binär, Oktal, Dezimal, Hexadezimal) sowie 3 trigonometrische Basen (Grad, Bogenmaß, Gradient) und kann auch Werte von einer Basis in eine andere umrechnen,

Jeder Anwender kann freigegebene Einträge anderer Benutzer einsehen

dtcm, der CDE-Netzwerk-Kalendermanager, dient der Pflege eines persönlichen Terminkalenders. Einträge dort können den Anwender an Termine oder zu erledigende Arbeiten (per Mail) erinnern und auch anderen Teilnehmern im Netzwerk zugänglich gemacht werden,

dtksh, eine erweiterte Version der Korn Shell mit einer Schnittstelle zu X-, Xt-, Xm- und CDE-Funktionen. Sie erlaubt es, grafische Menüs für den Dialog mit dem Anwender über eine Skript-Sprache zu implementieren,

Mit dticon lassen sich auch Logos und Hintergrundmuster erstellen

dticon, CDEs Symbol-Editor, unterstützt den Anwender bei der Erstellung neuer und der Modifikation vorhandener Bitmap- oder Pixmap-Icons,

dtmail, ein MIME-fähiger Mail-Client, der Multimedia-Dateien via Drag-and-Drop als Attachment entgegennehmen kann und diese durch grafische Icons repräsentiert. Eingehende Mails kann **dtmail** automatisch beantworten, falls das Programm **/usr/bin/vacation** installiert ist,

Nicht gespeicherte Dateien sichert dtpad beim Abmelden in $HOME/#datei#

dtpad, das CDE-Analogon zu **xedit**. Er kann automatischen Zeilenumbruch durchführen und enthält einige Standardfunktionen der Textverarbeitung wie Absatzformatierung (linksbündig/rechtsbündig/zentriert), Suchen und Ersetzen von Zeichenketten und eine Rechtschreibprüfung,

dtprintinfo, grafisches Frontend zum Drucker-Subsystem, zeigt zur Standard- oder zu allen vorhandenen Druckerschlangen ihren Status und die anstehenden Druckaufträge.

14.3 KDE

KDE ist analog dem Linux Betriebssystemkern das Ergebnis mehrerer 100 Entwickler, die miteinander überwiegend über das Internet kommuniziert und dabei durch gegenseitige Anregungen und Programmierleistungen ein Produkt erstellt haben, das weltweit große Beachtung findet. KDE wurde im Oktober 1996 von Matthias Ettrich initiiert, bereits 2 Jahre später als stabile Version 1.0 freigegeben, und ist heute für praktisch alle Linux-Distributionen in Binärform verfügbar, teils als unmittelbarer Bestandteil, teils als offizielles Zubehör. Selbstverständlich sind alle Komponenten von KDE auch als Quelle erhältlich. Abbildung 14.9 illustriert das prinzipielle Erscheinungsbild des KDE-Desktops.

KDE ist in Quell- und in Binärform verfügbar

*Abb. 14.9
KDE-Desktop*

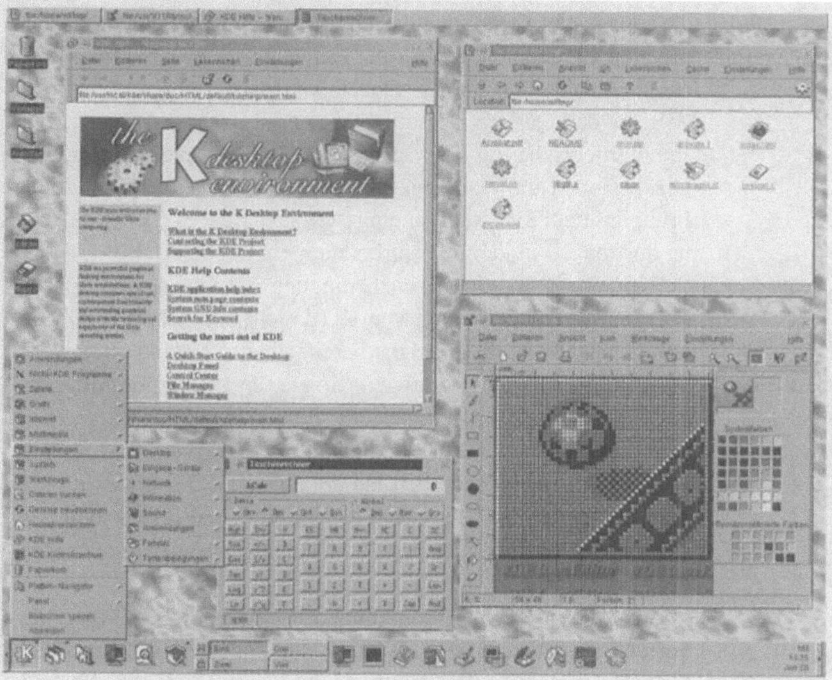

Ziel des KDE-Projekts war und ist unter anderem, aus vorhandenen und frei verfügbaren Werkzeugen einen Desktop für Unix zu erstellen, der dem Anwender ein modernes, konsistentes Erscheinungsbild und Verhalten aller Applikationen bietet. Zentrale Komponenten bilden heute analog den kommerziellen

KDE will einen modernen und konstistenten Desktop bilden

*KDEs Konfigu-
ration erfolgt
über grafische
Werkzeuge*

Desktops ein einfach zu handhabender Editor, Taschenrechner, Terminal-Emulator, Dateimanager, Icon-Editor und ein Anwendungsmanager. Drag-and-Drop-Fähigkeit, kontextsensitive Hilfe, ein integriertes Klangschema und nationale Sprachunterstützung sind ebenfalls Bestandteile von KDE. Außerdem enthält das Produkt zahlreiche grafische Konfigurationswerkzeuge, so daß KDEs Erscheinungsbild praktisch vollständig ohne jegliches Bearbeiten von Ressource-Dateien per Editor gestaltbar ist.

*Der Desktop
basiert auf der
C++-Bibliothek
Qt Free Edition*

Voraussetzung für den Einsatz von KDE ist die Installation der Qt-Bibliothek, Free Edition. Letztere bildet ein als C++-Klassenbibliothek erstelltes Widget-Set, das unmittelbar auf der Xlib aufsetzt und Widgets sowohl im Motif- als auch im Windows-Stil erzeugt. Sie wurde von dem norwegischen Unternehmen Troll Tech A.S. entwickelt, unterlag aber ursprünglich nicht den Lizenzbedingungen der OpenSource-Definition, sondern war nur für den privaten Gebrauch sowie für die Entwicklung freier Software kostenlos zugänglich. Am 4. Dezember 1998 kündigte Troll Tech A.S. an, daß Qt Free Edition ab Version 2.0 der Qt Public License unterliegt, die mit den OpenSource-Bedingungen konform ist. Diskussionen um den Sinn und Unsinn von KDE, das in seiner Frühphase auf eine nicht uneingeschränkt freie Software aufsetzte, dürften damit keinen Nährboden mehr haben.

*Zum Produkt sind
bereits zahlreiche
Anwendungen
verfügbar*

Umgekehrt hat die Lizenzbedingung der Qt Free Edition die zügige Weiterentwicklung von KDE nicht behindert, im Gegenteil. Das KDE-Team selbst hat bereits diverse Grafik-, Netzwerk- und Multimedia-Anwendungen, Spiele, und einen Terminkalender für den Desktop fertiggestellt. Eine Office-Suite befand sich zum Zeitpunkt der Drucklegung dieses Werks in der Entwicklung. Darüber hinaus haben außerhalb des KDE-Teams diverse Autoren weitere KDE-konforme Anwendungen für verschiedenste Anwendungsbereiche erstellt beziehungsweise bereits vorhandene freie Software auf KDE portiert.

Mit diesen Rahmenbedingungen hat KDE offensichtlich hervorragende Chancen, sich als bevorzugt eingesetzter Linux-Desktop durchzusetzen. Entsprechendes läßt zumindest die bereits offenkundige breite Akzeptanz seitens zahlreicher Anwender vermuten. Einheitlich ist die Euphorie unter den Linux-Anwendern jedoch nicht: Viele bevorzugen CDE, und dieser Desktop hätte sich wahrscheinlich längst breit etablieren können, wenn er zu annehmbaren Bedingungen erhältlich wäre.

14.3.1 KDE-Komponenten

KDE besteht aus einem Kern, der den Funktionsumfang des
Desktops steuert, und darauf aufsetzenden Anwendungen. Einige
Applikationen, nämlich der Window-Manager **kwm**, Frontpanel
kpanel, Terminal-Emulatoren **konsole** und **kvt**, Dateimanager **kfm**, Fontmanager **kfontmanager**, Audio-Server **kaudio**,
Hilfesystem **kdehelp** und das Kontrollzentrum **kcontrol** sind
unmittelbarer Bestandteil des Kerns **kdebase**. Diese benutzen
die in **kdelibs** gebündelten KDE-Bibliotheken **jscript**, **kab**,
kdecore, **kdeui**, **kfile**, **kfm**, **khtmlw**, **kimgio**, **kspell**
und **mediatool**. Außerdem sind für die Lauffähigkeit des KDE-
Kerns eine Reihe von Konfigurationsdateien verantwortlich, zusammengefaßt in **kdesupport**. Gemeinsame Schnittstelle für
die sichtbaren Komponenten von KDE bildet die Qt-Bibliothek.

*KDE-Basispakete:
qt, kdesupport,
kdelibs und
kdebase*

Auf das Basissystem aufsetzende Applikationspakete fallen
in die Klassen Administration (**kdeadmin**), Spiele (**kdegames**),
Grafik (**kdegraphics**), Multimedia (**kmultimedia**), Netzwerk-Anwendungen (**kdenetwork**), Utilities (**kdeutils**) und
„Spielzeug" (**kdetoys**). Zusätzlich hat das KDE-Team einen
Kalendermanager **korganizer** erstellt. Er implementiert das
herstellerübergreifende vCalendar-Protokoll; das ist ein transport-
und anwendungsneutraler Standard für die netzwerkweite Inter-
operabilität von Kalendersystemen.

*KDE-Applika-
tionen sind nach
Aufgabenfeldern
gruppiert*

Die Installation der Basis-Komponenten von KDE muß in der
Reihenfolge ihrer Abhängigkeiten erfolgen. Zuerst ist also die
Qt-Bibliothek einzurichten, darauf folgend **kdesupport**, dann
kdelibs und abschließend **kdebase**. Das Aufspielen der Applikationspakete kann man daraufhin in beliebiger Reihenfolge
durchführen. Gleiches gilt für Anwendungen, die Autoren außerhalb des KDE-Teams erstellt haben. Falls ein Übersetzen von
Zusatzpaketen erforderlich ist, dann muß übrigens der Qt Meta
Object Code Generator **moc** erreichbar sein, also in einem Verzeichnis liegen, das im Suchpfad (**$PATH**) enthalten ist.

*Zwischen den
Basiskomponenten
bestehen
Abhängigkeiten*

Die KDE-Komponenten beziehungsweise -Pakete sind sowohl
als Quelle (im **tar**-Format) als auch als Binärpakete erhältlich
von **www.kde.org** und dort aufgeführten Mirror-Servern. Wer
sicherstellen will, daß der Desktop mit den lokal vorhandenen
Bibliotheken harmoniert, der kann auch das komplette System
selbst übersetzen.

Auch für die Inbetriebnahme von KDE gibt es eine Empfehlung bezüglich der Reihenfolge, in der die Basiskomponenten des Desktops gestartet werden sollen. Letztere sind in dem Shell-Skript **startkde** zusammengefaßt.

In einem 1. Schritt ist das Audiosystem zu initialisieren, also der KDE-Audioserver **kaudioserver** als Hintergrundprozeß zu starten. **startkde** startet unmittelbar darauf folgend das Programm **kwmsound**; das ist ein Audio-Modul zum KDE-Window-Manager **kwm**. Anschließend öffnet das Startup-Skript einen Dateimanager **kfm** und dann konfiguriert **kcontrol -init** der Reihe nach Signalgeber, Tastatur, Maus und diverse darstellungsspezifische Eigenschaften des Desktops gemäß der Einträge in **$HOME/.kde/share/config/kcm*rc**. Daraufhin werden weitere 3 Module gestartet, und zwar **krootwm** (bearbeitet Mausaktionen auf dem Root-Fenster), **kpanel** (das KDE-Frontpanel) und **kbgndwm** (Desktop-Hintergrundmanager). Der KDE-Window-Manager **kwm** wird abschließend im Vordergrund gestartet.

Im laufenden Betrieb kommuniziert der Window-Manager kwm mit kwm-Modulen

Prinzipiell ist es auch möglich, KDE mit einem alternativen Window-Manager zu betreiben. In diesem Fall ist jedoch eine Kommunikation der **kwm**-Module mit dem alternativen Window-Manager nicht möglich und das KDE-Session-Management greift nicht. Soll das Frontpanel dann im Zugriff stehen, muß es mit der Option **-no-KDE-compliant-window-manager** gestartet werden. Die Drag-and-Drop-Fähigkeit der KDE-Anwendungen bleibt hingegen erhalten, mausgestütztes Zuführen von Dateien aus dem Dateimanager heraus zu KDE-Applikationen wird vollständig unterstützt.

kwm steuert das Session-Management

14.3.2 KDE-Ressourcen

Analog den bisher diskutierten Desktops leitet auch KDE das Erscheinungsbild der Komponenten des Desktops und ihr Verhalten aus Ressourcedateien ab. Globale Ressourcen befinden sich in Dateien unterhalb **/opt/kde/share**, persönliche Einstellungen stehen unterhalb **$HOME/.kde/share**. Die Aufteilung der Ressourcen ist wie folgt:

applnk enthält die Aktionsdatenbasis, strukturiert nach Anwendungsfeldern,

apps bündelt Ressourcen (überwiegend XPM-Dateien), die spezielle KDE-Applikationen benötigen,

config enthält die Standardressourcen des Window-Managers sowie einiger KDE-Anwendungen. Den Inhalt des Arbeitsplatzes sichert KDE übrigens in der persönlichen Datei **kwmrc** hinter dem Schlüssel **tasks**,

doc/HTML enthält die Dokumentation zu den einzelnen KDE-Anwendungen im HTML-Format. Unterverzeichnisse dort sind nach dem 2buchstabigen Ländercode gemäß ISO-3166 benannt und enthalten in weiteren Unterverzeichnissen die jeweiligen Handbücher zu einzelnen Programmen in nationaler Sprache,

Bisher ist kein Handbuch in allen Sprachen verfügbar

icons bündelt die Sinnbilder (XPM-Format), auf die der Dateimanager und der Window-Manager zugreifen,

locale ist das Hauptverzeichnis für die nationale Sprachunterstützung. Unterverzeichnisse dort, benannt nach dem Länderkürzel, enthalten zu jeder KDE-Applikation eine Datei, die die anwendungsseitigen Meldungen kodiert,

Auch hier ist die Internationalisierung nicht vollständig

mimelnk enthält die Datenbank für Dateitypen (**magic**) und in Unterverzeichnissen Dateien, die Dateitypen unter anderem mit Icons verbinden,

sounds gruppiert Audio-Dateien (WAV-Format), die KDE für Anwenderaktionen und Systemereignisse verwendet. Das persönliche Klangschema steht in **config/kwmsoundrc**,

toolbar enthält XPM-Dateien, mit denen die KDE-Anwendungen ihre Werkzeugleiste dekorieren,

wallpapers verwahrt Hintergrundbilder (JPEG-Format). Jeder virtuelle Screen läßt sich individuell gestalten; das jeweils eingestellte Hintergrundbild steht als persönliche Ressource in **config/desktop?rc** hinter dem Schlüsselwort **Wallpaper**.

Die Grundausstattung enthält mehr als 100 Muster

Die Modifikation der KDE-Ressourcedateien „von Hand" (mit einem Editor) ist praktisch nicht nötig, da der Anwender gemäß der Philosophie von KDE den Desktop vollständig menügestützt mit Hilfe spezieller KDE-Werkzeuge konfigurieren können soll. Letztere stehen als Einzelanwendungen über Menüeinträge des Frontpanels und als Sub-Tasks über das Kontrollzentrum **kcontrol** im Zugriff. Lediglich die Datei- und Aktionendatenbasis ist nicht über **kcontrol** manipulierbar, sondern nur über den Dateimanager **kfm**.

kcontrol und kfm erlauben die Modifikation der persönlichen Ressourcen

Vollständig war die grafische Konfiguration aller Anwendungen in KDE 1.1 jedoch noch nicht implementiert: Beispielsweise war dort für den Terminal-Emulator **kvt** zwar eine Ressource **saveLines** vorgesehen, über die die „Länge" des Scrollbar einstellbar sein soll, jedoch stand dafür kein geeigneter Menüeintrag bereit. Diese Ressource suchte **xvt** in der X11-Ressourcendatei **$HOME/.Xdefaults**, falls die Quellen mit **-DFAKE_RESOURCES** übersetzt wurde, oder **kvt** entnimmt sie aus der im Hauptspeicher befindlichen X11-Ressource-Datenbasis (übersetzen mit Option **-DREAL_RESOURCES**). In beiden Fällen muß die Ressource die Gestalt **xvt.saveLines: n** haben. Eine Liste konsumierter Ressourcen zu jeder KDE-Anwendung war nicht Bestandteil von KDE 1.1, diese waren nur in den Programmquellen zu finden.

Nicht dokumentiert: Ändern der „Save-Lines" bei Terminal-Emulatoren

14.3.3 Dateitypen und Aktionen

KDE klassifiziert Dateitypen gemäß dem MIME-Standard (Multipurpose Internet Mail Extensions), ordnet also jedem Dateityp aufgrund seiner Kennung oder seines Inhalts einen MIME-Dateityp zu. Die Namen von MIME-Dateitypen legt das Dokument RFC-1541 fest. Sie bestehen aus 2 Wörtern, dem Typ und einem Subtyp, getrennt durch einen Schrägstrich.

KDEs Typenkonzept orientiert sich am MIME-Standard

Vordefinierte KDE-Dateitypen stehen in der Magie-Datei **magic** im Verzeichnis **/opt/kde/share/mimelnk**. Unterverzeichnisse dort – ihre Namen entsprechen MIME-Typen – enthalten Konfigurationsdateien, die nach MIME-Subtypen benannt sind. Jede dieser Dateien verbindet den jeweiligen MIME-Dateityp mit einem KDE-Icon und außerdem einer Kurzbeschreibung des Dateityps, den der KDE-Dateimanager in seiner Statuszeile ausgibt, falls der Anwender dort den Mauszeiger auf das Icon bewegt.

Attributdateien verknüpfen Dateitypen mit Icons

Ähnlich verbindet KDE Dateitypen mit Anwendungen, wobei jedem Dateityp auch mehrere Anwendungen zugeordnet und einzelne Anwendungen auch für mehrere MIME-Dateitypen zuständig sein können. Derartige Definitionen speichert KDE unterhalb von **/opt/kde/share/applnk** in ***.kdelnk**-Dateien. Von Bedeutung sind darin die Ressourcen **MimeType** (Liste der MIME-Dateitypen, die die Anwendung bearbeiten kann) und **Exec** (auszuführendes Kommando).

Aktionsdateien verknüpfen Dateitypen mit Anwendungen

Bestandteil der **Exec**-Ressource dort ist üblicherweise auch ein Meta-Kode, den KDE durch den Dateinamen des Dokuments ersetzt, mit dem die Applikation gestartet werden soll. Es kodieren **%f** den kompletten Pfadnamen der Datei, **%n** den Dateinamen ohne Pfad, **%d** den Pfad ohne den Dateinamen, **%c** den Titel der Anwendung (**Name**-Ressource) und **%k** den Namen der Konfigurationsdatei.

Die ***.kdelnk**-Dateien dienen innerhalb von KDE als allgemeine Konfigurationsdateien, die unter anderem eine Verknüpfung mit einer Aktion bereitstellen können, die einen URL respektive eine WWW-Adresse öffnet, Disketten-, CD-ROM- oder Festplatten-Laufwerke bindet oder freigibt, oder auch als Drop-Zone für Dateien dient (Starten einer bestimmten Anwendung mit einer Datei als Argument).

*Vorlagen sind ebenfalls *.kdelnk-Dateien*

Beispielsweise läßt sich eine Verknüpfung mit dem Druck-Kommando einrichten, indem man das Program-Icon aus dem Vorlagen-Ordner auf das Root-Fenster zieht (kopiert) und dessen Eigenschaften wie folgt modifiziert: Unter „Allgemein" ist der Datei ein Name zuzuweisen, der den Namen des Druckers einprägsam repräsentiert. Anschließend ist unter „Ausführen" einfach das Druckkommando **lpr %f** einzutragen und bei Bedarf noch das Icon zu ändern. Fortan kann der Anwender Dateien drucken, indem er sie einfach aus dem Dateimanager heraus auf das Drucker-Icon zieht.

Program.kdelnk dient als Vorlage für eine Drop-Zone

Das Erzeugen neuer MIME-Dateitypen und Aktionen unterstützt KDE mit grafischen Werkzeugen, die Bestandteil des Dateimanagers sind. Neue Einträge lassen sich über die Menüeinträge **Datei→Neu→Mime Type** beziehungsweise **Datei→Neu→Application** erzeugen, vorhandene kann der Superuser durch Bearbeiten der Dateieigenschaften modifizieren. Andere Anwender können sich unterhalb von **$HOME/.kde/share** zusätzliche Dateitypen und Aktionen definieren, die dann aber nicht systemweit, sondern nur persönlich gültig sind.

Neu definierte Dateitypen und Aktionen registriert KDE automatisch

14.3.4 KDE-Dateimanager

KDEs Dateimager **kfm** bildet ein multifunktionales Werkzeug, das einen Web-Browser mit integriertem Dateimanager, Ftp-Client, und einen **tar**-Archiver enthält. Er ist somit in gewisser Weise ein netzwerktransparenter Dateimanager, da er auch Verzeichnisinhalte fremder Systeme anzeigen kann – erforderliche Zugriffsrechte vorausgesetzt. Papierkorb, Ordner mit Vorlagen (Templates) und Autostart-Programmen sowie Sinnbilder, die den schnellen Zugriff auf Floppy- und CD-ROM-Inhalte ermöglichen, legt **kfm** beim 1. Start auf dem Root-Fenster ab.

Das Layout des **kfm**-Fensters besteht aus insgesamt 5 Komponenten: Menüleiste, Werkzeugleiste, Adressenleiste, Darstellungsbereich für Verzeichnisinhalte (beziehungsweise HTML-Dateien) und Statusleiste. Die 3 zuerst genannten Komponenten kann der Anwender mausgestützt verschieben und so wahlweise oben, unten, links oder rechts positionieren. Ferner lassen sich die „Leisten" über einen Menüeintrag komplett ausblenden.

Die Statusleiste zeigt Dateinamen, -größe und -typ des Objekts unter dem Cursor an

Verzeichnisnamen repräsentiert das Produkt als URLs (Universal Resource Locator). Mit Stand von KDE-1.1 konnte der Dateimanager URLs mit den Schlüsseln **file://**, **ftp://** und **http://** verarbeiten. Eine Kompatibilität mit **telnet://** und **news://** war dort noch nicht implementiert. In Ergänzung unterstützt **kfm** die Subprotokolle **gzip:** und **tar:**, kann also auch auf Inhalte dieser Dateitypen zugreifen.

Angaben ohne URL-Schlüssel kennzeichnen lokale Objekte

Analog den bisher diskutierten Dateimanagern kann **kfm** Verzeichnisinhalte als große Symbole mit unterlegtem Dateinamen, kleine Symbole mit rechtsseitig angebrachtem Dateinamen sowie entsprechend dem Ergebnis des Aufrufs **ls -l** anzeigen (mit oder ohne Symbol). Verborgene Dateien lassen sich ausblenden. Ein Kriterium, das nicht anzuzeigende Dateien festlegt, ist nicht setzbar. Die Reihenfolge, in der **kfm** die Einträge anzeigen soll (alphabetisch auf-/absteigend, nach Name/Kennung et cetera), läßt sich ebenfalls nicht einstellen. Findet **kfm** in einem Verzeichnis die Datei **index.html**, dann zeigt er standardmäßig ihren Inhalt an. Diese Arbeitsweise läßt sich über das Menü „Ansicht" abschalten.

kfm kennt keine Sortierkriterien

Bei Bedarf kann der Anwender das Darstellungsfeld vertikal teilen und links eine Baumansicht der Verzeichnishierarchien ab der Wurzel anzeigen lassen. In dieser Darstellungsart ist zügiges Wechseln zwischen den Verzeichnissen möglich. Vordergrund- und Hintergrundfarben sind über einen ansprechend gestalteten Farbeditor frei wählbar. Ferner kann der Anwender das Darstellungsfeld des **kfm** mit einem Hintergrundmuster füllen, jedoch wirkt sich dies nur auf den Icon-Bereich, aber nicht auf die Baum-

„Wurzeln" der Baumansicht: Root, Home, Desktop

ansicht aus. Ist die Option „Show Thumbnails" gesetzt, zeigt **kfm** Grafikdateien nicht durch das dem jeweiligen Dateityp zugeordnete Icon an, sondern durch ein Mini-Bild, das seinen Inhalt wiedergibt. Abbildung 14.10 illustriert ein mögliches Erscheinungsbild des **kfm** in dieser Betriebsart.

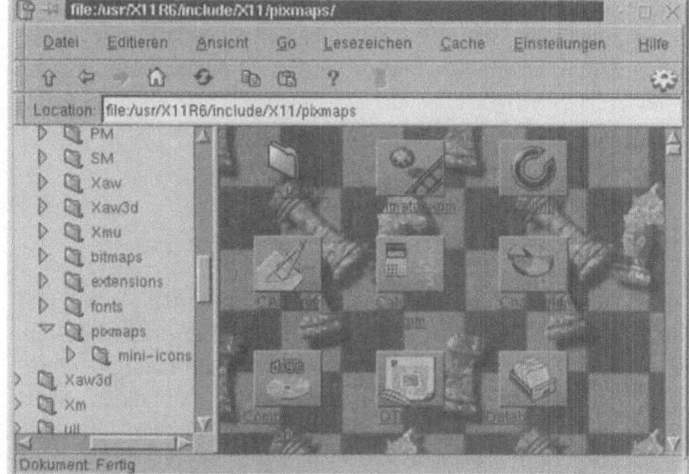

Abb. 14.10 KDE-Dateimanager mit Thumbnails

Zu den mausgestützten Dateioperationen zählen neben dem obligatorischen Verzeichniswechsel das Öffnen von Dateien mit der eingestellten Standardanwendung, Markieren einzelner oder mehrerer Dateien und anschließendes Ausführen einer für alle selektierten Elemente definierten Aktion oder Kopieren dieser Objekte in ein internes Clipboard, Anlegen eines neuen Verzeichniseintrags, Kopieren des Clipboards in ein Verzeichnis, Kopieren und Verschieben einzelner Dateien oder Verzeichnisse sowie Erstellen symbolischer Links, Ändern der Zugriffsrechte, und Suchen nach Dateien. Letztere Funktion führt **kfind** aus. Es lokalisiert Dateinamen, die zu einem regulären Ausdruck passen, deren Erstellungs- oder Modifikationsdatum in einem vorzugebenden Zeitfenster liegt, oder die eine bestimmte Zeichenkette enthalten. Das Suchergebnis zeigt **kfind** in einem eigenen Fenster an. Dort mit Doppelklick angewählte Elemente öffnet KDE mit der zugeordneten Standardanwendung.

Der Anwender kann auch ein Programm benennen, das eine Datei bearbeiten soll

kfind-Aktionen: Öffnen Archivieren, Eigenschaften anzeigen, Ordner öffnen, Löschen

Als weitere Besonderheit kann der KDE-Dateimanager Dateien, Verzeichnisse, URLs und WWW-Adressen als „Bookmark" festhalten. Zu einem späteren Zeitpunkt kann der Anwender dann

Bookmark
entfernen:
zugehörige
**.kdelnk-Datei*
löschen

über das Lesezeichen-Menü des **kfm** oder auch über das Root-Menü direkt auf diese Objekte zugreifen, also das Element mit seiner definierten Standardanwendung starten. Bookmarks legt **kfm** in **$HOME/.kde/share/apps/kfm/bookmarks** ab. Falls gewünscht, lassen sich die Bookmarks auch in Verzeichnissen strukturieren. Dazu ist einfach die Option „Lesezeichen bearbeiten" anzuwählen, im daraufhin angezeigten **kfm**-Fenster neue Verzeichnisse anzulegen, und es sind die einzelnen Bookmarks (genauer: ***.kdelnk**-Dateien) entsprechend den eigenen Wünschen in die Unterverzeichnisse zu bewegen.

14.3.5   KDE-Anwendungsmanager

Das Panel startet
Programme, der
Taskbar zeigt aktive
Anwendungen

Der KDE-Anwendungsmanager besteht aus einem Panel und einem Taskbar. Das Panel enthält standardmäßig diverse Tasten, die den menügestützten oder direkten Zugriff auf häufig benötigte Anwendungen leisten, Tasten für schnelles Abmelden, Sperren des Bildschirms und Wechseln auf einen anderen virtuellen Desktop (4 sind voreingestellt, maximal 8 sind möglich) und rechts eine digitale Uhr mit Datumsangabe. Jeweils links und rechts am Rand des Panels angebrachte Pfeiltasten ermöglichen es, das Panel zu Minimieren. Der Taskbar zeigt eine Liste der aktiven Applikationen, dient aber auch als Icon-Manager. Normalerweise sind die Ausrichtungen beider Komponenten horizontal, das Panel liegt unten, der Taskbar oben. Über das Kontrollzentrum **kcontrol** lassen sich Ausrichtung und Position frei wählen zwischen horizontal, vertikal sowie oben, unten, links und rechts.

Gewöhnliche
Anwender dürfen
nur das persönliche
Menü bearbeiten

Wichtigstes Element des Panels ist die links befindliche K-Taste, die den menügestützten Zugriff auf zahlreiche KDE- und gegebenenfalls auch X-Applikationen ermöglicht. Die Inhalte des Menüs beziehungsweise der Menü-Hierarchie kann der Anwender über den Eintrag „Kontroll-Leiste→Menü bearbeiten" ändern. Intern wird dazu die Anwendung **kmenuedit** gestartet, die rechts den Inhalt des systemweit gültigen K-Menüs und links das persönliche Menü anzeigt, initial bestehend aus einem Rechteck mit der Aufschrift „LEER". Das systemweit gültige K-Menü darf nur der Systemverwalter modifizieren, gewöhnlichen Anwendern erscheint es grauschattiert. Ein persönliches Menü können sich sowohl gewöhnliche Anwender als auch der Superuser erstellen; es erscheint im K-Menü unterhalb des Eintrags „Persönlich". Abbildung 14.11 zeigt die Arbeitsoberfläche des K-Menüeditors.

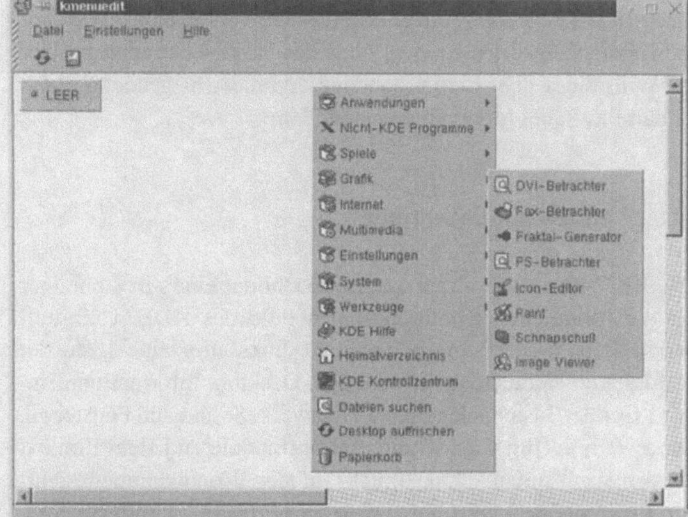

Abb. 14.11
KDE-Menüeditor

kmenuedit enthält zahlreiche Funktionen, die mausgestütztes Einfügen, Umbenennen, Verschieben und Löschen von Einträgen erlauben. Sämtliche erforderlichen und möglichen Konfigurationsschritte unterstützt das Produkt mit grafischen Eingabefeldern. Erweiterungen sind außerdem per Drag-and-Drop von Programmen oder ***.kdelnk**-Dateien aus dem Dateimanager heraus möglich. Ferner kann der Anwender per Drag-and-Drop einen Eintrag aus einem anderen Menü heraus kopieren. Intern verwaltet KDE das systemweit gültige K-Menü unterhalb von **/opt/kde/share/applnk**. Das persönliche Menü konfiguriert **kmenuedit** gemäß **$HOME/.kde/share/applnk**.

*Per Drag-and-Drop zugeführte Programme werden durch automatisch erzeugte *.kdelnk-Dateien referenziert*

Eine besondere Fähigkeit des KDE-Anwendungsmanagers besteht darin, daß er, falls der Windowmanager **kwm** aktiv ist, auch Applikationen beherbergen kann. Wer etwa eine **xload**-Anwendung innerhalb des Panels laufen lassen will, kann aus dem Vorlagen-Ordner die Datei Program.kdelnk kopieren, ihre Eigenschaften modifizieren und anschließend das Element per Maus in das Panel ziehen. Erforderliche Änderungen an den Eigenschaften betreffen die Angabe von **xload** im Menü „Ausführen", Submenü „In Kontrollfeld einbetten→Ausführen", sowie

Die benutzte Fläche der „SwallowExec"-Applikationen richtet sich nach der Höhe des Panels

die Angabe von **xload** in den verbleibenden 2 Eingabefeldern „Ausführen" und „Fenster-Titel" dieses Menüs. Ähnlich läßt sich auch die vorhandene digitale Uhr durch eine analoge Uhr ersetzen: Mit der Angabe von **xclock** anstelle von **xload** an den soeben genannten 3 Positionen zeigt das Panel eine analoge Uhr an. Wird diese über die vorhandene digitale Uhr gezogen, dann enthält das Panel fortan eine analoge Uhr.

Die digitale Uhr läßt sich nicht entfernen

14.3.6 KDE-Kontrollzentrum

Das KDE-Kontrollzentrum **kcontrol** bildet eine Art Container für die zahlreichen Konfigurationsmodule des KDE. Unmittelbar nach dem Start zeigt **kcontrol** linksseitig eine Liste der verfügbaren Kontexte Anwendungen, Desktop, Information, Eingabe-Geräte, Tastenbelegungen, Netzwerk, Sound und Fenster an. Die jeweils verfügbaren Konfigurationsmodule zu jedem Kontext werden nach einem Doppelklick auf den Kontextnamen sichtbar. Im verbleibenden Bereich benennt **kcontrol** einige Systemeigenschaften, und zwar die KDE-Versionsnummer, Namen des Benutzers und des Rechners, Name und Version des Betriebssystems, und den Prozessortyp. Abbildung 14.12 illustriert das Layout von **kcontrol**.

Ist kwm aktiv, dann kann kcontrol die Module „einbetten"

Abb. 14.12 KDE-Kontroll-zentrum

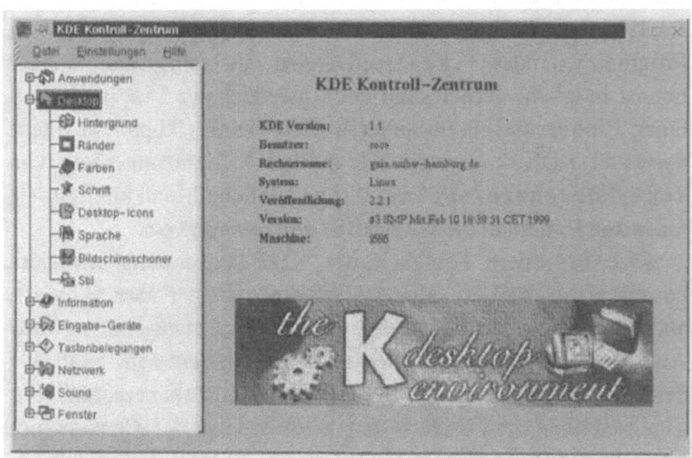

Sämtliche, von **kdecontrol** aus zugängliche Module stehen üblicherweise auch über das Panel (Menü Einstellungen) im Zugriff. Sie seien nachstehend kurz benannt. Auf eine detaillierte Diskussion aller Einstellungsmöglichkeiten jedes Konfigurationsmoduls wird hier verzichtet. Der Leser sei statt dessen aufgefordert, sich experimentell mit den vielfältigen Konfigurationsoptionen vertraut zu machen, die im übrigen weitgehend in der vorhandenen On-line-Hilfe erläutert sind.

kcmbell konfiguriert Lautstärke, Tonhöhe und Dauer der Klingel,

kcmdisplay setzt Eigenschaften für das Root-Fenster (Farbe, Muster), Bildschirmschoner, Farben der Fensterdekoration, Schriftarten und den Desktop-Stil (Windows95, MacOS),

kcmikbd konfiguriert die Interpretation der Tastaturcodes,

kcminfo liefert detaillierte Informationen über die vorhandene Systemhardware (Prozessor, Speicher, belegte Interrupts, DMA-Kanäle, IO-Ports, und PCI-Steckplätze, vorhandenes Soundboard, angeschlossenen Eingabegeräte, SCSI-Komponenten, Festplattenpartitionen) und zeigt die Version des X-Servers an,

kcminfo-Linux greift auf das /proc-Dateisystem zu

kcminput setzt Eigenschaften von Tastatur und Maus,

kcmkeys konfiguriert Tastaturbindungen (Shortcuts),

kcmkfm setzt die Eigenschaften des KDE-Dateimanagers (Zeichensatz, Farbe, Desktop-Icons, Web-Browser-Konfiguration et cetera),

kcmkonsole erlaubt das Festlegen eines Farb-Schemas für den Terminal-Emulator **konsole**,

Circuit und Paper setzen ein Hintergrundmuster

kcmkpanel steuert Ausrichtung und Position des Panels und der Taskleiste sowie Anzahl der virtuellen Screens und Optionen des Disk-Navigators,

kcmktalkd konfiguriert die Arbeitsweise des Talk-Dämons **ktalkd**,

kcmkwm kontrolliert die Parameter des KDE-Window-Managers **kwm**. Unter anderem läßt sich hier der Maus-Focus einstellen (Focuswechsel durch Klicken, Focus folgt der Maus),

Titelleisten dürfen maximal 5 Tasten enthalten

kcmlocale setzt die Sprache, in der KDE-Anwendungen ihre Textdarstellungen präsentieren sollen,

kcmsamba zeigt aktuell genutzte Samba-Dienste an,

kcmsyssound konfiguriert das Klangschema, gemäß dem KDE Desktop-Ereignisse akustisch wiedergibt.

411

14.3.7 KDE-Hilfesystem

KDEs Hilfesystem wird zwar sowohl im User's Guide als auch im FAQ zum Produkt nur kurz erwähnt, bildet aber einen konzeptionellen Schwerpunkt des Produkts. Zum einen kann der Anwender zu den meisten KDE-Anwendungen via der Funktionstaste F1 kontextsensitive On-line-Hilfe anfordern. Zum anderen erzeugt der Desktop zu einigen seiner grafischen Komponenten (Buttons) eine kurze Information darüber, was das jeweilige Element bewirkt. Letztere „Tooltips" und die HTML-formatierte On-line-Hilfe zeigt das System, falls möglich, in der lokalen Landessprache an.

Eine weitere, strukturierte Quelle für On-line-Hilfe steht über die KDE-Anwendung **kdehelp** im Zugriff. Dieser Browser zeigt initial den Inhalt von **/opt/kde/share/doc/HTML/default/ kdehelp/main.html** an. Von dort aus kann der Anwender auf weitere HTML-Seiten zugreifen, die Hilfe zu speziellen KDE-Anwendungen anzeigen, Handbuchseiten zu den Unix-Kommandos ausgeben oder auch das GNU-Info-System konsultieren. Außerdem enthält das KDE-Hilfesystem eine Suchfunktion, die Stichworte in den KDE-Hilfeseiten und in der **man**-Hierarchie sucht. Entsprechendes für das Info-System war in KDE Version 1.1 noch nicht implementiert.

F1 erzeugt kontextsensitive Hilfe

kdehelp zeigt KDE-HTML-, Unix-Man- und GNU-Info-Seiten an

14.3.8 KDE-Anwendungen

KDE profitiert maßgeblich von der Tatsache, daß neben den Basisanwendungen (**B**) bereits zahlreiche Applikationen verfügbar sind, deren äußerliches Erscheinungsbild und programminternes Verhalten auf den KDE-Desktop abgestimmt ist. Letztere gruppiert das KDE-Team in die Anwendungsfelder Administration (**A**), Grafik (**G**), Kalender (**K**), Multimedia (**M**), Netzwerk (**N**), Spiele (**S**), Werkzeuge (**W**) und „Spielzeug" (**Z**).

Mehrheitlich reicht das Leistungsspektrum der KDE-Applikationen bereits an das der mehr oder minder etablierten X11-Anwendungen für die jeweiligen Aufgabenfelder heran, jedoch scheint die zugehörige Dokumentation bisher nicht in jedem Fall erschöpfend. Insbesondere ist bisher zu keinem KDE-Programm eine Handbuchseite im **man**-Format verfügbar.

KDE-Anwendungen sind äußerlich und intern auf KDE abgestimmt

Die Dokumentation ist noch nicht vollständig

Auf eine ausführlich Diskussion aller KDE-Programme wird hier aus Platzgründen verzichtet. Statt dessen benennt nachstehende Auflistung die KDE-1.1-Programme, zeigt kodiert den Namen des Pakets an, dem sie angehören, und erläutert kurz den Aufgabenbereich, den sie jeweils abdecken wollen.

Programm	Funktion	
kab (W)	Adreßbuch	
kabalone (S)	Abalone (Brettspiel)	
kappfinder (B)	Shell-Skript, installiert ***.kdelnk**-Dateien in **opt/kde/share/applnk/apps**	*Installiert Dateien zu vorhandenen*
karchie (N)	Archie-Client	*Nicht-KDE-*
karm (W)	Stopuhr	*Anwendungen*
kasteroids (S)	Asteroids (Shooter)	
kaudioserver (B)	KDE Audio-Server	
kbgndwm (B)	**kwm**-Modul, erzeugt das Root-Menü	
kbiff (N)	informiert über eingegangene E-Mail	
kblackbox (S)	Logik-Spiel	
kcalc (W)	Taschenrechner	*kcalc enthält*
kcheckpass (B)	KDE-Athentifizierungsprogramm	*trigonometrische*
kcontrol (B)	KDE-Konfigurationszentrum	*und statistische*
kdat (A)	**tar**-basierte Datensicherung	*Funktionen*
kde (B)	Shell-Skript, das **startkde** aufruft	
kdecode (N)	Decoder für News-Nachrichten	
kdehelp (B)	HTML-Browser des KDE-Hilfesystems	
kdm (B)	KDE Display Manager	
kdmconfig (B)	Konfigurationswerkzeug für **kdm**	
kdmdesktop (B)	zeichnet Hintergrund des **kdm**-Screens	
kdvi (G)	DVI-Dateibetrachter	
kedit (W)	einfacher Screen-Editor	*kedit kann auch*
kfax (G)	FAX-Dateibetrachter	*Rechschreib-*
kfdformat (W)	Format-Modul für **kfloppy**	*prüfungen*
kfind (B)	Frontend für das **find**-Kommando	*durchführen*
kfinger (N)	KDE-Frontend für **finger**-Kommando	
kfloppy (W)	Floppy-Formatter	
kfm (B)	KDE-Dateimanager	
kfontmanager (B)	KDE-Schriftenmanager	
kfract (G)	Fractal-Generator	
kghostview (G)	PostScript-Betrachter	
khexdit (W)	Hex-Editor	

Programm	Funktion
`kiconedit` (G)	KDE-Icon-Editor
`kikbd` (B)	setzt das Tastaturmapping
`kjots` (W)	Notizblock
`klipper` (W)	KDE-Clipboard
`kljettool` (W)	Konfigurationswerkzeug für HP-Laserjet-Drucker
`klock` (B)	Screen-Lock
`klpq` (W)	Printer-Spooler-Frontend
`kmahjongg` (S)	Mahjongg-Spiel
`kmail` (N)	KDE-Mailtool
`kmedia` (M)	KDE-WAV-Player
`kmenuedit` (B)	Panel-Menü-Editor
`kmid` (M)	Midi- und Karaoke-Player
`kmidi` (M)	WAV-Player/Konverter
`kmines` (S)	Minesweeper-Spiel
`kmix` (M)	Soundcard-Mixer
`kmkdosfs` (W)	MSDOS-Modul für `kfloppy`
`kmke2fs` (W)	EXT2-Modul für `kfloppy`
`kmoon` (Z)	zeigt Mondphasen an
`knotes` (W)	simpler Notizzettel
`knu` (N)	KDE-Network-Utilities (`ping`, `traceroute`, `nslookup`, `finger`)
`kodo` (Z)	zeigt Mausbewegungen an
`konquest` (S)	Gnu-Lactic Konquest, Multi-Player Strategie-Spiel
`konsole` (B)	Terminal Emulator
`korganizer` (K)	KDE-Kalendermanager
`korn` (N)	Mailbox-Monitor
`kpager` (B)	grafischer Manager für virtuelle Screens
`kpaint` (G)	KDE Malprogramm
`kpanel` (B)	KDE Panel
`kpat` (S)	Patiencen-Spiel
`kpm` (W)	KDE-Prozeßmanager
`kpoker` (S)	Poker-Spiel
`kppp` (N)	Dialer und `pppd`-Frontend
`kreversi` (S)	Reversi Spiel
`krn` (N)	KDE-News-Reader
`krootwm` (B)	`kwm`-Modul (verarbeitet Mausereignisse)
`ksame` (S)	Same-Spiel

Setzt Papierformat, Schriftart et cetera

kmail unterstützt SMTP und POP3

kmix steuert Lautstärke, Balance und Frequenzgang

Genauer: die passierte Wegstrecke

kpager läßt sich nicht sinnvoll in das Panel integrieren

Programm	Funktion
kscd (M)	CD-Player
kscreensaver (B)	KDE-Bildschirmschoner
kshisen (S)	Shisen-Sho-Spiel (ähnlich Mahjongg)
ksirc (N)	KDE-IRC-Client
ksirtet (S)	Tetris-Spiel
ksmiletris (S)	Tetris-Variante
ksnake (S)	Snake-Race-Spiel
ksnapshot (G)	Screen-Dump-Werkzeug
ksokoban (S)	Sokoban-Spiel
kstart (B)	Startet Anwendungen mit KDE-Window-optionen
ksysv (A)	SysV-Runlevel-Editor
ktalkd (N)	Talk-Dämon mit Anrufbeantworter
kuser (A)	Werkzeug zur Verwaltung von Benutzern und Gruppen
kview (G)	Grafik-Betrachter/Konverter
kvt (B)	einfacher Terminal Emulator
kwm (B)	KDE Window Manager
kwmcom (B)	sendet Kommandos an **kwm**
kwmsound (B)	Sound-Modul des **kwm**
kworldwatch (T)	Weltzeit-Uhr
kwrite (W)	Editor für Programmierer
startkde (B)	Shell-Skript, das **kaudioserver**, **kwmsound**, **kfm**, **krootwm**, **kpanel** und **kbgndwm** als Hintergrundprozeß startet und abschließend **kwm** aufruft

Kann bisher nur komplette Fenster „grabben"

space_sounds.tar.gz enthält passende Sounddateien

14.3.9 KDE-Office-Suite

Die KDE-Office-Suite – sie war zum Zeitpunkt der Drucklegung dieses Werks noch im Alpha-Stadium – bildet eine integrierte Office-Suite zum gleichnamigen Desktop. Feste Bestandteile sind bereits die Tabellenkalkulation **kspread**, Foliengenerator **kpresenter**, Vektor-Grafikprogramm **killustrator**, das Framemaker-ähnliche Textverarbeitungsprogramm **kword**, Diagrammgenerator **kdiagram**, Formeleditor **kformula** und Grafikviewer **kimage**. Zusätzlich soll zukünftig auch das TEX-basierte Textverarbeitungsprogramm **klyx** Bestandteil der Suite werden.

Die Office-Suite will typische Büroanforderungen abdecken

Besonderes Merkmal der KDE-Office-Suite ist die Fähigkeit seiner Komponenten, miteinander über eine CORBA-basierte Schnittstelle kommunizieren zu können. So kann beispielsweise die Textverarbeitung **kword** eine Tabelle aus **kspread** einbetten, letztere kann **kdiagram** in eine Präsentationsgrafik aufbereiten, und diese Grafik wiederum kann **kword** ebenfalls als Bestandteil des Dokuments verarbeiten. Abbildung 14.13 zeigt **kword** im Einsatz (entnommen von **http://koffice.kde.org**).

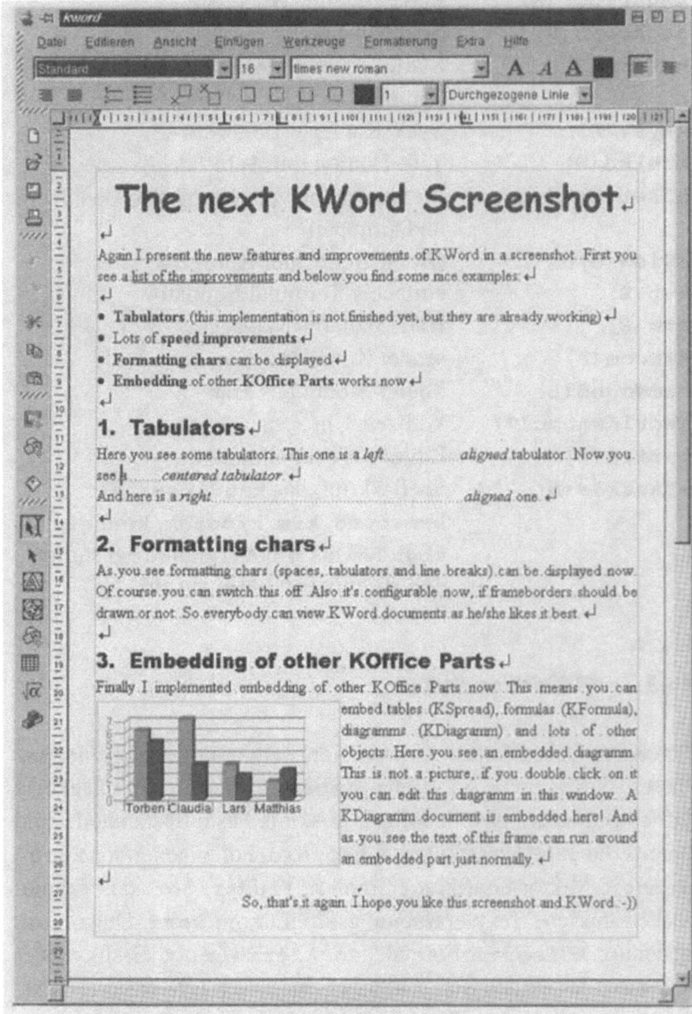

Abb. 14.13
KWord aus der
KDE-Office-Suite

14.4 GNOME

Auch das GNU Object Model Environment GNOME ist das Ergebnis von mehreren 100 Programmierern, die sich das Ziel gesetzt haben, einen freien Desktop für Linux zu entwickeln. Im Gegensatz zu KDE setzten sie von Anfang an die Forderung, daß alle Komponenten zum System mit den OpenSource-Bedingungen konform sind: Anstelle der Qt-Bibliothek bildet hier das Gimp-Toolkit (GTK) die Basis für die grafischen Komponenten des Desktops. GNOME hatte bereits einen festen Platz in mancher Linux-Distribution, als es sich noch in einem frühen Entwicklungsstadium befand, unter anderem aufgrund der breiten Vielfalt an Konfigurationsmöglichkeiten, die dem Anwender ein individuelles Design seines Desktops ermöglichen. Abbildung 14.14 zeigt ein mögliches Erscheinungsbild des GNOME-Desktops.

GNOME basiert auf dem Gimp-Toolkit GTK

Abb. 14.14 GNOME-Desktop

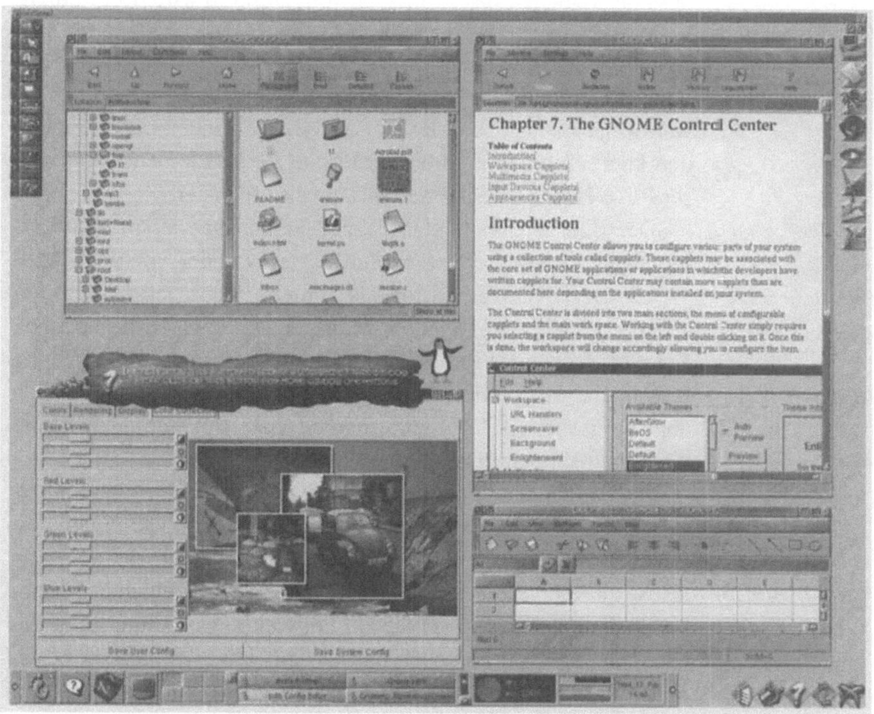

GNOME implementiert analog den bisher diskutierten Desktops Session-, Anwendungs- sowie Dateimanagement, Hilfesystem und ein Klangschema. Als Dateimanager kommt eine Variante des GNU Midnight Commanders zum Einsatz. Das Drag-and-Drop von Objekten zwischen Anwendungen steuert der Object Request Broker ORBit; er wurde von der Free Software Foundation FSF im Rahmen des GNU-Projekts entwickelt.

Anwendungen startet der Benutzer üblicherweise über ein Panel, das Desktop-Applikationen in einer Menüstruktur bündelt, häufig benötigte Programme als Icon aufnehmen kann, und außerdem einige Anwendungen (Applets) beherbergen kann, die Statusmeldungen anzeigen (Prozessorlast, Netzlast et cetera), Systemkomponenten steuern (Lautstärke regeln, Laufwerke an/abbinden) oder auch kleine Spiele enthalten. Dazu zählt auch der GNOME-Pager, der menügestütztes Wechseln zwischen virtuellen Screens ermöglicht und die auf dem jeweiligen Screen aktiven Tasks anzeigt. Das Panel steht in direkter Verbindung mit dem Session-Manager, das Abmelden vom Desktop wird dort initiiert.

Das Hilfesystem nutzt das GTK-XmHTML-Widget zur Präsentation der Information. Die Dokumentation selbst wird als Sammlung von SGML-basierten Dokumenten erstellt, so daß sie wahlweise im HTML- oder im PostScript-Format aufbereitet werden kann. Tooltips erläutern grafische Bedienelemente, kontextsensitive Hilfe ist bisher nur ansatzweise realisiert.

Der Einsatz von GNOME setzt keinen speziellen Window-Manager voraus. Letzteren muß der Anwender vor dem Aktivieren der GNOME-Session als Hintergrundprozeß starten, außer, der gewünschte Window-Manager ist GNOME-kompatibel. Ein entsprechendes Produkt bildet der derzeit in der Entwicklung befindliche **enlightenment**, der zwar noch nicht stabil ist, sich aber aufgrund der Konfigurierbarkeit aller Dekorationselemente via „Themes" schon heute großer Beliebtheit erfreut.

GNOME ist sowohl im Quellformat als auch als präkompilierte Version erhältlich, etwa von **ftp.gnome.org** oder einem dort angegebenen Mirror-Server. Wer sich entscheidet, den Desktop selbst zu übersetzen, greift möglicherweise auf einen Schnappschuß der Distribution zu, die ein Entwicklungsstadium repräsentiert. Zu beachten ist dabei, daß das aus etwa 40 Paketen bestehende Produkt normalerweise inklusive Debug-Informationen erzeugt wird und dadurch fast 170 MByte Plattenplatz belegt. Kleiner Tip an dieser Stelle: Nach Setzen der Umgebungsvariablen **CFLAGS** auf **-O2** erzeugt das **configure**-Skript Makefiles, die

GNOME-Panel-Applets reagieren auch auf anwenderseitige Eingaben

GNOMEs Hilfe ist multilingual

Enlightenment ist ein GNOME-kompatibler Window-Manager

GNOME besteht heute aus etwa 40 Paketen

das Debug-Flag nicht enthalten, und das Ergebnis belegt „nur" 70 MByte.

Da der GNOME-Desktop ein relativ junges Produkt ist, sind allerdings die zahlreichen und vielversprechenden Ziele der Autoren innerhalb der GNOME-Anwendungen bisher nur in Teilen realisiert. Die Stabilität des Systems hingegen scheint inzwischen ausreichend. Nachfolgende Diskussion des GNOME-Desktops repräsentiert den Status der Version 1.0.

14.4.1 GNOME-Komponenten

Wie bereits erwähnt, enthält GNOME einen Session-, Anwendungs- und Dateimanager, Hilfesystem und einen Object Request Broker. Hinzu kommt noch ein Audioserver, der den Desktop um Multimediafähigkeiten bereichert. Ihre Funktionsfähigkeit setzt die Installation der Bibliotheken **glib**, **gtk+** und **imlib** in der angegebenen Reihenfolge voraus. Anschließend sind der Reihe nach **ORBit**, **gnome-libs**, **libgtop** und daraufhin **gnome-core** einzurichten. In diesem Stadium sind Session-, Anwendungsmanager (das Panel) und der Hilfebrowser verfügbar.

Auf diese Basiskomponenten aufsetzende GNOME-Applikationen lassen sich gemäß der Dokumentation zum Produkt in beliebiger Reihenfolge installieren. Einige Programme benötigen jedoch zusätzliche Laufzeitbibliotheken. Beispielsweise kann man das Spreadsheet **gnumeric** nur dann übersetzen, wenn die Bibliothek **libxml** bereits vorhanden ist. Analog ist die Binärversion von **gnumeric** nur dann lauffähig, wenn vorab die soeben genannte Bibliothek eingespielt wurde. Im Zweifelsfall empfiehlt es sich, zunächst diejenigen Pakete einzurichten, deren Name die Zeichenkette **lib** enthält. Damit sollten alle Voraussetzungen für eine reibungslose Installation der Zusatzpakete geschaffen sein.

Ein Hinweis noch: Binärdistributionen sind häufig für eine Installation in **/usr** konfiguriert. Bei einer selbstübersetzten Distribution bestimmt der in der **configure**-Option **--prefix=** angegebenen Pfad die Wurzel der Installation (Standardwert ist **/usr/local**). Wer GNOME selbst übersetzen will, dem sei im Hinblick auf die Trennung der GNOME-Komponenten von der Linux-Distribution empfohlen, **/opt/gnome** als Wurzel für die

GNOME-Hierarchie zu wählen. Nachstehend sei der gewählte Installationspfad durch **$GNOME** referenziert.

14.4.2 GNOME-Ressourcen, -Dateitypen und -Aktionen

Das Erscheinungsbild der Anwendungen bestimmen private Ressourcen

Alle GNOME-Anwendungen konfigurieren ihr Erscheinungsbild über private Ressourcen, die der Desktop in **$HOME/.gnome** bündelt. Sie werden mit dem 1. Aufruf einer zuvor noch nicht aktiven GNOME-Applikation erzeugt. Beim Beenden sichert das Programm seinen Status darin, und dieser wird bei einem späteren Neustart zurückgeladen. Das Ressourcen-Management ist fester Bestandteil der GNOME-Bibliothek **libgnome**.

Den Inhalt des Panel-Hauptmenüs bestimmen private und globale Ressourcen

Der Inhalt des Panels wird in Teilen ebenfalls unterhalb von **$HOME/.gnome** gesichert, und zwar wie folgt: Parameter zu den installierten Panel-Applets sichert das System in **panel.d/Session-***. Die Hierarchien des User- und des RedHat-Submenüs aus dem Panel-Hauptmenü bestimmen Unterverzeichnisse und ***.desktop**-Dateien aus den Verzeichnissen **apps** und **apps-redhat**.

Ferner entnehmen der Desktop und auch einige GNOME-Anwendungen statische Ressourcen aus **$GNOME/share**. Dazu zählen beispielsweise die Fonttabelle, Desktop-Themen (bestimmen das Aussehen sichtbarer GNOME-Komponenten), Klangdateien, Pixmaps und so fort. Den Aufbau des Panel-Hauptmenüs legen die Einträge aus **$GNOME/share/apps** fest, das Panel-Submenü dort konfiguriert **$GNOME/share/applets**.

Dateitypen verwaltet GNOME als MIME-Dateitypen

Dateitypen registriert GNOME analog KDE als MIME-Dateitypen. Entsprechende Definitionen entnimmt das System aus den systemweit gültigen ***.mime**-Dateien unterhalb von **$GNOME/share/mime-info** und aus den persönlichen ***.mime**-Dateien unterhalb von **$HOME/.gnome/mime-info**. Der Distribution ist standardmäßig eine Datei **gnome.mime** beigefügt, die einige, häufig auftretende Dateikennungen (absolut oder als regulärer Ausdruck benannt) mit MIME-Dateitypen verbindet. Zusätzlich kann GNOME MIME-Dateitypen aufgrund des Magie-Codes von Dateien klassifizieren. Basis dieser Zuordnungen bildet die Datei **$GNOME/etc/mime-magic**.

Erweiterungen an der Liste der systemweit gültigen MIME-Dateitypen kann der Systemverwalter durch Modifikation von

`$GNOME/share/mime-info/gnome.mime` oder durch Anlegen zusätzlicher `*.mime`-Dateien in diesem Verzeichnis vornehmen. Anwendungen, die neue MIME-Dateitypen registrieren wollen, können einfach eine neue `*.mime`-Datei dort mitinstallieren. Persönlich gültige Ergänzungen kann der gewöhnliche Anwender durch Erstellen privater `*.mime`-Dateien im Verzeichnis `$HOME/.gnome/mime-info` erzeugen.

Jeder Anwender kann eigene MIME-Dateitypen registrieren

Die Verbindung von MIME-Dateitypen mit Aktionen (und mit Sinnbildern) kodieren `*.keys`-Dateien, die GNOME und die GNOME-Anwendungen ebenfalls unterhalb `$GNOME/share/mime-info` beziehungsweise `$HOME/.gnome/mime-info` suchen. Beispielsweise benennt `mc.keys` zu einigen MIME-Dateitypen das im Dateimanager `gmc` anzuzeigende Icon sowie Anwendungen, mit denen das zugehörige Objekt geöffnet oder betrachtet werden soll. Auch hier gilt, daß der Superuser systemweit gültige und der gewöhnlich Anwender persönliche Ergänzungen vornehmen kann. In jedem Fall überschreiben persönliche Einträge die globalen Definitionen. Einen Neudefinition bereits global gültiger Spezifikationen innerhalb von privaten Konfigurationsdateien ist nicht erforderlich.

mc.keys verbindet MIME-Dateitypen mit gmc-spezifische Aktionen und Icons

14.4.3 GNOME-Session-Management

Der GNOME-Session-Manager basiert auf dem X-Session-Management-Protokoll XSMP; das ist eine seit X11R6 definierte X-Extension, die ein Verfahren definiert, mit dem X-Anwendungen ihren Betriebszustand Sichern und Zurückladen können. Als Erweiterung dazu hat das GNOME-Team einen Mechanismus realisiert, der einzelne Applikationen mit Prioritätsstufen (Level 0 bis 99) verknüpft.

GNOME verwendet eine erweiterte Version von XSMP

Während des Abmeldevorgangs, ausgelöst über das GNOME-Panel, übermittelt der Session-Manager allen aktiven Applikationen einige XSMP-Anfragen. Die zurückgelieferte Information schreibt er daraufhin nach `$HOME/.gnome/session` (in Klartext kodiert). Nicht alle GNOME-Programme sind bisher auf diese Fähigkeit hin abgestimmt.

Der Abmeldeprozeß wird über das Panel ausgelöst

Bei der Wiederaufnahme einer Sitzung, also dem nächsten Starten des Desktops, aktiviert der Session-Manager zunächst die Anwendungen der Prioritätsstufe 0, dann diejenigen der Stufe

*Der Session-Mana-
ger berücksichtigt
Programm-
abhängigkeiten*

*Umgebungseigen-
schaften zu Nicht-
GNOME-Applika-
tionen werden nicht
gesichert*

1 und so fort, initiiert also alle „gesicherten" Applikationen in der Reihenfolge ihrer Prioritäten. Diese Technik ermöglicht es, eventuell vorhandene Programmabhängigkeiten zu berücksichtigen: Der Session-Manager kann sicherstellen, daß dienstanbietende Programme bereits aktiv sind, bevor eine Anwendung einen speziellen Dienst anfordert.

In Einzelfällen funktioniert auch das Sichern und Neustarten von Anwendungen, die Autoren außerhalb des GNOME-Projekts entwickelt haben – zumindest ansatzweise. Beispielsweise kann der Session-Manager die Kommandozeile sichern, mit der der DVI-Betrachter **xdvi** gestartet wurde. Da aber nicht die komplette Umgebung mitgespeichert wird, in der das Programm gestartet wurde, zeigt es nur dann das zuvor bearbeitete Dokument an, wenn dieses in der Kommandozeile mit komplettem Pfad angegeben wurde.

14.4.4 GNOME-Anwendungsmanager

Analog KDE konzentriert GNOME den Anwendungsmanager in einem Panel. Letzteres ist horizontal oben oder unten sowie vertikal links oder rechts positionierbar. Als Edge-Panel erstreckt es sich über die gesamte Bilschirmbreite beziehungsweise -höhe. Als Corner-Panel nimmt es nur den Platz ein, der zur Anzeige aller dort integrierter Komponenten erforderlich ist. Der Anwender kann auf dem Desktop mehrere eigenständige Panels erzeugen und diese mit unterschiedlichen Elementen bestücken. An den jeweiligen Ecken angebrachte Pfeilspitzen ermöglichen das Minimieren der Panels.

*GNOME-Panels
erscheinen als
„Edge-" oder als
„Corner-Panel"*

Herausragende Fähigkeit des Panels ist es, eigenständige Anwendungen beherbergen zu können. Neben den bereits genannten Statusanzeigen, Steuerprogrammen und Spielen zählt dazu auch ein Printer-Applet, das als Drop-Zone einsetzbar ist. Zieht der Anwender aus dem Dateimanager ein Icon auf das Druckerfeld, dann übermittelt das GNOME-Panel diese Datei an das Drucker-Subsystem. Das Anbinden multipler Drucker-Drop-Zonen für mehrere Druckerkanäle ist ebenfalls möglich. Soll ein Drucker-Icon auf dem Desktop als Drop-Zone dienen, muß der Anwender eine Kopie des **lpr**-Kommandos erzeugen und das zugehörige Icon aus dem Dateimanager heraus auf den Desktop ziehen.

*Panel-Applets
können auch als
Drop-Zone dienen*

Die Konfiguration des Panels kann vollständig mausgestützt erfolgen. Grundbestandteil des 1. Panels ist ein Hauptmenü, das unter anderem ein System- und ein User-Menü enthält. Ihre Inhalte kann der Benutzer mit dem GNOME-Menü-Editor **gmenu** seinen persönlichen Bedürfnissen anpassen. Abbildung 14.15 zeigt die Arbeitsoberfläche von **gmenu**.

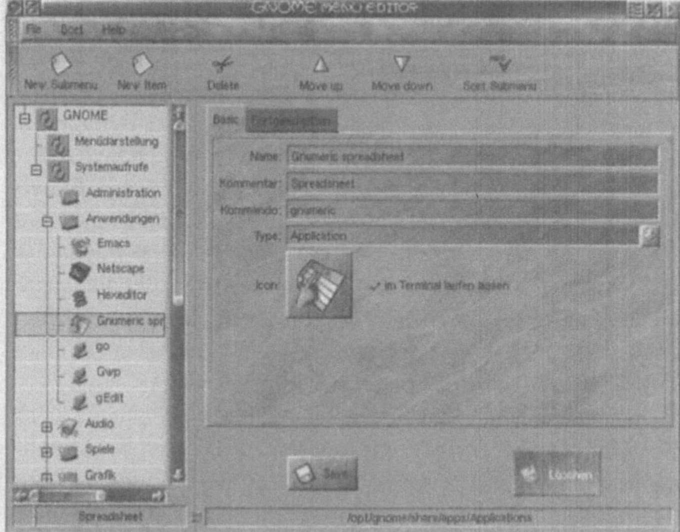

Abb. 14.15
GNOME-
Menü-Editor

Weiterer Bestandteil des Hauptmenüs ist ein Panel-Submenü, über das der Anwender zusätzliche Menü-Tasten, Anwendungstasten oder Applets in das Panel einfügen kann. Aktionen zum Anlegen weiterer Panels sowie zur Modifikation der Panel-Attribute stehen dort ebenfalls im Zugriff. Eventuell erforderliche Konfigurationen, beispielsweise das Benennen eines Kommandos und das Auswählen eines Icons zu einer neuen Aktionstaste, unterstützt das Produkt mit grafischen Eingabefeldern. Auf dem Panel selbst schließlich lassen sich die Elemente mausgestützt frei anordnen (Maus-Mitte betätigen und Objekt verschieben).

Sämtliche Schritte der Panel-Konfiguration unterstützt GNOME mit grafischen Menüs

14.4.5 GNU Midnight Commander

Das Layout des GNOME Dateimanagers **gmc** besteht aus einer Menüleiste, Werkzeugleiste, Adressenleiste, Darstellungsbereiche für den Verzeichnisbaum und die Verzeichnisinhalte, und einer Statusleiste. Die 3 zuerst genannten Komponenten kann der Anwender zwar verschieben, sie lassen sich aber nicht ausblenden. Ein beweglicher Trennbalken zwischen dem Baum- und dem Verzeichnisfenster erlaubt das Anpassen der Fenstergrößen auf individuelle Bedürfnisse.

gmc ist netzwerkfähig, kann also sowohl Inhalte lokaler als auch entfernter Verzeichnisse anzeigen. Der Zugriff auf entfernte Dateisysteme gelingt durch Angabe eines FTP-URL in der Adressenleiste. In der Baumansicht erscheinen diese Pfade unmittelbar unterhalb der Wurzel, eingeleitet durch **#ftp:**. Der Zugriff auf entfernte Dateisysteme erfolgt normalerweise anonym (Benutzer **anonymous**) oder unter der durch ein einleitendes **User@** beziehungsweise **User:Passwd@** genannten Kennung. Letztere Methode birgt allerdings ein Sicherheitsrisiko, da **gmc** dann das Paßwort in der Baumdarstellung mit ausweist. Erfolgt die Angabe ohne Paßwort, dann erfragt **gmc** dieses in einem geschützten Fenster. Geöffnete Ftp-Verbindungen schließt **gmc** nach der unter Edit→Preferences→Caching eingetragenen Zeit.

Auf entfernte Verzeichnisse greift gmc per Ftp zu

Paßwörter kann gmc geschützt abfragen

Dateielemente repräsentiert **gmc** durch große oder kleine Icons nebst Dateinamen, ergänzt um Angaben zur Dateigröße, Modifikationsdatum, oder der Zugriffsrechte. Die Reihenfolge der Einträge wird je nach gewähltem Sortierkriterien nach Dateinamen (mit oder ohne Berücksichtigung von Groß- und Kleinschreibung), Dateikennung, -größe oder Zeitstempeln in auf oder absteigender Reihenfolge aufbereitet. Weiteres Darstellungskriterium: **gmc** zeigt Dateien und Verzeichnisse gemischt oder getrennt an.

In der benutzerdefinierten Darstellung zeigt gmc bis zu 15 Attribute zu jeder Datei

Mögliche Aktionen auf einzelne Dateien oder Dateigruppen schließen das Kopieren, Löschen, Verschieben, Erzeugen eines Links, Starten, Starten mit einem bestimmten Programm, und Öffnen mit einem externen oder einem **gmc**-internen Editor ein. Letzterer enthält eine Suchfunktion und kann Dateiinhalte auch hexadezimal anzeigen. Inhalte von (komprimierten) **tar**-Archiven zeigt das Programm nach einem Doppelklick auf das zugehörige Icon an. Eine integrierte Suchoperation lokalisiert Dateien unterhalb eines Verzeichnisses aufgrund des Dateinamens oder eines Dateiinhalts.

gmc enthält einen (Hex-) Editor

Die Zugriffsrechte auf Dateien kann der Anwender über das Eigenschaften-Menü modifizieren, das allerdings nicht über die

Menüleiste, sondern nur per Maus-Rechts auf einem Icon erreichbar ist. Dort ist auch die Angabe von Programmen möglich, mit denen das betreffende Objekt geöffnet oder betrachtet werden soll. Ein Papierkorb existiert nicht; gelöschte Dateien lassen sich nicht wiederherstellen.

gmc „kennt"
keinen Papierkorb

14.4.6 GNOME-Kontrollzentrum

Das GNOME-Kontrollzentrum ist ein dynamisches Konfigurationswerkzeug, das sogenannte Capplets startet, über die der Anwender die Eigenschaften des Desktops und auch der GNOME-Anwendungen steuern kann. Abbildung 14.16 zeigt das Kontrollzentrum mit eingebettetem **theme-selector-capplet**.

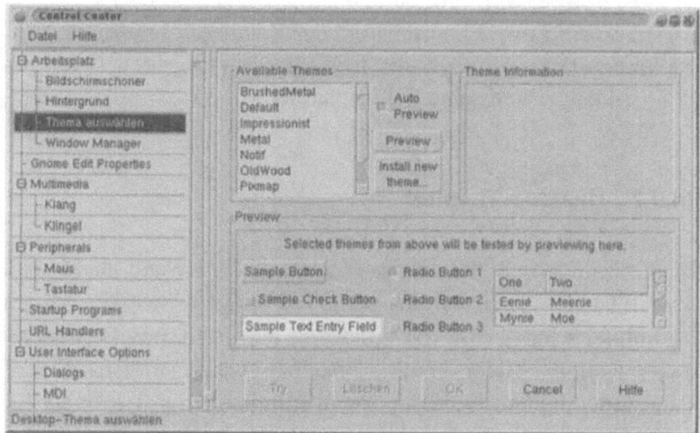

Abb. 14.16
GNOME-
Kontrollzentrum

Das Basispaket **control-center** enthält 9 Capplets für die Bereiche Arbeitsplatz, Benutzerschnittstelle, Eingabegeräte und Multimedia sowie weitere 3 Capplets, die keiner speziellen Gruppe zugeordnet sind. Die Liste der verfügbaren Capplets entnimmt **control-center** aus ***.desktop**-Dateien, die es unterhalb von **$GNOME/share/control-center** sucht. Die in der Abbildung 14.16 links angezeigte Menüstruktur entspricht der Verzeichnishierarchie unterhalb des genannten Pfads. Im einzelnen konfiguriert Capplet

Nach einem
Doppelklick auf
einen Menüeintrag
läuft ein Capplet
in einem eigenen
Fenster

background-properties-capplet: Farbe oder Muster des Root-Fensters (nicht gültig, falls der Window-Manager **enlightenment** benutzt wird),

425

`bell-properties-capplet`: Tonhöhe (Frequenz), Tondauer und Lautstärke der Klingel,

`gnome-edit-properties`: setzt den Standardeditor auf **ge-dit**, **go**, **gwp**, **emacs**, oder **vi**,

`keyboard-properties`: die Tastatureigenschaften (Auto-Repeat-Rate und -Delay, Tastatur-Klicken),

`mouse-properties-capplet`: die Mauseigenschaften (links- oder rechtshändige Maus, Mausgeschwindigkeit),

`screensaver-properties-capplet`: Parameter des Bildschirmschoners (Muster, Startzeit, Energiesparmodus),

`session-properties`: Programme, die während der Sitzungsaufnahme gestartet werden sollen,

`sound-properties`: das Klangschema,

`theme-selector-capplet`: das Desktop-Thema,

`url-properties`: Programme zur Anzeige von URLs,

`ui-properties`: Eigenschaften der Benutzerschnittstelle,

`wm-properties-capplet`: Den zu verwendenden Window-Manager und seine Eigenschaften.

Hier sind Programme einzutragen, die gnome-session nicht sichern kann

14.4.7 Desktop-Themen

GTK-Widgets sind über Ressourcen konfigurierbar

Eine Besonderheit des Gimp-Toolkits GTK besteht darin, daß der Anwender die Gestaltung der GTK-Widgets über Ressourcen beeinflussen kann, also das Aussehen der grafischen Bedienelemente Buttons, Slider, Menüs, Scrollbar et cetera vollständig auf seine individuellen Bedürfnissen abstimmen kann. Beispiele für GTK-Themen, die die Bedienelemente unter anderem gemäß Motif oder Windows95 dekorieren, enthält das Paket **gtk-engines**. Abbildung 14.17 zeigt als Beispiel die GTK-Themen Metal, Redmond95, Notif und ThinIce. Einige weitere Themen findet der interessierte GNOME-Anwender auf **http://gtk.themes.org**. Dort ist auch eine komplette Beschreibung der Syntax der Skript-Sprache abgelegt, mit der der Anwender eigene Themen definieren kann.

Abb. 14.17 Ausgewählte GTK-Themen

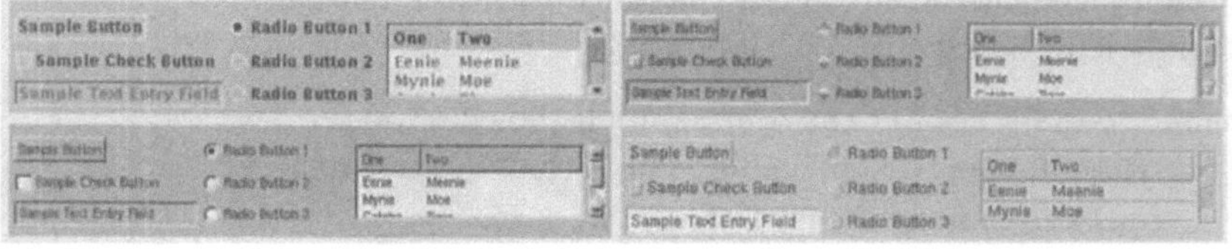

14.4.8 GNOME-Hilfesystem

Das GNOME-Hilfesystem besteht einerseits aus einem Hilfe-Index, über den der Anwender Zugriff auf das User's Guide, die im System vorhandene On-line-Dokumentation (**man**-Seiten), die GNU-Info-Hierarchie, und die installierten Handbücher zu GNOME-Anwendungen hat. Zusätzlich implementieren bereits einige GNOME-Applikationen eine Hilfe-Funktion, die menügestützt das Handbuch zum laufenden Programm oder spezielle Kapitel daraus anzeigt. Ferner integriert der Desktop Tooltips, die die Wirkungsweise grafischer Bedienelemente erläutern.

GNOMEs Hilfe-system bündelt HTML-, man- und GNU-Info-Dokumente

Sämtliche GNOME-spezifischen HTML-Dokumente liegen unterhalb von **$GNOME/share/gnome/help**. Informationen im GNU-Info-Format werden in **$GNOME/info** und **man**-Seiten in **$GNOME/man** installiert. Ihre Visualisierung erfolgt üblicherweise über das Programm **gnome-help-browser**, das die genannten Dokumenttypen entsprechend ihrer internen Struktur aufbereitet. Ergänzend zu den Standard-URLs haben die Autoren dazu sogenannte „Magic-URLs" integriert, und zwar **ghelp:** für den Zugriff auf GNOME-Hilfedateien, **info:** als Präfix für die Aufbereitung von GNU-Info-Dokumenten, **man:** für die Darstellung von **man**-Seiten, **toc:** zur Anzeige von Table-of-Contents-Dateien, und **whatis:**, um Ergebnisse des **whatis**-Kommandos darzustellen.

Der gnome-help-browser unterstützt „Magic-URLs"

Zusätzlich sind Beschreibungen der zugrunde liegenden Bibliotheken **glib**, **gnomelib** et cetera sowie ihrer einzelnen Funktionen vorhanden, die aber bisher nicht in das GNOME-Hilfesystem integriert sind. Sie sind Bestandteil der Quellcode-Hierarchien und werden normalerweise nicht installiert.

Die Dokumentation zur Low-Level-API ist außerhalb der GNOME-Pakete erhältlich

14.4.9 GNOME-Anwendungen

Neben den Basiskomponenten des Core-Pakets, das im wesentlichen das Panel und dort ablauffähige Applets enthält, sind zum Desktop Anwendungen für die Bereiche Administration, Audio, Spiele, Multimedia, Netzwerk, Informations-Management und allgemeine Werkzeuge als Bestandteil der Basis-Distribution verfügbar. Zusätzlich haben zahlreiche Autoren Anwendungen für GNOME entwickelt, die spezielle Aufgaben abdecken. Da-

Panel und Applets sind Bestandteil des Core-Pakets

zu zählen beispielsweise der grafische Ftp-Client **gftp**, der IRC-Client **irssi** und der GUI-Builder **glade**. Eine Übersicht über verfügbare beziehungsweise in der Entwicklung befindliche GNOME-Applikationen listet die GNOME-Software-Map, siehe **http://www.gnome.org/applist/list.phtml**.

Nachstehend seien die Programme der Basis-Distribution kurz genannt und ihr Einsatzbereich erläutert. Die Werkzeuge der optionalen Freetype-Bibliothek und des ESD-Soundsystems bleiben dabei ausgenommen. Auf eine ausführliche Diskussion wird an dieser Stelle verzichtet, da diese problemlos ein eigenes Buch mit mehreren 100 Seiten füllen würde.

Enlightenment benötigt das Freetype-Paket

asclock_applet: Panel-Uhr im Afterstep-Stil,

audiofile-config: Shell-Skript, setzt Parameter für das Audiofile-Subsystem,

Unterstützt IMAP und POP3

balsa: GNOME-EMail-Client,

battery_applet: zeigt die Kapazität einer Laptop-Batterie an,

cdplayer_applet: Panel-intergrierter CD-Player,

charpick_applet: Eingabehilfe für akzentuierte ISO-Zeichen,

clockmail_applet: **xbiff**-Applet für das Panel,

Vorsicht: CPU-intensiv

cpumemusage_applet: zeigt CPU- und Speicherauslastung an,

dialer_applet: öffnet/schließt eine PPP-Verbindung,

diskusage_applet: zeigt benutzte/freie Plattenkapazität an,

dns-helper: konvertiert Domainnamen in IP-Adressen,

drivemount_applet: an/abbinden von Wechselmedien,

ee: Electric Eyes, Bildbearbeitungsprogramm,

fifteen_applet: Puzzle-Spiel, läuft im Panel,

freecell: Patience-Spiel,

Xcalc-Clone

gcalc: GNOME-Taschenrechner,

gcolorsel: zeigt Farbe, RGB-Tripel und Farbnamen aller verfügbarer X11-Farben an,

gdialog: erzeugt grafische Dialog-Boxen, zu verwenden innerhalb von Shell-Skripten,

gdiskfree: zeigt die Kapazität aller gebundener Partitionen an,

Vergleichbar mit IRIX-xdm

gdm: GNOME-Display-Manager,

gdmgreeter: Login-Programm des **gdm**,

gen_util_applet: digitale Panel-Uhr,

gfontsel: GNOME-Font-Selektor,

ggv: Ghostview für GNOME,

ghex: GNOME-Hex-Editor,

gless: grafischer Dateibrowser,

gmc: GNU Midnight Commander,

gmenu: Frontend für die Bearbeitung des Panel-Hauptmenüs,

gmix: GNOME-Audio-Mixer,

gnibbles: Snake-Race-Spiel,

gnobots: GNOME-Robots-Spiel,

gnome-bug: Shell-Skript zum EMail-Versand von GNOME-Fehlermeldungen an das GNOME-Team, *Verwendet den in $EDITOR genannten Editor*

gnome-dump-metadata: erzeugt die private Metadatendatei `$HOME/.gnome/metadata.db`,

gnome-gen-mimedb: erzeugt die MIME-Datenbasis,

gnome-help-browser: GNOME-Hilfebrowser,

gnome-info2html: wandelt GNU-Info-Dateien nach HTML, *Filterprogramme zum Hilfe-Browser*

gnome-man2html: konvertiert **man**-Seiten nach HTML,

gnome-moz-remote: startet den Netscape-HTML-Browser,

gnome-name-service: GNOME-Nameserver,

gnome-ppp: grafischer PPP-Dialer,

gnome-run: Programmstarter, *gnome-run ist praktisch grun mit History-Funktion*

gnome-session: GNOME-Sessionmanager,

gnome-smproxy: Session-Management-Proxy,

gnome-stones: GNOME-Stones-Spiel,

gnome-sync: Datei-Synchronisations-Werkzeug,

gnome-terminal: Terminal-Emulator,

gnomecal: GNOME-Kalendermanager,

gnomecard: GNOME-Adreßbuch,

gnomecc: GNOME-Kontrollzentrum,

gnomepager_applet: integriert Taskmanager nebst Screen-Pager im Panel, *Der Pager junktioniert nur zusammen mit Enlightenment*

gnumeric: GNOME-Tabellenkalkulationsprogramm,

go: GTK-Office-Suite-Projekt, Textverarbeitung ist ansatzweise lauffähig,

gnometris: Tetris-Clone,

gnomine: Minesweeper-Clone,

gnotravex: GNOME-Tetravex Puzzle-Spiel,

goad-browser: zeigt verfügbare CORBA-Server und ihren Status an.

gpenguin: zeigt den Linux-Pinguin an,

grun: Programmstarter,

gsearchtool: Frontend für die Unix-Kommandos **find**, **grep** und **locate**,

ruft shutdown oder telinit auf

gshutdown: führt Shutdown, Reboot oder Wechsel des **init**-Levels aus,

gstripchart: zeigt Performancewerte als Stripchart an,

gtalk: GNOME-**talk**-Frontend,

gtcd: GNOME-CD-Player,

gtop: GNOME-Systemmonitor (Erweiterte Fassung von **top**),

gturing: GNOME-Turing-Maschinen-Simulator,

Bezieht über libgtop Daten der CPU(s), Speicher und Festplatten

guname: zeigt detaillierte Systeminformationen an,

gyahtzee: Yahtzee-Spiel,

gw: zeigt eine Liste der aktiven Anwender (ähnlich **w**),

gwp: GNOME-Textverarbeitungssystem,

iagno: Othello-Spiel,

idetool: zeigt Parameter von IDE-Festplatten an,

logview: bereitet die Systemmeldungen aus **/var/log/mes-sages** in einem Fenster auf,

metatris: Tetris-Clone,

Unterstützt History-Funktion, Makrodefinitionen

mini_commander_applet: integriert eine Kommandoeingabe-zeile in das Panel,

mixer_applet: Lautstärkeregler als Panel-Applet,

modemlights_applet: zeigt Modem-Aktivitäten im Panel an,

multiload_applet: **xload**-ähnliche Darstellung der CPU-, Speicher- und Swap-Auslastung im Panel,

netload_applet: **xload**-ähnliche Darstellung der Netzlast im Panel,

panel: GNOME-Panel,

same-gnome: GNOME-Same-Spiel,

Lädt zugehörige WWW-Adressen

slash_applet: zeigt die Überschriften zu aktuellen Nachrich-ten des Servers **slashdot.org** im Panel an,

splac: Steuerprogramm zu **splash**, lädt neues XPM-Bild,

splash: zeigt ein gewähltes XPM-Bild in der Bildschirmmit-te (Splash-Screen) und ruft ein angegebenes Kommando (Shell-Skript) auf,

tcd: Curses-Version von **gtcd**,

webcontrol_applet: integriert eine URL-Eingabezeile in das Panel.

WWW-Adressen

Das Internet bietet nahezu unerschöpfliche Informationen zum
Thema Linux. Nachstehend sind einige Einsprungstellen genannt
die bei der Suche nach Linux-Ressourcen behilflich sein dürften.
Ein Anspruch auf Vollständigkeit wird nicht erhoben.

`gtk.themes.org`	GTK-Themen
`lwn.net`	Linux Weekly News
`rufus.w3.org`	Linux-RPM-Ressourcen
`www.calderasystems.org`	Caldera-OpenLinux
`www.cdrom.com`	Walnut Creek Homepage
`www.debian.org`	Debian GNU/Linux
`www.delix.de`	DLD-Linux
`www.fsf.org`	Free Software Foundation
`www.gnome.org`	GNOME-Homepage
`www.kde.org`	KDE-Homepage
`www.kernel.org`	Linux-Kernel-Homepage
`www.li.org`	Linux International
`www.linpeople.org`	Linux Internet Support
`www.linux.org`	Linux-Online-Homepage
`www.linuxgames.com`	Spiele für Linux
`www.linuxlinks.com`	Sammlung von Linux-Links
`www.opengroup.org`	Motif- und CDE-Homepage
`www.redhat.com`	RedHat-Homepage
`www.suse.de`	Suse-Linux-Homepage
`www.xemacs.org`	XEmacs-Homepage
`www.xfree86.org`	XFree86-Projekt-Homepage
`www.yggdrasil.com`	Yggdrasil-Linux-Homepage

Literatur

Alex, Wulf; Bernör, Gerhard
  Unix, C und Internet. Springer-Verlag [1994]

Andleigh, Prabhat
  Unix System Architecture. Prentice Hall [1990]

Bourne, Steve
  The Unix V Environment. Bell Telephone Laboratories, Inc.
  [1987]

Goldt, Sven; van der Meer, Sven; Burkett, Scott; Welsh, Matt
  The Linux Programmers' Guide 0.4. LDP [1995]

Greenfield, Larry
  The Linux Users' Guide 0.4. LDP [1994]

Gulbins, Jürgen; Obermayr, Karl
  Unix (4. Auflage). Springer-Verlag [1995]

Johnson, Michael
  The Linux Kernel Hackers' Guide. 0.6 LDP [1995]

Kirch, Olaf
  The Linux Network Administrators' Guide. 1.0 LDP [1994]

Klingert, Arnold
  Einführung in Graphische Fenstersysteme. Springer-Verlag
  [1996]

Probst, Stefan; Flaxa, Ralf
  Power Linux für Durchstarter. Springer-Verlag [1997]

Literatur

Scheller, Martin; Boden, Klaus-Peter; Geenen, Andreas;
    Kampermann, Joachim
    Internet: Werkzeuge und Dienste. Springer-Verlag [1994]

Tanenbaum, Andrew
    Operating Systems: Design and Implementation.
    Prentice-Hall [1987]

Welsh, Matt
    Linux Installation and Getting Started. 2.2.2 LDP [1995]

Wirzenius, Lars
    Linux System Administrator's Guide 0.3. LDP [1995]

Index

Symbole

.depend, 69
.hdepend, 69
/dev/cdrom, 115
/dev/modem, 115
/dev/mouse, 115, 125
/dev/sndstat, 130
/dev/tape, 115
/etc/HOSTNAME, 292
/etc/XF86Config, 117, 118, 250, 349
/etc/crontab, 93
/etc/diphosts, 286, 287
/etc/fstab, 103, 120, 121
/etc/group, 38, 103, 156
/etc/host.conf, 130, 292
/etc/hosts, 103, 130, 283, 292
/etc/hosts.equiv, 127, 294
/etc/hosts.lpd, 127
/etc/inetd.conf, 103, 295, 301
/etc/inittab, 116, 125, 286, 315
/etc/lilo.conf, 72
/etc/mail.rc, 310
/etc/man.config, 40
/etc/networks, 292
/etc/nntpserver, 317
/etc/nologin, 22
/etc/nsswitch.conf, 292
/etc/passwd, 38, 103, 112, 155, 182, 186, 249, 287, 290
/etc/powerstatus, 89
/etc/printcap, 103, 126, 127
/etc/profile, 243
/etc/protocols, 103

/etc/rc.d, 92, 239, 340
/etc/resolv.conf, 130, 287, 292
/etc/rpc, 103
/etc/services, 103
/etc/shadow, 38
/etc/sysconfig, 91, 128
/etc/sysconfig/network, 128
/etc/termcap, 125, 204
/proc/self, 82
/tmp/.X11-unix/X0, 50
/usr/X11R6/bin/X, 337
/usr/X11R6/man, 40
/usr/local/man, 40
/usr/man, 39
/usr/share/magic, 142
/var/log/messages, 25, 106, 130, 144, 289
/var/log/xferlog, 305
:, 253
;, 36
#, 255
&, 36, 202, 341
&&, 36
$#, 262
$$, 263
@, 262
||, 36
~/.Xdefaults, 347, 364, 388
~/.Xresources, 388
~/.bash_history, 33
~/.bash_profile, 243
~/.bashrc, 136, 137, 186, 243
~/.dtprofile, 388, 392
~/.elm/elmrc, 310